国家自然基金课题"大规模城市开发项目的风险评估与调控研究"
（项目批准号：50878161）研究成果

上海同济城市规划设计研究院 | 科研资助项目
SHANGHAI TONGJI URBAN PLANNING & DESIGN INSTITUTE

U0725403

大规模城市开发的风险管理

夏南凯　主编

中国建筑工业出版社

图书在版编目（CIP）数据

大规模城市开发的风险管理／夏南凯主编．—北京：中国
建筑工业出版社，2014.2
 ISBN 978-7-112-16366-3

 Ⅰ. ①大… Ⅱ. ①夏… Ⅲ. ①城市开发－风险管理－研究
Ⅳ. ① F291

中国版本图书馆 CIP 数据核字 (2014) 第 016697 号

责任编辑：杨　虹
责任校对：姜小莲　刘梦然

大规模城市开发的风险管理
夏南凯　主编
＊
中国建筑工业出版社出版、发行（北京西郊百万庄）
各地新华书店、建筑书店经销
北京嘉泰利德公司制版
北京中科印刷有限公司印刷
　＊
开本：787×960毫米　1/16　印张：22　字数：540千字
2016 年 2 月第一版　2016 年 2 月第一次印刷
定价：48.00元
ISBN 978-7-112-16366-3
　　　（25089）

A致　谢
cknowledgements

　　本书的编写，前后历经近 5 年研究与积累。作为国家自然基金课题"大规模城市开发项目的风险评估与调控研究"（项目批准号：50878161）的成果，来自社会科学、城市经济、城市生态环境等众多领域的研究团队参与到本书编撰工作中。其中，主体研究力量来自同济大学建筑与城市规划学院、同济大学经济与管理学院、武汉大学城市设计学院以及上海对外贸易学院等。参与本书编写工作的同志有周婕、郭振华、乐云、乔玮、赵学彬、温晓诣、程上谢波、祝迪飞、黄勇、路建普、任琛琛、吴娟、谢沁、张立鸣、陈挚、刘斯捷、陈晶莹、卢诗阳、蒋娇龙、孙伏娇、符陶陶、孙翘、祝智慧、阚洪生和翟塱等。此外，宋海瑜、苏振宇、田光华、燕雁和刘晟的研究成果对本书亦有贡献。感谢以上各个研究团队和课题组成员对本书所付出的辛勤工作。

F 序 言
OREWORD

    我国改革开放以来，随着工业化进程加快，激发了城市化和城镇化的兴起和发展，特别是我国开发区以工业化带动城市化的发展路径，有力地助推了中国城市化的速度。2011 年，我国历史上第一次，城镇人口超过农村人口，比例达到 51.3%；2001 ~ 2011 年的 10 年间，中国的城市化率提高了约 10%，这意味着有至少 1 亿人从农村进入了城市。快速城镇化伴随着大量的城市建设行为，这些建设行为直接影响城市中人、产业、社会的良性互动与发展。大规模的城市开发建设因其覆盖区域大、投入资金多、牵涉利益主体众多，在我国快速城镇化建设的过程中占有举足轻重的地位。研究大规模城市开发面临的各种风险，并提出针对不同类型与特征风险的对策，具有十分重要的现实意义。

    本书作者夏南凯教授长期从事城市开发的理论研究和实践，出版了《城市开发导论（第二版）》、《城市经济与城市开发》等教材，发表了多篇城市开发相关的学术论文。作者提出大规模城市开发风险研究的基本思路和方法，初步形成了基于项目内部运作的城市开发项目风险管理与控制和基于政府对城市开发项目进行风险外部调控的风险评估与调控这两大体系的研究构想。

    在本书中，作者首次将风险视角引入大规模城市开发项目，分析了大规模市开发风险的复杂性，深入阐述了政府在大规模城市开发过程中的风险评估与调控体系，并提出了多层面应对与实施的策略，为大规模项目提供一定的决策参考依据和预警技术工具。

    本书的第一章界定了大规模城市开发的概念，通过阐述城市开发机制与制度，分析城市开发风险的形成机制，定义了城市开发中的风险属性：客观性、随机性、相对性与可变性，并将城市开发中的风险分为生态风险、经济风险、社会风险、文化风险与政治风险等五类。在此基础上介绍了大规模城市开发的风险分析与管理流程。

本书的第二章较为详尽地阐述了大规模城市开发项目的风险监控、预警和管理过程与技术，提供了大量可操作性方法，并以天津新城和广州恩宁路更新改造项目为例，详细说明了项目实施过程中进行风险评估、调控和管理的方法与过程。

本书的第三章到第七章分别描述了五种不同风险的概念内涵和相关研究，并以风险识别——风险评估——风险预警——风险管理为主要框架，深入研究五种风险，构建了相对完善的风险研究体系。

本书的出版，对指导规模性城市开发，开发区功能转型中的开发、建设、运营管理，以及防范风险和风险评估、监测、管理，具有较高的参考价值。同时对进一步针对大规模城市开发风险开展定量研究，为未来的大规模城市开发行为提供决策与管理支撑。

中国开发区协会会长

2012 年 10 月 25 日

C目 录
ONTENTS

第三章　大规模城市开发中的生态风险

第七章　大规模城市开发中的文化风险

CHAPTER 1

第一章 导言

　　城市开发的意义在于城市结构和城市功能的互动调节作用，是城市自我生长、自我整合的机制，始终存在于城市发展之中。随着市场经济体制的建立和不断完善，城市开发投资主体多元化，原先在计划经济时期政府的投资经营领域越来越多地引入市场机制，开发的投资、经营和管理职能逐渐独立，但政府仍然要制定城市开发的规则、协调开发全过程，并不同程度的参与到开发经营中来。因此政府是城市开发的宏观主体与调控主体，各个城市开发商行使城市的实质性开发，构成了城市开发的微观主体和实施主体。

1 大规模城市开发风险管理概述

1.1 研究背景

世界大城市的发展推动着全球经济、文化教育、科技和社会的不断发展，把人类的物质文明和精神文明推向一个新阶段。城市的大规模开发，是完善城市功能、提升城市能级的过程，同时也是维持城市可持续发展的手段之一。根据联合国的人口估算，2010 年已有 52% 的世界人口居住在城市。从世界城市化的经验来看，城市化是人口向城市集中的过程，而人口在城市聚集会产生显著的规模经济效应，使私人投资和公共投资的平均成本和边际成本都大幅降低，产生更大的市场和更高的利润。一方面，地方政府希望加强城市建设来改善城市环境，提高城市的全球竞争力。另一方面，城市中心高昂的地价、高投资的开发项目使得建设成本巨大，地方政府难以独自承担[1]，因此，很多城市的大规模开发逐渐以辐射状态延伸至周边，形成了许多大城市、城市群。同时，快速的城市开发也会给人类社会的协调发展带来一系列问题。

在世界城市化进程的影响下，我国的城市开发规模也日益增大。20 世纪80 年代以来，中国社会一直处在现代化的变迁和体制的转型过程中[2]，城镇化增长率一直保持在 1% 左右的高速状态，城市化的年均增速排在世界前列。在经济力量和行政力量共同推动下，城市开发正以前所未有的势头发展，中国用了 20 年的时间完成了欧美国家 40 年乃至 80 年所走过的路程，预计未来 20 年，我国仍将保持高强度的增长水平（2010 年我国城镇化水平为 48%，将计 2020年将达到 57%，2030 年将达到 65%）[3]。在如此快速的城市化和工业化进程中，政府产生了迫切的发展冲动，虽然此前的政策是控制大城市、发展中小城市，但是，我国却出现了越控制越发展的局面，也导致了工业化发展与城镇化发展的不同步，带来了新的城市问题。为了加快开发速度，政府塑造出各种类型的城市新区、产业园区等发展载体，项目建设速度快，创造了一个个所谓的"奇迹"。

大规模的城市开发过程通常体现在经济结构动力、科技文教基础、城市空间扩展和环境保护等方面，它是城市功能转变的最终目标之一，是经济发展的有利保障，最终目的还是要保持城市的可持续发展，从广义来讲，表现为一种

"生态城市"，强调城市以人为本，人与自然的和谐统一。从经济学的角度，强调城市土地效用与效益循环的思想，一方面侧重土地功能的合理分区，另一方面注重效益最优化，包括公众既得利益的保护。而我国的现实情况是，政府享有开发主导权的同时又从中获利，这种"既是运动员，又是裁判员"的制度，使得大规模城市开发无论作为体制还是运动，既缺乏相应的价值支持，也缺乏必要的民意基础，同时还承受着来自权力上层的政治压力[4]。大规模的城市开发建设牵扯到众多利益主体，在相关各方竞争和合作的同时隐含着种种冲突、矛盾和不确定性因素。因此，政府在扩大城市开发规模的同时，还要预防加速的城市化带来的风险。

1.2　大规模城市开发

1.2.1　大规模城市开发概述

城市开发是以城市土地使用为核心的一种经济学活动，主要以城市物业（土地和房屋）、城市基础设施（市政公用设施与公共服务设施）为对象，通过资金和劳动的投入，形成与城市功能相适应的城市物质空间品质，并通过直接提供服务，或经过交换、分配、消费等环境，实现一定的经济效益、社会效益或环境效益的目标[5]。

城市开发的意义在于城市结构和城市功能的互动调节作用，是城市自我生长、自我整合的机制，始终存在于城市发展之中。随着市场经济体制的建立和不断完善，城市开发投资主体多元化，原先在计划经济时期政府的投资经营领域越来越多地引入市场机制，开发的投资、经营、管理职能逐渐独立，但政府仍然要制定开发的规则、协调开发全过程，并不同程度的参与到开发经营中来。因此政府是城市开发的宏观主体与调控主体，各个城市开发商行使城市的实质性开发，构成了城市开发的微观主体和实施主体。

本书所指的大规模城市开发项目，是指由城市政府针对特定项目所设置的公共开发机构所主导开发的位于城市边缘或外围的各种类型、集中连片、面积大体在3平方公里以上的各种独立功能单元，其功能类型复杂，并在城市整体发展战略格局中占有重要的作用，包括产业园区开发项目、城市新区开发项目、高教园区开发项目、大型节事项目、生态型开发项目及超大型复合开发项目。

1.2.2　大规模城市开发机制

从经济学的角度看，一个城市之所以能够存在，是由于它在某些产品和服务的提供上拥有比较优势，从而能够与其他地区进行贸易，换取自己不生产的产品和服务。集聚效应的存在扩大了这种优势，从而促进了城市的经济发展。除了就业机会外，城市居民对于生活质量也有着广泛的需求：人们需要从事居住、购物、休闲、交通等各种活动，当然还包括从事上述活动所需要付出的成本。

上述需求反映到物质空间上，就转化为对工作场所、住房、基础设施、生活便利设施、自然环境的需求。不同的城市活动对于地点和空间有着特定的要求。在这方面，诸多关于城市空间组织的理论与交通组织理论给出了各自的解释。作为一门学科，城市规划就是要在认识城市活动空间运行规律的基础上，对土地使用和空间开发做出合理的安排，满足人们对于经济发展、生活设施、自然环境、生活成本的各种愿望。不过对于特定时期的特定城市而言，城市规划还是受限于该城市以及更广大地区的社会经济发展条件，上述愿望未必能够同时获得最大满足，而只能在其间取得一个平衡，乃至在不同人群的愿望之间取得一个平衡。因此在制定（着重土地使用的）城市规划之前，通常会先研究制定该城市发展的战略规划，在其基础上进一步制定土地使用规划或者专项规划，以期实现土地需求与供给之间的平衡。

在市场经济条件下，大量的城市开发活动都是由企业投资完成。政府在其中的作用主要是界定与土地相关的财产权，消除私人活动带来的负外部性，提供公共品以及增进穷人的福利从而改善社会环境等。可采取的措施包括城市规划、制定限制性或激励性的政策法规、直接组织公共工程等。企业则在政府制定的框架下进行经济决策。因此，城市规划及相关政策在制定之前需要考虑市场的运行状况，事实上，对现状的分析和对未来的预测正是制定规划方案的基础；而其在制定之后又会对市场产生影响。二者之间形成了互动协调的关系（图 1-1-1）。

图 1-1-1　政府与市场在城市发展中的作用及相互关系

1.2.3　大规模城市开发制度

上文描述的是一般市场经济体系下城市开发的基本原理与机制。我国对此有着特定的制度安排。我国中央集权的社会主义体制，对城市开发的干预力度大、效果显著[6]。张五常在其著作《中国的经济制度》中指出，中国自20世纪90年代后期起出现的经济奇迹，很大程度上归功于中国特色的经济制度。即中央—县—企业之间的经济关系可视作一连串的承包合约，其中（区）县是一个类似于企业的基本经济单位，在财政、土地使用等事务上有着很大的自主权。这为我们理解我国城市开发的制度安排提供了一个切入口。我们将通过法律法规、部门规章以及若干典型做法等，对我国城市开发的制度安排进行考察，主要包括土地开发制度、城市规划制度、管理经济制度几个方面。

1.2.3.1　土地开发制度

城市开发首先要对土地进行开发，我国的土地是国家所有或集体所有，开发有两种形式，一是将非城市用地开发成城市用地，另一种是城市土地再开发利用。我国的土地有偿使用制度于1988年建立，对城市发展具有划时代的意义，赋予了地方政府更多的权力、扩大了地方的财政收入，为城市的发展和经济的增长注入了活力和动力。

关于我国建立土地市场的解释颇具争议。世界银行认为土地有偿使用制度的实施主要是为了增加财政收入或强化对土地的控制，并非为了建立土地市场。国内一些学者则认为土地有偿使用制度的建立是为了引进外资的需要。不管动机如何，土地有偿使用制度确实使中国建立了土地市场，提高了土地使用效率，为地方政府提供了建设基础设施所需的资金，为我国近年来的发展奠定了基础[7]。

在国家层面，土地有偿使用制度的法律框架主要由以下法律决定：

1988年颁布的《中华人民共和国土地管理法》（1998年修订）；

1989年颁布的《中华人民共和国城市规划法》[1]；

1990年颁布的《中华人民共和国城镇国有土地使用权出让和转让暂行条例》；

1994年颁布的《中华人民共和国房地产管理法》。

《土地管理法》陈述了土地有偿使用制度的法律框架，对土地的所有权和使用权、土地使用总体规划的编制与审批、土地调查制度、耕地保护、建设用地征收农地程序等作出了规定。《城乡规划法》规定了土地的开发利用必须持

---

① 2007年颁布《中华人民共和国城乡规划法》（同时《城市规划法》废止）。

有"一书两证"（选址意见书、建设用地规划许可证、建设工程规划许可证）后才可以向土地部门申请土地的使用权。在省、市层面，可以根据各地的实际情况，在国家大法的指导下，制定地方法规条例。

实践中，国家和省级层面的政府机构更多地参与政策的制定和监督实施。市级层面的机构则负责具体的土地和房地产事务的管理。由于涉及的机构众多，导致土地使用权的获得需要较长时间，程序也较为复杂。城市开发的全程有很大一部分时间为土地获取占据。

但是，我国的大规模城市开发进展较快的同时也带来了很多与土地相关的负面作用，例如耕地的流失、房地产市场过度投资、城市畸形扩张等。尽管土地市场存在种种不规范的现象，土地产权的界定也不够明确，然而在经过长期的短缺经济和需求压抑后，土地的市场价值在城市开发中的重要性已得到广泛的认同。

1.2.3.2　城市规划制度

城市开发的规划分为总体规划和控制性详细规划两类，总体规划是指导和控制城市发展和建设的蓝图，在规划体系中属于较高层次；控制性详细规划是在总体规划的指导下，制定所涉及的城市局部地区、地块的具体规划。

总体规划编制应体现城乡规划的基本原则，妥善处理城乡关系，引导城镇化健康发展，体现布局合理、资源节约、环境友好的原则，保护自然与文化资源、体现城市特色，考虑城市安全和国防建设需要。对涉及风景名胜资源、自然与文化遗产保护、公共安全和公众利益等方面的内容，应确定为必须严格执行强制性内容。

编制城市开发总体规划，要遵循国家基本政策要求，遵循《城乡规划法》、《土地管理法》、《环境保护法》等相关法规，充分考虑上位规划的要求，特别是全国城镇体系规划、省域城镇体系规划的要求，与省市国民经济和社会发展规划、土地利用总体规划、环境保护规划等其他相关规划的协调。

一般来说，总体规划编制的组织程序为：城乡人民政府负责组织编制城市总体规划和城市分区规划。具体工作由城市人民政府规划行政主管部门承担。城市总体规划的编制要贯彻"政府组织、专家领衔、部门合作、公众参与、科学决策"的原则。

总体规划编制的工作程序分三个步骤：

（1）组织前期研究，按规定提出开展编制工作的报告，经上级规划行政主管部门同意后方可组织编制。

（2）组织编制城市总体规划纲要，按规定提请审查。

（3）依据国务院建设主管部门或者省、自治区建设主管部门提出的审查意见，组织编制城市总体规划成果，按法定程序报请审查和批准。

控制性详细规划主要以对地块的用地使用控制和环境容量控制、建筑建造控制和城市设计引导、市政工程设施和公共服务设施的配套，以及交通活动控制和环境保护规定为主要内容，并针对不同地块、不同建设项目和不同开发过程，应用指标量化、条文规定、图则标定等方式对各控制要素进行定性、定量、定位和定界的控制和引导。

作为一种切实有效的、强有力的规划手段，控制性详细规划已经成为协调规划设计与建设管理的桥梁，针对城市规划管理一切政策的制定和制度改革几乎都与它有关。控制性详细规划需要明确所涉及地区的发展定位，与上位的城市总体规划相衔接，综合考虑现状问题、已有规划、周边关系、未来挑战等因素，制定所涉及地区的城市建设各项开发控制体系的总体指标，为各个地块制定相关的规划指标，作为法定技术管理工具，直接引导和控制地块内的各类开发建设活动。

从本质上说，总体规划是纲要性文件，具有宏观指导意义；控制性详细规划是实施性文件，具有微观可操作性。二者都是城市开发过程不可缺少的环节。

1.2.3.3　管理经济制度

城市开发活动既受到土地的限制和规划的约束，在实施过程中还要有一个内在联系和相互协调统一的组织系统贯穿于开发全过程。我国城市开发的管理组织模式主要是行政主导型管理模式，突出强调政府行政部门的主导作用。随着大规模城市开发建设的不断深入以及政府宏观管理体制的改革，其管理模式应按照国际通行的惯例和社会主义市场经济体制的要求逐步加以完善。

由于受到国家经济发展水平的限制，大规模城市开发项目不可能全部由政府投资，项目的投资来源涉及许多方面，除国家投资外，其他还有国内外的贷款、发行的债券、项目受益地区及部门的集资、项目前期工程滚动开发的收入以及发行的股票等。政府的参与始终十分重要，因为项目建设中不仅需要政府的协调、政策的许可和配套，很多时候也需要有来自政府的直接投资或融资担保，政府是大规模城市开发项目资金筹集的组织者和参与者。

大规模城市开发项目的投资来源不仅涉及项目建设的资金问题，还要涉及项目的承建单位、项目受益地区或部门与投资者之间的责任、权力利益分配等问题。不同的投资来源，使政府负担不同的经济风险、社会风险和政治风险。

项目融资工作首先应该对项目的投资进行分块、分解，然后根据工程的进

```
                    ┌─────────────────────┐
              ┌────▶│    市场调查、分析      │◀────────┐
              │     └─────────────────────┘         │
              │     ┌─────────────────────────────┐ │
              │     │  项目实施发展大纲（融资部分）  │ │
              │     └─────────────────────────────┘ │
              │     ┌─────────────────────┐         │
              │     │    可能的资金来源     │         │
              │     └─────────────────────┘         │
              │     ┌─────────────────────┐         │
              │     │      融资方式        │          │
              │     └─────────────────────┘         │
              │     ┌─────────────────────┐         │
              │     │    资金流量计划       │         │
              │     └─────────────────────┘         │
              │     ┌─────────────────────┐         │
              │     │    编制融资方案       │         │
              │     └─────────────────────┘   不符合  │
              │           ╱           ╲              │
              └──────◀ 是否符合可研结果 ╲─────────────┘
                       ╲               ╱
                        ╲    符合     ╱
                    ┌──────────────┐      ┌──────────────┐
                    │  确定融资计划  │─────▶│  融资工作计划  │
                    └──────────────┘      └──────────────┘
                                                 │
                                          ┌──────────────┐
                                          │  融资合同方案  │
                                          └──────────────┘
                                                 │
                                    ┌───────────────────────────┐
                                    │ 融资方案的选择与融资风险分析 │
                                    └───────────────────────────┘
```

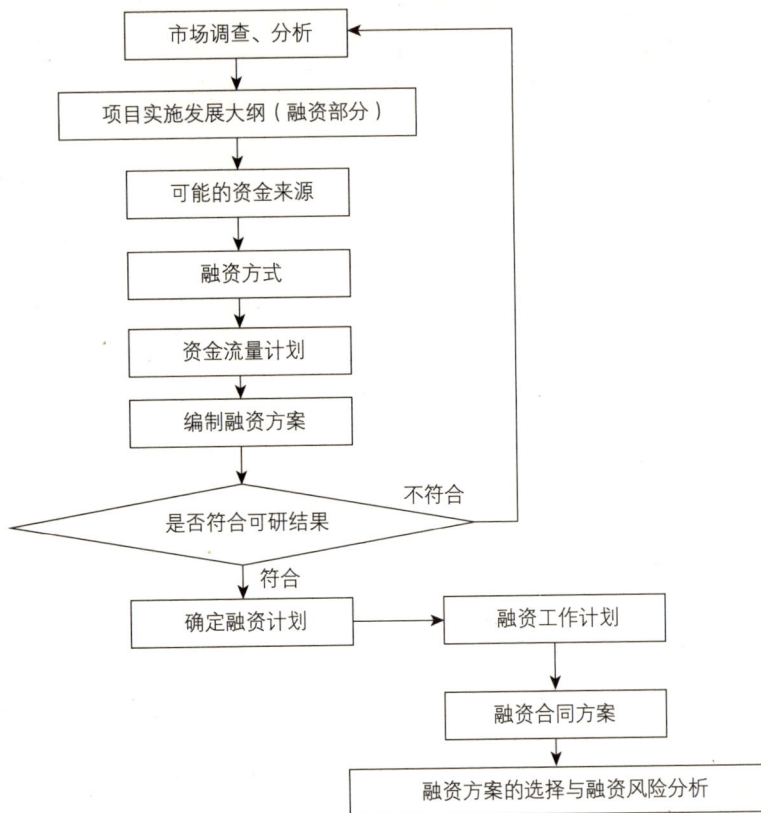

图 1-1-2　融资工作流程示意图[8]

度达到不同阶段时资金的需求量，确定项目资金流量计划，从而对资金来源和融资方式进行分析，编制融资方案，并根据可行性研究报告选择融资方案，最后根据方案进行融资。图 1-1-2 表示了融资的详细过程。

1.3　城市开发风险概念

1.3.1　城市开发风险

　　风险的概念抽象而且模糊笼统，学术界对风险的内涵还没有统一的定义，由于对风险的理解及研究角度不同，不同的学者对风险概念有着不同的解释：风险是事件未来可能结果发生的不确定性（March & Shapira；C. A. Williams；A. H. Mowbray 等）；风险是损失发生的不确定性（J. S. Rosenb；F. G. Crane；Biokett；Charnes；Cooper；Ruefli 等）；风险是指可能发生损失的损害程度的大小（Markowitz 等）；风险是指损失的大小和发生的可能性（朱淑珍；王明涛等）；风险是风险构成要素相互作用的结果（晓亭，蒲勇健；叶青，易丹辉等）。

本文认为，城市开发风险是城市开发项目一种未来可能结果发生损失的不确定性。其包含两部分：一是风险事件发生的不确定性；二是一旦风险事件出现，其后果的严重程度和损失的大小具有不确定性。

1.3.2 城市开发风险的形成机制

根据城市开发风险的定义，城市开发风险由两部分组成：一是风险事件出现的概率；二是一旦风险事件出现，其后果的严重程度和损失的大小。导致风险事件发生的因素，我们称之为风险因素，它是可能产生潜在损失的征兆。最终的后果和损失通常是一系列风险因素和风险事故依次作用的结果。所以，风险过程显示了风险的形成机理，同时也显示了风险的构成。

（1）风险因素

风险因素是指引起或增加风险事故发生的机会或扩大损失幅度的原因和条件。它是风险事故发生的潜在原因，是造成损失的内在或间接原因，是风险形成的必要条件。风险因素根据性质通常分为实质风险因素、道德风险因素和心理风险因素三种类型。其中，道德风险因素和心理风险因素均为与人的行为有关的风险因素，故二者合并可称为无形风险因素或人为风险因素。

（2）风险事故

风险事故是造成损失的偶发事件，亦称风险事件。风险事故是损失的媒介，是造成损失的直接或外在原因，即风险只有通过风险事故的发生，才能导致损失。例如，在城市开发进程中，多地因拆迁补偿安置问题而发生自焚事件、警民冲突事件，造成人员伤亡，产生不良社会影响。其中拆迁中的补偿安置问题就是风险因素，自焚事件、警民冲突事件就是风险事故。

（3）损失

在风险管理中，损失是指非故意的、非预期的和非计划的价值的减少。它包括两方面的条件：一为非故意的、非预期的和非计划的观念；二为价值的观念，即不期望的结果的发生。二者缺一不可。如武汉外滩花园在建成后却发现其有碍防洪，最终不得不炸掉，造成巨大的损失。

（4）风险因素、风险事故、损失三者的关系

解释风险因素、风险事故和损失三者关系的理论有两种：一是海因里希（H.

W. Heinrich）的骨牌理论；二是哈同（W. Haddon）的能量释放理论。虽然他们都认为风险因素引发风险事故，而风险事故又导致损失，但这两种理论的区别在于侧重点不同。前者强调风险因素、风险事故和风险损失这三张骨牌之所以倾倒，主要是人的错误所致；后者则强调之所以造成损失，是因为事物承受了超过其能容纳的能量所致，且物理因素起主要作用。综上所述，可以把风险因素、风险事故和损失三者的关系组成一个因果关系链条，即风险因素的产生或增加，造成了风险事故的发生，风险事故发生则又成为导致损失的直接原因。认识这种关系的内在规律是研究风险管理的基础。

总体看来，城市开发中各类风险的起因可以归结为问题和事件两大要素。其中，问题泛指城市开发中各方面、各层次所可能存在的缺陷、错误、偏差、不当、不足等对开发产生负面效应的内容，可按其重要性程度分为重要问题和一般问题，也可按其表现形式分为显形问题和隐形问题。事件泛指城市开发项目自身或外部环境中产生的可能引发风险的偶然性活动，可以按照事件对城市开发的威胁程度分为大事件和小事件，也可按其可预测程度分为难预测事件和可预测事件。

产生城市开发中种种风险的原因主要在于问题、事件以及事件对问题的影响这三个方面，问题与事件二者的不同组合反映了不同类型风险产生的不同机制。问题越是重要、越是表现为显性问题，其所造成的风险表现的越是激烈，直接危害也越大；事件越大、越难以预料，其引发突发性风险的可能性也越高，危害也越大；反之亦然。由于这一机制是基于问题（problem）和事件（issue）提出的，二者同时也是城市开发中各种偶然性、必然性、随机性、复杂性的重要载体，故可将其称为城市开发风险的 PI 组合分析法。

1.3.3　城市开发风险属性

1.3.3.1　客观性

城市开发风险的客观性，表现在其存在是不以人的意志为转移的。从根本上说，决定风险存在的因素相对于风险主体来说是独立存在的，不管风险主体是否意识到风险的存在，风险是客观存在的并在一定的条件下成为现实。另外，风险还是无时不有、无处不在的，它时时刻刻潜藏于城市开发项目决策、实施和运营的各种活动和环节之中，这是不可避免的。因此，人们只能把风险缩减到最低程度，而不可能将其完全消除。

1.3.3.2　随机性

城市开发风险虽然是客观存在的，但是风险事件是否发生、发生的时间、发生的地方、损失程度却是不确定的，风险具有随机性的特点。从统计学的角度来看，风险事件的发生是必然的，但对具体的城市开发项目来说，风险类型及其危害程度却不尽相同，风险事件的发生带有偶然性的特点。

1.3.3.3 相对性

风险总是相对于一个主体（人或时间）而言。不同的主体对风险的承受能力不同，同样的风险对于不同的主体有着不同的影响。也就是说，同样的城市开发风险对不同的承担主体来说风险程度是不同的，从这个角度看，城市开发风险具有相对性。风险主体对风险的承受能力主要由收益的大小、投入的大小和风险主体的地位与拥有的资源等条件决定。城市开发对动拆迁居民影响较大，他们的利益可能受到损害，也就是说，对有些人是肯定有益的城市开发对有些人却意味着风险。

1.3.3.4 可变性

城市开发风险是随着城市开发活动或事件的发展而变化，这种可转化的特性称之为可变性。城市开发风险的可变性包括以下几点内容：

（1）风险性质的变化

比如说有些城市开发项目使用了新技术、新工艺，这些风险相对来说就是特殊风险，而一般的技术风险就属于基本风险。

（2）风险量的变化

风险是依特定对象而言的，风险量的变化不仅仅是风险自身的变化，还包括主体抵御风险能力的变化导致的不同风险度量。随着社会发展，预测技术的提高，人们抵御风险的能力增强，在一定程度上更好的控制一些风险，使其损失程度范围降低。

（3）一些风险在特定时间和空间范围内可以被消除

如动拆迁风险在城市开发项目结束动拆迁工作之后便消亡了。

（4）新风险的产生

随着项目的发展和不同活动的展开，新的风险势必产生。比如说城市开发前期有决策风险、战略风险，后期有实施风险。就整体而言，随着科学技术的发展，社会的发展，使城市开发面临的风险越来越多，而风险发生的频率，无论是自然风险，抑或人为风险，都是越来越高，风险事故所造成的损失也越来越大。

（5）有限可测性

风险具有随机不确定性，个别的风险事件是很难预测的。但可以利用概率论和数理统计的理论对风险事件发生的概率，以及其发生的影响进行评估，为人们的决策服务，预防风险事件的发生，减少风险发生造成的损失。例如，根据过去城市开发的历史经验资料，可以预测当前城市开发面临的风险，但是历史经验资料是过去的信息，无法反映当前城市开发所具有的新特点和新情况。而且，社会经济系统要素错综复杂，无法清楚认识其发展规律，这决定了城市开发的不确定性，城市开发风险是无法精确预测的，具有有限可测性。

（6）风险同收益的对称性

风险同收益的对称性是指城市开发活动对政府、当地居民、开发商等来说风险和利益是同时存在的，政府主导城市开发是为了社会经济的发展，但是城市开发可能会损害当地居民的利益，可能破坏当地生态环境，即城市开发风险是社会经济发展利益的代价，为了实现城市开发的社会、经济、生态目标，就要承担一定的风险。

1.3.4　城市开发风险分类

大规模城市开发具有的资金投入巨大、项目实施周期漫长、牵涉多方利益主体等特点，使其开发背景和过程都较为复杂，对城市经济发展、城市形态、城市面貌和环境都有着决定性的影响。根据风险的类型，可将城市开发中的风险分为以下几种[9]：

1.3.4.1　生态风险

城市生活是一种资源高消耗型、高成本、高代价、高风险的生活形态，快速的城市化发展和盲目的 GDP 崇拜使大规模的城市开发活动变成了生态灾难的根源，城市"摊大饼"发展的形态造成自然与人为环境的接触减少，城市规模的无限扩大带来能源供给的紧缺，给生态环境带来不断增长的压力，为新增人口建设的各类设施将造成大量的 CO_2 排放甚至环境污染。由于原有的农业生态系统迅速被城镇生态系统所取代，不可避免地会出现一些不利于可持续发展的负效应[10]。而在发达国家，其高城市化率实际上是建构在资源的全球性掠夺的基础上，由于我国尚缺乏资源的全球获取能力，在国内资源总量有限的情况下，应该重视根据国情国力在国家层面上保持合理的城乡比例，尤其要防止盲目城镇化、过度城镇化而给整个生态环境带来无法修复的损失。

1.3.4.2　经济风险

城市开发中的经济风险指在开发活动中，由于相关的经济因素的问题或其变化给项目建设带来的风险，主要是指由于项目投入产出等内部因素以及宏观经济政策等外部因素的变动对项目本身、社会和城市整体或局部利益产生损害的经济损失、成本增加等的风险。近年来，城市经营的理论和实践活动不断深入，我国许多城市为加快城镇化进程，不考虑社会经济发展的实际需求，盲目拉大城市框架，导致城市规模快速扩张。比如"GDP"崇拜的评价标准使得追求经济总量成为各级城市政府的最大目标，由此产生了许多优惠政策以扩大土地供给，吸引外地资本的落户，人为地加快了城市资本的积聚和城市化的进程[11]。粗略统计，全国地级市中有一半左右在进行着旧城改造与新城开发，但大多是旧城改而未变，新城开而未发，不但占用大量耕地，而且债台高筑。

1.3.4.3 社会风险

城市开发项目常常伴随各种利益相关群体间的激烈冲突，从而带来一定的社会风险。从社会学的角度看，城市规划意味着城市政府通过各种规划机制或手段对个人和集团的行为进行约束，从而达到维持社会秩序、保持社会和谐稳定、避免社会解体危险的目的。例如在新城开发中，由于设定的规模过大而城市的经济实力和项目支撑不足等原因，导致众多新城开发迟缓、大量土地闲置、基础设施配套匮乏等问题，并可能损害相关的弱势群体的切身利益从而引发社会冲突；在新旧经济体制模式的磨合过程中，政府与各经济主体之间关系发生重大变化但却尚未理顺，权力享受结构与承担结构严重扭曲和错位，各经济主体的责任与权力增长不同步，承担所产生的不良后果与取得各自利益的不匹配[12]。同时，当代社会成员利益诉求意识增强，社会焦虑成为明显的时代特征，往往放大人们对社会问题的感受，加剧人们的不满，造成大量的越轨行为和无序现象[13]，加之社会经济领域缺乏正常的秩序和健全的规则，从而难以有效的整合上述各种渠道的、性质不同的能量，容易使上述社会能量演化成负面力量加以释放。在这样的时代背景下，社会风险因素无疑会迅速积累，并且长期发挥作用，对城市开发造成持续的、深远的影响[14]。

1.3.4.4 文化风险

在经济全球化、社会信息化、城市开发国际化的背景下，世界各国不同文化相互交流、渗透、冲撞和融合，我国在融入全球化的城市发展潮流中，受到发达国家强烈的文化冲击，他们的价值观念、思维方式、生活方式凭借其强大的政治经济实力而得以扩张，而我们的民族文化逐渐出现了边缘化的趋势，甚至有失去自主性的危险。伴随着加快的城市发展步伐，很多历史文化建筑、街区等被破坏或拆除，取而代之的是一栋栋钢筋水泥、千篇一律的现代化新城，原有的城市韵味、文化特色已经从人民生活中淡出。北京的四合院、上海的里弄，以及全国各地无数承载着几代人回忆的老建筑，都面临着被拆迁或无人管理的尴尬状态，城市已不再是一个完整的历史的绸带，而成为零星的碎片。

1.3.4.5 政治风险

城市大规模开发活动所引起的社会力量的冲突与对抗给城市建设主管领导带来了政治压力，城市建设主管部门也往往处于突破政策界限以执行领导意图与坚持法定规划以维护社会公共利益这种难以协调的两难境地。

1.4 大规模城市开发风险管理

风险管理（Risk Management）是 20 世纪 50 年代从美、英等国家发展起来的一门新兴的管理学科。目前，其在理论和实践方面都有很大的发展，已经广泛应用于金融保险、企业管理、项目管理等领域，并逐渐成为企业和各国政府高度重视的管理方法。

1.4.1 风险管理的发展历史

风险管理思想的雏形可以追溯到几千年前，约在公元前 2800 年，古埃及平民中开始盛行互助基金组织；直到 18 世纪产业革命，法国管理学家亨瑞·法约尔（Hneri Fyaol）在《一般管理与工业管理》一书中才正式将风险管理思想引入企业经营领域，但长期以来没有形成完整的体系和制度。

现代风险管理起源于第一次世界大战中战败的德国，发展于 20 世纪 30 年代的美国，50 年代以后才发展成为一门独立的学科。经过近一个世纪的发展，风险管理在保险金融、企业管理、项目管理等领域有了长足发展。下面是风险管理发展历程中比较重大的事件。

1921 年，Marshall 最早在专著《Business Administration》中提出了风险负担管理的观点；

1949 年，亨利·费尔（Henri Fayol）最早提出了风险管理这一概念；

1952 年，马柯维茨发表了题为《证券组合选择》的论文，他将金融资产的收益和风险进行了合理的量化；

1954 年，Savage 提出风险选择的期望效益模型，成为后来广泛使用的模型；

1960 年，美国保险管理协会（American Society of Institute Management，

简称 ASIM）纽约分社与亚普沙那大学（Upsala）合作并首次试验开设为期十二周的风险管理课程；

1961 年，印第安纳大学赫奇斯教授（J. Edward Hedges）主持成立了 ASIM 的"风险与保险学课程概念"特别委员会，并发表《风险与保险学课程概念》一文，为该学科领域的培训与教育指明方向；

1963 年，梅尔（Mohr）和赫奇斯（J. Edward Hedges）合著《Risk Management in Business Enterprise》，该书后来成为该领域影响最为深远的历史文献；

1964 年，C. Arthur Williams Jr, Richartcl M. Heins 出版了《Risk Management and Insurance》，系统论述了风险管理的相关理论知识，这本著作和 Mehr, Hedges（1974）出版的《Risk Management in Business Entreprise》一起，标志风险管理学系统研究的开始，成为该学科领域影响最为深远的文献；

1982 年，美国保险管理协会（ASIM）更名为风险与保险管理协会（Risk & Insurance Management Society，简称 RIMS），这标志着风险管理从原来意义上的用保险方式处置风险转变到真正按照风险管理的方式处置风险；

1983 年，美国 RIMS 年会上世界各国专家共同讨论并通过了"101 风险管理准则"，以作为各国风险管理一般准则（其中包括风险识别与衡量、风险控制、风险财务处理、索赔管理、职工福利、退休年金、国际风险管理、行政事务处理、保险单条款安排技巧、交通、管理哲学）；

1995 年由澳大利亚／新西兰技术委员会制订的 AS/NZS 4360 明确定义了风险管理的标准程序，成为世界上第一个国家风险管理标准。

我国开始风险问题起步很晚，于 1980 年开始从国外引进风险管理。1991 年，顾昌耀和邱苑华在《航空学报》上首次将风险扩展到复数并且用于风险决策研究。卢友杰（2000）、邱菀华（2003）、沈建明（2004）、刘新立（2006）等都从不同角度介绍了项目风险管理的风险管理规划、风险识别、风险评估、分析应对、风险监控等过程的基本理论、内容、方法和技术。

总体来看，风险管理还是主要应用于金融保险、企业管理、项目管理等领域。在城市开发领域，国外发达国家进行大规模城市开发建设时，缺乏成熟风险理论和技术，从而导致了风险管理未被广泛应用到国外城市开发领域。如今，我国进行大规模城市开发，经济、社会和环境问题突出，使得应用相对成熟的风险管理和技术到城市开发项目中成为必要。夏南凯已经开展了城市开发领域的风险管理研究，国内学者刘星、王朝才等将风险管理应用到城市开发的地方财政管理，还有学者将风险管理应用到城市开发中的生态和环境影响研究，等等。另外，2006年6月6日，国务院国有资产监督管理委员会发布了《中央企业全面风险管理指引》，这说明我国政府已经越来越重视风险管理技术的应用，这为城市开发领域的风险管理研究带来了契机。

1.4.2　风险管理的理论阐述

对于风险的三大基本问题（如何规范与测度不确定性、不利的后果包括哪些、什么是风险的真相或它的真实性）的不同回答，风险管理理论可分为主观构建派风险管理理论和客观实体派风险管理理论。

主观构建派认为风险作为一种不确定性是主观的、个人的和心理上的一种观念，是个人对客观事物的主观估计，而不能以客观的尺度予以衡量。此学派认为风险管理无法划分为若干独立的部分或阶段进行研究，而需要考虑互动、关联和情景。代表性的理论有德国社会学家贝克、英国社会学家安东尼·吉登斯和拉什共同勾画的"自反性现代化"理论，法国哲学家傅柯的风险统治理论，英国道格拉斯的风险文化理论。我国的刘挺、杨冬雪、李航等也对我国当前背景下的"风险社会"进行了研究。

客观实体派则以风险客观存在为前提，以风险事故观察为基础，以数学和统计学观点加以定义，认为风险可用客观的尺度来度量。该学派认为风险管理可以分为数个独立部分进行，而不考虑或不强调阶段之间的互动、关系与情景，认为风险管理属于管理科学的一部分，是金融保险、企业管理、项目管理等领域的重要组成部分。在各个应用领域，由于出发点、目标和运用范围等强调的侧重点不同，各自形成了不同的风险管理理论。在金融保险领域，代表性的理论有期望值理论、期望值效用理论和前景理论；在企业管理领域，代表性的理论有COSO发布的《企业风险管理——整合框架》；在项目管理领域，代表性的理论有美国项目管理协会（PMI）的PMBOK，澳大利亚／新西兰风险管理标准，英国项目管理协会（APM）的PRAM等。

1.4.2.1　风险管理定义

风险管理在其形成和发展过程中，由于对风险管理出发点、目标和运用范围等强调的侧重点不同，学者们对风险管理的定义提出了各种不同的见解，并且随着时代的发展而不断演变。

最早的关于风险管理较为全面而又确切的定义，是由美国学者威廉斯和汉斯在著作《RiskManagement and Insurance》（1964）提出的，"风险管理是通过对风险的识别、衡量和控制，而以最小的成本使风险所致损失达到最低程度的管理方法"，当时这一定义得到了广泛的接受。20世纪70年代以后，大量的学者又从实务角度进行了补充和修正。如，梅尔和赫奇斯认为，风险管理的目的与企业经营目的一致。企业风险管理的目的是控制实际的或是潜在的损失；巴格利尼认为，风险管理是在保持企业财务稳定性的同时，尽量减少因各种风险的损失所支出的总费用；格林和塞宾认为风险管理是为了在意外损失发生后，恢复财务上的稳定性以及对所需资源的有效利用，即以固定的费用使长期风险的损失减少到最低程度。1998年美国当代风险管理与保险学权威斯凯柏教授在《国际风险与保险》中给出来个简明又全面的定义：风险管理是指各个经济单位通过对风险的识别、估测、评价和处理，以最小的成本获得最大安全保障的一种管理活动。这一定义实际上回到了威廉斯和汉斯最初的立足点，只是它表述得更加合乎当前经济活动的实际状况。

本文认为，风险管理（Risk Management）是通过对风险的识别、衡量、分析，并在此基础上有效地处置风险，以最少的成本将风险导致的各种不利后果减少到最大安全保障的科学管理方法。

1.4.2.2 风险管理流程

在不同的应用领域，风险管理有着不同的内涵，各自形成了适用于本领域的风险管理流程，即便是在同一领域，也有不同的风险管理流程。下面，就主要领域的风险管理流程进行介绍。

风险管理最先起源于保险思想，风险管理的发展也与金融保险密切相关。根据国际清算银行（The Bank for International Settlements，BIS）的定义[15]，风险管理的过程可划分为：风险识别、风险度量、风险评级及报告、风险控制管理。

在企业风险管理方面，对企业内部控制和风险管理做出突出贡献的COSO在2004年发布了《企业风险管理——整合框架》，提出了企业风险管理（ERM）的整合概念："ERM是一个由企业的董事会、管理层和其他员工共同参与的，应用于企业战略制定，用于识别可能对企业造成潜在影响的事项并在其风险偏好范围内管理风险，为企业目标的实现提供合理保证的过程"。并指出全面风险管理包括内部环境、目标设定、时间识别、风险评估、风险对策、控制活动、信息与沟通、监控八大要素[16]。

随着风险管理应用领域的扩大，澳大利亚／新西兰技术委员会为了帮助公共部门和私人组织更好的应用风险管理工具，于2004年出台了第一部风险管理国家标准——澳大利亚／新西兰风险管理标准。在标准中提出风险管理的一般过程：背景定义—风险识别—风险分析—风险评估—风险处置以及沟通咨询和监测控制[17]。

在项目风险管理方面，国际项目管理组织（PMI）、国际项目管理协会（IPMA）和英国项目管理协会（APM）都建立了自己的标准，国外的其他机构、学者以及中国项目管理研究会也提出了自己的项目风险管理过程。

（1）PMI 提出了风险管理计划—风险识别—定性风险分析—定量风险分析—风险应对计划—风险监测和控制 6 个过程。

（2）IPMA 提出了风险识别—风险分类—风险量化—风险应对—风险监控 5 个过程。

（3）APM 提出项目定义—范围界定—风险识别—风险结构化—风险分担—风险估计—风险评价—风险管理计划—风险管理 9 个过程[18]。

（4）中国项目管理研究会在《中国项目管理知识体系》中将项目风险管理划分为风险管理计划—风险识别—风险评估—风险量化—风险应对计划—风险监控 6 个过程[19]。

上述各领域的风险管理过程的划分是根据本领域的特点及适用性而做出的，即使是在同一领域，基于不同使用者的习惯和偏好，其阶段的划分的粗细程度及其使用范围也略有不同。

1.4.3　城市开发风险管理

从风险管理的发展历程来看，对于风险理论的研究多集中于经济学和管理学领域，理论层面上的城市开发中的风险研究尚属起步阶段。现实中，我国 30 年的快速发展在给城市带来巨大成功的同时，也给未来带来了诸多风险隐忧。很多地方政府打着"快速城镇化进程"的旗号，盲目拉大城市框架。据粗略统计，全国地级市中，有 50% 左右的城市在兴建新城区。旧城改造、新城开发，科技园、开发区、大广场、宽马路等等，形成了一股席卷全国的热浪。但大多是旧城改而未变，新城开而未发，不但占用了大量的耕地，而且是债台高筑，怨声四起[20]。最终所导致的经济损失越来越大，所引发的社会冲突日趋激烈，对生态环境的破坏和威胁也日益增强。

在快速城市化时期，针对城市大规模开发展开风险研究，就显得意义重大。如何在开发中应对未知风险，是关系到国家可持续发展大局的重要问题[21]。在这样的背景下，政府主导下的城市开发工作将面临如何应对未知风险、实现全面管控的重大难题，包括减少社会问题、降低经济损失、避免生态危机、减轻文化侵蚀等等方面，归根到底，需要我们更多的关注城市开发风险问题。

对于大规模的城市开发项目，其项目进展和风险管理应当是基本同步的，这样才能获得较好的风险管理效果。可将城市开发项目及其风险管理体系均划分为战略层面和战术层面，分别对应于二者的决策阶段和运作实施阶段[22]。在进行风险管理工作前，需要先做出整体的风险管理规划，对风险管理的人员组织、人员责任、主要活动、汇报形式和时间进度表进行统筹安排，为后续的管理工作做好基础。之后要建立起风险管理的流程，规范城市开发的风险管理过程。基于PI风险分析法，提出城市开发风险应对的思路如下：

（1）强化风险意识。强烈而清醒的风险意识，是有效防范风险的根本前提，也是有效降低风险管理成本的首要步骤。

（2）进行全面风险管理。全面风险管理是当今的主流思想，要求风险管理的各个步骤之间紧密配合，并以全面的眼光来看待每个步骤的实施效果，尽可能的囊括各种相关的偶然因素，这样才能更好地发现问题，达到更好的风险管理效果。此外在落实开发计划的过程中，要进行事前、事中、事后的控制，适时将实际开发状态与计划目标对照并及时调整。

（3）深入分析风险的形成过程，掌握足够的信息。只有对城市开发活动的发展历程进行持续、深入分析，才能发现其中存在的问题和可能引发风险的事件，从而找出风险源头，以控制风险。

（4）扩大风险管理范围，加强控制力度。越复杂的系统，其不确定性越高，可预测性越差、可控性越弱。城市开发这一系统之所以具有较弱的可控性，主要在于其可纳入到我们可控制范围的因素占其总因素的比例太少，其他未纳入的因素中也存在着严重威胁开发活动的可能性。

总体来看，我国对于城市开发风险的研究主要集中于房地产开发风险、城市开发投融资风险、基础设施建设风险等领域，且此类研究往往从企业管理、工程管理、金融保险等领域展开，缺乏从城市规划领域出发的针对城市开发项目风险的系统化研究成果。本研究针对我国经济社会转型期社会矛盾突出的现状，将风险观念融入城市规划设计过程，对大规模城市开发发展现状、社会环境、方案成果等的风险分析，将方案本身可能存在的问题以及以后环境发生变化时可能产生的问题纳入正式的规划成果中，推进城市规划学科完善，提高其指导意义，有助于填补相关学术空白。

2 大规模城市开发风险分析及管理流程

本文是基于政府角度研究大规模城市开发项目风险管理，根据研究对象和视角，本文将采用项目管理学科的思考范式，对城市开发项目的风险进行分析与管理。理由如下：①本文的研究对象设定在各种城市功能区的开发上，如工业开发区、高新科技开发区、新城开发等。虽然每个项目都是在共同的制度框架下进行运作，但是具体到特定项目上，其项目定位、运作方式乃至实施人员还是有着相当的独特性，而且虽然某些开发项目规模巨大耗时长久，其中包含着多个子项目，但就整个项目（群）（program）而言，仍然具有独特性和一次性。这为项目管理思考范式的应用提供了可能。②本文站在开发项目所在城市的角度，关注开发对城市的影响，包括经济发展、生活质量、社会安定、自然环境等多个目标，从而需要对开发所牵涉的各种风险进行分析和管理，以确保项目的成功。这使得项目风险管理成为一种必要。并且，虽然其中会涉及当地政府控制范围以外的、属于项目外部环境的风险，如制度安排上的漏洞累积形成的风险、宏观经济形势及宏观经济政策变化带来的风险等——这些系统性的风险通常是经济学家或金融领域的关注对象，但作为项目的发起者，地方政府却不得不面对这些风险，需要在项目的策划实施中做出正确的应对，仍然在其管理范围之中。因此，从研究对象的性质和立场出发，本文将采用项目风险管理的思考范式。

在项目风险管理领域，风险被定义为"一个不确定的事件／条件，一旦发生将对项目的目标产生负面的影响"。对风险的管理，还是采用项目控制的思考范式，通过对风险的识别、评估和应对，优化项目运作策略、减少风险的负面影响，确保项目目标的实现。自 20 世纪 60 ～ 70 年代始，项目风险管理较多地应用于军事、石油、土木工程等投资巨大的工程领域，主要关注进度、成本等目标的风险控制。与之相比，本文针对的城市功能区的开发虽然也关系巨大的投资以及交付的时间，但更多的关注项目产生的经济绩效，对生活环境质量、利益分配等目标的影响，即对项目实施效果（effects）的关注多过对项目实施效率（efficiency）的关注。即便如此，我们仍然可以在项目风险管理的框架下对其进行研究。因为与项目实施效果紧密相联的项目要素，如项目的功能与规模、项目的区位、项目的组织、产品的体量、形态与行为等，都是一连串工作环节和步骤的结果，是项目整个运作过程的一部分，对于期间可能发

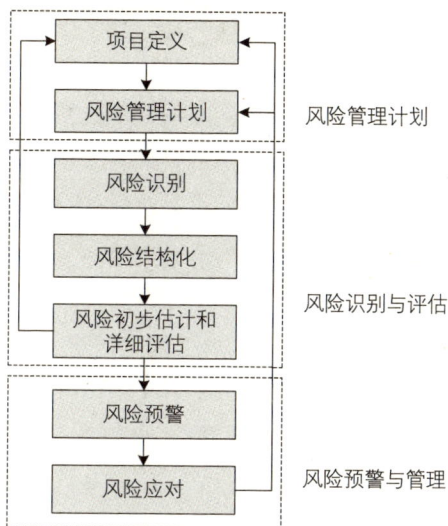

图 1-2-1　风险管理流程图

生的风险或者由此导致的将来可能发生的风险,都必须在上述工作中做出应对。

　　本书的研究目标也是要为城市开发项目的风险管理提供一个工作流程和相关的分析工具,供地方政府或其咨询机构使用。我们将在英国项目管理协会(The Association for Project Management,APM)制定的"项目风险分析与管理"流程(Project Risk Analysis and Management,PRAM)[23]的基础上,结合我国城市功能区开发项目的一般工作机制和流程,对其中的各个步骤做相应的调整,并提供相关的分析方法。主要包括的步骤有(图 1-2-1):

2.1　项目定义

　　首先是要搜集重要的城市开发项目信息,供后续的风险分析与管理使用。PRAM 最初的应用对象是石油、土木工程等工程项目,在对项目做定义的时候,通常把施工阶段的施工方案(whichway)、资源计划(wherewithal)、进度计划(when)包含在内,另外还包括项目成员(who)(项目发起人及各种干系人)、项目的产品(what)和项目的目的(why)——通常将这 6 个项目要素称作"6w"。

　　与之相比,城市开发项目的定义需要重点关注的不是整个地块或者单个地块的建设,而是建设之前的包括项目成员、开发目的、项目产品、开发模式等在内的项目要素。其中项目产品即项目的总体规划方案和详细规划方案,是各个要素的交叉汇合点,处于中心的地位。

通常，这一步骤收集的项目信息越详尽、细致，后续的风险分析与管理就越周密、深入。关于总体规划方案和详细规划方案应当收集的信息，不仅包括方案本身，也包括编制方案所依据的基础数据、预测方法、编制方法以及评审方法等技术信息，包括编制和调整方案的工作流程、组织机构等管理信息，这些都可能成为风险的来源。至于其他项目要素的信息，也应当尽可能地详尽。

需要指出的是，大规模城市开发项目决策应该是一个具有开放性的动态过程，必须尊重多种主体的利益诉求，并通过公众参与等形式建立矛盾调节和争议解决机制，才能在项目策划、规划和实施过程中消解矛盾，规避社会、经济和环境风险，把巨大的社会投入转化为城市长远发展的动力[24]。

2.2 风险管理计划

通常这一步骤是跟上一步骤联系在一起的。风险管理计划就是制定风险识别、风险评估、风险应对策略，确定风险管理的职责，为城市开发项目的风险管理提供完整的行动纲领。是确定如何在城市开发项目中进行风险管理活动，以及制定风险管理计划的过程。

制定风险管理计划首先要明确风险管理的用途，即要关注目标实现的风险（经济、社会、环境）或者哪一个工作阶段 / 环节中的风险（譬如编制总体规划），其次要明确由哪些机构或人员负责及参与、采用哪一种风险分析的方法（定性、定量）、使用何种软件等。

风险管理计划最后要形成文件，具体内容包括简介、风险摘要项目批准权力、项目负责人、项目组成员在项目风险识别中的分工和责任分配、项目所需资源、项目开始日期、项目活动、项目预计结束日期、项目采取的行动、项目取得的结果、信息获取的渠道和方式、信息通报和处理程序、需要重点调查的项目相关方面、预算、工具和技术等。

其中，风险管理计划简介提供整个文档的概述，它包括项目概况、目的、范围、定义、首字母缩写词、缩略语、参考资料、概述。范围简要说明此风险管理计划的相关城市开发项目，以及受到此文档影响的任何其他事物；参考资料应完整地列出此风险管理计划中的其他部分所引用的所有文档，每个文档应标有标题、日期和发布组织，列出可从中获取这些引用的来源；概述应说明其他部分所包含的内容，并解释文档的组织方式；风险概要对项目进行简要概述，并总结项目所涉及风险的总量；工具和技术中列出将用来存储风险信息、评估风险、跟踪风险状态或生成风险管理报告的工具和技术。

2.3　风险识别

2.3.1　概述

顾名思义，这一步骤是要发现城市开发项目面对的威胁。首先需要识别风险事件的来源，它将会产生什么样的不利后果，中间的传导途径是什么。接下来要初步识别出我们能对其做何种应对。通常此时还不能制定详细的风险应对计划，更多的是确定风险应对的原则，不采取任何措施而接受风险也是一种应对方式。

前面已经阐述了西方市场经济体系下城市开发的基本原理以及我国城市开发特定的制度安排。这为我们识别风险、认识风险提供了基本的框架。

如前所述，项目的经济效果是我们关注的主要目标之一。这就要求当地政府在制定经济发展战略、更具体地说在确定项目功能定位时，不仅需要考虑项目所在城市的优劣条件（自然资源、人力资源、基础设施、税收政策等），而且需要考虑项目所属的整个区域乃至整个行业的运行情况，即将本地区视作整个行业的一分子，将整个行业视作一个系统来考察。在西方国家，企业投资人在做投资决策时会做这样的考察，政府主要通过城市规划、制定激励性政策等手段给予支持性服务。而在我国特定的制度安排下，只要城市开发带来的收益（土地出让金、企业税收、解决就业等）超过相应的支出（补偿等），地方政府就会有进行城市开发的动力。土地成为城市经营的资本。这就使得政府需要像个经济人一样去考察项目的经济效果。不仅需要面对整个行业的风险，包括市场需求、政策、地方政府集体错误、汇率等；还需要面对自身优劣条件的变化以及个体决策错误导致的风险，包括政府不像理性经济人那样通过经济核算进行决策而造成的风险，或者完全像"理性"经济人那样只考虑短期经济利益而造成的风险。前者对项目而言属于外部风险，后者属于内部风险。

上述系统可称之为经济系统。还有一个系统是空间系统，包括项目的选址及其内部的空间布局，是由各项城市活动（就业、居住、交通、商业等）对空间的需求及其供给两方面相互作用形成的系统。不仅要求在需求与供给之间取得平衡，还要求在不同需求之间进行平衡。各种关于空间组织的理论譬如级差地租理论、邻里单位等，提出了不同需求的区位原则，可以指导空间系统的规划。空间系统不仅直接关系项目自身的运行，还会对所在城市的社会、环境等各方面都会产生影响，对它的规划和评价需要放在一个更大的系统之下即城市既有的整体布局、社会与环境条件下进行。

前面两个系统是项目主体（发起人）的认识对象，同时也是将其付诸实施的实践对象。这些认识活动和实践活动需要由不同的项目成员通过分工协作来完成，由此形成了另一个比较重要的系统，即项目的组织系统，包括项目的主要成员、各自的分工安排、风险分担及责任机制等。在前两个系统中，项目主体做出的经济决策和空间规划中可能蕴含着错误，这种错误应该可以从项目的组织系统中找到相应的来源。

除此之外，风险的又一重要来源是项目发起人与其他关系人（土地原有使用人、邻近社区等）之间的权利交换与利益分配过程。目前社会普遍关注的拆迁中频繁发生的恶性事件是其中的代表。

以上是对城市开发项目所涉风险的一个框架性的认识，为我们识别风险提供了一个基本的指向。城市开发项目的一次性及开发活动的周期长、复杂性、综合性及模糊性等特征，决定了城市开发项目风险繁多，且具有复杂性、模糊性等特点，需要不断搜集整理信息，反复进行风险识别，还需要各方面的专家参与风险识别。

2.3.2　风险识别方法

2.3.2.1　专家调查法

专家调查法[25]是一种通过专家知识和经验识别风险的方法。参与的专家不仅有较强的专业知识，而且还有丰富的实践经验。这种方法不需要具备足够的统计资料和数据，比较适合城市开发项目。因为这种方法完全依据专家判断，所以评定结果易受主观因素的影响。目前最常用的专家调查法是头脑风暴法和德尔菲法。

（1）头脑风暴法

又叫集思广益法，它是通过营造一个无批评的自由的会议环境，使与会专家畅所欲言，充分交流、互相启迪，来获取未来信息的一种直观的风险识别方法。头脑风暴法不仅可以用来识别风险，还可以用来评估风险，寻找风险控制方案，以及制定风险应对规划和策略。

头脑风暴法适用于所探讨的问题较单纯、目标较明确的情况。因城市开发项目涉及面广，包含因素多而杂，在应用头脑风暴法时需要进行分级和分解。

应用头脑风暴法的一个重要原则就是：在发言过程中没有讨论，不进行批判性评论。这种方法的缺点是：受到心理影响因素较大，有人碍于面子不愿意改变自己已经发表过的意见；讨论易受权威人士或是大多数人意见左右等。

（2）德尔菲法

德尔菲法是在专家个人判断和专家会议方法的基础上发展起来的一种直观预测方法，特别适用于客观资料或数据缺乏情况下的长期预测，或其他方法难以进行的技术预测。对城市开发项目而言，原始信息量大，涉及技术、政治、经济、环境、心理、文化传统等相关因素众多，但是这些因素之间的关系复杂而不明确，而且信息缺乏，难以进行定量分析。这种情况下，利用专家知识和经验的专家调查法无疑是一种有效的风险识别和评价方法。

德尔菲法的具体步骤有：①确定主持人，组织专门小组。②拟定调查提纲。所提问题要明确具体，选择得当，数量不宜过多，并提供必要的背景材料。③选择调查对象。所选的专家要有广泛的代表性，他们要熟悉业务，有特长、一定的声望、较强的判断和洞察能力。选定的专家人数不宜太少也不宜太多，一般以 10～50 人为宜。④轮番征询意见。通常要经过 3 轮：第一轮是提出问题，要求专家们在规定的时间内把调查表格填完寄回；第二轮是修改问题，请专家根据整理的不同意见修改自己所提问题，即让调查对象了解其他见解后，再一次征求他本人的意见；第三轮是最后判定。把专家们最后重新考虑的意见收集上来，加以整理。有时根据实际需要，还可进行更多几轮的征询活动。⑤整理调查结果，提出调查报告。对征询所得的意见进行统计处理，一般采用中位数法，把处于中位数的专家意见作为调查结论，并进行文字归纳，写成报告。从上述工作程序可以看出，专家调查法能否取得理想的结果，关键在于调查对象的人选及其对所调查问题掌握的资料和熟悉的程度，调查主持人的水平和经验也是一个很重要的因素。

德尔菲法的优点是能充分发挥各位专家的作用，集思广益，准确性高，同时能把各位专家意见的充分表达出来，取各家之长，避各家之短，避免了头脑风暴法的缺点。缺点是过程比较复杂，花费时间较长。

2.3.2.2　核对表

核对表是基于以前类比项目信息及其他相关信息编制的风险识别核对图表。核对表一般按照风险来源排列。风险识别人员可将本项目的具体情况与之对照比较，在这些表的启发下，直接识别出拟开发项目的风险，进而比较全面地判断出可能发生的风险。风险核对表可根据历史资料、以往类似项目所积累的知识以及其他信息来源制定。

风险核对表可由项目内部的成员单位编制，也可由来自项目外部的研究机构、咨询公司编制。需要注意的是，在对城市开发项目风险核对表的编制过程中，应多方位考虑，搜集多方主体对城市开发项目的态度和认识，这样才能确保风险核对表包含较全面的风险。

可以列入表中的城市开发风险包括：城市开发相关制度安排中的系统风险、宏观经济和行业研究得出的市场风险、从以往案例得出的经验教训等。由于不同的风险管理主体的角度不同、数据或资料来源不同，对同一风险的态度也不同，作为城市开发主导的政府部门应多方位考虑，使尽可能全面的风险都包含在初始风险清单中。

使用核对表的优点之一是风险识别过程迅速而简便，缺点是核对表不能包罗万象，它受项目可比性的限制。在对具体城市开发项目风险识别时，要注意探讨标准核对表上未列出的事项。

以水风险举例，在进行城市开发时，要考虑水风险，有学者就归纳了人均水资源占有量、水资源利用率、森林覆盖率、水土流失率等主要指标的水风险临界值（表 1-2-1）[26]。在进行城市开发时，就可以用这个表来识别水风险。

水风险临界值一览表 表 1-2-1

指标	单位	临界值		备注
人均水资源占有量	m³/人	85	2400	世界人均水资源最少的 5 个国家为 85
水资源利用率	%	10	80	
森林覆盖率	%	11	35	20 世纪末全国平均为 18%
水土流失率	%	25	10	20 世纪末全国平均为 12.5%
污水处理达标率	%	10	100	
经济增长速度	%	7	15	20 世纪末全国平均为 9%
水利投资增长率	%	1	10	20 世纪 80 年代以来全国平均增速为 5%
工业固体废弃物综合利用率	%	45	95	20 世纪 90 年代末全国平均为 66%

2.3.2.3 假设分析

每个项目都是基于一些假定、设想或是假设进行构思与制订的。假设分析可以由风险管理人员组织项目某一成员单位或若干成员单位，针对其负责的工作领域，设想可能会发生某种情形，并推测由此产生的影响，进而识别出相应的风险。

2.3.2.4　风险调查法

风险调查法是指对项目开发活动和所处环境进行实地全面调查，收集相关信息，进而对风险进行识别的方法。风险调查法从分析项目的特点入手，一方面对相似项目已经识别出的风险进行鉴别和确认；另一方面，通过风险调查发现此前尚未识别出的重要风险。风险管理是一个系统的、完整的循环过程，风险调查应该在项目全过程中不断进行。随着项目实施的进展，风险调查的内容和重点有所不同。

2.3.2.5　工作分解结构（WBS）法

工作分解结构（WBS）法识别城市开发项目风险的思路就是把所要研究的项目分解成较小的、更易管理的组成部分，直到分解的足够详细，用以识别风险。

由于城市开发涉及的风险十分广泛，可以由风险管理人员分批、分主题向各个专业机构调查本项目面临的风险有哪些，包括项目内部成员单位以及项目外部的研究机构、咨询公司等。

案例：都江堰中心城区灾后重建规划风险分析[27]。2008 年 5 月 12 日，汶川地区发生里氏 8 级特大地震。都江堰市在内的灾区城镇村庄破坏严重，灾民安置量大且时间紧迫，次生灾害持续不断，重建工作具有高度综合性和复杂性。在这种情况下，某些不适当的做法甚至会给灾区重建和今后的可持续发展带来新的问题，妥善安排好灾后重建的各项工作具有极大的挑战性。在编制重建规划时，采用了专家调查法和头脑风暴法对重建规划与重建工作中的主要风险因素进行了辨识，得到风险因素列表（表 1-2-2）。表中列出了都江堰灾后重建的主要风险。对都江堰市政府或各级政府部门调控城区的各项具体开发活动、进行风险管理工作等都具有重要的参考意义。

都江堰市中心城区灾后重建规划和重建工作中的主要风险因素列表　　表 1-2-2

风险组群	风险类型名称
功能定位风险	跨越式发展风险、城市定位风险
发展规模风险	人口规模风险、用地规模风险
功能布局风险	地质灾害风险、规模选址风险、城市空间布局风险、设施配套风险、聚源新区建设风险、城市空间特色缺失风险
进度风险	基础数据可靠度风险、建设质量风险、机遇丧失风险、浪费风险
安置风险	安置风险、住房市场化开发风险、土地占有风险、技术风险、资金风险、补偿标准风险、文脉延续风险

续表

风险组群	风险类型名称
社会风险	失业风险、移民风险、产权恢复风险、社会冲突风险
—	产业风险
—	生态风险
—	抗灾减灾风险
—	组织管理风险

2.4 风险的结构化

这一步骤可看作是风险识别的深化。上一步骤其实已经对风险做了粗略的分类，从中也可以看到各个分类之间的联系。接下来就是要细化和探索具体风险之间的相互联系，包括时间上的先后顺序、因果关系以及交互作用的关系等。这不仅是后续风险详细评估的基础，也有助于风险的处置。譬如，不同的风险有共同的原因，所以针对这共同的风险源而制定风险处置方案就抓住了根本；或者不同的风险之间形成了一个作用链，所以针对其中关键的一个建立"防火墙"，就可以阻断后续风险的发生。

2.5 风险初步估计和详细评估

接下来需要对风险的大小进行评估，这样做是为了节省有限的管理资源、明确管理重点，对风险做出准确的应对。评估可以分为初步估计和详细评估两个步骤。前一步骤是从识别出来的众多风险中筛选出重要的、值得进一步诊断的风险。估计的内容包括风险发生的可能性和对各个项目目标的影响大小，估计的方法一般采用语言性描述的主观估计（高／中／低），并辅之以简单的数值处理（风险值的计算、排序等）。

在筛选出来的风险中，某些风险在其估计中已经考虑了众多风险影响因素，要想进一步准确地把握风险大小，就需要将众多影响因素包括其发展程度、权重、相互关系等展开；某些风险则需要进行量化，尤其涉及时间、成本等可量化的指标。因此，详细评估多是针对复杂的、需要量化分析的风险展开，常常需要设定变量、建立模型。而且通常是针对特定的问题，选择适用的方法。在城市开发项目的风险评估中，可采用的方法包括：专家评价法、情境（景）分析（Scenario Analysis）、交叉影响分析（Cross-Impact Analysis，CIA）等。

（1）专家评价法

专家评价法是出现较早且应用较广的一种评价方法。它是在定量和定性分析的基础上，以打分等方式做出定量评价，其结果具有数理统计特性。其最大的优点在于，在缺乏足够统计数据和原始资料的情况下，可以做出定量估计，非常适合城市开发项目风险评估。

专家评价法的主要步骤是：首先根据评价对象的具体情况选定评价指标，对每个指标均定出评价等级，每个等级的标准用分值表示；然后以此为基准，由专家对评价对象进行分析和评价，确定各个指标的分值，采用加法评分法、乘法评分法或加乘评分法求出各评价对象的总分值，从而得到评价结果。

专家评价的准确程度，主要取决于专家的阅历经验以及知识丰富的广度和深度。要求参加评价的专家对评价的系统具有较高的学术水平和丰富的实践经验。总的来说，专家评分法具有使用简单、直观性强的特点，但其理论性和系统性尚有欠缺，有时难以保证评价结果的客观性和准确性。

（2）情境（景）分析（Scenario Analysis）

情景分析法就是通过有关数字、图表和曲线等，对项目未来的某个状态或某种情况进行详细的描绘和分析，从而识别引起项目风险的关键因素及其影响程度的一种风险识别方法。这种方法注重说明某些风险事件出现的外在条件和因素，还说明当某些因素发生变化时，又会出现怎样的风险状况，产生怎样的后果，可以进行比较研究，从而选择出最佳风险管理方案。

一般而言，情景由4个组成要素构成，即最终状态、故事情节、驱动力量和逻辑。最终状态是指情景最终阶段的战略状态或结果。故事情节则是为了达到最终状态需要采取的行动。驱动力量是指塑造或推动情节发展的力量，如目标、竞争力、文化等。而逻辑则提供了某一驱动力量或主题为什么如此行动的解释。这4个要素相互交织，就构成了各种不同的情景。

情景分析法比较适用于新建项目的开发，对新建项目开发成功的可能性进行预测，如新区建设、投入新的项目、开发新的产业类型等。

（3）交叉影响分析（Cross-Impact Analysis，CIA）

交叉影响分析（Cross-Impact Analysis，CIA）是 Gordon 和 Hayward 在1968 首先提出的一种分析方法，通过分析变量间的相互关系从而得出预测结论。交叉影响分析是将变量的初值及变量间的相互关系建立在一个模型中，进而分析当某一条件变量改变时，初始值是怎样相互影响变化的。

通常来说，交叉影响分析有以下步骤：

①确定交叉影响分析中的变量；

②确定每个变量的初始值；

③设定每两个变量之间的关系；

④通过蒙特卡洛模拟计算交叉影响；

⑤分析计算数值并给出预测结果。

交叉影响分析方法适合于不确定性较高，缺乏充足数据的情况下进行预测。大规模城市开发项目是建立在对未来社会经济的预测基础之上的，未来社会经济发展是具有高不确定性的特点，城市开发项目还受到政治等因素的影响，城市开发与社会、政治、经济之间的关系较难量化，而且数据稀缺，难以获得相关数据，所以说传统的统计分析方法难以应用到城市开发风险识别中，而 CIA 却能对相关变量进行分析和预测，从而识别出风险因素。

（4）其他方法

城市开发项目缺乏历史数据、统计数据和风险管理信息库缺乏，广泛应用定量评估方法有一定的困难，但是在适当的情况下，仍可使用。如数学期望值法、概率树分析法、风险—效益分析等。

除了系统工程的方法外，在城市规划学科领域关于规划方案的评估有大量对规划支持系统（Planning Support System，PSS）的研究，这些工具方法也可在详细评估中采用。

在单项风险因素评估完成以后，需要对城市开发项目风险做出综合评价，以进一步认识项目整体风险水平及项目的可行性，如果风险水平过高，就需要重新对项目进行定义，调整项目目标。

在城市开发项目众多风险因素中，有很多表面看起来毫不相关的多个风险因素，有时是由同一风险源所造成的，也就是说风险因素有一定的相关性。为了保证项目风险综合评价的准确性，这就需要通过对不同类型项目风险之间相互关联的分析，从一系列的风险因素中找出最为核心的、根源性的风险因素进行综合评价。综合评价可选择的方法有 AHP 法、主观评分法、加权法等。

2.6 风险预警

城市开发风险预警，即在充分掌握各种与城市规划、开发模式、项目运营、后期管理等相关的各种信息基础上，对可能发生或者已经发生的风险事故提前给予报警，并采取相应的防范与调整措施进行补救或者提出合理有效的解决方案。

风险预警包括监测、识别与诊断 3 个阶段，这 3 个预警活动，是前后顺序的因果关系。监测活动是预警系统活动开展的前提。识别活动是至关重要的环节，它使预警管理有明确的目标，城市开发项目中可直接使用风险识别过程中所得到的关键性风险因素列表，并应依据风险管理计划中确定的各项基准在风险监测的过程中对新生风险进行识别。诊断活动用预警信号来显示城市开发项目的风险状态，从而对开发项目的健康状况进行监测，及时发出风险预警信号，提醒各相关机构和部门予以警惕，以便决策者及时采取适当的风险防范对策。另外，风险预警模型是风险预警中的一个核心的内容，是风险预警管理系统发挥监测、识别、诊断功能的重要依据，可应用的风险预警模型有单变量预警模型、多变量预警模型等。

2.7 风险应对

风险管理最终要落脚到风险应对。风险应对是指在确定了城市开发项目活动中存在的风险，并分析出风险概率及其风险影响程度的基础上，根据风险性质和决策主体对风险的承受能力而采取的应对措施。

从广义上讲，将风险在不同项目角色之间分配也属于风险应对的一部分。因此，本文将 PRAM 中原设定为第 5 个步骤的风险分担也纳入风险应对这一步骤中。将风险应对分为 4 类——风险规避、风险分担、风险减轻和风险自留[28]。

（1）风险规避。通过避免受未来可能发生事件的影响而消除风险。规避风险的办法有：加快进度来回避风险、挑选更合适的项目类型、改变开发活动的性质、改变开发思路和开发地点、撤销城市开发项目等。

（2）风险分担。指将风险转移给其他组织和机构。如保险、签订合同转移风险等。

（3）风险减轻。指风险发生前、发生中，为使风险降低到项目可以接受的程度而采取的降低风险损失发生的可能性和损失程度而采取的各项措施。在城市开发项目中，可采取的措施有：调整技术方案、改变项目性质和部分功能等。

（4）风险自留。指风险留给自己承担。

制定风险应对措施过程中，管理当局首先考虑的是对项目策略进行优化，即根据之前风险识别及风险分析的结果，成本—效益及风险容量等，对项目的决策、规划方案、组织实施等各个环节进行调整。其中的风险分担，是按照谁最有能力预见或控制风险、谁最有能力承受风险的后果、谁将从风险中获益的原则，将风险在项目成员间进行分配，从而更合理地进行项目的组织。在实际运用中表现为：对于通过合同建立权利义务关系的，可在之前风险分析的基础上合理地制定合同策略，拟定合同条款；对于通过层级指令建立协作关系的，可在之前工作的基础上进行组织内部的设计，优化部门之间的分工和工作流程。

在对风险进行一轮"消化"之后，进一步考虑如何应对剩下的风险。针对风险发生变化（加大或减小）以及风险一旦发生等各种情况，制定相应的处置方案。对于某些小概率但却能造成严重后果的风险，还应制定应急方案。

随着项目的推进，项目外部环境或最初搜集项目信息中的基本要素会发生变化，风险会发生变化，新的潜在风险可能会出现，这就需要适时重新启动上述风险分析及管理的流程以应对新的情况，从而确保城市开发项目基本目标的实现。所以说，风险管理不是一劳永逸的管理活动，而是一个往复循环的过程。

本章阐述了我国城市开发项目的原理及其相关的制度安排，制定了对其进行风险分析与管理的工作流程，并给出了相关的分析方法，为后续城市开发项目三大目标——经济发展、社会稳定、自然环境——各自的风险管理提供了基础和框架。

本章参考书目

[1] Cuthbert A. Ambiguous Space, Ambiguous Rights：Corporate Power And Social Control in Hong Kong[J].Cities, 1997（17）：295-311.

[2] 李路路. 社会变迁：风险与社会控制 [J]. 中国人民大学学报，2004（2）.

[3] 中国城市规划委员会著. 中国城市规划发展报告 2008-2009[M]. 北京：中国建筑工业出版社，2009.

[4] 陈映芳. 城市开发的正当性危机与合理性空间 [J]. 社会学研究，2008（3）：33.

[5] 吴志强，李德华. 城市规划原理 [M]. 北京：中国建筑工业出版社，2010：658-659.

[6] 杨保军，陈鹏. 中国的城市化之路怎么走 [J]. 城市规划学刊，2011（1）：1-7.

[7] 田莉. 有偿使用制度下的土地增值与城市发展——土地产权的视角分析 [M].北京：中国建筑工业出版社，2008：40-45.

[8] 马文军. 城市开发策划 [M]. 北京：中国建筑工业出版社，2005：204.

[9] 夏南凯. 城市开发中的风险问题 [J]. 建筑与文化，2006（4）：35-38.

[10] 夏南凯. 城市开发中的风险问题 [J]. 建筑与文化，2006（4）：35-38.

[11] 张建辉，杨帆．城市规划与经济风险 [J]

[12] 宋井源．对地方财政风险形成原因的分析 [J]．河南财政税务高等专科学校学报，2004（2）：4．

[13] 吴忠民．中国现阶段社会风险增多的原因分析 [J]．中共中央党校学报，2006（6）：17．

[14] 宋海瑜．大规模城市公共开发项目风险管理与规划应对 [D]．同济大学，2010．

[15] 王志诚，周春生．金融风险管理研究进展——国际文献综述 [J]．管理世乔，2006（4）．

[16] COSO 制定发布．方红星，王宏译．企业风险管理——整合框架 [M]．大连：东北财经大学出版社，2011（3）．

[17] Standards Australia and Standards New Zealand（2004）AS/NZS4360：2004，Risk Management，Sydney，NSW．ISBN 0733759041．

[18] Chris Chapman．Project risk analysis and management—PRAM the generic process[J]．International Journal of Project Management，Volume 15，Issue 5，October 1997：273-281．

[19] 中国项目管理研究委员会．中国项目管理知识体系 [M]．北京：电子工业出版社，2006.10．

[20] 张建辉，杨帆．城市规划与经济风险 [J]．

[21] 夏南凯，等编．城市经济与城市开发 [M]．北京：中国建筑工业出版社，2003．

[22] 夏南凯，宋海瑜．大规模城市开发风险初探 [C]．和谐城市规划——2007 中国城市规划年会论文集，2007：1745．

[23] Chris Chapman．Project risk analysis and management—PRAM the generic process[J]．International Journal of Project Management，Volume 15，Issue 5，October 1997：273-281．

[24] 王一．矛盾与妥协：大规模城市建设项目决策中的社会政治博弈——以美国波士顿"大开挖"项目为例．

[25] 李洪平，冯霞．企业风险与风险管理 [M]．成都：成都科技大学出版社，1993．

[26] 李梅，刘俊萍等．水安全风险 - 危机度评价方法 [J]．应用基础与工程科学学报，2006（14）：352-357．

[27] 宋海瑜．大规模城市公共开发项目风险管理与规划应对 [D]．同济大学，2010．

[28] Dorfman，Mark S.（2007）．Introduction to Risk Management and Insurance（9 ed.）．Englewood Cliffs，NJ：Prentice Hall．ISBN0-13-224227-3．

[29] 丁成日，宋彦等著．城市规划与市场机制 [M]．北京：中国建筑工业出版社，2009．

[30] 夏南凯，等编．城市经济与城市开发 [M]．北京：中国建筑工业出版社，2003．

[31] 陈友华，赵民．城市规划概论 [M]．上海：上海科学技术文献出版社，2000．

[32] 朱介鸣．市场经济下中国城市规划理论发展的逻辑 [J]．城市规划学刊，2005（1）：10-15．

[33] 张五常．中国的经济制度 [M]．北京：中信出版社，2009．

[34] 周其仁（2011）．城市化、土地制度与宏观调控．http://blog.caijing.com.cn/expert_article-151195-19238.shtml．

[35] 方正商学院（2010）．土地一级开发整理的收益模式初探 http://blog.sina.com.cn/s/blog_662ee0700100lcra.html．

[36]《中华人民共和国土地管理法》（2004）．

[37]《中华人民共和国城乡规划法》（2007）．

[38]《中华人民共和国城市房地产管理法》（2007 年修订）．

[39]《城市规划编制办法》（建设部 2005 年第 146 号令）．

[40]《土地利用年度计划管理办法》（国土资源部 2006 年第 37 号令）．

[41]《城市、镇控制性详细规划编制审批办法》（住建部 2010 年第 7 号令）．

[42]《土地储备管理办法》（国土资发 [2007] 277 号）．

[43]《招标拍卖挂牌出让国有建设用地使用权规定》（国土资源部 2007 年第 39 号令）．

[44]《关于规范国有土地使用权出让收支管理的通知》（国办发〔2006〕100 号）．

[45]《国有土地上房屋征收与补偿条例》（国务院第 590 号令，2011）．

[46]《征用土地公告办法》（国土资源部 2001 年第 10 号令）．

[47] Chris Chapman（1997）. Project risk analysis and management - PRAM the generic process[J]. International Journal of Project Management. Vol.15, No.5: 273-281.

[48] Seung H. Han and James E. Diekmann（2001）. Approaches for making risk-based Go/No-Go decision for international projects. Journal of Construction Engineering and Management. Vol.127, No.4: 300-308.

[49] Theodore J. Gordon（2009）. Cross-Impact Analysis. http://test.scripts.psu.edu/students/d/j/djz5014/nc2if/09-Cross%20Impact.pdf.

CHAPTER 2

第二章　风险监控、预警与管理技术研究

　　本章内容主要包括大规模城市开发项目风险监控、大规模城市开发项目的预警、政府调控城市开发项目风险的管理以及相关专题案例等四部分。

　　其中，风险监控主要内容包括：建立风险监控体系，监控项目各个阶段的风险动态，根据风险监测结果实施相应的风险控制措施，同时监测已实施的风险管理措施的有效性。由于风险监控有一定的频率要求和时效性要求，还受到风险管理成本的限制，因此单个风险和总风险监控的具体方法一般都会比风险评估及风险度量方法简化。本章主要研究大规模城市开发项目风险监控的具体方法。

　　项目的预警主要论述了城市开发项目预警体系的设置与功能，并解释了预警界限和预警等级的确定方法。

　　对于城市开发项目的风险管理，本章首先探讨了当前我国政府的项目开发管理体制已有的模式，对管理现状及管理体制问题予以探讨。同时给出了城市开发项目的制度开发和完善体制的建议。

1 大规模城市开发项目风险监控

1.1 大规模城市开发项目风险监控的三个阶段

大规模城市开发项目历时长，参与方多，利益方多，面临的风险错综复杂，而且项目所面临的风险类型随着项目开展阶段的变化而发生变化，在项目进行的不同阶段风险主体和风险处置的主体也会发生变化。为了在城市大规模开发项目整个生命期中实现风险监控、预警与风险处置的连贯性、及时性和有效性，风险监控主体同时也必须是风险处置的主体。因此，为了建立更加有效的风险监控体系，本文将大规模城市开发项目按照生命周期划分为三个阶段：

第一阶段为规划决策阶段。

第二阶段为开发建设阶段。

第三阶段为运营使用阶段。

对项目的不同阶段应分别设定不同的监控体系并确定相应的监控主体。当然有一些重要的风险将在项目整个生命周期内存在，对于这些风险需要进行持续的监控，但监控负责人可能由于风险管理主体的变化而进行调整。

1.2 大规模城市开发项目风险监控主体

在大规模城市开发项目的不同阶段，风险处置的主体将发生变化，因此必须选择不同的基层风险监控主体。

规划决策阶段基层风险监控主体为政府规划审批部门。

开发建设阶段基层风险监控主体为项目开发公司或负责该项目开发的特设政府组织。

运营使用阶段基层风险监控主体为项目运营管理公司或负责项目运营的特设政府组织机构。

大规模公共开发项目涉及大量的公众利益和其他相关主体。在许多情况下，项目的利益相关者往往从各自的立场出发关注自身的风险和利益，而倾向于忽视项目风险对公众利益和其他相关主体的影响。监控主体一旦成为项目的利益相关者，则有可能在风险监控和管理过程中产生倾向性动机。然而，如上文所述，风险监控主体同时也必须是风险处置的主体。这就使得风险监控主体不可避免地成为利益相关者。因此，大规模公共开发项目的风险监控必须充分考虑风险的外部性，建立多层次的风险监控体系。

在城市开发项目风险管理中，政府作为社会的代理人，担负着降低社会总体风险、提高公众福利水平的重任。为了建立多层次的、有效的风险监控体系，一般来说，作为城市领导的党委和政府仍需要关注公共开发项目中的重要风险及风险的外部性，各类政府机构也均应积极地参与或关注城市开发的风险，必要时可在政府内部建立正式的城市大规模开发项目风险调控部门，要求各阶段的监管主体将监管数据定期上报，以监督其风险状况和风险管理效果，并及时对可能造成大范围影响或重大影响的风险进行控制。

政府风险调控部门还应组织环保等相关部门对具有外部性的各类风险制定风险监控政策；设定监控风险的相关机制，制定政策与相关法令规定；并根据风险特征选择不同监控风险的方式与过程进行风险监控，供城市大规模开发项目各阶段风险监控主体使用，以完善全面的风险监控报告。

此外，应充分发挥新闻媒体和各种非政府组织等非直接利益相关群体对开发活动的积极干预作用，在政府、公共开发机构、相关居民和非直接利益相关群体之间建立面向共同的风险管理和干预的资源、信息交流与互补的平台，减少项目风险决策和实施中的失误，推动项目的低风险、高效率运行。

1.3 大规模城市开发项目可用的监控方法

各类风险的监控方法应根据风险的特征和数据的可获取性来确定。总体来说可以划分为定量评估方法和定性评估方法。

1.3.1 客观概率评估监控

按照最一般的对"风险"的定义，风险是一种随机事件。因此，风险度量就是通过一定的方法给出一个对这一随机事件的数学描述。目的就是通过对风险的数学描述确定当前的风险状况是否在相对应的风险容忍度内。概率分布评估监控的关键是随机事件的数学描述，其具体方法应根据风险事件历史数据的积累情况和对风险随机特性的分析来确定。如统计分析、模拟法、尾部分析等。定期采用数学方法描述风险，并比较其结果，就可以实现对风险客观概率的监控。此方法的优点是评估监控结果客观，但缺点是对数据的要求较高。

1.3.2　主观概率评估监控

采用定量评估需要足够多的信息或足够多的试验数据。但在实际工作中，很多情况下，需要监控的风险经常无法获得定量分析所需的充足信息，因而无法计算客观概率。这种情况下，使用专家估计就成为非常关键、不可缺少的方法。风险监控者可以聘请相关领域的专家对初始分布做出一个主观估计，这样确定的概率反映了专家对该类风险事件概率的信念程度，故称为主观概率。采用主观概率评估风险并监控其结果的方法即为主观概率评估监控法。虽然主观概率法反映的是专家对事件出现的信念，并非研究对象的客观属性，但专家的估计一定是依赖于过去长期的相关经验与目前能够收集到的相关信息做出判断，所以主观概率或主观估计也是进行风险分析和风险决策的一种依据。

主观概率的获得有以下几个步骤：

（1）确定研究对象可以采用的分布形式，以及该分布形式下研究对象的分布函数需要专家估计的参数。

（2）获取专家意见。采用有效的方法协助专家根据经验信息给出参数的估计值。

（3）整合专家意见。对多个专家给出的估计值进行整合，得到被估计参数的最终估计值。

（4）由估计参数的最终估计值得到研究对象的分布函数。

当所监控的风险主观概率已经获得后，可以通过对主观概率特征的分析与事先确定的相关指标的预警值相比较，做出相应的监控结论、发出预警信号。

1.3.3　二维风险矩阵监控

二维风险矩阵监控采用二维风险矩阵来评估风险坐标图，具体方法是将风险发生可能性的高低、风险发生后对目标的影响程度，作为两个维度绘制在同一个平面上（即绘制成直角坐标系）。对风险发生可能性的高低、风险对目标影响程度的评估有定性、定量等方法。定性方法是直接用文字描述风险发生可能性的高低、风险对目标的影响程度，如"极低"、"低"、"中等"、"高"、"极高"等。定量方法是对风险发生可能性的高低、风险对目标影响程度用具有实际意义的数量描述，如对风险发生可能性的高低用概率来表示，对目标影响程度用损失金额来表示。

表 2-1-1 列出某公司对风险发生可能性的定性、定量评估标准及其相互对应关系，供实际操作中参考。

二维风险矩阵实例　　　　　　　表 2-1-1

定量方法一	评分	1	2	3	4	5
定量方法二	一定时期发生的概率	10% 以下	10%~30%	30%~70%	70%~90%	90% 以上
定性方法	文字描述一	极低	低	中等	高	极高
	文字描述二	一般情况下不会发生	极少情况下才发生	某些情况下发生	较多情况下发生	常常会发生
	文字描述三	今后 10 年内发生的可能少于 1 次	今后 5~10 年内可能发生 1 次	今后 2~5 年内可能发生 1 次	今后 1 年内可能发生 1 次	今后 1 年内至少发生 1 次

对风险发生可能性的高低和风险对目标影响程度进行定性或定量评估后，依据评估结果绘制风险坐标图。如：某公司对 9 项风险进行了定性评估，风险①发生的可能性为"低"，风险发生后对目标的影响程度为"极低"；……风险⑨发生的可能性为"极低"，对目标的影响程度为"高"，则绘制风险坐标图如图 2-1-1 所示。

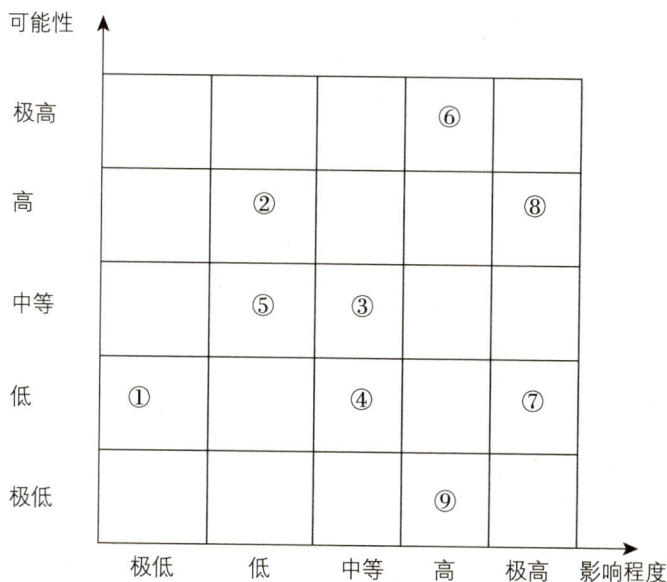

图 2-1-1　风险坐标图实例 1

如某公司对 7 项风险进行定量评估，其中：风险①发生的可能性为 83%，发生后对企业造成的损失为 2100 万元；风险②发生的可能性为 40%，发生后对企业造成的损失为 3800 万元；……而风险⑦发生的可能性在 55%～62% 之间，发生后对企业造成的损失在 7500～9100 万元之间，在风险坐标图上用一个区域来表示，则绘制风险坐标图如图 2-1-2 所示。

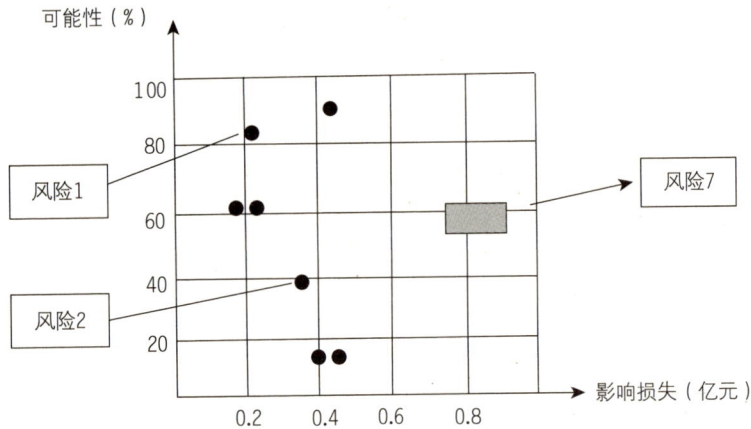

图 2-1-2　风险坐标图实例 2

绘制风险坐标图的目的在于对多项风险进行直观的比较，从而确定各风险管理的优先顺序和策略。如：某公司绘制了如下风险坐标图，并将该图划分为 A、B、C 三个区域，公司决定承担 A 区域中的各项风险且不再增加控制措施；严格控制 B 区域中的各项风险且专门补充制定各项控制措施；确保规避和转移 C 区域中的各项风险且优先安排实施各项防范措施。

单个监控指标预警如图 2-1-3 所示。

1.3.4　关键风险指标监控

风险事件发生可能有多种成因，但关键成因往往只有几种。因此可以通过监控关键风险指标，来间接的监控风险本身。关键风险指标监控是对引起风险事件发生的关键成因指标进行监控的方法。关键风险指标与风险评估相比往往容易获取数据，也容易进行监控。使用该方法，要求风险关键成因分析准确，且易量化、易统计、易跟踪监测。具体操作步骤如下：

（1）分析风险成因，从中找出关键成因。

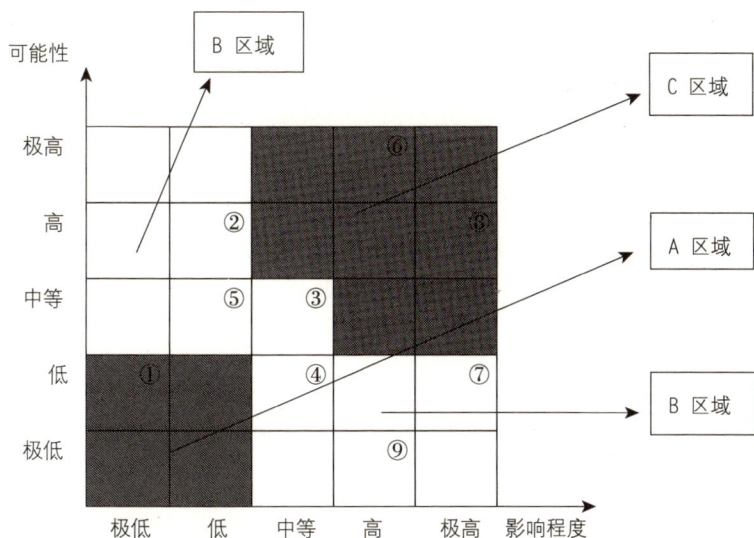

图 2-1-3　风险坐标图实例 3

（2）将关键成因量化，确定其度量，分析确定导致风险事件发生（或极有可能发生）时该成因的具体数值。

（3）以该具体数值为基础，以发出风险预警信息为目的，加上或减去一定数值后形成关键风险指标。

（4）定期甚至时时跟踪监测关键风险成因数值的变化，当关键风险成因的数值达到关键风险指标时，立即发出风险预警信息。

（5）制定出现风险预警信息时应采取的风险控制措施。

（6）一旦出现预警，即实施风险控制措施。

例如，以化工产业为核心的工业开发区，在运营阶段，需要监控化工企业易燃易爆危险品储存容器泄漏引发爆炸的风险。容器泄漏的成因有：使用时间过长、日常维护不够、人为破坏、气候变化等因素，但容器使用时间过长是关键成因。如容器使用最高期限为 50 年，人们发现当使用时间超过 45 年后，则易发生泄漏。因此可以将"45 年"作为关键风险指标。一旦使用时间达到"45年"时，立即发出预警信息，监督相关企业采取相应措施。

1.3.5　大众调查问卷监控

对于一些涉及大众利益具有明显外部效应的风险，可以采用调查问卷的形式，收集相关机构和居民、非利益直接相关群体等对该风险的感知和反应，以便更及时有效地监控风险的大小。虽然大众的风险感知会受到很多主观因素和客观因素的影响，但仍会对风险状态的评估提供丰富的信息。大规模城市开发项目对大众的影响，尤其是负面的影响可能会影响项目进程，严重时甚至会阻碍项目进行或导致更严重的负面社会问题。因此，风险大众调查问卷不仅可以作为一种风险监控方法，还可以成为相关机构、组织、居民以及大众发表意见和建议的健康渠道。政府机构是大规模城市开发项目风险管理的主管单位，应该重视风险大众调查，真正代表大众对城市大规模开发项目的风险发挥调控职能。

1.3.6　其他监控方法

大规模城市开发项目可用的风险监控方法还有对文档的定期监控和检查、流程图对照检查、计算机辅助数据监控、风险与控制自我评价讨论会等。

对文档的定期监控和检查。文档是记录和反映项目开发过程及其细节的重要工具。通过对文档的定期监控和检查可以发现项目开发过程中违规甚至违法的事项，也可以发现潜在风险事项。例如对财务文档、施工文档、采购文档等的定期监控和检查就是相关风险监控的一种有效方式。

流程图对照检查是针对由于流程执行不当或存在漏洞所导致的风险进行监控的一种方法。通过定期依照已经设计好的标准流程图，逐一检查流程图中的各个环节，以期发现风险点并进行预警。

计算机辅助数据监控方法是对自然风险、生态环境风险中一些需要计算机辅助进行数据收集与分析的风险指标进行监控的方法，例如地震、台风等自然灾害风险、水污染、噪声污染、辐射污染等都可以采用计算机辅助数据监控方法，以实现更加及时准确的监控，并发出预警信号。

风险与控制自我评价讨论会。很多风险往往只有相关人员才能发现，尤其是无法定量监控的风险，只能依靠内部人员的自我评价。因此大规模城市开发项目各个阶段的风险管理负责人可以定期召开单项风险或某些相关风险的风险与控制自我评价讨论会，通过主观风险评价并监控风险状况。

1.4　大规模城市开发项目的风险监控指标体系

对于符合本文所界定的大规模开发项目条件的具体项目，如产业园区开发项目、城市新区开发项目、高教园区开发项目、大型节事项目、生态型开发项目、超大型复合项目等，风险类型基本相似。限于大规模公共开发项目种类繁多，个性风险各不相同，本文仅对大规模开发项目的共性风险及其监控、预警进行研究，其方法同样适用于各类项目个性风险的监控与预警。对于某个具体类型的大规模城市开发项目，可以在共性风险类型的基础上根据其自身特点识别出每一类项目甚至具体每一个项目的个性化风险类型，并根据下文提出的风险监控指标选取方法确定各类个性风险的风险监控指标。在此基础上对本文提出的共性风险监控指标体系进行相应的补充和调整，对项目实施指定频率的监控和预警。

1.4.1 风险监控指标选取方法和原则

大规模城市开发项目同城市一样包含了生态本底（自然层次）、人工环境（基础层次）、社会群体（主体层次）3个层次。这3层依次相叠、互相渗透，造成了大规模城市开发项目风险的复杂性。另一方面，大规模开发项目往往具有涉及范围广、实施周期长、不确定性因素多、各组成因素间的关系错综复杂等特征。因此不可能对全部风险进行监控，而必须对大规模城市开发项目的风险类型进行梳理，以便将风险监控的有限资源配置在重点风险类型上，并确定能够实现经济、有效、及时监控的风险因素，进一步确定能够反映风险因素状况的具有合适监控方法的风险监控指标。从而通过对风险监控指标的监控达到监控重点风险的目的。

1.4.1.1 风险监控指标的选取步骤

本节在本项目已识别出的风险清单的基础上，根据大规模城市开发项目的总体特点，采用结构化分析方法，将其风险监控指标的选取过程分为5个步骤，具体步骤见表2-1-2。

大规模城市开发项目风险监控指标的选取步骤　　表2-1-2

步骤	工作内容	成果
1	列出初始的风险类型清单	得出初始的风险类型
2	对初步的风险类型进行排序	得出主要的风险类型
3	对得出的风险类型进行深入分析	得出主要风险因素
4	选择符合监控要求的主要风险因素	得出需要监控的风险因素
5	对需要监控的风险因素给出可以监控的指标	得到监控指标

1.4.1.2　风险监控指标体系的设置原则

大规模城市开发项目风险监控指标体系的设置应遵循以下几个原则：

（1）全面性原则

指标体系应覆盖全部主要风险类型，这样才能建立一个全面的评价指标体系，以便对风险进行全面的监控。需要注意的是，项目开发机构当然希望对每一个风险因素都做详细的监控回应，然而在实践中，资源是有限的，而风险的回应策略是要消耗资源的，所以风险监控指标体系的全面性仅指对那些影响较大、概率较高的风险全面加以监控和回应。

（2）便利性原则

指标体系中各个指标应能够找到合适有效并且相对低成本的评估和监测方法。如果一个风险指标对于该类风险状况有非常好的说明性，但没有便于评估和监测的方法，那么只能说该指标具有风险监控的理论意义，而不具有实践意义和可操作性，这时必须寻找新的风险指标。

（3）稳定可比性原则

无论监控指标来自客观数据还是主观评估，监控指标体系都应能够稳定的采集数据和进行评估。如果监控指标数据可以保证稳定可比，那么当监控数据积累到一定程度，一方面风险管理者可以利用监控数据开发出更加有效的监控数据处理方法，甚至定量化的风险评估方法；另一方面，也可以为确定更加有效的预警值提供支持。

（4）灵活性原则

评价指标体系应具有足够的灵活性，以便不同类型的大规模城市开发项目能够根据自己的特点以及实际情况，对监控指标灵活运用。此外，还需要随时注意项目环境以及项目自身过程中各种因素的变化，不断地搜集、整理信息，反复修正风险指标体系，不断补充和完善。

（5）可更新原则

由于风险本身具有不确定性，而且项目环境及项目开发方式和开发技术等都可能在未来不断发生变化，因此风险监控指标体系应具有可更新性，以适应风险管理过程的更新和循环。本章提供的一般大规模城市开发项目风险监控的指标体系具有可更新性，对于一些特定的项目，可以参照本章建立的风险监控指标体系，但需要根据本项目的具体情况进行调整。监控指标可以根据具体情况进行不断更新。

（6）重要性原则

从理论上讲当然希望对每一个风险因素都做详细的监控和回应，然而在实践中，风险的监控和回应策略都需要消耗资源。因此，受到资源的限制，只能针对那些影响较大、风险较高的因素选择可行的监控指标，加以监控和回应。

1.4.1.3 风险监控指标选取方法

（1）风险监控指标清单

根据以往已经完成的同类城市大规模开发项目的经验和已有的相关统计资料，将经历过的风险事件及其可监控的相关风险指标排列成一览表。项目风险管理可将本项目的具体情况与之对照比较，在这些表的启发下，根据本项目的具体情况进行调整，选择开发项目的风险监控指标。这种基于经验数据、历史信息或统计资料的风险监控指标一般具有很好的可操作性，可以作为初始的风险监控指标体系适用。此种方法要求能够获得同类城市大规模开发项目的风险监控指标清单，一般需要政府相关机构出面收集和提供。城市大规模开发项目的风险管理不同于企业等私有机构的风险管理，具有明显的公共性，因此相关的风险监控方法和文件，将不会成为项目的私有信息。政府管理部门应该要求各个大规模城市开发项目在项目收尾过程中，对风险监控指标清单进行审查、改进，同其他风险管理文件和数据一起上交，以供将来同类项目使用，这将使大规模城市开发项目的风险管理经验成为公共资源并得到更好的利用。在我国城市大规模开发项目全面推行风险管理的起步阶段，各类项目的风险监控都在探索当中，因此难以获得相关资料。然而，随着城市大规模开发项目风险管理的实践的推进和政府相关部门对项目风险管理文件、数据等资料的整理和积累，未来风险监控指标清单方法将成为快捷有效的风险监控指标选取方法。

（2）德尔菲法

德尔菲法（DelPhi Method）又称专家调查法，由美国兰德公司（Rand Cor-poration）首先使用，现在应用已遍及经济、社会、工程技术等各领域。用德尔菲法进行项目风险指标的选取过程是由项目风险管理者选定与该项目有关的领域和专家，并与这些适当数量的专家建立直接的函询联系，通过函询向有关专家提出问题，收集专家意见，然后加以综合整理、归纳，并附以对每一条目或总体的统计反馈，再匿名反馈给各位专家，再次征询意见。这样反复经过 4～5 轮，达到意见的逐步收敛，逐步使专家的意见趋向一致，作为最后风险监控指标选取的根据。由于大规模城市开发项目风险种类多，专业性强，而且又有部分风险类型要靠主观数据来监控，因此在风险监控指标的选取过程中不可避免的需要依靠专家意见，德尔菲法能够得到相当一致的监控指标体系，具有非常好的可操作性。

（3）流程图法和故障树分析法

流程图法根据大规模城市开发项目进行过程中要素之间的相互联系以及因果传导机制，将项目按步骤或阶段顺序以若干个模块形式组成一个流程图系列，对每一阶段和环节，逐个分析其中能够反映风险状况的可监控的风险指标。

故障树分析法利用图解的形式，以树状图形方式分析风险事件间因果关系，从结果出发，沿着风险产生的路径，通过演绎推理一步步查找风险事件的来源和发生条件，从而找到可能诱发风险事件的可监控的风险指标。故障树分析法主要用于风险事件发生后的追溯性的识别，在大规模城市开发项目风险监控指标的选取过程中可以根据其他同类项目实际发生过的风险事件信息或利用情景分析、压力测试等方法得出的可能发生的假想风险事件进行追溯性识别。

（4）结构化分析方法

大规模城市开发项目的风险错综复杂，为了能够进行系统分析，风险监控指标设定全面无遗漏，可以采用结构化分析方法（Structured Method），由总体到细节、由宏观到微观、层层分解的方法来辅助分析。

1.4.2 需要监控的风险种类、监控指标和监控方法

大规模城市开发项目面临的风险十分复杂，风险种类繁多，因此需要根据风险识别和评估结果，选取重要的风险类型进行监控。然后再依照前文提出的风险监控指标选取方法，根据每一类风险的特点选取监控指标。具体来说，本文选取了以下几类重要的风险及其当前可使用的监控指标。这里需要说明的是，随着城市开发项目风险管理及公共风险管理水平的提高，大规模城市开发项目各类风险可利用的监控指标将更加丰富，监控成本将有可能进一步降低，因此，各类风险的监控指标可以根据实际情况的变化进行调整，当然维持监控指标一定程度的稳定性，将有利于历史数据的积累，从而帮助提高风险度量和风险预警值确定的科学性。

通过对大量备选指标的相关分析和隶属度分析，最终遴选出 7 类风险 20 个指标组成了大规模城市开发项目的风险监控系统的指标体系。本节中建立的指标体系在实际使用中可以是动态的、个性化的，也就是说对于每一类特定的

大规模城市开发项目，可以针对其特点对指标进行权衡，对指标体系中的指标进行适当的删减或增加。具体风险监控指标体系如下。

1.4.2.1　规划设计风险

（各类风险界定应与本课题风险识别部分一致，下同。）

大规模城市开发项目的规划设计风险指由项目的规划设计因素设置不当所导致的风险。大规模城市开发项目不仅规模大，而且对城市发展影响也大，因此为了控制规划设计对城市发展影响，应重点监控项目规划设定的项目发展定位和功能布局。为了确保项目建设顺利进行，在规划设计阶段应监控项目的技术风险和配套设施风险。为了使项目正常运营，应监控规划设计的空间开发强度。

规划设计风险可用的监控指标见表 2-1-3。

规划设计风险可用监控指标　　　　　　　　表 2-1-3

编号	监控指标	监控方法	监控负责人
A1	发展定位	主观概率评估监控，二维风险矩阵监控	政府规划主管部门、城市开发项目主管部门
A2	功能布局		
A3	空间开发强度		
A4	技术风险		
A5	配套设施风险		

规划设计风险可用的监控指标 A1 ～ A5 可采用的监控方法是主观概率评估监控，二维风险矩阵监控。虽然功能布局、配套设施风险等监控指标有一些具体的规划设计指标来反映，但是这些监控指标对规划设计风险的总体影响仍需要聘请专家进行主观评估。

规划设计风险的监控是在项目的规划决策阶段，由政府规划主管部门、城市开发项目主管部门负责监控，一旦风险过高，则责令项目负责单位修改规划或直接否定该项目的可行性。

1.4.2.2　生态环境风险

在我国当前快速城市化和工业化的背景下，由于发展理念的偏差和错位，城市开发活动给生态环境带来的人工干预越来越强，并且已经成为影响城市生态安全的最主要因素。因此生态环境风险是大规模城市开发项目必须监控的重要风险。大规模城市开发项目生态环境风险主要体现在 3 个方面：第一，生态负荷，即城市的生态环境能否承受项目对其造成的影响，包括项目对当地水资源带来的负荷大小，对土地资源带来的负荷大小和对能源带来的负荷大小；第二，人类环境协调度，指项目本身营造的环境能否与人类的感受相协调。主要监控2个二级指标，即绿化指数和景观多样性。第三，环境污染，指项目向水、空气、土壤等自然环境排入化学物质、放射性物质、噪声、废热等污染物，当这些物质的数量和浓度达到一定程度，可危害人类健康，影响生物正常生长和生态平衡的现象。具体的二级监控指标包括水污染、大气污染、噪声污染、固废污染等。

生态环境风险可用的监控指标见表2-1-4。

生态环境风险可用监控指标 表2-1-4

编号	监控指标	二级监控指标	监控方法	监控负责人
B1	生态负荷	土地资源丰富性	人均土地面积、土地生产力等指标定量测算	政府相关部门
		水资源丰富性	人均能用水量、水质情况的计算机辅助数据监控	政府相关部门
		能源丰富性	光照指数、能源供需比等指标定量测算	政府相关部门
B2	人类环境协调度	绿化指数	建筑面积、绿地面积等指标定量测算	政府相关部门项目管理方
		景观多样性	优势度、均匀度一维专家评定	政府相关部门
B3	环境污染	水污染	污水处理率、污水排放量等指标定量测算	政府相关部门
		大气污染	SO_2、TSP的排放量和净化率等指标定量测算	政府相关部门
		噪声污染	噪声强度、影响范围等指标定量测算	政府相关部门
		固废污染	固废排放量、占地面积等指标定量测算	政府相关部门

随着人类对生态环境研究的深入，生态环境风险的二级监控指标都可以找到相关领域的专业评估、监控的方法、技术和数据，并且由于生态环境风险的外部性，上面提及的二级监控指标政府设立了相关部门和机构进行监控。城市大规模开发项目对城市生态环境影响大，因此可以借助政府相关部门的监控力量来针对该项目进行上表监控指标的监控与预警，上表监控方法中列举了一些常用的量化指标，可供参考。当前生态环境风险相关研究和监控实践足以支持城市大规模开发项目采用客观概率评估监控方法、定量化关键风险指标法、计

算机辅助数据监控方法等依靠客观数据的监控方法。个别二级监控指标如不能实现定量化描述，可以请专家进行定性评定。

1.4.2.3 社会文化风险

城市开发中的社会文化风险主要指对项目产生影响的社会性因素及项目实施过程中的各种外部社会效应所带来的风险。对于大规模城市开发项目政府主要关注的社会文化风险可用两个监控指标来体现，即社会政治稳定性和文化风险。

社会政治稳定性风险的监控主要反映在大众对项目社会性因素和外部社会效益的感受和反应上。因此可以采用大众调查问卷方法定期监控项目拆迁安置、治安情况、社会分异、社会冲突、政策稳定性和法规健全程度等的大众感受。大众受访者在回答问卷问题时难免有个人倾向，并受制于个人所获得信息，因此可能有一定的片面性。对于大众受访者不适宜或可能有偏差的问题可以请相关专家辅助评估。调查结果可以通过统计分析转化成一个一维的指数，作为社会政治稳定性风险监控值。

文化风险同样可以请相关专家根据项目可能对文化造成的影响设计一份大众调查问卷，定期收集大众感受，并将结果转化成一维指数。同时还可以请文化研究专家对项目产生的文化冲击进行专业的评定。

社会政治稳定性风险和文化风险的监控负责人都是项目管理方，但社会文化风险的监控结果和项目管理方所采取的应对策略和措施必须上报政府相关部门，大规模城市开发项目的社会文化风险往往影响面较大，管理不当甚至可能形成严重的社会问题，因此政府部门必须监督项目管理方对社会文化风险的监控和响应见表 2-1-5。

社会政治稳定性和文化风险　　　　　　　表 2-1-5

编号	监控指标	监控方法	监控负责人	备注：各级政府相关部门
C1	社会政治稳定性	对拆迁安置、治安情况、社会分异、社会冲突、政策稳定性和法规健全程度等进行大众调查或专家评定	项目管理方	
C2	文化风险	大众调查问卷、专家评定	项目管理方	

1.4.2.4 自然风险

城市大规模开发项目所面临的自然风险是不可避免的。影响较大的地震及其次生灾害风险由于已有政府部门和相关研究机构监控，因此可以直接采用其监控和预警信息，并将其作为地震及其次生灾害风险的监控负责人。对于其他自然灾害，如台风、泥石流、雷击等应根据项目所在地的环境和历史灾害情况，选择重点风险进行监控。项目管理方可以定期从政府相关部门及研究机构，甚至保险公司获取这些自然风险的概率信息。大部分自然风险都可以找到专业机构提供的权威信息，因此可以采用客观概率评估监控或二维风险矩阵监控法见表 2-1-6。项目管理方应该作为其他自然灾害及其次生灾害风险的项目管理方。

自然风险监控

表 2-1-6

编号	监控指标	监控方法	监控负责人
D1	地震及其次生灾害风险	客观概率评估监控，计算机辅助数据监控	政府相关部门
D2	其他自然灾害及其次生灾害风险	台风、泥石流、雷击等其他自然灾害及其次生灾害风险，二维风险矩阵监控，客观概率评估监控	项目管理方

1.4.2.5 经济风险

城市大规模开发项目的经济风险主要表现在 4 个方面，即宏观经济环境风险、区域竞争风险与区域协作风险、融资风险、偿债风险。经济周期、宏观经济调控政策、财政收支等宏观经济环境以及区域竞争、区域协作风险必然会影响项目的投资决策和运营的成败，在项目决策阶段项目管理方应依据对宏观经济环境风险、区域竞争风险、区域协作风险是否在可接受范围或是否存在有效的应对策略来决定是否进行投资。在项目运营阶段项目管理方仍应定期监控宏观经济环境风险、区域竞争风险、区域协作风险。随着我国宏观经济、区域经济定量化研究的深入，某些地区的大规模城市开发项目，例如长三角、珠三角地区等已经可以找到一些相关指标作为的监控指标，同时也可以辅助专家提供的主观数据，并采取二维风险矩阵监控方法对这两类风险进行监控。

由于地方政府财政有限，大多数城市建设主要靠经营土地的收益及将收益预期和政府信用作为担保获得银行的贷款或吸引投资来进行，这一做法容易增加政府的债务负担和财政风险。大规模城市开发项目往往投资巨大，因此项目管理方必须监控其融资风险和偿债风险。融资风险的监控可以定期采取风险与控制自我评价的方法，自我评定能够根据项目建设进度融到充足资金的可能性。偿债风险的监控同样可以利用风险与控制自我评价获得主观数据，并采用二维定性风险评估来确定项目使用的贷款资金不能按时还款的可能性和严重程度，见表 2-1-7。

规划设计风险可用监控指标　　　　　　　表 2-1-7

编号	监控指标	监控方法	监控负责人
E1	宏观经济环境风险	二维风险评估 专家评定	项目管理方
E2	区域竞争风险、区域协作风险		
E3	融资风险	风险与控制自我评价， （自我评定融到充足资金的可能性）	
E4	偿债风险	风险与控制自我评价 二维定性风险评估	

1.4.2.6　建设风险

城市大规模开发项目需要监控的建设风险包括：项目开发进度风险（即项目建设阶段的开发进度能否按照预期计划进行）和项目工程本身的工程风险（如技术风险和施工风险等）。技术风险又包括地质条件变化、水文气象条件变化、施工准备不足、材料、设备供应不及时产生的风险，施工技术方案本身的风险，技术规范和质量标准变化导致的风险等。施工风险包括生产组织不力、供方选择不当、安全管理不到位等产生的风险。这些风险都可能造成项目工期延长、成本增加。因此项目建设单位和项目管理方在大规模城市开发项目建设阶段必须监控开发进度风险和工程风险。工程技术和施工管理领域已经有很多成熟的风险监控方法可供大规模城市开发项目借鉴。对于开发进度风险，常用的监控方法有文档定期监控和检查、风险与控制自我评价等。规划决策阶段可以采用专家主观数据法，利用二维风险矩阵监控法进行工程风险监控。在项目建设阶段，可利用工程项目风险管理技术综合打分法来监控工程风险，见表 2-1-8。

建设风险监控　　　　　　　　　　表 2-1-8

编号	监控指标	监控方法	监控负责人
G1	开发进度	文档定期监控和检查、风险与控制自我评价	建设单位 项目管理方
G2	工程风险	规划决策阶段，由专家进行二维风险矩阵监控 开发建设阶段，利用工程项目风险管理技术，综合打分	建设单位 项目管理方

1.4.2.7 运作管理风险

城市大规模开发项目的运作管理涉及的机构设置、组织架构、日常运营管理都十分复杂。项目机构设置无论采用管理委员会、"公司制"还是各种混合型管理模式，都必须监控其机构职能、权限设置、执行等对项目可能产生的影响。另外，大规模城市开发项目的运作管理也决定了项目的成败：流程存在漏洞、执行力和控制力缺乏都将导致项目无法达到管理目标。因此，政府相关部门和项目管理方都需要定期采用流程图对照检查、风险与控制自我评价的方法监控其机构设置风险和运作管理风险。文档定期监控和检查、关键风险指标监控是监控流程风险的常用方法，大规模城市开发项目可以根据自身特点选择采用。考虑到大规模城市开发项目的公共特性，对于在项目运营阶段涉及为大众提供服务的运作流程的相关风险还可以通过大众调查问卷的方法定期进行监控，见表 2-1-9。

运作管理风险监控　　　　　　　　　　　表 2-1-9

编号	监控指标	监控方法	监控负责人
F1	机构设置风险	流程图对照检查 风险与控制自我评价讨论会	政府相关部门 项目管理方
F2	运作管理风险	流程图对照检查 风险与控制自我评价讨论会 文档定期监控和检查 大众调查问卷 关键风险指标监控	政府相关部门 项目管理方

1.5　大规模城市开发项目各阶段的风险监控

如前文所述，大规模城市开发项目的整个生命周期可以划分为 3 个阶段：规划决策阶段、开发建设阶段、运营使用阶段。各个阶段的风险种类、风险特征各不相同，而且风险管理的主体也不同，因此需要项目的不同阶段设定不同的监控体系。当然有一些重要的风险将在项目整个生命周期内存在，这些风险在 3 个阶段都需要进行持续的监控。本节将给出 3 个阶段具体的风险类型[①]、监控指标及监控频率。各类风险的监控频率应配合项目整体的风险管理活动，并

---

① 这里的风险类型如前文所述，指的是各种大规模城市开发项目的共性风险，个性风险可以根据项目的特征补充至表内。

将其纳入项目进度计划中。

1.5.1 规划决策阶段

大规模城市开发项目在规划决策阶段每一次规划方案调整后，都需要对全部风险进行一次监控，直到最终规划方案确定并获得批准。其中各类型项目都必须监控的共性风险包括表 2-1-10 中 7 大风险（A1 ～ G2 共 20 个监控指标）。其他个性化风险类型的监控应根据项目特点和监控成本选择进行。

在大规模城市项目计划和规划的编制过程中，通过有效地运用专业知识和精心计划，可以人为地减小某些风险发生的概率或其造成的影响，弱化这种风险可能带来的不良后果。对于其他风险，即规划决策阶段发现无法控制的风险，则必须判断这些风险是否能够容忍，如果无法承受，则必须修改项目计划或项目规划，直至监控的全部风险都在可接受范围，即没有任何监控风险发生预警。此时，项目才能够被认为是在风险管理上具有可行性。

具体来说，例如，规划阶段可以通过对一些具体规划控制指标如绿地面积等的监控，降低未来项目的生态环境风险；也可以通过对开发项目定位及未来开发运作模式等进行更慎重的研究和风险监控，用以减少未来经济风险和运作管理风险发生的概率或减弱事件的影响。

在规划决策阶段项目还未获得批准立项，因此还不存在项目主体，这个阶段项目风险监控的主体应该是政府相关审批部门，例如国家、省或市发展与改革委员会等规划主管部门。

规划决策阶段的风险监控表

表 2-1-10

监控阶段	风险类型			监控频率
	大类	监控指标	编号	
规划决策阶段	规划风险	发展定位	A1	与规划方案调整同步
		功能布局	A2	
		空间开发强度	A3	
		技术风险	A4	
		配套设施风险	A5	
	生态环境风险	生态负荷	B1	
		人类环境协调度	B2	
		环境污染	B3	
	社会文化风险	社会政治稳定性	C1	
		文化风险	C2	

续表

监控阶段	风险类型			监控频率
	大类	监控指标	编号	
规划决策阶段	自然风险	地震及其次生灾害风险	D1	与规划方案调整同步
		其他自然灾害及其次生灾害风险	D2	
	经济风险	区域竞争风险、区域协作风险	E1	
		宏观经济环境风险	E2	
		融资风险	E3	
		偿债风险	E4	
	运作管理风险	机构设置风险	F1	
		运作管理风险	F2	
	建设风险	开发进度	G1	
		工程风险	G2	

1.5.2 开发建设阶段

在大规模城市开发项目的开发建设阶段，项目开工建设，因此面临工程建设风险和自然风险；项目建设资金已经部分投入，因此面临融资风险和偿债风险；随着工程建设的开展，在建工程开始对城市尤其是工程附近的生态环境、社会文化、相关大众产生影响，因此需要监控生态环境风险和社会文化风险。

在开发建设阶段，项目已经具备项目管理方，一般为政府主导设立，项目管理方已具备项目的风险管理职能，因此本阶段各类风险的监控主体为项目管理方。但项目的建设风险，项目的建设施工单位管理控制更为直接和有效，建设施工单位也同时分担项目的建设风险，因此建设单位也同时作为项目建设风险的监管主体。

建设风险、生态环境风险和经济风险考虑到平衡其重要性和监控成本，建议监控频率为季度。项目建设对社会文化产生的影响一般有一个较长的传递、扩大、交互反馈的过程，建议社会文化风险的监控频率为年度。自然风险如前文所示，可利用相关专业机构的监控信息，这些监控信息一般为实时，项目管理方只需要建立顺畅的信息获取渠道即可。

城市开发项目的共性风险有建设风险、生态环境风险、社会文化风险、自然风险、经济风险等 5 大类。开发建设阶段重点需要监控的指标，见表 2-1-11：

开发建设阶段重点监控指标 表 2-1-11

监控阶段	风险类型			监控频率
	大类	子类	编号	
开发建设阶段	建设风险	开发进度 工程风险	G1 G2	季度
	生态环境风险	环境污染	B3	季度
	社会文化风险	社会政治稳定性	C1	年度
	自然风险	地震及其次生灾害风险 其他自然灾害及其次生灾害风险	D1 D2	实时
	经济风险	融资风险 偿债风险	E3 E4	季度

1.5.3 运营使用阶段（表 2-1-12）

运营使用阶段风险监控表 表 2-1-12

监控阶段	风险类型			监控频率
	大类	子类	编号	
运营使用阶段	生态环境风险	生态负荷 环境污染	B1 B3	首年，每半年监控一次，以便及时预警并采取风险管理措施，以后每年监控一次
	社会文化风险	社会政治稳定性 文化风险	C1 C2	
	自然风险	地震及其次生灾害风险 其他自然灾害及其次生灾害风险	D1 D2	
	经济风险	区域竞争风险、区域协作风险 宏观经济环境风险 偿债风险	E1 E2 E4	
	运作管理风险	机构设置风险 运作管理风险	F1 F2	

1.6 大规模城市开发项目总风险的监控

大规模城市开发项目整个项目周期有 3 个阶段的分层风险监控指标体系，每一个体系都有 2 个层级的风险监控指标。由于大规模城市开发项目总风险的监控由各个风险监控指标的监控数据综合体现，因此需要对这些风险指标的监控数据进行整合。由于大规模城市开发项目监控指标体系复杂，而且大部分监控指标在目前和未来较长时间内只能采用定性的评估方法，因此无法用定量方法测定各类风险之间的相关性从而用数理方法对所有风险指标的监控数据进行整合。只能在得到各个风险监控指标数值后，采用非结构化的综合评估方法确定总风险的监控值。此类综合评估方法的核心就是对各个风险监控指标赋权。赋权方法有很多，大体分为主观法和客观法两大类。主观法是根据对指标属性的主观重视程度而赋权的方法，主要有专家意见法、层次分析法、评分法等；客观法是根据指标所包含的信息而确定权重的方法，如熵值法等。

根据前文对大规模城市开发项目风险特点的研究及风险监控指标体系的构建，在现有条件下，为了保证总体风险监控和预警的及时性、有效性、科学性，在不影响预警准确度的情况下，尽量减少工作的繁难程度，提高实际应用能力，本书将采用层次分析法（AHP）确定风险监控体系中各个风险指标的权重。

因此，大规模城市开发项目总风险监控的总体思路是：首先，在前文已构造的风险监控指标体系的基础上，采用层次分析法（AHP）确定风险监控体系中每一个风险指标的权重，而后对所有监控值进行归一化处理，再将处理后的监控值加权求和，以得到的数据作为该项目总风险的监控值。如图2-1-4 所示。

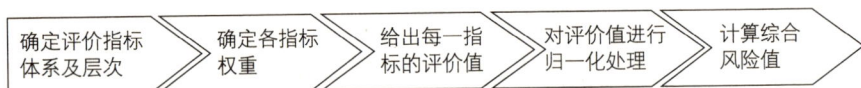

| 确定评价指标体系及层次 | 确定各指标权重 | 给出每一指标的评价值 | 对评价值进行归一化处理 | 计算综合风险值 |

图2-1-4　大规模城市开发项目风险监控思路

下面首先应用 AHP 法确定风险指标权重。

1.6.1　总风险监控值计算步骤

层次分析法（Analytic Hierarchy Process，简称 AHP 法）是一种可用于处理复杂的社会、政治、经济、技术等方面决策问题的分析方法，它可以有效地处理那些难以抽象为解析形式的数学模型（即非结构化问题）或难以完全用定量方法分析的复杂问题，因此，可用作大规模城市开发项目的总风险监控模型。尤其是对各个风险指标权重因子的确定，层次分析法是一种非常有用的工具。其基本原理为：把复杂问题分解成各个组成元素，按支配关系或关联隶属关系将这些元素分组，构造有序的递阶层次模型，在此基础上，通过每一层各要素之间对上层要素影响的两两成对比较，判断每层中各元素的相对重要性排序，然后综合这些判断确定各元素在所研究问题中的权重，最后得到问题的量化分析数据结果。

总风险监控计算步骤如下：

（1）确定进行评价指标体系及其层次结构

层次结构的最高层就是某个阶段的总风险。中间层次是该阶段存在的各类风险，层次结构的最底层是各类风险的监控指标。根据这一原则，AHP法确定层次结构的形式化表达如图2-1-5所示。

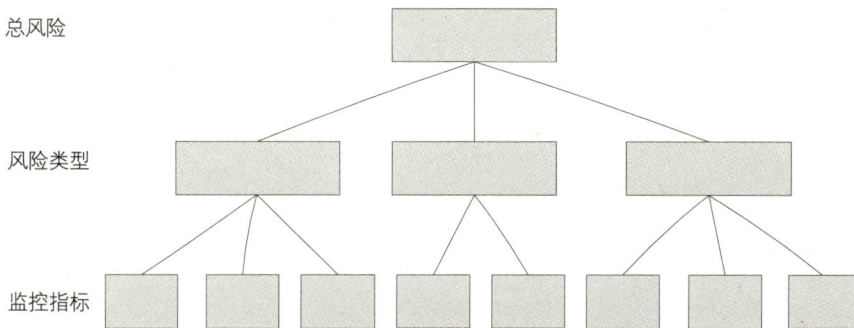

图2-1-5　AHP法建立递阶层次结构的形式化示意图

（2）采用成对比较法确定风险指标的权重

一旦建立起层次结构后，上下层之间指标的隶属关系就被确定下来了。假定上一层次指标 c_k 对于下一层次子指标 A_1，A_2，…，A_n 有支配关系，可以建立子指标 A_1，A_2，…，A_n 间的两两比较判断矩阵 A，其形式如下：

$$A=\begin{bmatrix} a_{11} & a_{12} & \cdots & a_{1n} \\ a_{21} & a_{22} & \cdots & a_{2n} \\ \cdots & \cdots & \cdots & \cdots \\ a_{n1} & a_{n2} & \cdots & a_{nn} \end{bmatrix}$$ （2-1-1）

矩阵 A 中的元素 a_{ij}（$i=1$，2，…，n；$j=1$，2，…，n）反映了针对指标 c_k，子指标 A_i 相对于 Aj 的重要程度。矩阵 A 是一个互反矩阵，即具有以下性质：

$$a_{ij}>0；a_{ij}=1/a_{ji}；a_{ii}=1$$

于是，问题可归结为：已知各级评价指标及其子指标的两两相对重要性 a_{ij}，求解各个指标对总目标的相对重要性 μ_k。

A_i 与 A_j 的重要程度采用 9 级标度法给判断矩阵的元素赋值，即用 $1 \sim 9$ 表示各元素之间的两两相对重要性 a_{ij}，见表 2-1-13，并用其倒数表示不重要性 a_{ji}。

两两因素重要性的比较　　　　　　　　　　　　　　表 2-1-13

语言上的评价	评分值 a_{ij}
绝对的重要	9
重要得多得多	7
很重要	5
略为重要	3
相对重要	1

然后，进行单指标排序。

设针对某一级风险，其各二级风险或监控指标的权重向量为：

$$W = (\mu_1, \ \mu_2, \ \mu_3, \ \cdots, \ \mu_n)^T \tag{2-1-2}$$

设存在向量 $X = (x^1, \ x^2, \ x^3, \ \cdots, \ x^n)^T$

可以通过求解得到 X

$$AW = \lambda_{\max} W \tag{2-1-3}$$

式中 $\lambda_{\max}$ 是矩阵 A 的最大特征值。X 为 $\lambda_{\max}$ 对应特征向量，将向量 X 进行归一化处理后得到的向量就是权重向量 W。

计算 W 和 $\lambda_{\max}$ 一般可以采用幂乘法，实际应用中，为简化计算过程，在精度误差许可的范围内采用规范列平均法（列和法）进行求解，其计算步骤主要有：

将 A 的元素按列方式进行归一化处理，即：

$$\overline{a_{ij}} = \frac{a_{ij}}{\displaystyle\sum_{k=1}^{n} a_{kj}} \tag{2-1-4}$$

得矩阵

$$\overline{A} = [a_{ij}] \tag{2-1-5}$$

求 $\overline{A}$ 各行和的平均值

$$\mu_k = \frac{1}{n} \sum_{j=1}^{n} \overline{a_{ij}} \tag{2-1-6}$$

向量 $W=(\mu_1, \mu_2, \mu_3, \cdots, \mu_n)^{\mathrm{T}}$ 即为所求权重向量。

为了达到理想的精度，本文的权重向量 W 的计算使用了 MATLAB 计算软件。接着，需要对矩阵 A 进行一致性检验。

AHP 法在建模过程中，依赖专家意见决定同一层次不同指标的相对重要性，存在着主、客观因素的随意性和不确定性，多位专家对于复杂事物的各因素进行两两比较时，判断不会完全一致，对于同一类建模要素的测度评定，可能存在较大的区别，这样将会降低风险监控模型的可靠性。因此，在确定权重时，有时需要检验判断矩阵的逻辑一致性，即进行判断矩阵的一致性检验。

计算一致性指标：

$$CI=\frac{\lambda_{\max}-n}{n-1} \tag{2-1-7}$$

计算相对一致性指标：

$$CR=\frac{CI}{RI} \tag{2-1-8}$$

式中，$\lambda_{\max}$ 为判断矩阵 A 的最大特征值，n 为判断矩阵的维数，RI 为平均随机一致性指标，$1 \sim 9$ 阶矩阵的 RI 取值见表 2-1-14。

平均随机一致性指标 RI 表 2-1-14

阶数 n	1	2	3	4	5	6	7	8	9
RI	0.00	0.00	0.58	0.90	1.12	1.24	1.32	1.41	1.45

一般来说，CR 越小，判断矩阵的一致性越好。当 $CR \leqslant 0.1$ 时，即认为判断矩阵具有令人满意的一致性，否则，必须重新进行两两比较判断，并使之具有满意的一致性。

在单指标排序的基础上，可计算每一级指标的各个子指标相对于总目标的综合权重，并进行综合判断一致性检验，即层次综合排序。

假定层次结构有 H 层（总目标为第 1 层），根据各判断矩阵可求出各级指标的权重向量或权重矩阵：$W_1, W_2, \cdots, W_H$。若第 k-1 层有 m 个指标，第 k 层有 n 个指标，则：

$$W_k = [\mu_{ij}]_{n \times m} \tag{2-1-9}$$

W_k 中的矩阵元素 μ_{ij} 为第 k 层第 i 个指标针对第 k-1 层第 j 个指标的相对权重。第 k 层指标相对于总目标的综合权重向量 W'_k 可由式 (1.9) 求得

$$W'_k = W_k \cdot W_{k-1} \cdot \cdots \cdot \cdots \cdot W_2 \cdot W_1 \qquad (2-1-10)$$

其他各层相对于总目标的权重向量可依相同的方法求得。另外，对于层次综合排序也需要进行一致性检验，方法同前，这里不再赘述。

（3）对每一个风险指标评价值进行归一化处理

大规模城市开发项目的风险监控指标既包括定性指标也包括定量指标。定量指标又有各种量纲。为了使监控指标值转变成具有可比性的无量纲数值，监控指标值 χ 给出后要进行归一化处理，才能提供给后续步骤使用。

（4）计算各阶段总风险综合分值

将归一化处理后的监控指标数值加权求和，计算各阶段总风险综合分值。

$$\rho_k = W'_k \times \chi_k \qquad (2-1-11)$$

1.6.2 各阶段总风险监控模型权重的确定

首先确定各阶段总风险监控指标体系及其层次结构（包括规划决策阶段、开发建设阶段、运营使用阶段），见表 2-1-15 ～表 2-1-17。

规划决策阶段风险指标体系 表 2-1-15

一级指标	二级指标
B 生态环境风险	B1，B2，B3
C 社会文化风险	C1，C2
D 自然风险	D1，D2
E 经济风险	E1，E2，E3，E4
F 运作风险	F1，F2

开发建设阶段风险指标体系 表 2-1-16

一级指标	二级指标
B 生态环境风险	B3
C 社会文化风险	C1
D 自然风险	D1，D2
E 经济风险	E3，E4
G 建设风险	G1，G2

运营使用阶段风险指标体系　　　　　　表 2-1-17

一级指标	二级指标
B 生态环境风险	B1, B3
C 社会文化风险	C1, C2
D 自然风险	D1, D2
E 经济风险	E1, E2, E4
F 运作风险	F1, F2

构建了各阶段总风险监控指标体系及其层次结构后，请专家对同级指标相对重要性给出评价，并计算同级指标的权重。本课题通过调查问卷的形式，获取了专家的主观数据。由于受访专家必须对大规模城市开发项目的风险管理有较全面地了解，而且需要获得的数据量较大，受到时间和资源的限制，本课题最终获得有效调查问卷 6 份。经过对专家主观数据的整理，得到各级风险监控指标相对重要性数据（表 2-1-18 ～表 2-1-35）。下面分别对大规模城市开发项目 3 个阶段总风险监控指标权重进行计算。

1.6.2.1　规划决策阶段总风险监控指标权重进行计算

经过专家对规划决策阶段一级指标对总风险影响重要性的两两比较得到表 2-1-18。

规划决策阶段第一级风险间相对重要性比较　　　表 2-1-18

—	B 生态环境风险	C 社会文化风险	D 自然风险	E 经济风险	G 运作风险
B 生态环境风险	1.00	1.20	1.20	0.42	0.68
C 社会文化风险	0.83	1.00	1.76	0.69	0.90
D 自然风险	0.83	0.57	1.00	0.33	0.54
E 经济风险	2.37	1.45	3.07	1.00	2.00
F 运作风险	1.48	1.11	1.86	0.50	1.00

比较结果形成一个 7×7 的矩阵：

计算该矩阵的最大特征值得：λ_{max}=7.2431；

对应的特征向量归一化为：

[0.1045, 0.1208, 0.1403, 0.0876, 0.2182, 0.1340, 0.1946]T

CI=（7.2431-7）/（7-1）=0.040517

一致性检验的不一致系数：$CR=CI/RI$=0.040517/1.32=0.03069<0.1 判断

矩阵具有令人满意的一致性。

设规划阶段各类风险的权重系数分别为 μ_A, μ_B, μ_C, μ_D, μ_E, μ_F, μ_G 则 μ_A=0.1045，μ_B=0.1208，μ_C=0.1403，μ_D=0.0876，μ_E=0.2182，μ_F=0.1340，μ_G=0.1946。

专家对规划决策阶段各一级风险对应的二级风险指标两两比较得到表 2-1-19～表 2-1-25。

规划决策阶段规划风险对应的二级指标相对重要性比较　　　　表 2-1-19

一	A1 发展定位	A2 功能布局	A3 空间开发强度	A4 技术风险	A5 配套设施风险
A1 发展定位	1.00	2.07	1.64	1.80	2.23
A2 功能布局	0.48	1.00	3.50	4.57	3.33
A3 空间开发强度	0.61	0.29	1.00	2.00	1.20
A4 技术风险	0.56	0.22	0.50	1.00	0.29
A5 配套设施风险	0.45	0.30	0.83	3.50	1.00

计算该矩阵的最大特征值得：λ_{max}=5.4484

对应的特征向量归一化为：$[0.3086, 0.3308, 0.1383, 0.0800, 0.1428]T$

CI=（5.4484-5）/（5-1）=0.112

一致性检验的不一致系数：$CR=CI/RI$=0.112/1.12=0.1 ≤ 0.1，判断矩阵具有令人满意的一致性.

同上，设规划风险对应的二级指标的权重系数分别为 μ_{A1}, μ_{A2}, μ_{A3}, μ_{A4}, μ_{A5}，计算得 μ_{A1}=0.3086，μ_{A2}=0.3308，μ_{A3}=0.1383，μ_{A4}=0.0800，μ_{A5}=0.1428。

规划决策阶段生态环境风险对应的二级指标相对重要性比较　　　　表 2-1-20

一	B1 生态负荷	B2 人类环境协调度	B3 环境污染
B1 生态负荷	1.00	2.07	0.56
B2 人类环境协调度	0.48	1.00	0.28
B3 环境污染	1.78	3.57	1.00

计算该矩阵的最大特征值得：λ_{max}=2.9968

对应的特征向量归一化为：$[0.3076, 0.1500, 0.5424]T$

CI=（2.9968-3）/（3-1）=-0.0016

一致性检验的不一致系数：$CR=CI/RI=-0.0016/0.58=-0.00276\leqslant0.1$，判断矩阵具有令人满意的一致性。

设生态环境风险对应的二级指标的权系数分别为 μ_{B1}，μ_{B2}，μ_{B3}，则 $\mu_{B1}=0.3076$，$\mu_{B2}=0.1500$，$\mu_{B3}=0.5424$。

规划决策阶段社会文化风险对应的二级指标相对重要性比较　表 2-1-21

—	C1 社会政治稳定性	C2 文化风险
C1 社会政治稳定性	1.00	2.14
C2 文化风险	0.47	1.00

该矩阵的最大特征值对应的特征向量归一化为：$[0.6809，0.3191]T$

因为是二阶矩阵，故满足一致性要求。

设社会文化风险对应的二级指标的权系数分别为 μ_{C1}，μ_{C2}，则 $\mu_{C1}=0.6809$，$\mu_{C2}=0.3191$。

规划决策阶段自然风险对应的二级指标相对重要性比较　表 2-1-22

—	D1 地震及其次生灾害风险	D2 其他自然灾害及其次生灾害风险
D1 地震及其次生灾害风险	1.00	1.50
D2 其他自然灾害及其次生灾害风险	0.67	1.00

该矩阵的最大特征值对应的特征向量归一化为：$[0.5994，0.4006]T$

因为是二阶矩阵，故满足一致性要求。

设自然风险对应的二级指标的权系数分别为 μ_{C1}，μ_{C2}，则 $\mu_{C1}=0.5994$，$\mu_{C2}=0.4006$。

规划决策阶段经济风险对应的二级指标相对重要性比较　表 2-1-23

—	E1 区域竞争风险、区域协作风险	E2 宏观经济环境风险	E3 融资风险	E4 偿债风险
E1 区域竞争风险、区域协作风险	1.00	0.34	1.22	1.91
E2 宏观经济环境风险	2.94	1.00	1.55	2.23
E3 融资风险	0.82	0.64	1.00	0.57
E4 偿债风险	0.52	0.45	1.76	1.00

计算该矩阵的最大特征值得：λ_{max}=4.2167

对应的特征向量归一化为：[0.2217，0.4167，0.1729，0.1887]T

CI=（4.2167-4）/（4-1）=0.0722

一致性检验的不一致系数：$CR=CI/RI$=-0.0722/0.89=0.0812≤0.1，判断矩阵具有令人满意的一致性。

设经济风险对应的二级指标的权系数分别为μ_{E1}，μ_{E2}，μ_{E3}，μ_{E4}，则μ_{E1}=0.2217，μ_{E2}=0.4167，μ_{E3}=0.1729，μ_{E4}=0.1887。

规划决策阶段运作风险对应的二级指标相对重要性比较　　表 2-1-24

—	F1 机构设置风险	F2 运作管理风险
F1 机构设置风险	1.00	0.45
F2 运作管理风险	2.23	1.00

该矩阵的最大特征值对应的特征向量归一化为：[0.3100，0.6900]T

因为是二阶矩阵，故满足一致性要求。

设运作风险对应的二级指标的权系数分别为μ_{F1}，μ_{F2}，则μ_{F1}=0.3100，μ_{F2}=0.6900。

规划决策阶段建设风险对应的二级指标相对重要性比较　　表 2-1-25

—	G1 开发进度	G2 工程风险
G1 开发进度	1.00	0.35
G2 工程风险	2.83	1.00

该矩阵的最大特征值对应的特征向量归一化为：[0.2602，0.7398]T

因为是二阶矩阵，故满足一致性要求。

设建设风险对应的二级指标的权系数分别为μ_{G1}，μ_{G2}，则μ_{G1}=0.2602，μ_{G2}=0.7398。

规划决策阶段二级风险监控指标权重如图 2-1-6 所示。

由图 2-1-6 可以计算得出规划决策阶段风险性监控指标权重系数向量：

[ρ_{A1}，ρ_{A2}，ρ_{A3}，ρ_{A4}，ρ_{A5}，ρ_{B1}，ρ_{B2}，ρ_{B3}，ρ_{C1}，ρ_{C2}，ρ_{D1}，ρ_{D2}，ρ_{E1}，ρ_{E2}，ρ_{E3}，ρ_{E4}，ρ_{F1}，ρ_{F2}，ρ_{G1}，ρ_{G1}]=[0.0322，0.0346，0.0145，0.0084，0.0149，0.0372，0.0181，0.0655，0.0955，0.0448，0.0525，0.0351，0.0484，0.0909，0.0377，

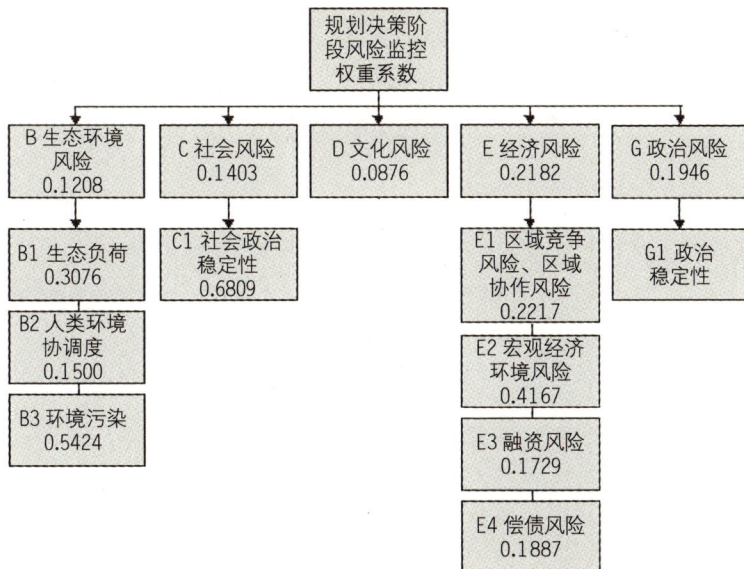

图 2-1-6 规划决策阶段二级风险监控指标权重示意图

0.0412，0.0415，0.0925，0.0506，0.1440]

1.6.2.2 开发建设阶段总风险监控指标权重进行计算

经过专家对开发建设阶段一级指标对总风险影响重要性的两两比较得到表 2-1-26。

开发建设阶段第一级风险间相对重要性比较   表 2-1-26

—	B 生态环境风险	C 社会文化风险	D 自然风险	E 经济风险	G 建设风险
B 生态环境风险	1.00	1.80	1.29	0.47	0.68
C 社会文化风险	0.56	1.00	1.80	0.68	0.68
D 自然风险	0.78	0.56	1.00	0.47	0.46
E 经济风险	2.13	1.48	2.14	1.00	1.96
G 建设风险	1.47	1.47	2.16	0.51	1.00

计算该矩阵的最大特征值得：λ_{max}=5.1383

对应的特征向量归一化为：[0.1802，0.1638，0.1168，0.3170，0.2222]T

CI=（5.1383-5）/（5-1）=0.0346

一致性检验的不一致系数：$CR=CI/RI$=0.0346/1.12=0.0309 ≤ 0.1，判断矩阵具有令人满意的一致性。

设开发建设阶段第一级风险对应指标的权系数分别为 η_B, η_C, η_D, η_E, η_G，则 η_B=0.1802，η_C=0.1638，η_D=0.1168，η_E=0.3170，η_G=0.2222。

专家对开发建设阶段各一级风险对应的二级风险指标两两比较得到表 2-1-27～表 2-1-29。

开发建设阶段自然风险对应的二级指标相对重要性比较　　表 2-1-27

—	D1 地震及其次生灾害风险	D2 其他自然灾害及其次生灾害风险
D1 地震及其次生灾害风险	1.00	1.29
D2 其他自然灾害及其次生灾害风险	0.78	1.00

该矩阵的最大特征值对应的特征向量归一化为：$[0.5618，0.4382]T$

因为是二阶矩阵，故满足一致性要求。

设自然风险对应的二级指标的权系数分别为 η_{D1}, η_{G1}，则 η_{G1}=0.5618，η_{G2}=0.4382。

开发建设阶段经济风险对应的二级指标相对重要性比较　　表 2-1-28

—	E3 融资风险	E4 偿债风险
E3 融资风险	1.00	0.65
E4 偿债风险	1.54	1.00

该矩阵的最大特征值对应的特征向量归一化为：$[0.3937，0.6063]T$

因为是二阶矩阵，故满足一致性要求。

设经济风险对应的二级指标的权系数分别为 η_{E3}, η_{E4}，则 η_{E3}=0.3937，η_{E4}=0.6063。

开发建设阶段建设风险对应的二级指标相对重要性比较　　表 2-1-29

—	G1 开发进度	G2 工程风险
G1 开发进度	1.00	0.27
G2 工程风险	3.67	1.00

该矩阵的最大特征值对应的特征向量归一化为：$[0.2141，0.7859]T$

因为是二阶矩阵，故满足一致性要求。

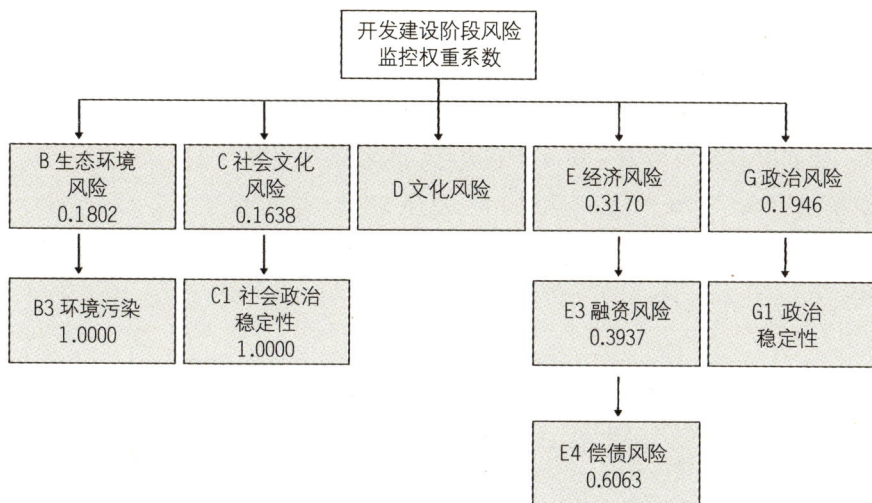

图 2-1-7 开发建设阶段二级风险监控指标权重示意图

设建设风险对应的二级指标的权系数分别为 η_{G1}，η_{G2}，则 $\eta_{G1}=0.2141$，$\eta_{G2}=0.7859$。

开发建设阶段二级风险监控指标权重如图 2-1-7 所示。

由图 2-1-7 可以计算得出开发建设阶段风险性监控指标权重系数向量

$[\omega_{B3}, \omega_{C1}, \omega_{D1}, \omega_{D2}, \omega_{E3}, \omega_{E4}, \omega_{G1}, \omega_{G2}]$

$=[0.1802, 0.1638, 0.0656, 0.0512, 0.1248, 0.1922, 0.0476, 0.1746]$

1.6.2.3 运营使用阶段总风险监控指标权重进行计算

经过专家对运营使用阶段一级指标对总风险影响重要性的两两比较得到表 2-1-30。

运营使用阶段第一级风险间相对重要性比较　　　表 2-1-30

一	B 生态环境风险	C 社会文化风险	D 自然风险	E 经济风险	F 运作风险
B 生态环境风险	1.00	0.27	0.71	0.35	0.35
C 社会文化风险	3.76	1.00	2.03	0.67	0.46
D 自然风险	1.40	0.49	1.00	0.46	0.46
E 经济风险	2.87	1.50	2.16	1.00	0.75
F 运作风险	2.83	2.16	2.16	1.33	1.00

计算该矩阵的最大特征值得：$\lambda_{\max}=5.0947$

对应的特征向量归一化为：$[0.0846, 0.2156, 0.1199, 0.2601, 0.3199]T$

$CI=$（5.0947-5）/（5-1）=0.0237

一致性检验的不一致系数：$CR=CI/RI$=0.0237/1.12=0.0211≤0.1，判断矩阵具有令人满意的一致性。

设运营使用阶段第一级风险对应指标的权系数分别为 γ_B，γ_C，γ_D，γ_E，γ_F，则 γ_B=0.0846，γ_C=0.2156，γ_D=0.1199，γ_E=0.2601，γ_F=0.3199。

专家对运营使用阶段各一级风险对应的二级风险指标两两比较得到表2-1-31～表2-1-35。

运营使用阶段生态环境风险对应的二级指标相对重要性比较　表 2-1-31

—	B1 生态负荷	B3 环境污染
B1 生态负荷	1	0.33
B3 环境污染	3	1

该矩阵的最大特征值对应的特征向量归一化为：$[0.25，0.75]T$

因为是二阶矩阵，故满足一致性要求。

设生态环境风险对应的二级指标的权系数分别为 γ_{B1}，γ_{B3}，则 γ_{B1}=0.25，γ_{B3}=0.75。

运营使用阶段社会文化风险对应的二级指标相对重要性比较　表 2-1-32

—	C1 社会政治稳定性	C2 文化风险
C1 社会政治稳定性	1.00	0.72
C2 文化风险	1.38	1.00

该矩阵的最大特征值对应的特征向量归一化为：$[0.4202，0.5798]T$

因为是二阶矩阵，故满足一致性要求。

设社会文化风险对应的二级指标的权系数分别为 γ_{C1}，γ_{C2}，则 γ_{C1}=0.4202，γ_{C2}=0.5798。

运营使用阶段自然风险对应的二级指标相对重要性比较　表 2-1-33

—	D1 地震及其次生灾害风险	D2 其他自然灾害及其次生灾害风险
D1 地震及其次生灾害风险	1.00	1.29
D2 其他自然灾害及其次生灾害风险	0.78	1.00

该矩阵的最大特征值对应的特征向量归一化为：$[0.4202，0.5798]T$

因为是二阶矩阵，故满足一致性要求。

设社会文化风险对应的二级指标的权系数分别为 γ_{C1}，γ_{C2}，则 $\gamma_{C1}=0.5618$，$\gamma_{C2}=0.4382$。

运营使用阶段经济风险对应的二级指标相对重要性比较　　表 2-1-34

—	E1 区域竞争风险、区域协作风险	E2 宏观经济环境风险	E4 偿债风险
E1 区域竞争风险、区域协作风险	1.00	0.27	0.27
E2 宏观经济环境风险	3.67	1.00	0.67
E4 偿债风险	3.76	1.50	1.00

计算该矩阵的最大特征值得：$\lambda_{max}=3.0207$

对应的特征向量归一化为：$[0.1179，0.3804，0.5017]T$

$CI=$（3.0207-3）/（3-1）$=0.01035$

一致性检验的不一致系数：$CR=CI/RI=0.01035/0.58=0.0178 \leqslant 0.1$，判断矩阵具有令人满意的一致性。

设经济风险对应的二级指标的权系数分别为 γ_{E1}，γ_{E2}，γ_{E4}，则 $\gamma_{E1}=0.1179$，$\gamma_{E2}=0.3804$，$\gamma_{E4}=0.5017$。

运营使用阶段运作风险对应的二级指标相对重要性比较　　表 2-1-35

—	F1 机构设置风险	F2 运作管理风险
F1 机构设置风险	1.00	0.27
F2 运作管理风险	3.67	1.00

该矩阵的最大特征值对应的特征向量归一化为：$[0.2141，0.7859]T$

因为是二阶矩阵，故满足一致性要求。

设社会文化风险对应的二级指标的权系数分别为 γ_{F1}，γ_{F2}，则 $\gamma_{F1}=0.2141$，$\gamma_{F2}=0.7859$。

运营使用阶段二级风险监控指标权重如图 2-1-8 所示。

由图 2-1-8 可以计算得出运营使用阶段风险性监控指标权重系数向量

$[\pi_{B1}，\pi_{B3}，\pi_{C1}，\pi_{C2}，\pi_{D1}，\pi_{D3}，\pi_{E1}，\pi_{E2}，\pi_{E4}，\pi_{F1}，\pi_{F2}]=$

$[0.0212，0.0635，0.0906，0.1250，0.0504，0.06952，0.0307，0.0989，$

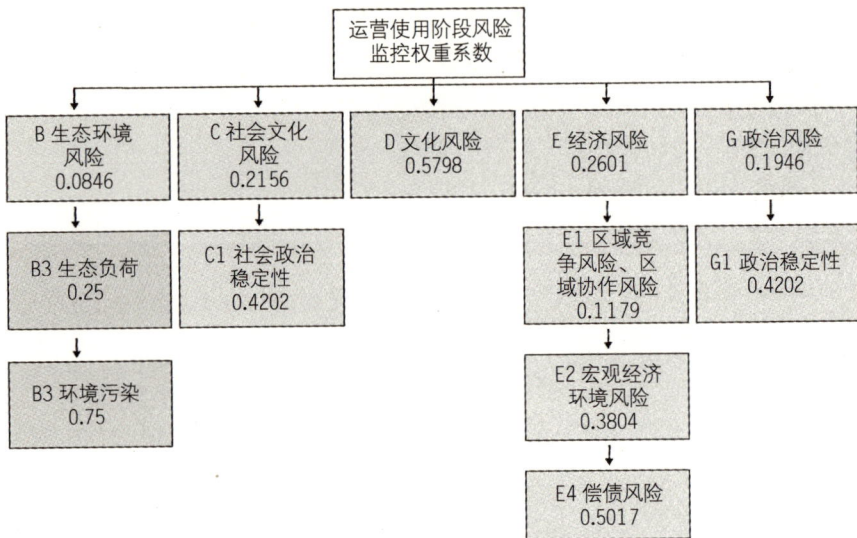

图 2-1-8　运营使用阶段二级风险监控指标权重示意图

0.1305，0.0685，0.2514]

当得到大规模城市建设项目 3 个阶段总风险的监控指标权重后，只需要将各个监控指标的监控值进行归一化处理，使监控值转变成具有可比性的无量纲数值，并对得到的无量纲数值进行加权求和，就可以得到各阶段总风险的综合分值，作为总风险监控值。

2　大规模城市开发项目的预警

2.1　预警体系的设置与功能

自从 20 世纪 50 年风险管理真正在工商企业中引起足够重视并得到推广以来，风险管理理论研究和实践不断深入，预警管理理论作为风险管理理论的重要组成部分之一，也得到了飞速的发展和广泛的应用。早期的预警管理理论主要致力于解决企业的风险防范，随着该理论的不断深化研究，部分学者开始尝试该理论泛化使用，即将企业预警管理理论运用于其他领域之中，如突发公共事件预警系统构建（张维平，2006），民航预警管理系统构建（罗帆，2005），交通灾害预警管理系统（王超，2003）等[1]。

---

① 万军杰，施工企业项目风险与预警系统构建研究 [J]，华南港工，2007，9.

广义的预警系统也包括风险监控系统，在风险监控的基础上，设置预警值，并评价各种风险状态偏离预警值的强弱程度，根据偏离程度向风险管理决策层发布相应等级的预警信号，促使风险管理者及时采取预控对策。

大规模城市开发项目建立了如前文所述的风险监控系统后，就需要对每一个风险监控指标和总风险监控值设定预警值和相应的预警等级，确定预警信号的接收对象，并对各种风险尽可能做好收到预警信号后的应急预案。

因此大规模城市开发项目的风险预警系统应具备的主要功能是判别功能、警报功能、预控功能和信息积累功能。

判别功能，即根据本项目积累的风险监控数据、已建成的同类项目的历史数据、专家研究结果，相关专业领域的理论和实务经验等来确定发出预警信号的条件，并在风险监控系统获得监控指标值后，比较当前的监控指标值与预警条件的满足程度，判别是否符合预警条件。

警报功能，即事先确定不同风险种类预警信号的接收对象，当预警系统判别当前风险监控指标已符合预警条件后，立即向预设的接收对象发送信号。因此警报功能的报告制度包括报告对象和时效要求。由于大规模城市开发项目涉及风险种类繁多，能够对不同风险事件采取专业处置措施或风险控制措施的相关责任方也不同，因此，需要结合整个项目的风险管理体系和风险管理方案来确定不同风险的预警信号接收单位，这些接收单位必须是能够在接到预警信号后立刻响应，并能采取有效行动的对象，报告应直接发送给这些接受单位响应行动的负责人或更高级别的负责人。当然，如果项目设立了专门的风险管理机构的，该机构必须接到所有的预警信号，同时由于大规模城市开发项目的公共影响特性，政府相关部门也必须能够接收到所有预警信息。对于警报发送的时效要求应根据风险的特征、预警等级及风险处置的时效性要求等逐个风险确定。并根据信息发送的时效要求来确定经济合理的信息发送方式。

预控功能，即接收到预警信号的部门应立即采取相应的风险处置措施，对发生预警的风险进行预控，以避免更加严重的风险事件发生，并整理处理意见及反馈。这些处置措施包括应对较高预警级别的各种应急预案。应急预案可以通过情景分析法、压力测试、经验分析、理论推理等方法设定。最严重的情况发生则需要进行危机管理。危机管理是指日常监控活动无法有效扭转风险恶化趋势发展、项目陷入危机状态时采取的一种特别管理活动。危机管理是一种例外性质的管理，即只有在特殊境况下才采用的特别管理方式。因此，往往是一些特殊风险最高级别预警信号的反应手段。

对于较低级别的预警信号，可以采用一般的风险管理措施，如低级的运作风险预警后可加强流程管理和内部控制，社会文化风险预警后可加强与大众的沟通和宣传、建设风险预警后可加强监理力度，规范施工现场管理等。事实上各种接收到预警信号后的预控措施应与大规模城市开发项目整体风险管理方案和日常的风险管理措施相融合，预控措施即是风险管理措施中的重要组成部分之一。具有外部效应的风险一旦发出预警信号，主要体现在政府通过制定风险调控规划调动城市内的相关资源对特定的风险较大的城市开发项目进行直接的干预，以降低或规避其风险，维护城市的长远利益和公共利益。

信息积累功能，即有效的大规模城市开发项目的风险预警系统不仅应该能够及时帮助项目预控风险，而且还应该具有积累历次预警时间、预警等级、处置情况和处置结果等全部信息的功能，并定期形成监控预警调查结果、结论和建议。已采取或将要采取的风险应对措施信息也应通过预警系统，反馈给项目管理方及风险管理相关人员。同时，这些信息和文档可以为以后的大规模城市开发项目的风险管理的研究和实践积累经验。

2.2　预警界限和预警等级的确定

组织架构、功能设置和硬件设施是大规模城市开发项目的预警系统的 3 个重要组成部分。而其中能够保证预警系统有效发挥作用的风险管理技术核心则是警报功能中预警界限和预警等级的确定，合理的预警界限能够帮助项目的风险管理部门及时采取有效的风险预控措施，降低甚至避免风险事件对项目造成的不良影响。因此下面将重点研究预警界限和预警等级的设定。

预警界限和预警等级的设定需要考虑 4 个方面的因素：大规模城市开发项目本身的特点、项目的风险承受能力、风险管理的成本、社会公平正义的伦理价值问题。

大规模城市开发项目本身的特点包括项目状态，如所开发项目的区位、规模、性质、交通条件等条件，和城市政府对该项目的初始发展预期。

项目的风险承受能力既是绝对的，也是相对的。因此重点需要考虑两方面的因素：第一，项目开发机构尤其是所在城市政府对项目风险的敏感程度、可承受能力，及其愿意承担的风险的种类和限度。第二，项目组织及风险管理人员所经历和积累的相关大规模城市开发项目的风险管理能力、经验及实践。

风险管理的成本受到项目整体预算和运营阶段财务状况的限制。风险管理要求越高，风险预警界限设置越低，则意味着预警响应频率可能越高，风险管理成本将相应提高。因此预警界限的设置必须考虑项目可承受的风险管理成本。

社会公平正义的伦理价值问题来源于大规模城市开发项目的外部性。由于项目规模大、建设时间长、影响面大，因此一些具有明显外部性的风险，如生态环境风险、社会文化风险如果控制不当则可能产生社会公平正义的伦理价值问题。因此，对项目预警界限的设置不能仅从项目成本预算出发，还应考虑对具有外部性的风险进行有效监控预警和处置而带来的国民经济收益、社会收益和远期收益等。在这一点上，城市政府应该更加理智、客观的对项目的风险预警体系进行指导和监督，以避免地方主义和短视的倾向，更好地代表大众和长远利益。

大规模城市开发项目风险监控指标的数值变化一旦达到某个水平就意味该指标触发了预警界限，预警系统将发出对应级别的风险预警信号。这个水平就是风险监控指标的临界值。临界值是划分预警界限的基础。预警界限是风险监控指标所处的不同风险状态的临界值。理论上讲，临界值是将会发生风险而没能发出预报的概率与发出错误预报的概率相等时的数值。实际操作中常用的确定预警区间的方法则有以下几种。

（1）历史数据法

根据历史经验和数据推断未来事件发生的概率及其后果，是风险分析最常用的方法。如果通过历史数据可以分析出某一风险的概率分布特性，那么就可以根据据此设定预警界限。如果可以通过某一风险监控指标监控值得到变动趋势，并分析出相应风险事件的发生规律，则可以据此给出预警界限和预警等级。历史数据法具有客观、有说服力等优势；其缺点是：第一，利用历史数据进行分析，尤其是统计分析，往往需要有足够多的数据积累，因此新设项目早期的风险预警很难使用此方法；第二，使用历史数据，要求该类项目风险的风险因素不能随着时间发生变化，即历史情景能够代表当前甚至未来。所以历史数据法多使用于自然风险、生态环境风险和部分运作管理风险的预警界限的确定。

（2）外部数据法

外部数据法是指利用类似大规模城市开发项目的风险监控和预警数据的历史记录进行外推，对新的类似项目可能遇到的风险预警界限进行设定。外部数据法是实务操作中非常常用和有效的方法。它的优点是能够将众多类似项目风险数据集中使用，而弥补单一项目自身风险数据不足的缺陷。设立能提供各行业损失数据的资料库（Loss Data Bank），一向为发达国家所重视。资料库越早设立，积累的数据就越多，也就越有利于风险评估和预警界限的科学设定。对刚成立的项目机构或缺乏数据积累的城市开发项目而言，在自我的资料库建立完整前，借用同业资料或官方资料，再辅以项目自身的风险管理人员的经验判定估计风险，是比较可行的替代方法。大规模城市开发项目可以在一定程度上受到政府控制，尤其是风险管理方面，因此非常适合建立相关的风险资料库，事实上某一个城市同类型的大规模城市开发项目数量非常有限，可能不足以建立资料库，本研究建议国家级、省级的大规模城市开发项目风险资料库，应积累更多的同类型项目的信息，为新建项目风险分析和风险预警提供更充足的外部数据。一旦信息库能够提供足够的数据，外部数据法将广泛适用于各类风险预警界限和预警等级的设定。

（3）行业标准和专家意见

在实际应用中，某些专业性非常强的风险的预警界限和预警等级的确定应在参照行业公认标准的基础上，结合项目自身特点来确定。生态环境风险、自然风险、规划设计风险、建设风险等都具有较详细和完善的行业标准，供大规模城市开发项目参考。例如人耳开始感到疼痛的声音为120dB，因此可以将120dB作为项目开发建设阶段噪声污染的最高预警等级的预警界限。对于一些特殊项目，行业标准不宜使用则可请相关领域专家根据项目的特点进行个性化的评估，从而确定预警界限和预警等级。另外，专业性非常强的风险还可以利用相关的科学研究成果和专业机构的预警信息作为设置预警极限的依据。例如各种自然灾害风险等。

（4）情景分析与压力测试

情景分析法最早于20世纪40年代末被用在军事上，美国兰德公司的国防分析员对核武器可能被敌对国家利用的各种情形加以描述，这是情景分析法的开始。目前情景分析法已在商业、金融、工业等各个领域得到了广泛的应用。情景分析是适用于对可变因素较多的大型项目进行风险预测和分析的系统技术。该方法通过采用图表或曲线等形式来描述影响项目的某种关键因素发生各种变化而构造出多重情景，提出多种未来的可能结果，供管理者比较研究，选择最佳的风险管理方案，并可以辅助对导致结果变化的关键因素变动区间进行研究。

大规模公共开发项目往往持续时间较长，风险因素复杂，同时风险因素又有发生变化的可能，这种情况下就可以采用情景分析法来预测某些重要风险对项目产生重大影响时关键风险指标的取值，对需要进行监视的风险范围提出建议，作为预警值设置的依据。

压力测试是确立系统稳定性的一种测试方法，通常是在系统正常运作范围之外进行的某种条件下，考察其功能极限和隐患，在软件工程、金融风险管理等领域应用比较普遍。大规模城市开发项目可以采用压力测试，设定某一特定的极端情境来测试风险对项目的冲击，如对考察在恶劣的宏观经济环境或财务状况下运营阶段的经济风险对项目的影响。通过压力测试找出导致项目发生危机的某些风险监控指标的取值，在此基础上来确定这些风险监控指标的预警界限。对于大规模城市开发项目而言，情景分析和压力测试对于各类项目确定预警界限均具有较好的适用性。

（5）一维预警值的确定

大规模城市开发项目在推广风险监控和预警的初期，很多风险的监控数据需要依靠一维主观评估方法获得或本身就是一维的定量监控指标（例如一些规划控制指标）。尤其是项目总风险采用层次分析法计算后将会得到一个归一化的结果。

为了便于监控和预警的实施，统一预警数据，大规模城市开发项目可以对所有一维监控数据取值进行规范化转换，转化为规范取值 β，从而使 $\beta \in [0, \infty)$。规范化转换的方法是：对某一个一维定量监控指标，按照前文所述的预警界限确定方法，确定一个该风险监控指标的标准取值和绝对不可接受的取值，将标准取值对应于规范化预警取值 5，绝对不可接受的取值对应为规范化预警取值10。其他监控指标取值做相应的等比例转化。

经过转化后的监控指标的预警界限和预警等级可以按照以下方法设定：

如果取值 $\beta \in [0, 5)$ 表明该风险处于可接受范围，可以不进行风险管理。

如果取值 $\beta \in [5, 7)$ 将启动黄色预警，表明该风险需要警惕，应该对该风险进行进一步的风险分析，判断风险存在是否合理，是否能够接受，是否需要进行风险控制。

如果取值 $\beta \in [7, 9)$ 将启动橙色预警，表明该风险较大，应该启动针对该风险的风险控制流程，寻找风险原因，采取适当的风险管理策略。

如果取值 $\beta \in [9, 10]$ 将启动红色预警，表明该风险极大，必须启动针对该风险的风险控制流程，对于频率高的应控制其发生频率，对于影响巨大，项目无法承受的应采取风险转移或风险避免等措施。

（6）二维风险矩阵预警值的确定

为了便于大规模城市开发项目的风险预警，对采用二维风险矩阵方法确定监控值的风险监控指标其监控值也要进行变化。

具体来说：

首先将该风险对大规模城市开发项目规划、建设、运营各阶段目标的影响严重性取值 α' 按照一维预警值的规范化转化方法转换为 β'，$\beta' \in [0, \infty)$。

为了突出影响严重性维度在风险预警中重要性，取 β' 的平方值作为风险影响严重性的规范化取值 β''，即 $\beta''=(\beta')^2$。

该风险发生概率 P 取值为 $[0, 1]$。

将规范化的影响严重性取值 β'' 与概率取值 P 相乘，得到该风险的监控值 R，$R=\beta'' \times P$，则 R 取值范围为 $[0, \infty)$。转化后的风险矩阵如图 2-2-1 所示。

如果取值 $R \in [0, 16]$ 表明该风险处于可接受范围，可以不进行风险管理。

如果取值 $R \in (16, 30)$ 将启动黄色预警，表明该风险需要警惕，应该对该风险进行进一步的风险分析，判断风险存在是否合理，是否能够接受，是否

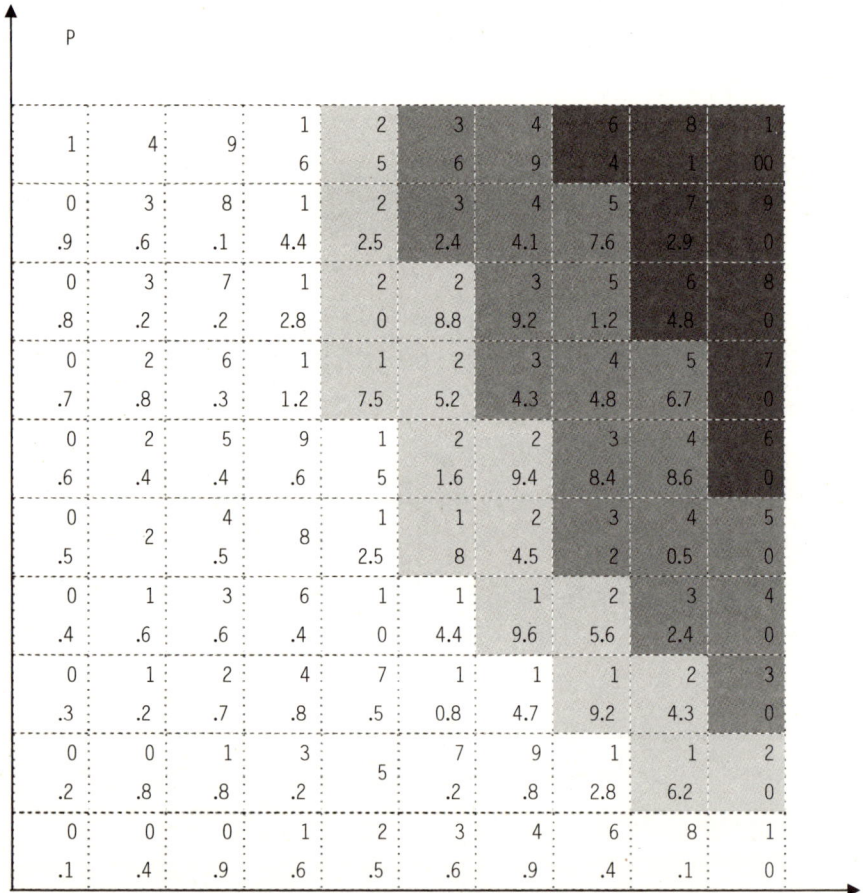

P										
1	4	9	16	25	36	49	64	81	100	
0.9	3.6	8.1	14.4	22.5	32.4	44.1	57.6	72.9	90	
0.8	3.2	7.2	12.8	20	28.8	39.2	51.2	64.8	80	
0.7	2.8	6.3	11.2	17.5	25.2	34.3	44.8	56.7	70	
0.6	2.4	5.4	9.6	15	21.6	29.4	38.4	48.6	60	
0.5	2	4.5	8	12.5	18	24.5	32	40.5	50	
0.4	1.6	3.6	6.4	10	14.4	19.6	25.6	32.4	40	
0.3	1.2	2.7	4.8	7.5	10.8	14.7	19.2	24.3	30	
0.2	0.8	1.8	3.2	5	7.2	9.8	12.8	16.2	20	
0.1	0.4	0.9	1.6	2.5	3.6	4.9	6.4	8.1	10	

图 2-2-1　标准化转换后的二维风险矩阵及其预警等级示意图

需要进行风险控制。

如果取值 $R \in [30, 60)$ 将启动橙色预警，表明该风险较大，应该启动针对该风险的风险控制流程，寻找风险原因，采取适当的风险管理策略。

如果取值 $R \in [60, \infty)$ 将启动红色预警，表明该风险极大，必须启动针对该风险的风险控制流程，对于频率高的应控制其发生频率，对于影响巨大，项目无法承受的应采取风险转移或风险避免等措施。

3 政府调控城市开发项目风险的管理

3.1 当前我国政府的项目开发管理体制及模式

3.1.1 我国政府项目开发管理现状

政府开发项目一般可区分为经营性项目和非经营性项目，针对不同性质的项目，管理方式也因此不同（图 2-3-1）。我国目前政府开发项目的管理方式概括起来有以下两方面的特征：

3.1.1.1 组建项目法人建设经营性政府投资项目

按照有关规定，经营性政府开发项目在建设阶段必须组建项目法人。项目法人可按《公司法》的规定设立有限责任公司（包括国有独资公司）或股份有限公司，对项目的筹划、资金筹措、建设实施、生产经营、债务偿还和资产的保值增值等，实行全过程负责。法人在享有投资决策权的同时，必须承担相应的投资风险责任。如三峡工程、深圳的盐田港、地铁工程以及各地众多的高速公路等项目都实行了项目法人责任制。

3.1.1.2 非经营性政府开发项目的建设管理方式呈多样化特征

（1）组建临时机构建设。这种机构一般临时从政府有关部门抽调人员设立工程指挥部或筹建处，负责人通常为政府部门的主管领导，当工程项目完成后，即宣布解散。目前，一些大型的公共建筑、市政工程以及环境治理工程等，多采用这种方式。一些平时没有项目或者是项目很少的单位，由于没有常设的基建管理机构，在实施项目时也常常会临时组建工程管理班子。

（2）自行组织建设。即由建设单位的内部处（科、室）自行负责组织项目建设，各行政部门（如教育、文化、卫生、体育）或一些工程项目较多的单位，多采用这种方式。

（3）专业机构建设。近年来，随着各地对非经营性政府开发项目管理模式

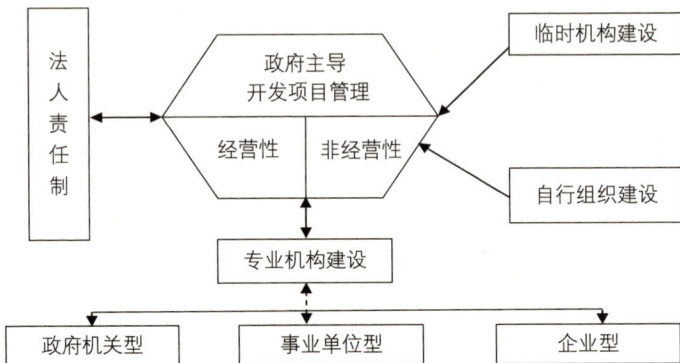

图 2-3-1　政府主导开发项目管理模式

的积极探索，出现了一些专业型的管理方式。第一类是政府机关型，即由政府主管部门直接负责工程项目的建设管理。如陕西省成立"统一建设管理办公室"，负责全省政府投资项目的统一建设与管理，将原属于各厅局的建设项目统一纳入计划管理，并撤销设在原厅局的基建处。第二类是事业单位型，即政府设立专门的事业单位，从事建设工程的管理。如上海市浦东新区建设局下设专门的工程建设管理公司，为非营利性机构，专门负责政府投资的部分市政基施的建设管理。第三类是企业型，即政府将其投资的项目委托给指定的公司，由公司负责政府开发项目全过程的建设实施。

3.1.2　我国政府投资项目管理体制的现存问题

我国政府投资项目管理改革已经突破了传统投资体制的模式束缚，为最终建立适应社会主义市场经济要求的新型投资体制奠定了基础，对促进国民经济持续快速发展，起到了积极的推动作用。但是，受各种因素的影响，我国目前对政府投资项目的管理仍不可避免地存在一些弊端。

3.1.2.1　多头管理

从我国目前的体制看，政府投资项目的管理部门较多，计划部门负责项目建议书、可行性研究报告、设计文件与概算审批等；财政部门负责概、预、决（结）算，包括标底审查与支付审核等；建设行政主管部门负责工程实施。由于上述单位均是政府投资项目管理的外部控制与监督系统，尚不能承担管理政府投资项目主体的职责，因此在整个项目建设实施过程中，没有一个相应的部门或机构代表政府来履行管理和监督责任。这种现象产生的结果之一是项目管理无人过问，项目实施过程中漏洞百出，政府投资效率极低甚至投资报废。从某种意义上说，这种多部门管理体制类似于企业管理中的多头领导，它造成的另一种结果是各管理部门间事权不明、职能交叉、各自为政，形成政府在投资项目管理中越位与缺位并存的局面。由于缺乏统一的投资管理体制的支撑，各部门之间出台的文件甚至出现打架的现象，对同一项目，不同部门的批复截然不同，政府投资项目很难得到有效的管理。

3.1.2.2 缺少风险约束机制

作为政府开发项目的具体实施方建设单位来说，由于绝大多数政府投资项目属于无收益或非盈利的公共项目，由政府运用财政资金以拨款方式建设，建设单位是无偿使用资金而享有投资成果，根本没有保值增值、还本付息的压力。建设单位因为缺少投资风险约束机制，往往倾向于无限增大投资，只求建成，不计成本和效益，在自身使用利益的驱动下甚至"敞开口袋花钱"，力求规模越大越好，标准越高越好，使项目投资难以得到有效控制，给政府投资项目的总盘子平衡和计划安排带来很大困难。因此，在目前体制上如果让建设单位成为政府投资项目管理主体，无疑给政府增加了投资风险。

3.1.2.3 各职能部门的职权范围（表 2-3-1）

各职能部门权限范围表 表 2-3-1

职能部门	权责
规划部门	负责项目的可行性研究，统筹规划，审查项目是否符合社会经济的发展需要
建设部门	负责项目工程建设过程的质量、安全、环保等，主要审查项目建设是否符合相关标准等
财政部门	从资金控制入手，通过对概预决算的审查，通过对建设单位委派基建会计人员，通过对设计监理单位实行直接支付等手段，严格控制政府投资的规模与资金流向，力争投资效益的最大化

3.2 城市开发项目的开发制度和体制完善的建议

3.2.1 政府的角色及体制革新

政府开发项目管理体制是经济体制的组成部分，经济体制作为社会经济生活的规范，应该随着经济的发展而不断地改革与完善，自 20 个世纪改革开放以来，我国也在一直致力于这方面的实践，并取得了举世公认的成绩。对政府开发项目采取何种管理模式，从根本上取决于政府对自身经济管理职能的认识。政府只有明确了其在所开发项目的管理中居于什么角色，应该对开发中的哪些事情加强管理，同时哪些事情可以让市场来调节的时候，政府项目开发管理模式才可能是符合经济发展要求的。不区分政府性投资与非政府性投资项目，经营性与非经营性政府开发项目进行管理，是当前政府项目开发管理体制的症结所在。因此，政府在管理体制中，应该着眼于为单个开发主体指导发展的方向，提供有关的政策服务和规范开发主体的外部环境，而不是仅仅成为某个具体项目的开发主体。政府应减少对微观活动的行政干预，对项目开发实行以间接方式为主的宏观调控。而对于政府开发项目的管理，应严格实行民主化和科学化的决策制度，严格项目审批和管理制度，逐步建立投资、建设和运行管理"三分离"的管理体制。

改革我国政府投资项目管理模式总的思路是，区分政府投资项目与非政府投资项目，区分经营性和非经营性政府开发项目，采取不同的管理方式。对经营性项目采用项目法人责任制，对非经营性项目可采取自行管理与委托管理相结合的方式。并提出推行政府开发项目工程采购制度、对政府开发项目强制实行限额设计、实行建设资金直接支付、推行基本建设会计人员委派制、完善政府开发项目的评审制度等几条加强政府投资项目管理的具体措施，以及完善政府开发项目管理法律体系、加强政府监督、推行政府开发项目风险规划管理制度等配套改革措施。

3.2.2　建立保障政府风险调控职能发挥的相关机制

3.2.2.1　成立城市风险管理部门

（1）成立统一管理机构

成立单独的城市开发管理机构是国内外城市建设实践中的普遍共识。在我国，不同类型城市分区的管理体制有所区别，规模小一些的住宅区、教育区一般会直接隶属于所在区县政府管理，而规模较大的综合性城区和产业型城区会成立专门的管委会。例如，在我国的《国家经济技术开发区管理机构职责》中规定："国家经济技术开发区所在市人民政府领导，实行中国经济特区的某些政策和新型管理体制，市人民政府在开发区设立管理委员会，作为市政府派出机构，代表市人民政府对开发区的工作实行统一领导和管理，协调各部门、各单位与开发区有关的工作"。《国家高新技术产业开发区管理暂行条例》中也规定，"开发区管理委员会作为开发区日常管理机构，可以行使省、自治区、直辖市人民政府所授予的省市级规划、土地、工商、税务、财政、劳动人事、项目审批、外事审批等经济管理权限和行政管理权限，对开发区实行统一管理"。不同的城区管理委员会可以统筹考虑该片区的发展计划，可以全面了解各城区的各项基本情况。目前这种城区风险管理方式已经得到广泛认可与普及。

（2）增加风险管理内容

城区风险管委会对开发工作实施统一管理，因此，从职责范围来看，管委会中需要具有风险管理职能的相关部门。面对错综复杂的城区开发风险，需要组织一支高水平的风险管理团队，团队的管理能力将直接影响到城区开发进程。风险管理部门的主要内容是建立风险沟通平台，与各参与主体对风险进行沟通，其中主要包括：风险资讯的沟通，包括风险的来源与去处，协助政府制定风险决策，并制定风险对策；风险影响的沟通，包括风险的损失与机遇，协助各方主体实施风险补偿；风险的经验教训总结，建立风险管理数据库，对风险事件的发生进行统计与分析，在不断的积累中，促进风险管理技术的进步。

3.2.2.2 建立信息数据平台

在风险管理中，信息至关重要，如何获得一手信息，是避免风险的关键环节。信息的不同步性，导致人们对风险的认识程度有所差别，也不能对风险进行了全面的分析。建立关于城区开发的电子信息数据平台，可以确保政府、开发商、企业、居民等群体在第一时间共享开发资料。数据平台的内容应至少包括：

地理信息：包括自然的，如气候、地貌、灾害动植物等；人文信息，如政区范围、聚落、经济、人口、文化社会等。

规划信息：对规划成果进行规范化处理，使之能够统一实现电子查询。

管理信息：各项开发政策和管理机构的权责。

4 专题案例

4.1 新区开发中的政府风险管理案例研究——天津宝坻京津新城

4.1.1 项目背景

京津新城是天津市近年来重点开发的新区之一，是由天津市政府直接组织的开发项目。新城位于天津市宝坻区境内，是国务院批准的天津市"十一五"期间新建的 11 个新城之一，位于京、津、唐三角的中心腹地，距北京市区 75 公里、天津市区 40 公里、唐山市区 70 公里，毗邻 4 条高速、12 条国道和两个国际机场。京津新城远景规划 258 平方公里，近期规划 53 平方公里，人口规模 100 万。京津新城并不是以原有宝坻区的核心区为载体，而是根据天津市域空间发展的新需要而选址建设的，是平地造城的典型。新城的开发重点突出生态居住、商贸物流、休闲度假、会议会展、文化教育，建成服务京津冀、面向环渤海的生态型、知识型、服务型精品卫星城市。

4.1.2 京津新城的风险规避

京津新城的风险规避过程体现在两方面：首先，与城市整体发展意图的契合，新城的开发决策是在城市宏观政策背景支持下做出的，保证了其科学性和合理性，开发过程中得到了更多的政策支持，规划审批工作也十分顺利；其次，与自身地域特点相适应，新城的开发决策兼顾了地区特有的温泉旅游资源，以此为核心组织新城的整体结构。因此，京津新城的开发思路既体现了上级政府的整体意图，又兼顾了自身特点，很好地规避了开发风险。

4.1.2.1 京津新城与市域空间结构

京津新城的开发，是天津市域空间结构调整下的一项举措，政府在新城的开发前，很好的研究了全市的土地资源特点和区位优势，并做出了针对性部署。

通过分析，可以得出的结论是，天津市两翼发展中的南北拓展轴具有不同的空间属性，"北翼"以生活性空间为主（图2-4-1），适宜发展第三产业和高新技术产业，对天津市的产业结构调整具有重要意义；"南翼"以生产性空间为主（图2-4-2），适宜发展与港口集疏运功能相关的第二产业，是天津市经济增长的重要保证。

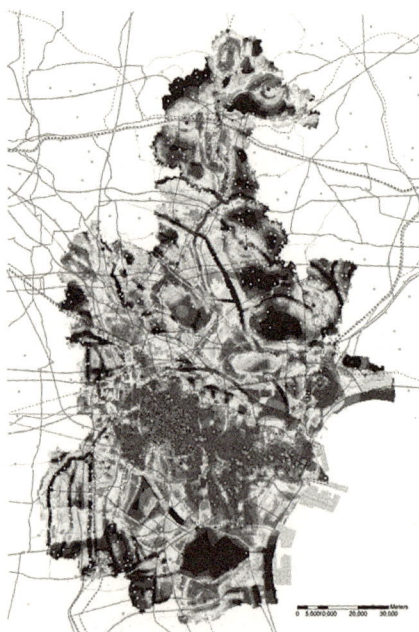

图 2-4-1　生活性空间评价

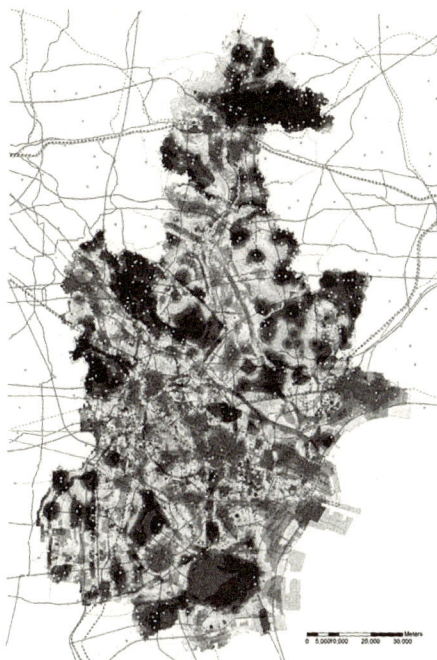

影响因子类别	影响因子	次级指标	适宜性	分值
限制性因子	生态景观要素	北部生态涵养区	涵养区	严禁	0
			涵养区外部	非常适宜	5
		湿地、贝壳堤保护区	保护区及其500米缓冲区	严禁	0
			500~1000米缓冲区	非常适宜	1
			1000~2000米缓冲区	适宜	5
			2000~3000米缓冲区	较适宜	4
			3000~5000米缓冲区	较适宜	3
			5000米以上缓冲区	非常适宜	5
		河流、水库等主要水面	主要河流水面	不适宜	0
			500~1000米缓冲区	非常适宜	1
			1000~2000米缓冲区	较适宜	4
			2000~3000米缓冲区	适宜	5
			3000~5000米缓冲区	较适宜	3
			5000米以上缓冲区	非常适宜	5
		城市绿带	城市绿带	严禁	0
			绿带外部	非常适宜	5
	土地利用	基本农田	基本农田保护区	严禁	0
			基本农田保护区以外	非常适宜	5
		石化区	石化区及其3000米缓冲区	严禁	0
			3000~5000米缓冲区	非常适宜	1
			5000~10000米缓冲区	较不适宜	2
			10000米以上缓冲区	非常适宜	5
引导性因子	交通区位要素	轻轨站点	站点及其500米缓冲区	非常适宜	5
			500~1000米缓冲区	适宜	4
			1000~2000米缓冲区	较不适宜	3
			2000~3000米缓冲区	较不适宜	2
			5000米以上缓冲区	不适宜	1
		高铁站点	站点及其5000米缓冲区	非常适宜	5
			5000~10000米缓冲区	较适宜	3
			10000米以上缓冲区	适宜	1
		重点镇区	重点镇区及其3000米缓冲区	较适宜	5
			3000~5000米缓冲区	适宜	4
	土地利用		5000~6000米缓冲区	适宜	3
			6000~7000米缓冲区	较不适宜	2
			7000~8000米缓冲区	较不适宜	2
			8000米以上缓冲区	不适宜	1
		现状居住用地集群	居住集群及其500米缓冲区	非常适宜	5
			500~1000米缓冲区	非常适宜	1
			1000~2000米缓冲区	适宜	4
			2000~3000米缓冲区	较适宜	3
			3000~5000米缓冲区	较不适宜	2
			5000米以上缓冲区	不适宜	1

图 2-4-2 生产性空间评价

4.1.2.2 京津新城的开发选址

京津新城的选址是建立在城市整体结构调整的大思路下，这种选择一方面带有政府的引导性要求，另一方面也有自身条件的支持。

（1）整体要求

天津市城市结构的调整需要在市域北部寻找新的空间增长点，并培育第三产业和"2.5"产业的发展。如上文所介绍的那样，京津新城所在地宝坻区是天津"两翼发展"所确定的重要战略区域，要建设具有生活型和区域联系型空间属性的城市新区。这种整体发展要求，为该地区带来了重大发展机遇。

（2）自身特点

宝坻区地势条件好，区内大部分是平原，只有少部分是山地和丘陵。京津新城最终选址于周良庄镇，该镇位于宝坻中部偏西南，是宝坻境内的两个地热异常区之一，贮热面积202平方公里，水质清澈透明，含硫、硅、钙、铁、镁等多种元素，可广泛用于纺织、印染、造纸、制药、食品加工等行业，还可用于采暖、洗浴、医疗、开发旅游业和农业孵化、养禽、养鱼、温室种植等，并已得到初步开发。2001年9月，香港合生创展有限公司和广东珠江房地产公司正式签订了合资合同，共同出资80～100亿元人民币，在宝坻地热旅游度假区内兴建"珠江帝景温泉城"，目前已初具规模。旅游资源和区域房地产项目为这个地区的建设奠定了一定的基础。

4.1.3 京津新城的风险调控

京津新城的开发过程中同样存在争议性决策，并引发了一些开发问题，这些问题在开发前期并没有进行风险规划，而是随着问题的逐渐暴露，才认识到风险的存在，并制定了相应的开发对策。虽然风险问题最终也得到了解决，但对正常的开发周期和招商引资工作还是造成了一定的延误和损失。

4.1.3.1 京津新城的风险识别与评价

京津新城属于远郊独立式新区，此类新区与建成区相距较远，是依靠特有区位优势和资源特色独立发展起来的能够自给自足的卫星城镇。新区的建设缺乏依托，需要大量的前期启动资金来完成土地的一级开发与基础设施建设。此外，新区开发需要大量农业土地转换为城市建设用地，失地农民的补偿问题也是此类新区要重点考虑的。

京津新城在制定规划时，并没有形成系统性的风险意识，但对经济上的可行性进行了重点研究，由于地区所处区位极佳，投资回报高，规划很快就得到了批准。本书重新回顾新城的开发过程，对争议性决策进行了总结，并将在下文讨论京津新城开发中的风险调控问题（表 2-4-1）。

京津新城风险识别 表 2-4-1

决策内容	决策类型	风险属性	备注
发展目标	确定性	——	发展目标明确，与城市整体发展思路相符合，最早达成共识
产业结构	确定性	——	以第三产业为主导，培育环境友好型产业
功能定位	确定性	——	突出生态居住、商贸物流、休闲度假、会议会展、文化教育等功能
开发强度	确定性	——	低密度开发，突出生态理念
管理运作	确定性	——	成立新城管理委员会，对新城开发实施统一管理
文化保护	确定性	——	按照文物保护条例对开发区内文化遗产实施保护
生态保护	确定性	——	强化环保意识，严格控制新城产业类型
资金筹措	确定性	——	与国有企业合作开发
开发速度	争议性	可补偿	开发速度没有严格控制，尚未出现任务延期现象
配套设施	争议性	可补偿	配套标准的确定意见不同意，但规划留有公共设施备用空间
市场定位	争议性	可补偿	以区域性地产项目为主，交通条件有制约
开发规模	争议性	可补偿	开发规模的合理性受到一定质疑，新城能否吸引足够的企业、居民
拆迁安置	争议性	可补偿	农民补偿方式受到质疑，没有考虑失地农民的就业问题

通过分析，京津新城的风险损失类型主要可归纳为：经济风险和社会风险。京津新城属于远郊独立式新区，缺乏主城依托，前期建设所需资金量巨大，同时新城一期多为区域性房地产项目和服务业项目，区域可达性受到一定质疑；新城需要征用大量农村土地，采取何种补偿方式，则是农民最为关注的社会问题。

4.1.3.2　京津新城的风险对策与处置

由于上述问题的存在，导致京津新城在开发中遇到了一些波折，新城管委会及时发现了问题，并做出相应对策。但由于开发前准备并不充分，对京津新城的开发过程还是造成了一定负面影响。

（1）经济风险：资金与效益保障

京津新城的一期开发以"珠江温泉城"项目为核心，依托地热资源，占地面积 15km²，包括珠江帝景温泉度假村、珠江温泉国际会议中心大酒店、珠江高尔夫球会和别墅住宅区。在开发模式上，珠江温泉城采用了公司主导的模式，政府只协助管理，土地的开发权全部交由企业负责。合生创展集团与珠江地产合力组建了天津合生珠江房地产开发有限公司，全面负责项目的开发建设工作。政府用土地收益换取了资金上的保障，实际上开发公司成为风险的主要承担方。

资金的充足保障使得新城一期开发极为顺利，但开发后的买方市场并不理想，度假村的收益并不乐观，而别墅销量也不被看好。主要原因是新城远离主城区，从北京驱车到京津新城，由京沈高速再转津蓟高速，要花费一个多小时；而从路况较差的京津塘高速去京津新城，需要耗时两个半小时才到，此外还有高速交通成本。因此，政府决定大力改变新城的交通条件：首先，新修建的京唐城际铁路将在京津新城设站，"北京—京津新城—唐山"之间的交通联系距离被缩短至 30 分钟（其中北京至京津新城路段只需 13 分钟）；其次，修建京滨通道，连接滨海新区和北京市区，京津新城成为这条结构性快速通道的重要节点；第三，修建轻轨连接天津中心区，使得市区居民能够短时间到达京津新城。交通条件的改善对京津新城的区位价值提升起到了重要作用，也迅速扭转了开发后的困境，经济收益得到了很好保障。

（2）社会风险：农民补偿

京津新城起初的土地征收方式是直接向农民购买土地使用权，价格普遍较低，同时也没有考虑到农民的再就业问题，导致大量农民虽然获得了一定的经济补偿，但纷纷选择离家外出打工，寻找再就业的机会。

随着新城开发的深入，经政府协调，新城的征地模式发生了很大变化。首先，变"买地为租地"，租用农民土地，按年支付农民租金；同时，向农民优先提供各种就业岗位，并支付相应工资。这样，农民每年可获得两笔经济收入，并获得再就业机会，利益得到了更好保障。

4.1.4　京津新城开发的风险管理小结

京津新城开发中的风险管理过程中暴露出了一些问题，而这些问题也普遍存在于我国的新区开发过程中。我国新区开发中的风险管理并不是一个连续的过程，缺乏对风险的系统性认知，没有形成管理体系。具体可总结为以下两个方面：

（1）不确定性决策与风险决策

京津新城中的争议性决策可以定位为不确定性决策，而非风险决策，其区别就在于掌握信息的全面性和应对措施的制定。京津新城的不确定性决策中，决策者掌握的风险资讯较少，对风险的未来状态不够清晰，同时也没有事先制定好风险对策，这种决策带来的是未来的不确定性。真正的风险管理过程中应倡导风险决策的制定，也就是决策者需要掌握必要的开发信息，对风险有充足的预期和理解，对可能发生的风险后果做好准备，并提前制定相应的风险解决措施。

不确定性决策是导致风险管理过程中断的原因，京津新城开发前期已经可以预示到一些风险问题的存在，但对于风险的思考却随着决策制定而终止了，对于后续问题的考虑并不周到，最后对开发造成了一定影响。

（2）风险应对与风险管理

京津新城开发中政府体现出的是一种风险应对能力，而非风险管理，其区别在于对于开发风险有无计划性。京津新城的管理情况是当风险危机已经出现，形成了一定损失，才引起政府的注意，并对风险展开研究，再制定一系列的改善措施，体现出的是对已知风险的应对过程。真正的风险管理强调的是系统性，包括前期的风险识别、风险评价和制定相应的风险对策，也就是要防患于未然，对风险的发生已经有了充足准备。

风险应对是不确定决策所引发的后续反应，由于缺乏前期的风险认识，政府只能在过程中不断发现问题，并设法解决。这对政府的管理能力提出了更高要求，同时，如果出现严重的风险危机而缺乏事先准备，则很有可能导致损失的扩大和项目的最终失败。

4.1.5　案例小结

本章以京津新城为例，对新区开发的风险问题展开研究。我国的新区开发过程中已经开始关注风险问题，规避风险是每个新区开发总体规划中都要面临的问题，但系统性的风险管理体系还没有介入到城市开发中去，依然处于理论探讨的阶段。

京津新城的开发并不是一个完全正面的典范，这个案例实际上是一个反思型的案例，开发过程中有成功的经验、也有挫折的教训。京津新城的开发成功之处在于较好地贯彻了上位规划意图，与城市整体发展思路相协调，实际上保证了开发决策的正确性和合理性。但由于前期的认知不足，在开发过程中还是遇到了很多麻烦。

京津新城的案例再次证明了风险规避在风险管理中的重要性，规避风险是新区开发的第一选择，而风险调控则是我们应对环境变化和可补偿风险时所采取的手段。

4.2　广州恩宁路更新改造项目社会影响评估报告

4.2.1　项目背景介绍

4.2.1.1　恩宁路更新改造项目的简介

恩宁路位于中国广州市荔湾区多宝街道，是一条有浓厚西关特色的道路。其东起宝华路，西北至多宝路与龙津西路相连，长 1115 米，宽 18 米，双向 2 车道。1931 年扩建成路，因原来由东至西分别为十一甫、恩宁东路、恩宁钟巷、恩宁北路和恩宁市，故采用"恩宁"为路名（图 2-4-3）。

图 2-4-3　恩宁路位置示意图

改造项目的位置准确而言是由恩宁路、多宝路和宝华路围成的近扇形地块的一部分。除三条马路沿线是商业功能用地之外，地块内的绝大部分为居住功能的用地（图2-4-4）。

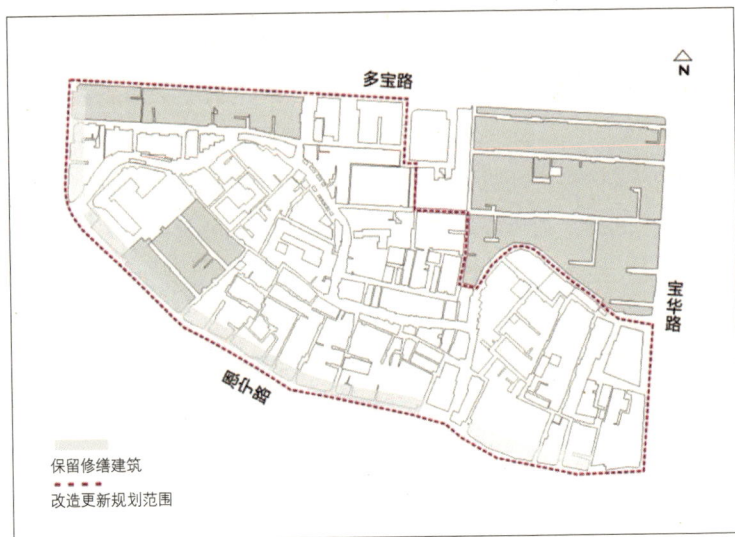

图 2-4-4　恩宁路规划范围示意图

恩宁路更新改造项目，作为广州新一轮城市改造浪潮——"中调"的一个项目，被列入三大试点启动项目之一（其余分别为南华西项目、东华涌项目）。广州市政府的最初目标是，获得城市用地，疏解旧城人口，改善居民生活条件。后来逐渐转变定位，恩宁路被定位为开发旅游商业区。该项目至目前为止，逾3年时间，仍未完成。未完成部分包括：小部分居民仍未与政府达成搬迁协议，未有开发商表露出明显意向接手该项目。因而，真正的开发建设尚未开展。

4.2.1.2　恩宁路更新改造项目的目标

恩宁路旧城改造，作为广州市"中调"发展战略下的试点项目之一，是全市旧城更新改造计划的一部分。其项目目标必须与全市的旧城更新改造计划目标协调一致；其项目设计所遵循的原则必须与全市旧城更新改造计划所制定的原则相同。以下我们重述广州市政府在《广州市旧城更新改造规划纲要》中提及的一系列目标与原则，以此作为社会评估工作的坐标系。

（1）总体目标

在广州市建设"现代产业和宜居城市的示范区、宜居宜业的'首善之区'"的目标指引下，通过旧城更新，实现保护历史文脉、促进旧城复兴的目的，把旧城区建设成为具有地方特色和国际水准的、宜居宜业、充满活力的城市中心区。

（2）具体目标

改善人居环境，打造宜居城区；

优化旧城功能，增强城市竞争力；

整合历史文化资源，打造世界文化名城。

4.2.1.3　恩宁路更新改造项目的内容

整个项目包含两个部分：人口迁出（连片危破房改造）与开发建设项目。

（1）人口迁出

改造地块当中，共1950居民要迁出，占地块总居住户数的绝大部分。自从07年9月开始至今，迁出工作仍未完成。按照实际的安置情况看，居民迁出的方式按照他们的不同利益群体归类如下：

1）直管公房居民

直管房安置房源位置分别位于：

天河区珠江新城海清路誉城苑（约90套）、白云区横沙村（约70套）、芳村区东教教师新村（20套）金沙洲民和2巷（约200套）以及其他散布于荔湾区的直管房（约20套）。在上述房源当中，金沙洲安置房源占了主要部分。

直管公房承租居民假如选择自愿放弃承租直管房的，则可以获得1600元/平方米的现金补偿，获得补偿后自行安排房屋。

2）私房居民

2007年至2008年11月（或2009年1月）之前，只对该部分居民实行货币补偿和异地产权安置。安置地点包括金沙洲和芳村的芳邻美地（两地的房价因地理位置当时均显著低于恩宁路周边的房屋价格）。

此外，从2009年开始，荔湾区连片危破房改造项目办公室开始计划在逢源路宝胜沙地二期兴建安置用房，其中可以提供给恩宁路剩余的居民进行就近"回迁"。

另外，对于拥有商铺的业主或部分商住混合居住的产业，不设置重新安置铺面"以铺换铺"等形式产权调换，除了评估价格另行按照商业物业的办法评估外，安置方案只按照私房居民情况处理。

3）代管房居民

代管房，是指房屋产权人或其合法继承人未能出现，房屋暂时交由市房管局代理管理的房屋。本次拆迁当中，代管房居民安置情况参照直管公房情况进行安置。

4）"私房租户"

"私房租户"，特指那些在计划经济时代一直租住政府代管私人房产。后房屋产权被发还原产权人，住户事实上成了私人房屋租住者的这样一群人。根据现行补偿方案设计，这部分居民在与业主协商无果情况下，只能自行安排居所。实际上，他们处于法律与政策的灰色地带。

5）经济适用房可供申请

改造地块内的产权人或合法承租户，符合《广州是城市建设拆迁安置新社区住宅管理办法》规定，可优先申购中山八路党恩新街社区住宅。

6）其他受影响群体

这部分受影响群体包括：真正的私房租户，他们大部分是来广州外来务工人口；另外，在社区内租用住宅经营的小商业者。他们在补偿和安置方案设计之外。

关于具体的拆迁房屋补偿金额标准，请参考第三部分。

（2）开发建设项目

开发建设计划将恩宁路改造更新后的街区定位为：消费街区和旅游中心。

引用规划方案原文表述为"具有浓郁相西关风情，延续传统生活氛围，体验岭南民俗情景的精品消费街区；荔湾老城怀旧旅游的人文休憩中心"（图2-4-5）。

图2-4-5 恩宁路整体改造方案

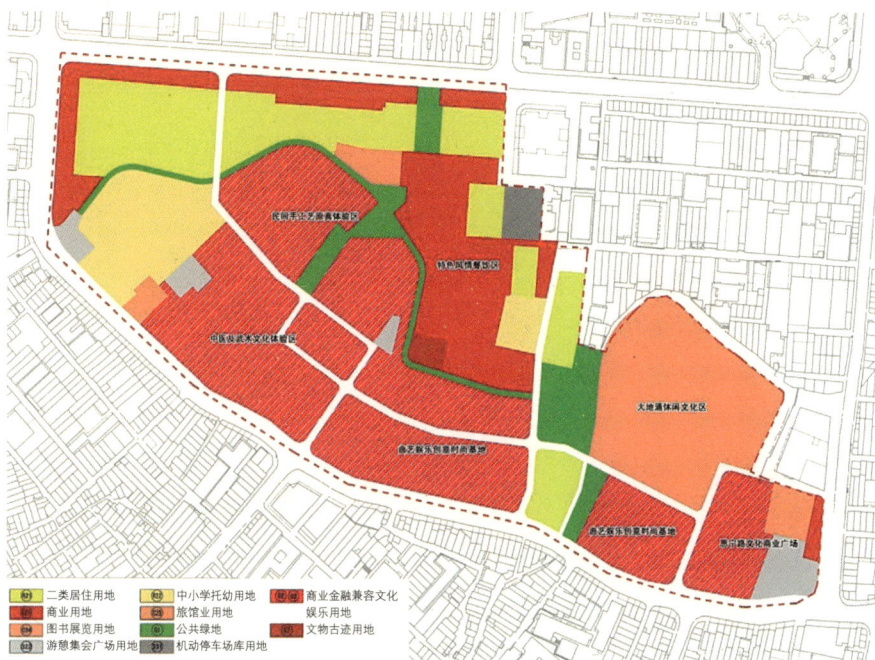

图 2-4-6　理想改造方案后土地功能分区

纯商业用地和商业与文化、金融兼容用地占总土地面积为 5.4 公顷，占总用地面积 47.5%。在图示中包括的开发意向为：特色风情餐饮区（正红色）；民间手工艺原真体验区、中医及武术文化体验区、曲艺娱乐创意时尚基地、恩宁路文化商业广场(粉红色)。另外,大地涌休闲文化区为酒店旅馆业经营区域，所占比例 11%。居住用地为现状保留的民居与多层住宅的面积，占总面积 14%（鲜黄色区域）。最后，公告绿地面积占 6%（图 2-4-6）。（详细对规划方案的分析请参见《针对恩宁路地块更新改造规划的意见书》。）

（3）恩宁路地块内建筑拆留对策（图 2-4-7）

1）保留沿恩宁路的骑楼建筑（图中显示为橙色）；

2）保护规划区内的文物单位、文物史记线索建筑及有价值历史建筑（图中显示为橙色）；

3）保留肌理及质量较好的建筑、保留西关培正小学及多宝华厦、宝华豪庭两栋超高层住（图中显示为浅黄色）；

4）拆除地块中大部分 7～9 层的住宅（图中显示为深蓝色）；

5）拆除部分无历史价值的建筑（图中显示为浅蓝色的大部分建筑）。

保留建筑（紫线范围内）
保留建筑（非紫线范围内）
拆除建筑
因开辟道路拆除的小高层建筑

图 2-4-7　恩宁路地块建筑拆留示意图

4.2.2　项目实施过程的评估

4.2.2.1　项目的进度与现状

现时，1950 户居民当中，已签约 1497 户，未签约居民 453 户（截止时间为 2010.8.4）。其中，约九成未签约户为私房住户（注意，此数字在统计上包含产权不明户）；约一成居民为公房住户（同时包含代管房与直管公房）。

对于仍然在恩宁路地块内居住占九成的私房住户，绝大部分不满意补偿的价格，转而期望逢源路宝胜沙地二期的安置房。逢源路宝胜沙地二期地块已经平整，安置房现时正在建设阶段，预计完成时间为 2012 年。与此同时，虽然现时签约可以获得过渡期间租金补贴；但私房住户居民出于多种原因普遍不愿意提前签约，因此亦不可能迁出。

由于房屋征收与人口迁出工作迟迟不能完成，尚未有开发商正式签署协议接受地块的开发工作。因此实质上项目的第二部分仍然停留在规划设计阶段。

4.2.2.2　居民居住环境的改善情况

改善居住环境作为整个项目的第一目标，需要仔细检视其达成目标。

4.2.2.3　从危破房的角度进行分析

无可否认的情况是，在恩宁路的地块内，存在一定数量的危破房。根据国土房管局的对外公布数据显示，地块内危旧房比率为 2007 年 18%[①]（此数字在一年后上升为逾八成）。

常理而言，至少这 18% 危破房内居住或者那些房屋设施简陋的家庭户在迁入新的现代公寓小区后会有居住环境的改善。

对于恩宁路这个片区来讲，假如绝大部分的危破房是重复破损的，或者这 18% 的危破房正是如此，这一方面说明了这些危破房确实有改造的必要，另外一方面也说明，除此以外 82% 的房子基本上结构完好无损，并无改造的迫切需要，因此，这些住户而言，房屋安全性的提高并不是一个迫切的问题。

从居住面积角度进行分析（图 2-4-8）

居住面积是衡量的居住环境的基础指标之一。根据问卷调查显示，现存留下的家庭户，样本总体人均登记居住面积为：18.20 平方米。但由于标准差较大，最小的人均居住面积为 2.33 平方米，最大为 78 平方米。将这些数据与房管局公布荔湾区的分布情况基本接近，而且剩余的住户的人均居住情况还略好于 2000 年时统计的荔湾区的平均情况。中低收入家庭符合条件可以优先申购中山八路党恩新街经济适用房，从恩宁路片区前 5 轮共 159 户家庭中进行分析后发现，新购置房屋明显大于原有住宅。根据问卷调查显示：至少有 37.7% 的住户，其家庭房屋明确存在加建的现象；另外，剩余全部家庭户中，住宅登记居住面积均值为 66 平方米，而住宅实际居住面积均值为 72 平方米，略大于前者。

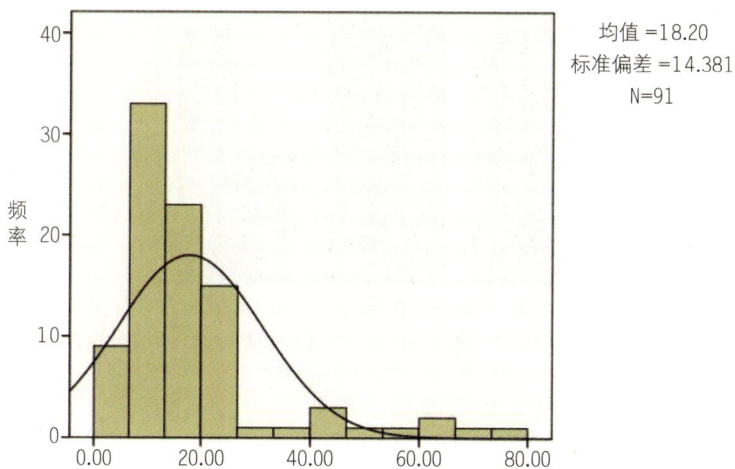

均值 =18.20
标准偏差 =14.381
N=91

图 2-4-8　人均登记居住面积图

[①]　18% 的引用数字只见诸 2008.5.15《羊城晚报》，然经官方网站转载确认：http://is.gd/eb2tJ

初步判断，确实存在因为加建导致面积扩大的现象（图2-4-9）。另外，在超过30年楼龄的房屋统计当中，砖木与混合结构占了绝大部分。根据统计，砖木与混合结构房屋，均存在更大比例的加建的情况（图2-4-10）。所以，结论是，更早期的房屋普遍存在加建。因此，假如选取了产权置换方案，可能出现实际居住面积反而变小的情况。

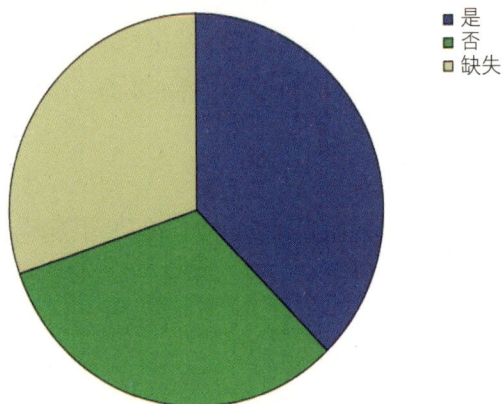

图 2-4-9　房屋加建与否比例统计图

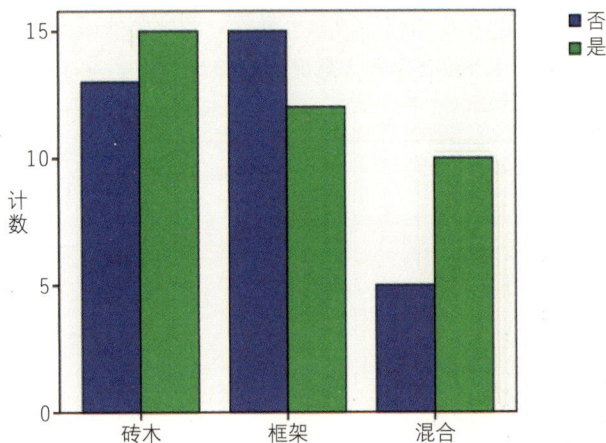

图 2-4-10　房屋加建情况与房屋结构综合分析图

4.2.2.4　部分居民的经济损失

（1）土地使用权尚未补偿，房屋赔偿额度低

虽然2007～2008年普遍媒体报道对私房居民的平均补偿价格接近9000余元（注意，问卷中的"评估价格"一项（图2-4-11），不应理解为"包含旧城增加20%后的价钱"），但问卷调查结果显示，恩宁路私房居民房产评估价格

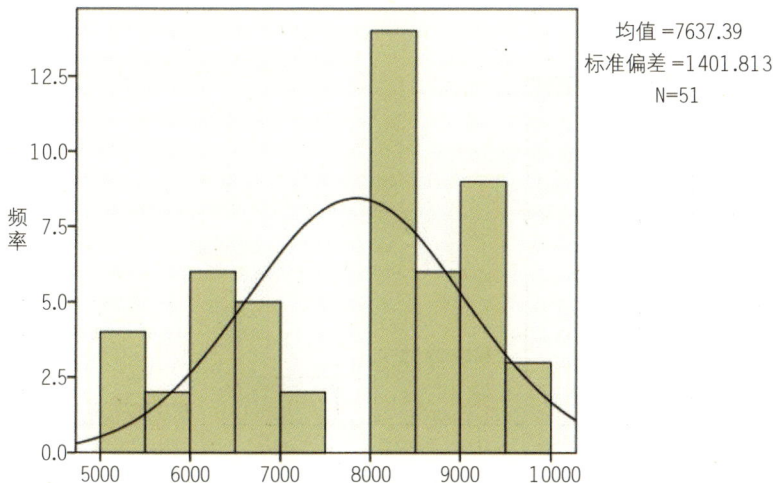

图 2-4-11　评估单价示意图

　　均值为 7637.4 元。其中，最大值为 9950 元，确实接近媒体经常报道的接近万元，最小值为 5000 元，均值显然小于 9000 元。

　　更重要的是，按照居民享有土地使用权，理应在政府作出征收决定后当即获得赔偿。然而，政府在颁布拆迁许可证之后，事实上已经回收土地使用权——这从 2007 年 9 月份拆迁公告发布之日期已经不批准居民对其土地上的房屋进行扩建或改建可证实。因此，从 2007 年 9 月份至今，尚未签约的私房居民并未因已被收回的土地使用权获得半点赔偿。

　　在土地被收回之后，政府就土地上房屋及其附属设施的补偿问题开始和居民进行谈判。居民在博弈过程当中当然希望可以获得足以弥补其土地使用权损失的赔偿额度。根据问卷调查结果显示，对政府出价的判断，仍然存留的居民的态度为如图 2-4-12 所示（没人选择"非常合理"）。由此可见，认为不合理的占 86%，认为比较合理或一般的仅有 13.9%。

　　另外，调查结果显示，居民对于货币补偿的标准，认为应该参照的标准是：48.6% 认为应该是附近地区的一手房价，36.1% 认为应该是附近地区较新的一般二手房的房价，二者累计达到 84.7%。另外，值得留意的，近 14% 的家庭明确表示不可能接受货币补偿，只接受原址回迁或就近安置的安排（图 2-4-13）。

　　根据广州市国土资源和房屋管理局公布的数字，2010 年 7 月份，荔湾区的平均新建住宅价格为 16835 元。另外，荔湾区不同区位住宅价格差别较大，恩宁路所在的多宝街是荔湾区的中心区域之一，平均住宅价格水平显然高于荔

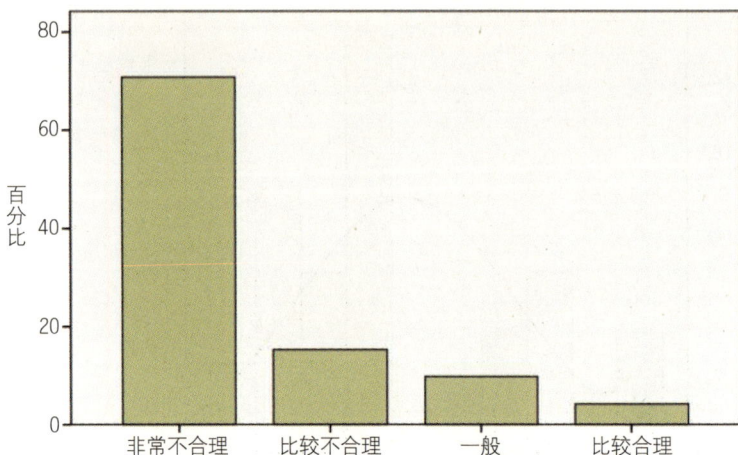

图 2-4-12　居民对政府评估单价的评价示意图

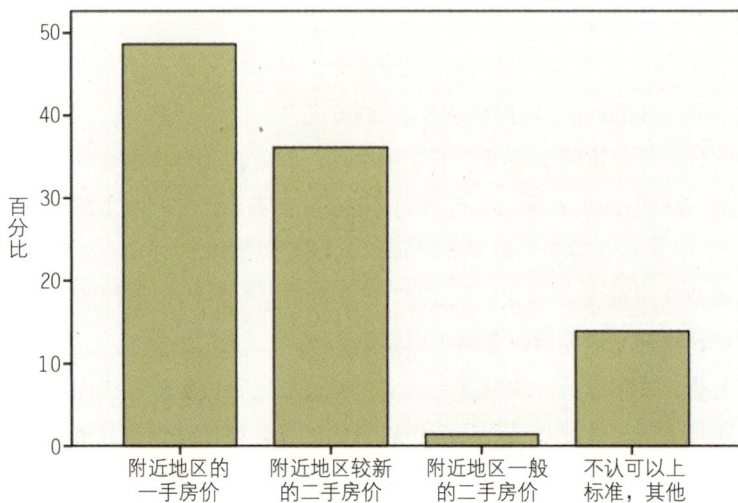

图 2-4-13　居民对政府补偿标准的评价示意图

湾区一般水平。综上，我们可以认为现行的补偿标准显然低于居民愿意接受的价格。

（2）因产权问题所遭受的经济损失

多起案例汇报有家庭因为房屋产权问题直接或间接遭受经济损失。

代管房的定义在上文中已经有介绍，而使代管房之成为"难题"，最主要是因为该房屋处于代管状态下，自认为拥有全部或部分产权的户主，对于只能参照直管公房的情况予以补偿安置感到不满。这里又可以分为两种情况，第一种是由于无法解决继承公证问题（例如，契证上所有人为父辈一代，均已亡故），子辈孙辈守住祖业却无法继承财产，因而现在面临拆迁时完全不能接受补偿；另一种情况是在"共有产权"房，由于无法获得全部产权人或其继承人的书面文件，导致财产无法分割，从而某些家庭因此无法获得其财产的补偿。

目前在我们调查当中，统计有 9 例家庭为"代管房"，根据样本总数推断仍存在代管房的逾 30 ~ 40 户。当然，并非全部所住房屋被代管的家庭存在"代管房难题"。

通过以上分析得知，在计划经济时代，政府曾经承诺全部公民都有获得住房使用的权利并且征用了部分人的私有财产，从而安排给了无房户居住。在实行经济改革后，将征用的房产发还原产权人无疑是正确的。但政府强行要求原产权人继续将房屋租给现有住户，一方面反映了政府对于发还的是限制性的产权，另外一方面反映了政府以这种方式维持对现有住户在计划经济年代的承诺。在住房制度当中，现有住户既没有以某种优惠价格购买私有住宅，亦无分得"集体企业"的财产（电线厂倒闭）。因此，我们认为，原有住户享有继续居住政府提供公有出租房屋的权利。

（3）商业经营者所受影响

几乎所有访问过的商业经营者都明确报告遭受经营损失的影响。这种经济损失主要是因为自从项目开始之后，地块内居住人口不断迁出，而这些小商业的顾客对象主要就是本地居民。其次，当前的补偿政策中，关于商铺（有工商营业执照）只有货币补偿方案，完全没有任何类似住宅房屋中的"产权调换"方案，这意味着，大多数人从此后可能无法再做各种生意。最后，补偿中也不包括因为拆迁所带来的任何"停产停业"的损失。

4.2.3 项目目标的反思及对各方的建议

4.2.3.1 项目目标的反思

（1）对于"改善人居环境，打造宜居城区"

这个目标当中以危破房改造为重点，要求改善交通系统和公共服务设施。

我们认为这个目标在恩宁路更新改造项目当中确实有所实现，一部分的补偿政策设计（比如，居住面积不足 40 平方米的中低收入家庭可享受 40 平方米计算面积的补贴等）无疑改善了一些居民的居住条件。当然根据我们的分析，部分家庭也很难居住上实用面积更大的房子。

但是我们认为，提升人居环境不等于将居民从旧有的西关传统民居迁移到现代公寓，也不意味着将他们从中心城区迁移到更远的地方去，更不意味着采取大规模拆除并迁移的方式便是适合恩宁路这片区域的最好方式。

恩宁路项目区是一个 11 万平方米的巨大街区，据称当中有 18% 的危房。然而，在这个街区当中，不同小地块不同社区的建筑和环境质量差别极大，仅仅根据道路网络将其划为一片改造区域当中，缺乏根据；而划为一片改造区域，又主要使用拆除的方式，则无疑将一些居住环境优良的住宅房屋破坏，对于这些家庭而言，很难认同自己的居住环境获得改善。

（2）对于"优化旧城功能，增强城市竞争力"

这个目标当中主要提到了"退二进三"（退出第二产业，发展第三产业）；提升土地集约利用率和疏解人口等内容，以期增加城市竞争力。

我们认为这个目标值得重新检视。

首先由于旧城区的多样性，并不是旧城区都以所谓低级的加工业和大规模的批发业为主（当然是否大规模批发业就"低级"，这还值得商榷）。比如恩宁路所在的多宝街道，其零售业产值非常高。这里的产业结构一定要分类的话，本来大部分都是第三产业。因此，产业再能升级到什么地方去呢。也有人坚持认为这样的商业模式太为低级，卖包要卖 LV 包，卖鞋要卖耐克鞋；那么审美的偏好，以是否是品牌来区分产业高低级的说法是不成立的；即使以产值来衡量的话，一条遍布各种小商业的街道的产值并不比一座占地面积巨大的现代商场更低，土地集约利用率（每平方公里 GDP 而言）相差无几。前者唯一可能比后者低的，反而可能是税收，由于前者的数量众多，每家店交易额小，税收监管成本更高。然而税收低能反映这个地块的竞争力较差吗？

另外上文已经分析过的，如恩宁路所在街区之所以商业发达，是因为商业模式和高度密集的居住人口相匹配，同时还和这些人群的收入等其他特征相关。假如真要改变这种模式（姑且不论其是否提高了"竞争力"），那么只能是将人口大量迁出旧城区，或者迅速提高当地居民的收入水平。然而，广州市政府在当前的旧城区的改造当中，一方面并没有大量迁出原有居民（就近安置或原址回迁为主），一方面在更高容积率下兴建的现代住宅楼，将更多的人口引入。即使在宣传将人口全部迁出的恩宁路改造项目当中，实际迁出的也只有小部分公房的居民，更多的居民也选择就近安置到例如党恩新街经济适用房和宝胜沙地二期的现代高层公寓当中（光这个公寓本身就集合了这一轮旧城改造项目当中多个片区的选择就近安置的居民，是一个很有代表性的案例）。这样看来，很难说项目目标中"疏解旧城人口"的目标得以实现。

（3）对于"整合历史文化资源，打造世界文化名城"

这个目标提出要保护历史文化积淀，发展适合旧城传统空间的文化及旅游事业。我们认为这个目标在本次恩宁路改造项目当中完成程度最差。这在报告中已经充分阐述了这一点。

姑且不论规划由于是由规划局一元供给，使得粗疏的前期工作已经漏掉了大部分的文化资源，对待文化资源的开发态度更应予以检讨。以金声电影院为例，它所处的地块今后将要开发建设一个电影博物馆。然而金声电影院这栋建筑质量良好，建筑风格独特而且本身便具有 80 年历史的著名电影院，竟然要被拆除为一个立面，并且美其名曰广州的"大三巴"。这种对待文化资源态度让人匪夷所思，要拆除一座真实的随时能活化为一座博物馆的建筑而要人为营造一个虚假的有废墟美感的"大三巴"？我们认为这种对待文化的态度是庸俗、低俗和媚俗的。

4.2.3.2　对各方的建议

（1）政府部门

政府是目前整个恩宁路改造型项目当中的主导方。恩宁路更新改造项目的土地征收与人口迁出部分目前陷入僵局，在亚运过后相当一段长时间内也难以预期获得顺利解决。时间越长，不仅当地的居民愈加不满，开发建设部分也会相应往后拖延，对本届广州市政府的各级部门而言相当不利。然而，化危机为转机，广州市政府可以抓住恩宁路项目的机会提升公共管理水平，让恩宁路项目成为"新试点"。

1）规划局

诚如上文当中分析的，由于恩宁路更新改造项目当中，公共参与程度不足，因此，除了在程序正义上项目受到质疑外，一元化的规划方案供给也导致了规划产品无法满足当地居民和更多市民的"需求"：具体表现在官方规划虽然在专业技术上可能无懈可击，然而对于恩宁路街区的社区网络、商业形态和各种历史与文化的多样性资源的微观考量非常缺乏。

因此，成立一个由专业规划师、规划局官员、文化部门的官员、社区居民、非政府团体、媒体和当地的人大代表和政协委员以及其他受影响团体（比如粤剧曲艺团体、民间手工艺团体等）共同参与的专门的恩宁路规划委员会十分有必要，这个委员会同时对规划的设计和决定负责。这个委员会的工作权限都需要在制度上予以保证。广州市人大和民政局应该对此类官方与非官方人士共同组织的临时性团体制定专门的法规和办法。

2）广州城市更新改造办公室

广州城市更新改造办公室是直属市领导下的局级单位，现阶段统筹广州的"三旧"改造工作，其下属区级荔湾区城市更新改造办公室，荔湾区危破房连片改造项目办公室又是其下属的一事业单位。广州城市更新改造办公室作为具体的补偿安置方案的决策机构，具备对方案作出调整的权力。

动迁工作目前已经陷于停顿，城市更新改造办公室唯有等待2012年宝胜沙地二期竣工后，希望剩余的私房业主都愿意选择该方案。假如根据重新修订过的计划仍然决定要继续迁出居民的话，应该考虑提高目前的补偿额度。提高目前的补偿额度，既合法也合理，不存在对已签约的居民"不公平"的问题。

另外，很多居民之所以不愿意接受租房补贴而提前迁出恩宁路地区，是基于与政府信息的不对称而对宝胜沙地二期方案未能如期完成感到担心。对于风险资产的处理方案，在技术上早已不是什么问题，只要有保险公司愿意就宝胜沙地二期的"期房"提供保险产品，居民只要交付少量的保险费，便可将风险转移到保险公司上面。只面对一个将审查项目风险信息的需"集合"了的保险公司，城市更新改造办公室岂不是更节省交易成本了吗？

3）国土房管局

对于"代管房"问题，应该推行财产权利的取得时效制度。所谓取得时效，是指无权占有人以行使所有权或其他物权的意思公然、和平和继续占有他人的物达到一定期间，而取得所占有物的所有权或其他权利的制度。该制度有利于自动排除财产权利无归属的状态，保证交易安全和促进物的使用效率（恩宁路的状况中同样出现房产由于产权不明晰，实际占有者不愿意进行维修等情况）。然而对于需要立法并推行该制度，显然广州市人大无法完成，因此，我们建议在不结束房屋的"代管"状态下，仍然模拟按照实行取得实时效制度后的方式，对于"代管房"住户给予相当于私人业主的补偿和安置方案。

对于"私房租户"，我们建议将其纳入到现行的"廉租房"制度当中解决。我们建议以认定启动城市住房制度改革的时间点为限，在此之前出生的居民目前面临"私房租户"问题的可以获得廉租房的申请资格。也可以选择一次性对"私房租户"进行货币补偿，具体的补偿原则应该按照对政府提供廉租房的价值按照一定年限进行贴现的方式。

（2）当地居民

当地的居民在今次恩宁路更新改造项目当中虽然受到了部分不利的影响，然而他们展现出了现代广州市公民的良好素质。既依法维护自己的权利，又主动在规划第一轮公示期间提交了相当多有建设性的意见，同时他们还努力通过媒体向广州市的公众及时透露项目的最新信息，宣传和推广恩宁路街区的文化价值。今后即使这个街区会增加休闲旅游元素并开发成功，他们的努力也功不可没。

我们建议当地居民在今后可以更加紧密的联系，更加多地关心规划方面的内容。当面对政府机构工作人员，需要更直接地表达自己诉求，无需隐匿。更为关键的，无论居民还是民政局部门也应该慎重考虑：恩宁路街区应该成立业主委员会，转变物业管理的体制。除了各种街巷等半公共空间是居民共同使用的外，还有不少涉及维修和修缮的建筑共用部分是需要不同业主或住户进行协商的，而且目前街道内的卫生环境也堪忧。目前的公共环境卫生服务由街道进行单独供给，而居民平常只需付少量的卫生费。随着拆迁工程的进行，公共服务不断弱化，街道内的环境卫生处于极度恶化状态中。因而，在恩宁路街区内有条件的社区先行成立业主委员会，向市场购买物业管理服务，由街道办事处投入一定的补贴，改善目前较为恶劣的居住环境。

（3）潜在的开发商

虽然目前项目尚处于政府主导阶段，而且部分政府官员多次释放关于整个项目会由政府完全主导的信息，但是荔湾区政府自 2007 年至今已经 3 次携此项目赴港招商，均无果而终。

我们的部分建议和许多开发商的合理预期相同：在政府公布的规划没有获得通过前，持谨慎态度；如果新规划中仍然决定要把人口全部迁出，则在拆迁征收工作没完成前，持谨慎态度；另外，关于未来规划商业模式的价值，考虑到低容积率的控制和周围商业并非纯粹商业街的形态，仍然需持谨慎态度。

然而，我们也建议，假如未来规划的公共参与程序上做出调整，公众的参与度大幅度上升，有意的开发商，应该参与到规划设计的工作当中，成为更积极的角色之一。

本章参考书目

[1] 梁思成. 中国建筑史 [M]. 天津：百花文艺出版社，1998.

[2] 徐丹. 论城市肌理 - 城市人文精神复兴的重要议题 [J]. 现代城市研究，2007（2）.

[3] 汪德华. 中国城市设计文化思想 [M]. 南京：东南大学出版社，2009.

[4] 曹润敏，曹峰. 中国古代城市选址中的生态安全意识 [J]. 规划师，2004（10）.

[5] 王军，朱瑾. 先秦城市选址与规划思想研究 [J]. 规划师，2004（1）.

[6] 张幼宇，城市风格 - 决定国民的文明品质、文明潜力 [J]. 中外建筑，2007（2）.

[7] 史念海.《周礼·考工记·匠人营国》的撰著渊源 [J].CSSCI 学术论文网：http：//www.csscipaper.com/history/hisstudy/106574.html.

[8] 段丽娟，何林. 试论中国传统色彩与中国古代建筑的关系 [J]. 土木建筑学术文库，2007，第 8 卷.

[9] 许峰，张向炜. 全球化语境下的中国城市文化战略 [J]. 城市文化国际研讨会暨第二届城市规划国际论坛论文集，北京：中国城市出版社，2007.

[10] 阮仪三. 城市遗产保护论，上海：上海科学技术出版社，2005.

[11] 宋海瑜. 城市大规模公共开发项目风险研究与规划应对 [D]. 同济大学，2010.

[12] 于志鹏. 城市重大危险源风险评估及预警系统研究—以罐区危险源为例 [D]. 中国地质大学，2008.

[13] 赵金煌. 矿建工程项目风险管理理论与方法研究 [D]. 中国矿业大学，2010.

[14] 夏南凯等. 城市开发导论（第二版）[M]. 上海：同济大学出版社，2008.

[15] 陈则明. 公共管理视角下我国城市更新模式研究 [D]. 上海社会科学院，2010.

[16] 张其邦. 城市更新的更新地、更新时（期）与更新度理论研究 [D]. 重庆大学，2007.

[17] 张松. 历史城市保护学导论 - 文化遗产和历史环境保护的一种整体性方法 [M]. 上海：上海科学技术出版社，2001.

CHAPTER 3

第三章　大规模城市开发中的生态风险

城市生活具有资源高消耗性的本质特征，高速城市化也意味着对资源的高速消耗，城市化水平的提升必须建构在资源充足供给的前提下，国外发达国家的高城市化率实际上是建构在资源的全球性掠夺的基础上，而我国尚缺乏资源的全球获取能力，在国内资源总量有限的情况下，应该重视根据国情国力在国家层面上保持合理的城乡比例，尤其要防止盲目城镇化、过度城镇化而给整个社会带来的巨大生态风险。

1 生态风险研究概述

1.1 研究背景：当代我国城市中的生态风险

1.1.1 城镇化进程带来的城市生态风险

当代中国城镇建设日新月异，城镇规模处于不断的高速扩张过程之中，城镇化进程可谓盛况空前。在改革开放以来的 30 多年里，我国的城镇化进程走过了西方发达国家几十年甚至几百年的路程，城镇人口规模迅速增加，城镇人口比例大幅提高，我国城镇化率已达到令人相当感叹的数字（根据第六次人口普查结果，约为 50%）。[①]

然而，城市生活是一种资源高消耗型、高成本、高代价、高风险的生活形态。据研究，中国城市人均用水量为 219 升／天，而中国农村人均用水量仅为 89 升／天，中国城市人均用水量是农村的两倍以上，其中，上海市每人每天的平均用水量为 350～500 升，是德国的 3 倍多，更是中国农村的 4～5 倍以上。这里仅是从用水量这一指标来衡量城乡生活成本差异，其实还可以从石油、电力等资源的消耗来反映同一问题。城市生活具有资源高消耗性的本质特征，高速城市化也意味着对资源的高速消耗，城市化水平的提升必须建构在资源充足供给的前提下，国外发达国家的高城市化率实际上是建构在资源的全球性掠夺的基础上，而我国尚缺乏资源的全球获取能力，在国内资源总量有限的情况下，应该重视根据国情国力在国家层面上保持合理的城乡比例，尤其要防止盲目城镇化、过度城镇化而给整个社会带来的巨大生态风险。

1.1.2 自然生态灾害给城市开发带来的风险

城市开发必须考虑当地的气候环境、地质环境和水体环境等条件，其中一个重要目的就是规避和预防其可能带来的灾害风险。近年来一系列自然灾害事件和由此引起的次生灾害，已经为人们敲响警钟。

1.1.3 我国城市生态风险的广泛存在

当前，我国的生态环境形势已进入大范围生态退化和复合性环境污染的新

---

① 大陆 31 个省、自治区、直辖市和现役军人的人口中，居住在城镇的人口为 665575306 人，占 49.68%；居住在乡村的人口为 674149546 人，占 50.32%。（数据来源：2010 年第六次全国人口普查主要数据公报，国家统计局）

阶段。与 20 世纪 80 年代相比，我国生态与环境问题无论在类型、规模、结构、性质以及影响程度上都发生了深刻变化。主要表现在：

①环境与资源约束瓶颈加大，环境污染呈加剧蔓延趋势。能源、资源利用率低，污染物排放强度高，全国范围内主要污染物排放已超过环境承载能力。②新污染物质和持久性有机污染物的危害逐步显现。一些新型污染物质如抗生素、内分泌干扰物、藻类毒素、杀虫剂氧化副产物等对生态系统、食品安全、人体健康等，存在着更大的风险和更久远、更难以预料的潜在影响，持久性有机污染物的危害加重。③生态与环境问题变得更加复杂、风险更加巨大。一系列重大环境问题，如湖泊与近岸海域水体富营养化，区域酸沉降与城市大气复合污染，土壤与面源污染，有毒有害污染物排放，区域（流域）生态系统退化，生物多样性减少，外来物种入侵和遗传资源流失，以及突发的重大环境污染事件等，越来越多地危及社会稳定与环境。④环境问题成为新的外交热点。在当前经济全球化、市场一体化的过程中，资源和环境的国际贸易争端与摩擦不断加剧，履行国家环境义务、改善全球环境质量、保障国家资源供给、突破绿色贸易壁垒等，已成为国家外交事务的新热点和基本内容之一。

1.2　城市开发中的生态风险概念界定

1.2.1　生态风险概念

生态风险（Ecological Risk，ER），是指一个种群、生态系统或整个景观的正常功能受外界胁迫，从而在目前和将来减少该系统内部某些要素或其本身的健康、生产力、遗传结构、经济价值和美学价值的一种状况。它反映生态灾难和生态毁坏以及生产系统、项目因受到污染和经济活动过程中的破坏而不能正常运转的概率和规模。

1.2.2　城市开发中生态风险的内涵

本书所定义的城市开发中的生态风险，其内涵主要由两方面构成：其一是作为来源性的风险，即由于自然危害对城市开发项目产生的风险；其二是作为后果性的风险，即由于城市开发项目的功能布局、开发强度、环境保护措施等方面的问题所导致的对项目内部及周边区域内的生态环境、城市居民的生产生活等所带来的各种潜在威胁。随着城市的蔓延发展，这一类风险的危险性越来越高。

1.3 理论背景：生态风险相关研究综述

1.3.1 生态风险理论概述

生态风险是近年新兴的边缘学科，随着人类活动对自然环境影响的持续加大而促使其逐渐发展起来。由于其具有多学科交叉性，所以各个领域的专家在各自的学科背景下对生态风险进行了一系列的讨论，绝大多数的研究都集中在生态风险评价上，包括评价的体系架构、内容、方法等。

夏南凯（2006）[1] 从城市规划的角度，把城市开发中所遇到的风险按性质分为三类：经济风险、社会风险和生态风险。指出进行城市开发前必须组织必要的风险评估。首先识别面临的风险，评估风险概率和可能带来的负面影响，然后通过判断组织承受风险的能力来确定风险消减和控制的优先等级，最终制定合理的风险消减对策。刘小琴等（2004）[2] 将环境风险评价划分为非突发性风险评价和突发性风险评价两大类，对两类风险评价的概念、内容进行了分析阐述，探讨了有关两大类环境风险评价以及环境风险评价与安全评价的区别、环境风险评价标准以及在加强城市生态环境建设中开展环境风险评价的重要意义。

李新等的《城市化过程中的生态风险与环境管理》是对苏南地区城市化过程中环境风险与管理的系统研究成果，重点论述了城镇化过程中水环境负荷、土地利用、人口变动的生态风险，并研究分析了典型城镇在城市化过程中的风险程度，提出了城市化过程的环境风险评价指标与环境管理对策[3]。毕军等的《区域环境风险分析和管理》对区域的开发建设进行系统的研究和评价，建立区域环境风险分析与管理理论体系，并通过案例分析了这些理论和方法在实践中的应用[4]。胡二邦主编的《环境风险评价实用技术和方法》系统论述了环境风险评价的基本理论、内容框架、评价方法和评价程序，包括风险识别、源项分析、环境迁移、健康危险、风险表征与评价及风险管理等内容[5]。殷浩文的《生态风险评价》提供了科学管理生态风险的理论和实例，比我国现行的环境影响评价制度更进了一步[6]。王慧敏、仇蕾的《资源－环境－经济复合系统诊断预警方法与应用》以复杂系统科学为方法论，以正面的"诊断"和反面的"预警"、静态与动态相结合的方法开展资源－环境－经济复合系统的诊断和预警研究[7]，提出了新的视角。

1.3.2 生态风险研究的区域方向转变

二十多年来，生态风险评价研究经历了从环境风险到生态风险到区域生态风险评价的发展历程，风险源由单一风险源扩展到多风险源，风险受体由单一受体发展到多受体，评价范围由局部扩展到区域景观水平。付在毅等（2001）[8]以辽河三角洲湿地（盘锦市）为研究范围进行区域生态风险评价理论和方法的探讨，针对辽河三角洲主要生态风险源洪涝、干旱、风暴潮灾害和油田污染事故的概率进行了分级评价，并提出度量生态环境重要性和脆弱性的指标，分析了风险源的危害作用，运用遥感资料和地理信息系统（GIS）技术，完成了区域生态风险综合评价。刘世梁等（2005）[9]从景观生态学理论入手，分析了道路对景观的影响，将道路对景观的影响区分为建设期和运营期2个阶段，并提出了基于格局和过程的生态环境指数，进而得出道路综合生态风险评价的方法。他们以澜沧江流域上、中、下游的3个典型区为例，研究道路对景观的影响。其研究结果表明，虽然不同案例区道路影响的景观类型和格局不同，其风险的分布也不同，但综合风险指数和道路密度具有很高的一致性。

区域生态风险评价是在大尺度上研究复杂环境背景下包含多风险源、多风险受体的综合风险研究。目前，区域生态风险评价的理论框架已经搭建起来，统计方法多采用相对评价法。区域生态风险评价未来的发展方向为继续加强实验和野外调查，进一步减小不确定性，逐步解决尺度推移问题。区域生态风险评价必须与经济、社会、文化相结合，才能充分发挥它在管理决策中的作用。

生态风险的评价还引用了其他学科成熟的技术方法来提高评价的水平和准确度。如臧淑英等（2005）[10]将GIS方法应用于评价大庆市土地利用的生态风险。通过对生态风险指数采样结果进行半变异函数分析和空间插值，编制了大庆市生态风险程度分布图，以分析解释研究区的生态风险空间分布特征和形成机理，进而找出城市的生态高风险区域。

2 城市开发中的生态风险构成

2.1 来源性风险——自然生态危害风险

细分对城市开发项目产生较大影响的自然生态危害风险，主要有以下5类：工程地质类危害风险、地貌地形类危害风险、水文气象类危害风险、植被生态类危害风险以及其他类危害风险。以上的这些自然生态危害风险，都会对城市开发项目的选址、建设和营运各环节造成一定的影响，有些生态风险要素甚至能够左右城市开发项目的选址与建设可行性。

2.1.1 工程地质类危害风险

城市开发项目所涉及的土地所处地震设防标准、岩土类型、地基承载力、地下水水质与埋深，以及周边区域是否存在地质性灾害（滑坡崩塌、泥石流、地面沉陷等）的可能性。

2.1.2 地貌地形类危害风险

城市开发项目所涉及地区的地貌地形特点情况是否允许工程开发建设，包含的风险要素主要有地面坡向、地面坡度、地面高程以及地形形态等。

2.1.3 水文气象类危害风险

城市开发项目所涉及地区的水文及气象状况，包含的风险要素主要有流域内水系状况、洪水淹没程度、最大冻土深度、灾害性天气状况以及污染风向区位等。

2.1.4 植被生态类影响风险

城市开发项目所涉及地区的水文及气象状况，包含的风险要素主要有流域内水系状况、洪水淹没程度、最大冻土深度、灾害性天气状况以及污染风向区位等。

2.1.5 其他类危害风险

由于自然灾害衍生的次生灾害，例如核辐射污染等情况，也会对城市开发项目的选址和建设产生较大的影响。

2.2 后果性风险——城市开发生态风险

多年来，随着城市工业发展，城市开发进程加快，工矿用地、城镇用地、交通用地发展较快、占地较多，不可避免地对其他资源和环境发生了作用，造成了一系列的生态风险问题，如土壤侵蚀日益严重、大气和水受到污染、荒漠化土地面积不断扩大、草地和林地退化、沙化和盐渍化面积逐年增加，生物多样性受到威胁等。城市开发地域的生态风险问题主要是由城市人口增长、城市用地规模扩张活动产生等，如各类城市污染物排放、施用杀虫剂或除草剂、扩张城市用地、修建道路工程、水利工程、疏浚河道等，这些都是城市开发生态风险的来源。本文把这些生态风险来源分为 6 种类型：土壤生态风险指城市开发对土壤的侵蚀、污染等破坏程度；空气生态风险指城市开发对空气污染的影响程度；水环境生态风险指城市开发对降水和水污染的影响；噪声生态风险指城市开发引起的噪声释放量；生物多样性风险指城市开发对生物多样性衰退的影响程度；经济美学价值风险指从经济和美学价值上看城市开发对城市生态系统的影响程度。

2.2.1 土壤生态风险

2.2.1.1 水土流失

城市的扩张要增加城市用地，常以占用农村土地为前提，城市周边可耕地面积的减少，造成人均耕地不足。为了保证粮食供应，加剧开发土地，大量开垦坡地，乱砍滥伐森林，甚至乱挖树根、草坪，树木锐减，改变地面植被覆盖，使地表裸露。而植被破坏是造成水土流失的主要原因。

另外，某些基本建设不符合水土保持要求。城市开发建设进程中房地产开发、厂矿建设、道路建设等活动占用和破坏了大量的草原、耕地和地表植被；城市建设的各种管、线、路、渠切割土地造成生态环境恶化；对破坏的地表、废弃的土堆、取土坑等大多未采取任何水土保持措施，导致水土流失。

盲目垦荒耕种，重开垦轻保护，重利用轻培肥。耕作制度不合理，倒茬混乱，平翻太多，土壤结构遭到破坏及春秋两季农地缺少必要的覆盖，由此带来了耕地理化生物性状逆向发展，蓄渗水能力下降，抗蚀抗冲性降低，加剧了农田土壤侵蚀、贫瘠、干旱等生态问题。因开发加剧，大片可耕地肥力下降，致使耕地质量严重退化。由于人类践踏，土壤结构破坏，透水性不良，天然降水只能有一小部分渗入地下，土壤湿度减少，容易被侵蚀。

2.2.1.2 土壤沙漠化

过度垦殖草原，对草原缺乏必要的保护与恢复措施，掠夺式利用，早春放牧、超载放牧、过度放牧、滥挖药材、乱铲草皮、乱取土、乱堆弃，使草原植被覆盖度大幅度下降，春秋两季农田草场多处于裸露状态，极易被大风侵蚀，造成土壤荒漠化。

森林覆被率降低引起荒漠化。森林作为生态系统的重要组成部分，是调节水循环和碳循环的重要因素，同时，森林对调节气候，改善局地区域的气温、降水有着重要作用。城市化过程致使林地减少，森林覆被率降低，破坏森林生态系统，致使区域森林系统无法恢复，丧失应有的调节气候、保持水土、涵养水源等生态功能，造成土壤荒漠化。

水资源需求快速增长导致水资源矛盾加剧，地下水持续超采利用，地下水位下降直接引起地表植被衰亡，土地沙化加快。

2.2.1.3　土壤污染

大量工业"三废"对土地和水体的污染，使人们的生产和生活环境恶化。生活垃圾的倾倒，化肥、农药、地膜的大量使用以及引污灌溉给耕地土壤造成日益严重的污染，有害物质在土壤中逐渐累积，达到危害人体健康的程度。

我国土壤污染现状令人担忧。随着工业废气、废水和城乡生活废气、污水排放的加剧，以及农用化学剂种类、数量的激增，今天已有一半的国土面积遭受到不同程度的污染。数据显示，目前全国受污染的耕地约有1.5亿亩，污水灌溉污染耕地3250万亩，固体废弃物堆存占地和毁田200万亩，合计约占耕地总面积的1/10以上，其中多数集中在经济较发达的地区。耕地污染一个很重要的因素就是大量没有经过净化处理的工业废弃物直接排放，沿着河流、湖泊扩散，造成"面燃性"的污染。

2.2.1.4　土壤盐碱化

部分地区有盐碱土裸露，经风、水与人畜机械扰动等外力作用，使裸露的盐碱向外扩张，加剧开发地区的土地盐碱化。

2.2.2　空气生态风险

2.2.2.1　污染物排放

城市内由于污染源集中，污染量大而复杂，引起的城市大气生态环境变化是十分明显的。城市工业生产废气排放量多，废气处理相对较难。居民日常生活用的炉灶，由于居民密集，燃煤数量多，燃烧不完全，烟囱较低，因此产生的烟尘和二氧化碳、一氧化碳等有害气体的数量也是可观的，有的地区比工业所产生的污染还严重。我国目前的大气污染属于典型的煤烟型污染，大气污染物主要以总悬浮颗粒物和二氧化硫为主。

耕地中农药对大气的污染主要原因在于：喷洒农药防治作物和森林害虫时药剂微粒飘浮在空中；喷洒在作物表面的药剂的蒸发以及喷洒时药剂一部分被

浮游尘埃吸附；土壤表面的农药向大气扩散；农药厂排出的废气等。

2.2.2.2 交通运输污染

许多城市的大气污染类型出现了由"煤烟型"向"煤烟型＋汽车尾气型"转化的趋势。在大城市，由于机动车数量增长，机动车尾气污染成为主要的大气污染类型。并且道路拥挤程度越来越高，导致每一辆机动车的油耗及尾气排放量也相应上升。

由汽车排放出来的超过污染比例的氮氧化物和碳氢化合物，在大气环境中受到强烈太阳光紫外线照射后，产生光化学反应而产生光化学烟雾，其主要成分是臭氧。光化学烟雾不仅影响人的呼吸道功能，损伤儿童的肺功能，还会毒害植物和庄稼，使庄稼减产。光化学烟雾还会促进酸雨的形成。

煤炭燃烧产生酸性气体二氧化硫，燃烧高温使空气中的氧气与氮气化合，形成硝酸类气体，它们在高空中不断积累，并为雨雪所冲、溶解，最终形成酸雨。

2.2.3 水环境生态风险

2.2.3.1 水资源短缺

我国人均水资源量少，用水量逐年增加，水资源短缺严重。由于水资源分布不均，年降水量的 70% 以上集中在 6～9 月，而且多以大雨、暴雨的形式出现，很难利用。

2.2.3.2 水资源污染

在城镇地区，水资源污染的主要来源包括工业污水、城镇生活污水、城镇垃圾堆体渗出液及其他液态废弃物的排放等。

城市工业污水排放以往占据很大比重，由于近年来政府严格控制企业污水排放标准和总量，工业污水排放状况有了很大改进。

随着城市人口增多，城市生活污水正以相当快的速度上升，甚至超过了工业污水的排放量。由于城镇生活污水的收集和处理设施还比较落后，生活污水处理率和收集率较低，导致城市水污染状况无根本性改善，城市河流、湖泊污染仍在恶化。

随着农村城市化进程的加快，乡镇企业迅速发展，由于乡镇企业设备陈旧、技术落后，工业废水污染逐渐加重。农村地区生活污水对水资源的污染也呈上升趋势。村庄缺乏排水沟渠和污水处理系统，将垃圾堆放在房前屋后、坑边路旁甚至水源地、泄洪道、村内外池塘，无人负责垃圾收集与处理。

农村过量和不合理使用农药、化肥，小规模畜禽养殖的畜禽粪便，这些都以污染物的形式流失于土壤和水环境中，构成了以氮、磷为主要特征的面源水质污染。当前，富营养化对内陆湖泊、河流以及近海的水域构成严重威胁，富营养化的湖泊、产生大量藻类的水库，引起水源水质恶化，直接影响农村饮用水源的安全性。

2.2.3.3 地下水开采过度

随着城市化进程加快，城市地下水的采用量也与日俱增。同时，地下水不同程度地遭受有机和无机有毒有害污染物的污染。

2.2.3.4 水资源浪费

农业用水由于田间工程不配套，灌溉渠道利用系数较低，致使水资源浪费严重。

工业用水指标总体不高，万元产值用水量、工业水重复率低。工业水价偏低，不利于发挥企业节水的积极性，不利于促进污水处理。

另外，水资源利用只着重工业、农业和生活用水，而很少考虑到环境用水量。

2.2.4 噪声生态风险

环境噪声不像空气污染、水污染那样导致大量生命的死亡和疾病传播，然而过多的噪声仍然对人类有害。先是影响人类听力系统，长期暴露在噪声下，会导致明显的听力减退；在极端情况下，噪声能引起人类器官的生理紊乱，更有甚者患上严重的职业病。

城市人口集中，工业生产、建筑施工、商业活动、交通运输等，产生各种令人讨厌的声音，妨碍人们的休息和工作，甚至影响居民的身体健康，成为城市环境污染的重要因素之一。

随着城市居民物质文化生活水平的提高，家庭卡拉 OK、游戏机、音响等噪声已越来越突出，是城市中一种不可忽视的噪声污染源。

工厂里高速运转的机器，如发动机、空压机、电动机、钻机、建筑用推土机、挖掘机、打桩机等等都发出较强的噪声。

现代化交通工具发展日益广泛，它们运行中发出的噪声，是活动噪声源，对环境影响范围广泛。

此外娱乐场所、运动场、商业活动中心、家庭社会活动等，也产生各种各样的噪声。

2.2.5　生物多样性风险

　　城市的出现和发展使得除人类以外的生物大量、迅速地从城市环境中减少、退缩以至消亡。由于人口膨胀，居住区扩大，城市化发展以及长期以来的大规模农业开发，大面积地破坏森林、草原、湿地等，使原本就十分脆弱的野生动植物栖息地遭受严重破坏。生物多样性在生态系统多样性、物种多样性及遗传多样性三个层次上都受到严重威胁。

　　这些威胁大多来自人为的资源开发活动，如工业废物与化学品污染，湿地围垦与草原过度放牧等，使动物栖息地生态系统及农用生态系统受到损害。草地退化后，致使盐碱化比较严重。沼泽湿地的大面积缩小和发生不同程度的盐碱化，对沼泽地区的生物多样性保护构成威胁。由于栖息地日益缩小和破碎，加上人为捕猎、偷猎、捕捞和采挖等活动，使大量野生动植物生存受到威胁，一些物种已濒临灭绝。

　　作为生物多样性资源库的森林正在不断减少，从而引发物种濒危和灭绝，生物多样性锐减。市区由于人类活动强度大，行人践踏，机械碾压，土壤密实、硬度高，密实的土壤排水不良，通气性能差，会引起树木烂根，影响树木根系的生长发育。城市建设中铺设地面，影响雨水的渗透和大气与土壤气体的交换，从而使铺装地面下土壤的水、气减少，不利于植物生长。城市地下设施施工，埋设各种管线，占据一定空间，数次翻动土地，其扰动深度一般在 $4 \sim 5m$，甚至更深。地下埋设的管道、路基、地基等设施，一般埋深 $2m$ 左右，这正是植物根系分布的范围。由于减少了植物根系生长的空间，因此阻碍了土壤水分和养分的运动，减少了土壤水肥供给。若地下管道漏水、漏气，也会使树木受害。

2.2.6　经济美学价值风险

　　生态风险还包括生态系统的经济、美学价值的减少。如森林生态系统提供各种木材和林副产品、工业原料、粮油产品、药材、肉类等。绿地具有重要的景观和美学价值，使人们得到生态美的享受，从而陶冶人们的情操，丰富人们的精神生活。绿地还具有休闲和保健的功能，近郊的城市森林能源不断地向市区供应新鲜的空气和负离子。另外水域也可提供天然产品等。随着城市林地、草地的退化、水域面积的日益萎缩，这些经济与美学价值也将大打折扣。

3 城市开发中的生态风险识别与评价

3.1 城市开发中的生态风险识别

城市生态风险识别（Urban Ecological Risk Identification，简称 UERI）是生态风险管理的基础和重要组成部分。风险识别就是确定何种风险事件可能影响项目，并将这些风险的特性整理成文档。

风险识别是项目管理者识别风险来源、确定风险发生条件、描述风险特征并评价风险影响的过程。风险识别需要确定三个相互关联的因素：

（1）风险来源：水体破坏、植被更改、大气污染等。生态风险识别最重要的是区分生态风险来源。

（2）风险事件：给项目带来积极或消极影响的事件。

（3）风险征兆：风险征兆又称为触发器，是指实际的风险事件的间接表现。

城市生态风险识别具有如下一些特点：

（1）全员性：风险识别不是个别决策者的工作，而是所有开发人员和专家参与并共同完成的任务。只有这样才能保证生态风险识别的准确性和全面性。

（2）全期性：生态风险的全程性决定了风险识别的全期性，即开发周期中的风险都属于风险识别的范围。

（3）动态性：风险识别不是一次性的，在开发的计划、实施、收尾甚至运作管理阶段都要进行风险识别，它必须贯穿于项目全过程。

（4）信息性：风险识别是一项综合性较强的工作，其中重要的一项工作是收集相关的信息。信息的全面性、及时性、准确性和动态性决定了生态风险识别工作的质量和结果的可靠性和精确性，生态风险识别具有信息依赖性。

（5）综合性：生态风险识别是一项综合性较强的工作，除了在人员参与上、信息收集上和范围上具有综合性特点外，风险识别的工具和技术也具有综合性，即风险识别过程中要综合应用各种风险识别的技术和工具。

3.2 城市开发中的生态风险评价

3.2.1 生态风险评价概念

生态风险评价（Ecological Risk Assessment，ERA）在风险管理的框架下发展起来，重点评估人为活动引起的生态系统的不利改变，最终为风险管理提供决策支持。因此，生态风险评价并不是单纯的学术研究，而是提供各种信息，帮助决策者对可能受到威胁的生态系统采取相应的保护和补救措施。

3.2.2　生态风险评价目的

城市生态风险评价（Urban Ecological Risk Evaluation，简称 UERE）是对不利的生态后果出现的可能性进行的评估。主要研究各种灾害对生态系统的可能影响，利用环境学、生态学、地理学、生物学等多学科的综合知识，采用数学、概率论等风险分析技术手段来预测、分析和评价具有不确定性的灾害或事件对生态系统及其组分可能造成的损伤。它源于风险管理这一环境政策，是伴随着环境管理目标和环境观念的转变而逐渐兴起并得到发展的一个新的研究领域。其显著特征在于强调不确定性因素的作用，在整个分析过程中对不确定性因素进行定性和定量化研究，并在评价结果中体现风险程度。

城市生态风险评价一般有以下几个目的：

（1）对各个生态风险进行比较分析和综合评价，确定它们的先后顺序。

（2）挖掘生态风险之间的相互联系。虽然造成生态风险的因素众多，但这些因素之间往往存在着内在的联系，表面上看起来毫不相干的多个风险因素，有时是由一个共同的风险源造成的。

（3）综合考虑各种不同风险之间相互转化的条件，研究如何才能化威胁为机会，明确生态风险的客观基础。

（4）进行生态风险量化研究，进一步量化已识别风险的发生概率和后果，减少风险发生概率和后果估计中的不确定性，为风险应对和监控提供依据和管理策略。

生态风险评价即评估生态风险的大小以及发生概率的过程。生态风险评价是前述各分析部分的综合阶段，它将风险源的暴露性和风险的危害性结合起来，并考虑综合效应，得出区域范围内的综合生态风险值。将区域生态风险评价的其他组分有机地结合起来，得出评价的结论。本书构造出生态风险综合指数来量化评估快速城市化地域的生态风险，并且与土地利用类型进行关联。在区域生态风险综合评价中，充分发挥空间分析特长，运用 GIS 软件等技术手段，实现评价结果的定性、定量和可视化。

生态风险评价一般分析各类风险的严重程度、发生概率、风险源的暴露程度、产生的危害等。本书着重从土地用途角度分析生态风险。城市开发地域的显著变化就是土地用途的转变。城市开发地域的生态风险源主要是指城市人口增长、城市用地规模扩张等人类活动。这些风险源与土地利用类型有密切的关系。因此，从土地用途角度进行研究可以反映城市开发地域生态风险源的暴露程度、生态风险的危害程度等。

3.2.3　生态风险评价的方法

国内外许多科学家经过近 20 年的艰苦探索和研究，发表了许多生态风险评价的理论和技术方法。发达国家在此基础上已建立了许多相应的生态风险法规。比较流行的生态风险评价框架（毛小苓，2005）有：①美国 EPA 生态风险评价框架；②英国生态风险评价框架；③荷兰风险管理框架。

目前国内还没有权威机构发布生态风险评价技术导则等技术性文件。殷浩文（2001）提出水环境生态风险评价的程序基本可分为五部分：源分析、受体评价、暴露评价、危害评价和风险表征。许学工等（2001）提出区域生态风险评价的方法步骤可以概括为：研究区的界定与分析、受体分析、风险源分析、暴露与危害分析以及风险综合评价等几个部分。毛小苓（2005）指出，生态风险评价的关键是调查生态系统及其组分的风险源，预测风险出现的概率及其可能的负面效果，并据此提出相应的舒缓措施。

风险源（压力或干扰）是指对生态环境产生不利影响的一种或多种化学的、物理的或生物的风险来源。风险概率估计是应用数学方法对不确定性事件及其后果进行分析。生态效应指对有价值的生态系统的结构、功能或组分产生的不利改变和危害。确定不利的生态效应，即确定生态风险评价的生态终点，如对特定动植物的危害作用或特定生境的消失等。生态终点可以包括各个生命组建层次。风险评价就是研究不同层次危害作用的类型、强度、影响范围和可恢复性等内容。

3.3　生态风险评价的指标体系方法

3.3.1　自然生态危害风险指标体系[①]

3.3.1.1　自然生态危害风险指标因子

特殊指标的定量标准表（表 3-3-1）。

基本指标的定量标准表（表 3-3-2）。

---

① 此部分内容参照《城乡用地评定标准（征求意见稿 2007）》中关于用地评定指标体系。

特殊指标的定量标准表　　　　　　　　　　　　　　　表 3-3-1

序号	指标类型	一级指标	二级指标	定量标准		
				严重影响级（10分）	较重影响级（5分）	一般影响级（2分）
1	特殊指标	工程地质	断裂	强烈全新活动断裂；发震断裂	中等、微弱全新活动断裂；构造性地裂	非全新活动断裂
2			地震液化	——	严重液化	中等、轻微液化
3			岩溶、暗河	——	强发育	较发育
4			滑坡崩塌	不稳定滑坡、崩塌区	基本稳定滑坡、崩塌区	稳定滑坡、崩塌区
5			泥石流	I$_1$、II$_1$类泥石流沟谷	I$_2$、II$_2$类泥石流沟谷	I$_3$、II$_3$类泥石流沟谷
6			冲沟	——	极强发育	强发育
7			地面沉陷	——	强烈	较强烈
8			矿藏	极具开采价值	较具开采价值	——
9			特殊性岩土	年剂量当量限值>50毫西弗/年的放射性岩土	多年冻土；年剂量当量限值1～50毫西弗/年的放射性岩土	强烈湿陷性土；强膨胀性土；年剂量当量限值<1毫西弗/年的放射性岩土
10			岸边冲刷	——	岸边改变，宽度>10m	冲刷变形，宽度3米～10米
11		地貌地形	地面坡度	>30%；严寒地区＞25%	25%～30%；严寒地区20%～25%	10%～20%
12			地面高程	>4000米	3000米～4000米	2000米～3000米
13		水气文象	洪水淹没程度	洪水淹没深度、场地标高低于设防潮水位>1.5米	洪水淹没深度、场地标高低于设防潮水位1.0米～1.5米	洪水淹没深度、场地标高低于设防潮水位<1.0米
14			水系水域	区域防洪标准行洪、泄洪、蓄滞洪的水系水域	城市防洪标准行洪、泄洪、蓄滞洪的水系水域	——
15			灾害性天气	——	——	灾害性天气严重
16		自生然态	生态敏感度	湿地、绿洲、草地、原始森林等具有特殊生态价值的原生生态区	自然和人工生态基础优势区	自然和人工生态基础良好区
17		人为影响	各类保护区	自然保护区的核心区文物保护单位的保护范围水源地的一级保护区基本农田保护区	自然保护区的实验区水源地二级保护区基本农田保护区范围	自然保护区的缓冲区文物保护单位的周围划出一定的建设控制地带水源地二级保护区
18			各类控制区	湿地、绿洲等生态敏感区军事禁区风景名胜区特级、一级景源区	区域管道运输走廊；架空高压电力走廊；军事管理区；风景名胜区的二、三、四级景源区；森林公园	机场净空限制区；微波通道军事禁区的缓冲区风景名胜区的边缘区

基本指标的定量标准表 表 3-3-2

序号	指标类型	一级指标	二级指标	定量标准			
				不适宜级 1分	适宜性差级 3分	较适宜级 6分	适宜级 10分
1	基本指标	工程地质	地震设防烈度	>Ⅸ度区	Ⅸ度区	Ⅶ、Ⅷ度区	<Ⅵ度区
2			岩土类型	软土；填土；饱和粉细砂	极软岩石；中密砂土；粉土	较软岩石；密实砂土；硬塑黏性土	较硬、坚硬岩石；卵、砾石
3			地基承载力	<100千帕	100千帕～180千帕	180千帕～250千帕	>250千帕
4			地下水埋深	<1.0米	1.0米～2.0米	2.0米～3.0米	≥3.0米
5			地下水腐蚀性	严重腐蚀	强腐蚀	中等腐蚀	弱腐蚀
6			地下水水质	Ⅴ类	Ⅳ类	Ⅲ类	Ⅰ、Ⅱ类
7		地貌地形	地貌地形形态	非常复杂地形，地形破碎、分割严重，很不完整	复杂地形，地形分割较严重，不完整	比较复杂地形，地形较完整	简单地形，地形完整
8			地面坡向	北	西北；东北	东；西	南；东南；西南
9			地面坡度	>30%；严寒地区 >25%	20%～30%；严寒地区 20%～25%	10%～20%	<10%
10		水文气象	地表水水质	五级	四级	三级	一、二级
11			洪水淹没程度	洪水淹没深度或场地标高低于设防潮水位 >1.5米	洪水淹没深度或场地标高低于设防潮水位 1.0米～1.5米	洪水淹没深度或场地标高低于设防潮水位 <1.0米	无洪水淹没或场地标高高于设防潮水位
12			最大冻土深度	>3.0米	2.0米～3.0米	1.0米～2.0米	<1.0米
13			污染风向区位	高污染可能区位	较高污染可能区位	低污染可能区位	无污染可能区位
14		自然生态	生物景观多样性	稀少单一	一般	较丰富	丰富
15			土壤质量	Ⅰ类	Ⅱ类	Ⅲ类	低于Ⅲ类
16			植被覆盖度	<10%	10%～25%	25%～45%	>45%
17		人为影响	土地使用强度	高	较高	一般	低
18			工程设施强度	设施密度大；对用地分割强	设施密度较大；对用地分割较强	设施密度较小；对用地分割较小	设施密度小；对用地无分割

3.3.1.2 自然生态危害风险指标体系控制要求

评定指标体系的指标类型应分为：基本指标和特殊指标两部分。评定指标体系的各指标类型应由一级指标和二级指标两级构成。一级指标为控制指标，二级指标为表述明细指标。

3.3.1.3　评定指标的定性分级与定量分值要求

特殊指标的定性分级按其对生态风险适宜性的影响程度分为"严重影响级"、"较重影响级"、"一般影响级"三级，其相应的定量分值依次分别为"10分"、"5分"、"2分"；特殊指标的定量分值以小者为优。

基本指标的定性分级按其对生态风险适宜性的影响程度分为"适宜级"、"较适宜级"、"适宜性差级"、"不适宜级"四级，其相应的定量分值依次分别为"10分"、"6分"、"3分"、"1分"；基本指标定量分值以大者为优。

特殊指标和基本指标定性分级与定量分值的具体采用，应分别符合表3-3-1特殊指标定量标准表和表3-3-2基本指标定量标准表的规定。

3.3.1.4　评定指标中的部分二级指标的定量标准分级要求

岩土腐蚀性和地下水腐蚀性的综合评定等级、崩塌与泥石流分类，应符合GB 50021—94《岩土工程勘察规范》的规定；

地下水水质分类，应符合《地下水质量标准》（GB/T 14848—1993）的规定；

地表水的水质分级，应符合《地表水资源质量标准》（SL 63—1994）的规定；

洪水淹没线的防洪标准，应按《防洪标准》（GB 50201—1994）的规定确定；

放射性岩土的分级，应符合《辐射防护规定》（GB 8703—1988）的规定。

3.3.1.5　定性分析与定量计算相结合的方法

1）生态风险的定性分析评定方法，采用以评定单元涉及的特殊指标对城市用地适宜性影响程度——"严重影响"、"较重影响"、"一般影响"的"分级定性法"，具体划分用地的评定等级类别，应符合下列规定：

（1）特殊指标至少出现一个"严重影响"（10分）级的二级指标，即划定为不可建设用地；

（2）特殊指标未出现"严重影响"（10分）级的二级指标，至少出现一个"较重影响"（5分）级的二级指标，即划定为不宜建设用地；

（3）特殊指标未出现"严重影响"（10分）级及"较重影响"（5分）级的二级指标，至少出现一个"一般影响"（2分）级的二级指标，即划定为可建设用地。

2）生态风险的定量计算评定方法，采用基本指标多因子分级加权指数和法与特殊指标多因子分级综合影响系数法，其计算公式如下：

$$P = K \sum_{i=1}^{m} w_i \cdot X_i \tag{3-3-1}$$

式中　P——评定单元综合评定分值；

K——特殊指标综合影响系数；

m——基本指标因子数；

w_i——第 i 项基本指标计算权重；

X_i——第 i 项基本指标分级赋分值。

特殊指标综合影响系数 K 的计算公式如下：

$$K=1/\sum_{j=1}^{n}Y_j \tag{3-3-2}$$

式中 $K<1$，设 $n=0$ 时，$K=1$；

n——特殊指标因子数；

Y_j——第 j 项特殊指标分级赋分值。

3.3.1.6 生态风险评定步骤

1）踏勘现场、搜集调查和分析整理资料。

2）确定生态风险评定区，并划分评定单元。

3）确定各评定单元的评定指标和影响突出的主导环境要素，选取和确定评定指标赋分值及基本指标权重值。

4）计算特殊指标综合影响系数、基本指标综合评定分值、各评定单元综合评定分值。

5）根据评定单元的定性分析评定结论和定量计算评定分值，划分确定各评定单元的用地评定等级类别，编制生态风险评定报告文本及评定图则。

生态风险评定的定性分析和定量计算必须以评定指标的定量标准为依据，评定指标的定量标准应符合下列规定：

（1）特殊指标的定量标准应按表 3-3-1 选定，表中未列入而确需列入的指标，其定量标准按所列入的指标对生态风险适宜性的限制影响程度分为"严重影响"、"较重影响"、"一般影响"三级比照推定；

（2）基本指标分级定量标准应按表 3-3-2 选定，表中未列入而确需列入的指标，其定量标准按其对生态风险适宜性的影响程度分为"适宜"、"较适宜"、"适宜性差"、"不适宜"四级比照推定。

3.3.1.7 生态风险的建设适用性综合评定

生态风险的建设适宜性综合评定，应符合下列规定：

（1）各项相关的特殊指标分级定量标准分值之和除 1，即为特殊指标多因子分级综合影响系数 K，K 值以大者为优。

（2）各项基本指标分级定量标准分值乘以相应计算权重即为各项基本指标的加权指数，其加权指数和，即基本指标多因子综合评定分值，其分值以高者为优。

（3）基本指标多因子分级综合评定分值乘以特殊指标多因子分级综合影响系数 K，即为评定单元的用地评定综合分值，其分值以高者为优。

生态风险的建设适宜性等级类别及用地评定特征，应符合表 3-3-3 的规定。

生态风险建设适宜性类别与用地评定特征表　　　表 3-3-3

类别等级	类别名称	用地评定特征				
		场地稳定性	场地工程建设适宜性	工程措施程度	自然生态	人为影响
I	不可建设用地	不稳定	不适宜	无法处理	特殊价值生态区	影响强
II	不宜建设用地	稳定性差	适宜性差	特定处理	生态价值优势区	影响较强
III	可建设用地	稳定性较差	较适宜	需简单处理	生态价值脆弱区或生态价值良好区	影响较弱或无影响
IV	适宜建设用地	稳定	适宜	不需要或稍微处理		

以评定单元的用地评定分值划分用地评定的等级类别，应符合表 3-3-4 的规定。

生态风险建设适宜性评定等级类别划分标准分值表　　　表 3-3-4

序号	类别等级	类别名称	评定单元的评定指标综合分值
1	I 类	不可建设用地	$P < 10.0$
2	II 类	不宜建设用地	$30.0 > P \geq 10.0$
3	III 类	可建设用地	$60.0 > P \geq 30.0$
4	IV 类	适宜建设用地	$P \geq 60.0$

3.3.2　城市开发生态风险评价的指标体系

为使各类生态风险计算更为客观和科学，更具有普适性，我们建立一套生态风险评价指标体系（表 3-3-5）。

生态风险评价指标体系表　　　　　　　　　　　表 3-3-5

一级指标	二级指标	单位	标准值	标准值来源
土壤生态风险	城镇人均公共绿地面积	m²/人	11	生态县（含县级市）建设指标
	人均耕地面积	亩/人	0.053	生态县（含县级市）建设指标
	森林覆盖率	%	40	生态县（含县级市）建设指标
空气生态风险	SO₂ 排放强度	千克/万元 GDP	5	生态县（含县级市）建设指标
	城市空气质量达标率	%	90	生态县（含县级市）建设指标
水环境生态风险	COD 排放强度	千克/万元 GDP	5	生态县（含县级市）建设指标
	城市水功能区水质达标率	%	100	"十一五"城市环境综合整治定量考核指标实施细则
	集中式饮用水源水质达标率	%	100	生态县（含县级市）建设指标
噪声生态风险	噪声达标区覆盖率	%	95	生态县（含县级市）建设指标
生物多样性生态风险	生物丰富度指数	—	0.28	全球生物丰富度指数
经济美学价值风险	万元 GDP 能耗	吨标煤/万元	≤ 1.4	《小城镇生态环境规划标准》
	人文历史价值	—	国家历史文化名城	
	自然景观价值	—	国家级风景名胜区(保护区)	

注：1. 表中灰色部分为负向指标；
　　2. 国家环保总局颁布《生态县、生态市、生态省建设指标（修订稿）》(2008-01-15)。

3.3.3　各类生态风险权重计算

　　按照生态风险评价的基本理论框架和方法体系，请专家对各类生态风险的权重进行相对重要性的两两比较、判断，采用层次分析法估算各类型生态风险权重。运用 1-9 标度来构造下一层因素相对于上一层因素的相对重要性判断矩阵（表 3-3-6）。

生态风险影响的相对重要程度对照表　　　　　　　表 3-3-6

a 相对 b 的重要性程度	对应 1-9 标度指标数值
绝对重要	9
相对重要	7
比较重要	5
稍微重要	3
同等重要	1

在汇总各专家评判意见后，得到各类生态风险相对重要性的判断矩阵（见表 3-3-7）。经过验证，判断矩阵的一致性检验合格。根据判断矩阵，计算得出各类风险权重列入于表 3-3-7 右列。

各类生态风险权重计算表　　　　　　表 3-3-7

	空气生态风险	水环境生态风险	噪声生态风险	生物多样性生态风险	经济美学价值风险	土壤生态风险	权重 W
空气生态风险	1.0000	1.0000	2.2255	3.3201	4.0552	1.8221	0.2841
水环境生态风险		1.0000	2.2255	3.3201	4.0552	1.8221	0.2841
噪声生态风险			1.0000	1.4918	1.4918	0.5488	0.1155
生物多样性风险				1.0000	1.4918	0.4493	0.0856
经济美学价值风险					1.0000	1.0000	0.0800
土壤生态风险						1.0000	0.1508

注：判断矩阵一致性比例：0.0028；对总目标的权重：1.0000。

3.3.4　生态风险指标体系赋值

在此基础上，以城市开发区域为研究对象，通过调研，获得研究区域的各项生态风险指标数据，并与标准值进行比较，获得评价的相对值 R，R=（指标值／标准值）×100。在上述量化的基础上，对各类指标的风险程度进行判断。建立判断标准如下：

（1）对于正向指标，当 $R \geq 90$ 时，风险程度很轻；当 R 值介于 $75 \sim 90$ 之间时，风险程度较轻；当 R 值介于 $60 \sim 75$ 之间时，风险程度一般；当 $R \leq 60$ 时，风险程度严重。

（2）对于负向指标，当 $R \leq 20$ 时，风险程度很轻；当 R 值介于 $20 \sim 40$ 之间时，风险程度较轻；当 R 值介于 $40 \sim 60$ 之间时，风险程度一般；当 $R \geq 60$ 时，风险程度严重。

（3）赋值：风险程度很轻赋值 0，风险程度较轻赋值 1，风险程度一般赋值 2，风险程度严重赋值 3。

根据上述赋值，算出综合得分，再将得分与生态风险权重进行加权平均，即可得到生态风险指标体系的综合评价指数 ERI，用来比较评价生态风险的综合风险程度大小。

生态风险评价指标体系的建立，有利于将各类生态风险的估算普适化，使得综合生态风险的评价能够与当地的实际情况相结合，提高了评价方法的灵活性和适用性。

3.4 专题案例：南方某中等城市的生态风险指数计算

通过调研，得到南方某中等城市的生态风险指标数值见表 3-3-8：

南方某城市的生态风险评价指标体系表 　　　　表 3-3-8

一级指标	二级指标	单位	研究区域指标值	标准值	$R=$（指标值/标准值）×100
土壤生态风险	城镇人均公共绿地面积	m²/人	7.94	11	72.18
	人均耕地面积	亩/人	0.05	0.053	94.33
	森林覆盖率	%	35.6	40	89
空气生态风险	SO₂ 排放强度	千克/万 GDP	3.43	5	68.6
	城市空气质量达标率	%	99	90	110
水环境生态风险	COD 排放强度	千克/万元 GDP	7.61	5	152
	城市水功能区水质达标率	%	50	100	50
	集中式饮用水源水质达标率	%	100	100	100
噪声生态风险	噪声达标区覆盖率	%	90	95	94.73
生物多样性风险	物种多样性指数	—	0.24	0.28	85.71
经济美学价值风险	万元 GDP 能耗	吨标煤/万元	1.047	≤ 1.4	74.78
	人文历史价值	—	无	国家历史文化名城	0
	自然景观价值	—	无	国家级风景名胜区(保护区)	0

注：表中灰色部分为负向指标。

针对研究区域的生态风险程度判定与赋值见表 3-3-9。

生态风险程度判定与赋值表 　　　　表 3-3-9

风险类别	风险子类别	风险程度				综合得分	平均得分
		很轻(0)	较轻(1)	一般(2)	严重(3)		
土壤生态风险	城镇人均公共绿地面积			■		3	1
	人均耕地面积	■					
	森林覆盖率		■				

续表

风险类别	风险子类别	风险程度				综合得分	平均得分
		很轻(0)	较轻(1)	一般(2)	严重(3)		
空气生态风险	SO_2 排放强度				■	3	1.5
	城市空气质量达标率	■					
水环境生态风险	COD 排放强度				■	5	1.66
	城市水功能区水质达标率			■			
	集中式饮用水源水质达标率	■					
噪声生态风险	噪声达标区覆盖率	■				0	0
生物多样性风险	物种多样性指数		■			1	1
经济美学价值风险	万元 GDP 能耗			■		2	0.66
	人文历史价值	■					
	自然景观价值	■					

将指标值与生态风险权重进行加权平均，计算生态风险指标体系的综合评价指数 ERI 为 1.187，总体来看，该城市的生态风险程度处于较轻的水平，但是有两个单项指标 SO_2 排放强度、COD 排放强度的风险程度严重，应当采取措施进行风险应对。

4　城市开发中的生态风险预警与管理

4.1　生态风险的预警

4.1.1　生态风险预警概念

城市生态风险预警是指对快速城市化导致的生态系统和环境质量负向演替、退化、恶化的及时报警，其目的在于在城市扩张引起生态环境退化质变之前，及时地提出预告、报警，以便及时采取措施，化解警情，促使生态环境变负向演替为正向演替，从而有助于城市化可持续发展。城市生态风险预警是建立在生态风险的阶段性、渐进性和可控性基础之上的一种风险管理工作。一个好的风险预警系统可以在风险发生之前就提供给决策者有用的信息，实现城市生态风险预警，并使之作出有效的决策。

生态风险预警要求进行生态风险监控。监控风险实际上是监视建设的进展和建设环境的变化。其目的是：核对风险管理策略和措施的实际效果是否与预见的相同；寻找机会改善和细化风险规划计划，获取反馈信息，以便将来的决策更符合实际。

风险控制的内容主要包括：反复进行生态风险的识别与度量、监控潜在风险的发展、监测生态风险发生的征兆、采取各种风险防范措施减小风险发生的可能性、应对和处理发生的风险事件、减轻生态风险事件的后果、实施风险管理计划等。

4.1.2 生态风险预警方法

生态风险预警是以生态风险评价为基础的，因此，可依据生态风险指数来制定生态风险预警标准。参考风险预警的通用方法可以制定出生态风险预警的具体方法。

具体的方法和操作如下：

蓝灯区间：生态环境基本未受干扰破坏，生态系统结构完整，功能性强，系统恢复再生能力强。生态问题不显著，生态灾害少。

绿灯区间：生态环境较少受到破坏，生态系统结构尚完整，功能尚好，一般干扰下可恢复，生态问题不显著。生态灾害不大。

黄灯区间：生态环境受到一定破坏，生态系统结构有变化，但尚可维持基本功能，受干扰后易恶化，生态问题显现，生态灾害时有发生。

橙灯区间：生态环境受到很大破坏，生态系统结构破坏较大，功能退化且不全，受外界干扰后恢复困难。生态问题较大，生态灾害较多。

红灯区间：生态环境受到严重破坏，生态系统结构残缺不全，功能丧失，生态恢复与重建很困难，生态环境问题很大并经常演变成生态灾害。

4.1.3 生态风险预警系统的基本构架

基本的生态风险预警功能模块有信息源系统、分析评估系统和决策应对系统。

4.1.3.1 信息源系统

信息源系统的组成可以按照功能分类和分级，每个类别模块又可细分为若干子模块，层层嵌套，相互关联。

（1）监测模块

监测模块是专门通过监督检测来获得数据、信息的功能块，合理的设置和布局监测网点和监测时点，可以保障数据和信息的科学性、可靠性、完整性，监测模块网络涉及的范围广，建设网点的工作量大。监测模块可以继续分解为若干子模块，各种预警系统根据具体的预警目标设置有较强针对性的监测目标。

（2）标准信息模块

标准信息模块主要收集、储存与生态风险相关的数据、政策等信息，主要有各种法律法规和相关标准等政策性信息子模块和基本公式子模块等。标准信息模块的功能是将监测获得的数据存储起来，同时搜集和保存相关资料信息，并保持数据和资料信息的及时更新、补充和调整。

4.1.3.2 风险分析系统

预警分析系统是整个预警系统的关键与核心部分，其功能将直接影响生态风险预警的质量。预警分析系统的输入端是信息源系统，输出端是安全风险的分析信息。

一般的预警分析系统包括指标模块和分析模型模块两部分。指标模块主要是设置生态风险危机的评价项目。要求指标具有典型性和科学性，并从相关因子中选择出能超前反映生态风险态势的领先指标，指标的数据信息来源于信息源系统。分析模型模块有风险分析模型子系统和专家评估子系统两个子模块。风险分析模型主要是理论与分析方法，通过统计数据和限定条件进行计算，从而得出分析结果。专家评估是生态风险预警系统具有的特殊子系统。建立一支稳定的、具有相当实践经验和资深专业知识的专家群体，利用专家们的实际经验、专业知识积累和科学研究成果及其智慧，参与预警分析、判断和评估以及预测趋势，可以改善单纯依靠模型极难完成的预警分析任务，保证生态风险早期预警的分析质量。专家评估模块的特点是建设涉及多领域多专业的专家团队，明确专家的责任和分析评估程序。

因此，预警分析系统是一套综合的、可以最优化运用监测信息、统计数据、抽样调查资料和专家意见对生态风险进行评估的系统，以及对运行状态和趋势作出判断性预测的系统。

4.1.3.3 预警应对系统

预警应对系统的主要功能是根据分析、评估的结果进行预警应对，应对也称为反应。预警应对系统的输入端是预警分析的结果，输出端是预警控制指令。根据警情的不同，预警控制指令将给出预测、预报、警示、调控和快速应对等各种决策措施。

预警应对系统的构建工作量大，按照反应状况通常有两种情况，一是正常的生态风险状况监控，二是有危机状况显现时的防控。当预警分析结果给出状况为正常时，反应对策是继续常规监测。第二种有危机的状况是需要进行调控应对的。危机应对的关键是捕捉先机，在危机发生危害之前对其进行控制。如果危机产生是源于风险的累积效应，这类危机理论上是可以预测预防的，关键则是预防性的调控。预警应对系统的核心是建立危机应对制度和预警机制。基本构成有报告制度、信息发布制度和应急预案制度。预警机制主要是实施预警预案的方法和流程。

（1）报告制度

运用现代化电子网络手段，实现快速、高效、准确的数据分析，将问题和情况及时向上一级主管部门报告，并按照有关法律和规定向相关部门和社会通告，就构成了报告制度。

（2）信息发布制度

一旦预警信息生成，预警信号由谁来发布、通过何种渠道发布以及发布的具体办法由谁来制定等，这些构成了预警信息的发布问题。

预警信息发布是一件政策性很强的工作，需要建立一套完善的预警信息发布制度。

预警信息发布制度的建设，使信息通过权威机构发布，在规定的传媒和渠道公示，实现了信息的合理规范传播。

（3）应急预案制度

危机应对的关键是捕捉先机，在危机发生危害之前对其进行控制。快速反应系统主要是对重大、突发安全事件的紧急应对处理，是应对系统的一种特殊形式。快速反应系统的实质就是应急预案制度，是危机处理的计划与方法，是针对快速预防和控制生态风险事件而制定的规则和流程。一般应急预案对危机实行等级应对制度，针对不同的等级确定相应的对策措施和方法。将事件的危害程度分为特别严重、严重、较严重、一般四个等级。

由于预警具有预防和控制两种功能，又重在预防功能，因此，常规状态下预警系统主要以预防为主，对输入的分析结果保持有异议动态跟踪，加强监测，微调和修正运行中可能出现的偏差，预防问题出现。快速应对系统主要的是应对突然爆发的重大生态风险问题，风险已经产生，并有可能进一步扩散、蔓延或状态恶化，必须快速控制风险状态，并促使形势好转。

4.2 城市开发生态风险管理对策

4.2.1 生态风险管理系统建构的原则

（1）可行、适用、有效性原则

管理方案首先应针对已识别的风险源，制定具有可操作性的管理措施，适用有效的管理措施能大大提高管理的效率和效果。

（2）经济、合理、先进性原则

管理方案涉及的多项工作和措施应力求管理成本的节约，管理信息流畅、方式简捷、手段先进才能显示出高超的风险管理水平。

（3）主动、及时、全过程原则

一般城市开发项目的全过程建设期分为前期准备阶段（可行性研究阶段、勘察设计阶段、招标投标阶段）、施工及保修阶段、运营和日常维护期。对于风险管理，仍应遵循主动控制、事先控制的管理思想，根据不断发展变化的环境条件和不断出现的新情况、新问题，及时采取应对措施，调整管理方案，并将这一原则贯彻项目全过程，才能充分体现风险管理的特点和优势。

（4）综合、系统、全方位原则

城市生态风险管理是一项系统性、综合性极强的工作，不仅其产生的原因复杂，而且后果影响面广，所需处理措施综合性强，例如，开发牵涉的多目标特征（道路、水系、植被、空气质量、土壤质量、尾气排放等目标），因此，要全面彻底的降低乃至消除风险因素的影响，必须采取综合治理原则，动员各方力量，科学分配风险责任，建立风险利益的共同体和项目生态全方位风险管理体系，才能将风险管理的工作落到实处。

4.2.2 生态风险的管理流程

风险管理既是一个整体过程，也是一个综合决策的过程，目前我国风险管理的主要步骤如下（图3-4-1）。

结合我国当前城市开发活动的特征，将大规模公共开发项目的风险管理过程分为：风险管理规划－风险识别－风险评价－风险应对规划－风险监控－风险沟通这6个过程，具体如下（图3-4-2）。

风险管理方案的制定是社会风险管理的核心内容，其主要内容包括制定风险应对计划、确定风险设想、确定风险管理的方法和工具、建立风险管理的沟通机制、安排相关的资源、安排组织机构与人员、确定风险管理的时间周期七

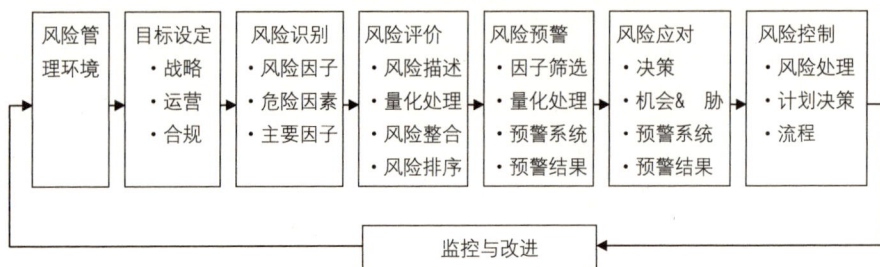

图 3-4-1　我国风险管理的主要步骤图

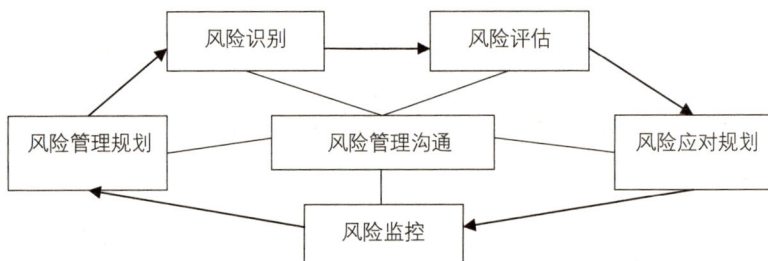

图 3-4-2　大规模公共开发项目的风险管理过程图

个方面的内容。

4.2.3　生态风险的规避策略

风险规避是一种最简单也彻底的风险处置技术,是指根据风险评价的结果,当风险发生的可能性太大,或一旦风险事件发生造成的损失太大时,主动放弃该项目或改变目标,重新组织项目,以消除规划或实施可能带来风险隐患的措施,使风险无法影响项目。

针对城市开发项目特点,根据社会风险评价因子确定的权重,风险规避的策略包括:

(1) 重新调整规划。针对城市开发的生态风险因子,制定相应的规划调整内容。

(2) 终止项目。挑选更合适的项目类型,选择更有利的市场环境。如发现某项目的实施将面临很大的潜在风险,应立即放弃该方案,停止项目的实施,以免遭受更大的损失。

(3) 改变开发活动的性质、改变开发思路和开发地点等。

(4) 加强规划公众参与。

4.2.4 生态风险的减灾策略

在风险无法避免的情况下，可以采取风险减轻的策略。风险减轻是指在风险发生前、发生中，为使风险降低到项目可以接受的程度而采取的降低风险损失发生的频率和缩小损失程度而采取的各项措施。要达到风险减轻的目的，一是降低风险发生的概率；二是一旦风险事件发生，应采用有效措施尽量降低其损失，或双管齐下。

生态风险的减灾策略包括：

（1）压缩开发规模，减少开发项目的社会影响，如减少拆迁征地规模，减少对生态环境的影响。

（2）压缩开发周期，通过加快进度来减少生态风险。开发经营周期越长，项目建成以后对社会自然生态环境的影响也越难预测。所以尽快完成开发项目，这样就可以在一定程度上避免不必要的风险因素的影响。

（3）调整开发内容，充分评估涉及生态风险的规划内容，完善和补充相关规划，形成配套完善的开发内容。

4.2.5 生态风险的处置策略

风险处置是指风险已经发生或即将发生的对策。风险处置的主要策略包括风险转移策略与风险自留策略。风险转移指在项目实施过程中重新组织项目，在风险事件发生之前有意识地改变风险发生的时间、地点或将开发主体不能或不愿承担的风险转嫁给其他经济单位（企业、开发商、居民、银行、其他主体）。通过转移方式处置风险，风险本身并没有减少，只是承担者发生了变化。生态风险的主要作用对象是：

（1）城市开发项目本身，应对这类生态风险的主要策略就是改变开发项目的选址，以此转移自身风险。

（2）开发项目所牵涉的对象，应对由开发项目产生的生态风险，主要途径也是通过选址的转移来对生态环境影响进行转移的策略。

风险自留指项目开发机构将风险留给自己承担，主要运用于控制那些风险损失较小、开发机构自己能够承担的风险。那些造成损失较小、重复性较高的生态风险，以及在风险评估过程已确定了其风险在项目有关各方承受能力以内的风险，在风险管理者的主动控制下，这些风险是可以接受的，最适合于风险的自留、接受和利用。

5 城市开发中的生态修复策略

5.1 城市生态系统恢复与重建的理论基础

5.1.1 干扰理论

作为适用于各种生物系统的一般化定义，干扰是阻断原有生物系统生态过程的非连续性事件，它改变或破坏生态系统、群落或种群的组成和结构，改变生物系统的资源基础和环境状况。干扰理论是指处于一定状态下的生态系统，在外在干扰的作用下，其连续性的动态平衡状态将会被阻断，在一定条件下，实现从一种状态到另一种状态的转变，即生态演替。

干扰不一定都是对生态系统结构和功能起破坏性作用，有时对某一物种或群落来说是破坏作用，但对另外的物种又是积极作用。例如，在放牧干扰对于草原生态系统的影响上，放牧可以抑制或破坏羊草种群或个体的发展，但对冷蒿种群或个体来说，放牧则对其发展产生积极的作用。而轻度或中度放牧主要是改变或重新分配了各种植物种群在群落中的作用，而不一定是破坏或毁灭性的作用。

5.1.2 群落演替理论

任何一个生物群落虽然具有一定的稳定性，但它们并不是静止不变的，而是随着时间的进程处于不断的变化和发展之中。一个群落被另一个群落所取代的过程称为群落的演替。改造和重建生态系统必须顺应时间过程的演替规律，因此，退化生态系统的恢复与重建，最有效的是顺应生态系统演替发展规律来进行。群落的演替是从先锋群落经过一系列的阶段，达到中性顶极群落。沿着顺序阶段向着顶极群落的演替称之为进展演替，反之则是由顶极群落向着先锋群落退化演变，称为逆行演替。

实际中，任何生态系统都是在干扰状态下进行演替的，这种干扰来自自然或者人类。人为干扰如果很严重，使环境变化非常大，以致演替向新的方向进行，永远也不可能重建原来的顶级群落，当干扰持续到系统接近消亡阶段时，恢复重建可使生态系统在某些方面达到平衡，但与原来的正常状态不同。生态演替在人为干预下可能加速、延缓、改变方向以致向相反的方向进行，因而作为生态恢复来说，人为干扰是必要的，究竟向哪个方向演替，取决于人类的行为。

5.1.3 生态因子理论

地球上一切植物群落及其组成的植物种类的存在，时刻离不了它们所需要的外界生态因子，如日光、温度、水分、矿物质、O_2 和 CO_2 六个因素，如果没有这些物质基础或缺少任何一种因素，地球上就不可能有绿色植物，没有了生态系统中的生产者，也就没有了动物和微生物。这六个因素也被学者称为生态基础设施。

在生态恢复设计中主导性生态因子的观点值得重视，它指出，在一定的场合下影响植物生长的各种生态因子，不能同等的看待，因为各种生态因子在一定的场合中按照一定的配合方式，结合结果不同，其中总会有一种或两种生态因子起着决定性作用。所以在进行生态恢复设计时，在创造六种必须的生态因子的同时，应当发现在特定的环境条件下，影响生态恢复的主导因子是什么，如煤矿塌陷地通常是缺乏矿物质中的氮和磷、pH 值过低等。

5.2 城市生态系统恢复与重建方法及其应用

5.2.1 干扰分类

干扰的类型一般有以下几种划分：

（1）按干扰的来源划分为自然干扰和人为干扰。自然干扰包括偶发性的破坏性事件和环境的波动。偶发性破坏事件包括泥石流、雪崩、风暴、冰雹、食草动物大爆发和洪涝灾害等，它们常常对事件发生区的生物系统产生破坏性甚至毁灭性的影响。非连续性的环境波动包括周期性的气候干湿变化与冷热交替等过程，它们对系统的结构、功能和组成产生明显的影响。人为干扰是指人类的生产活动和对资源的改造利用等过程对自然生物系统造成的影响。人为干扰的方式多种多样，影响的空间范围可大可小，变化很大，而对某一生物系统的影响程度也有很大差异（李政海等，1997）。也有学者认为自然干扰因子主要有火干扰、气候性干扰、土壤性干扰、地因性干扰、动物性干扰、植物性干扰、污染性干扰等，人为干扰体系源于人类对生物群落的作用力，其规模能改变生命系统的正常变化，如森林的砍伐、过度放牧、采矿、水气土壤污染等。

（2）按干扰的功能划分为内部干扰和外部干扰。内部干扰（如自然倒木）是在相对静止的长时间内发生的小规模干扰，对生态系统演替起重要的作用；外部干扰（如火灾、风害、砍伐等）是短期内的大规模干扰，它妨碍生态系统演替过程的完成，甚至使生态系统从高级状况向较低级的状态发展（魏斌，1996）。

（3）按干扰的机制划分为物理干扰、化学干扰和生物干扰。物理干扰，如森林退化引起的气候变化，植被覆盖物的削减引起的侵蚀和泛滥，最终导致沙漠化等；化学干扰，如污染，每年数百吨的杀虫剂、清洁剂、氮、碱、酚、石油等不断地排入环境中，引起土壤化学机制的改变，并影响植被生长；生物干扰，如害虫暴发、外来物种引进或不正当使用杀虫剂造成的生态平衡的破坏（魏斌，1996）。

（4）按干扰的后果划分为积极干扰和消极干扰。积极干扰有利于维持生物组分或生态系统的总体框架；消极干扰将促使干扰作用对象发生退化或衰败。轻微的干扰可以不对生命系统造成任何影响，一旦人类对生命系统的作用力大于生命系统的承受能力，其结果将使生命系统的性质改变。

此外，干扰一般具有多重性，多重干扰是复杂且重要的干扰，一种生态退化可能是多种干扰共同作用的结果，如牧场退化可能由于干旱、虫害、火灾等自然干扰，也可能存在过度放牧、烧荒等人为干扰。

5.2.2　干扰结果

干扰的后果既可能是积极的，也可能是消极的。积极的干扰有利于维持生物组分或生态系统的总体稳定，甚至使作用对象正向演替；消极的干扰将促使干扰作用对象发生退化，即逆向演替。

城市生态系统的干扰结果包括恢复、修复、重建、恶化四种。因管理对策的不同，会产生以下四种结果：①恢复到它受干扰以前的状态；②重新获得一个既包括原来特性，又包括对人类有益的新特性状态；③由于管理技术的使用，形成一种改进的和原来不同的状态；④直接保留，维持其自然演替的状态。

恢复（Restoration）是将城市生态系统从远离初始状态的方向推移回到初始状态。如杜伊斯堡公园西部的废弃土地所采取的就是恢复自然生态系统的策略。

重建（Enhancement）是将生态系统的现有状态进行改善，结果是增加人类所期望的"人造"特点，压低人类不希望的自然特点，使生态系统进一步远离它的初始状态。硬质景观为主的开敞空间设计模式是典型的废弃地重建策略。

改建或修复（Rehabilitation）是将恢复和重建措施有机地结合起来，并使恶化状态得到改造。目前西方发达国家在棕地（Brownfield）整治中普遍采用的即是改建（Rehabilitation）策略。

恶化（Degradation）与恢复的方向相反，使生态系统受到更大的破坏。一些城市更新普遍采用的房地产开发模式使城市中仅有的一点绿色消灭殆尽，使病态的城市生态进一步恶化。

5.2.3　干扰理论应用框架

干扰理论应用最多的领域是景观生态学和恢复生态学，用于进行生态恢复和增加多样性（魏斌，1996）。干扰理论的应用步骤如下（图3-5-1）：

当生态系统的结构变化引起功能减弱或丧失时，生态系统是退化的，干扰是引起生态系统结构和功能退化的主要原因。所以干扰源的识别是生态恢复的首要工作，生态学的一个重要任务是确定何种干扰是消极的，何种干扰是积极的。描述干扰特征的一种重要概念是干扰状况，它包括干扰的分布、频率、恢复周期、面积大小、强度、严重程度（指对生物系统的影响）和系统效应（指引起其他干扰的作用）。对于引起生态系统退化的干扰要采用各种综合措施除去，如果生态系统破坏程度较轻，按上述第一种方法即可恢复，如果程度较重，则需要按第二种方法恢复。

干扰理论在最近的城市生态系统健康研究中也得到有效应用，欧洲环境署（EEA）1998年提出的DPSIR（Driving Forces-Pressures-States-Impacts-Responses;驱动力－压力－状态－影响－响应）模型来源于经济合作发展组织（OECD）提出的PSR（Pressure-State-Response,压力－状态－响应,1994）模型，用于组织环境健康状态信息的框架，其假设条件为社会、经济和环境三个相互作用的系统间有因果关系。将此与城市生态系统分析的尺度框架相结合，研究

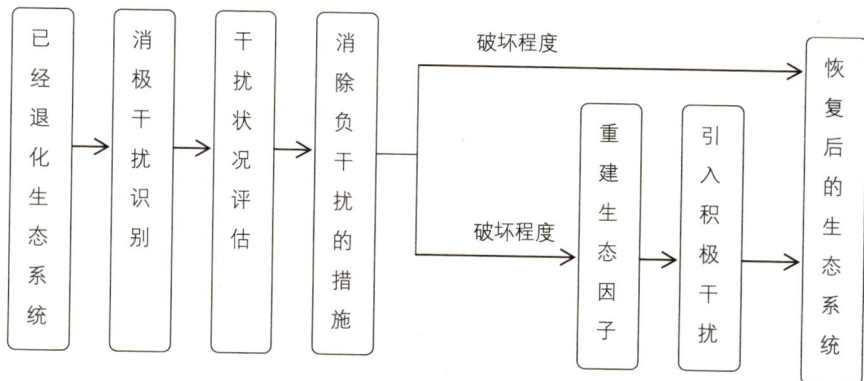

图3-5-1　干扰理论在退化生态系统中的应用框架

城市生态系统健康的优点是可以追踪城市生态系统健康质量下降的原因，从而在此链条的不同点进行干预，缓解由于城市工业和能源、交通、废弃物管理、农业活动等驱动因子带来的影响。

城市是一个开放的系统，有其自身发展演变的规律，在其自我发展中存在着萌生、增长、成熟和衰退等生命过程。城市的衰败具有类似于物种、种群、生态系统退化的共同特征。城市时刻都受到各种自然干扰与人为干扰、内部干扰与外部干扰、积极干扰与消极干扰的影响。正是因为城市生态系统是一个"经济－社会－环境的复合生态系统"，城市生态系统受到的干扰包括经济、社会和环境三个层面的干扰，系统退化往往是三个方面耦合的结果，这比单纯自然生态系统更为复杂，所以，干扰理论在城市生态系统的应用必然要经过综合的演绎。

城市生态系统由经济、社会、环境三个亚系统组成的复合生态系统。经济亚系统由经济组织、经济体制、经济实体、经济产业等因素构成，主要功能是保证物质产品的生产，满足人的物质生活和精神生活的需要；社会亚系统是由提高人的素质和实现人口再生产为目的的社会服务体系构成，主要功能是处理人与人之间的关系，解决人自身的发展，保持合理的人口再生产，促进物质和精神文明的不断提高；环境亚系统是由自然环境、人工环境等要素构成，环境通过自然再生产过程，并以其物流和能流等功能，直接或间接地满足人类日益增长的生态需要。

复合生态系统演替的动力学机制来源于自然和社会两种作用力。因此，在城市系统的应用就不仅仅局限于环境层面的干扰，无论是积极干扰还是消极干扰，往往都是三个层面共同作用、互相牵引的结果。所以对于干扰源的识别、积极干扰的引入都要从经济、社会、环境三个层面进行分析，了解三者对于某一干扰是如何作用、影响的关系，干扰理论的应用才有价值。

干扰理论在城市生态恢复中的应用框架如图3-5-2所示。

5.3　城市生态恢复重建的主要内容

干扰理论对退化的城市生态系统采取有效的干扰措施可以促进其正向演替，这种策略有别于那种完全重建的恢复利用方式，无须进行大规模的重建，只需对某些主导因子进行重建，通过积极干扰使城市生态系统自身得以恢复。

城市生态恢复重建框架的主要内容包括：消极干扰源识别、干扰状况评估、

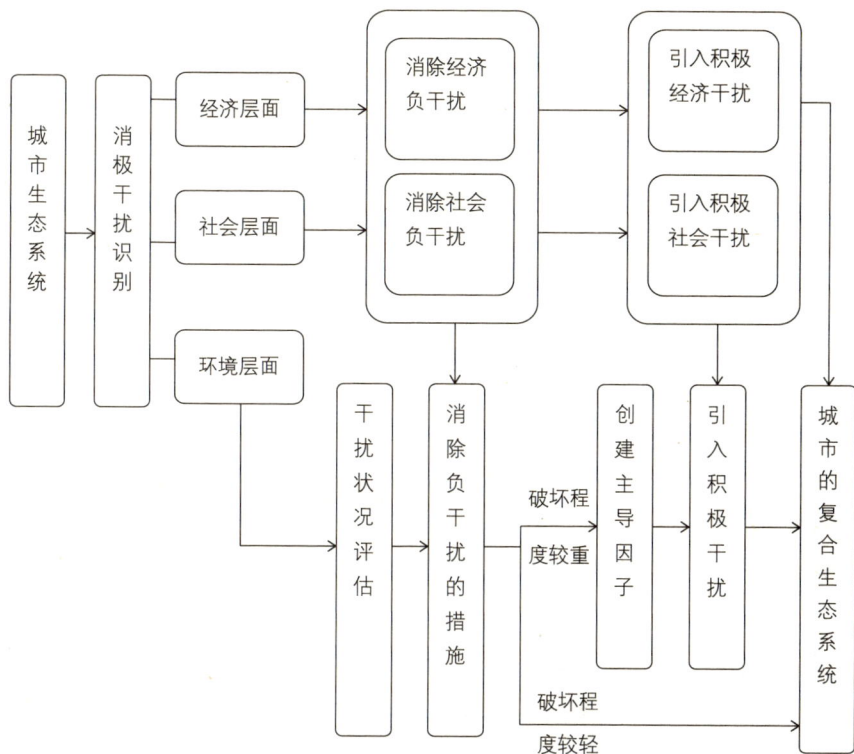

图 3-5-2 　干扰理论在城市生态恢复中的应用框架

消除负干扰的措施、重建生态因子、引入积极干扰的措施以及演替过程反馈与
干扰的及时调整。其中，重建生态因子主要是从环境层面重建，而积极干扰主
要是从经济和社会两个层面引入。

5.3.1 　消极干扰识别

消极干扰包括两个方面：导致城市生态系统退化的干扰因素和影响生态恢
复的干扰因素，可以从经济、社会、环境三个层面来识别消极干扰（表 3-5-1）。

5.3.1.1 　经济层面

导致生态风险的干扰因素：粗放式的经济生产模式；环境保护与污染治理
的经济措施；传统产业是否受到宏观经济影响而衰退过快等。

影响生态恢复的干扰因素：城市生态恢复投资的产业经济门槛过高或技术
条件不成熟；涉及有产权的地上物业拆迁困难，是否补偿标准过低；因融资渠
道受限导致城市生态恢复缺少资金支持等。

5.3.1.2　社会层面

导致生态风险的干扰因素：破坏土地、污染环境等相关的法律法规不健全或执行不力；节约使用土地的意识不够；整个社会环保意识的缺乏等。

影响生态恢复的干扰因素：城市规划对城市生态恢复建设的政策措施，是否限制或鼓励等；产权问题，是否影响再开发；政策性限制，如美国"超级基金"[①]；观念意识因素，如人们在观念上对于中水的回收利用、生态恢复建设缺乏科学的认识，认为其不健康而拒绝再利用等。

5.3.1.3　环境层面

导致生态风险和影响生态恢复的干扰因素基本是统一的，即对于生态基础设施的破坏、环境的污染，从而导致生态环境退化。如城市污水未经处理直接排放、城市垃圾、工矿产业的尾矿、化工产业的化学污染等。

经济、社会、环境三个方面都涉及政策，如财政政策、税收政策、信贷政策等，这些因素都会影响到生态恢复，无论从哪个方面采取积极的措施，都会对生态恢复产生积极的促进作用。

消极干扰因子的识别 表 3-5-1

—	经济层面	社会层面	环境层面
导致生态风险产生的干扰因素	粗放式的经济模式；环境保护和环境治理的经济措施；宏观经济环境影响	破坏土地、污染环境等相关的法律法规不健全或执行不力；节约使用土地的意识不够；环保意识差	环境污染源，如污水、大气污染、土壤污染等；植被退化；各种化学物质、放射物质污染；地质破坏
影响废弃地再利用的干扰因素	投资生态恢复的产业经济门槛过高；涉及有产权地块的补偿标准过低；融资渠道受限	城市规划对生态恢复建设的措施和策略；政策限制；针对性的法律规范过于严厉；社会观念落后	环境污染，如水体恶化、垃圾污染、土壤污染等；各种化学物质、放射物质污染；地质破坏

5.3.2　消极干扰状况评估

干扰状况定量评估包括干扰的分布、频率、恢复周期、面积大小、强度等，定性评估包括严重程度（指对生态系统的影响）和系统效应（指引起其他干

---

① 美国《环境应对、赔偿和责任综合法》（CERCLA），俗称"超级基金"（Superfund），该法对棕色地块进行了统一规范，主要意图在于清洁全国范围内的有害地块，并明确清洁费用的承担者。但是，这项法律所界定的责任过于苛刻严厉，对有害地块污染程度的评估和对清洁费用的预测也不甚清晰。因为担心 CERCLA 所规定的强制清洁责任，成为私人部门介入棕色地块治理过程的障碍。

扰的作用）。评估应得出主导性干扰因子是经济、社会、还是环境层面的，或是三者的任意组合，以及各层面内的主导性干扰因子，为下一步消除措施做好准备。

可以通过建立一定的评价体系来评定干扰消极干扰的严重程度，根据对生态风险和生态恢复的影响程度可以分为非常严重、一般严重、轻微等若干个级别，依据不同的程度制定不同的消除措施。

5.3.3　消除负干扰的措施

确定了负干扰（消极干扰）因子的种类和干扰状况后，需要确定哪些负干扰是可以消除的，而对于那些非常严重的主导性的负干扰因子，必须采用针对性的消除措施，停止其对整个废弃地系统的作用；而对于严重程度较轻微的负干扰因子，有的不必采用针对性的措施，也会随着环境的改善自动恢复。

经济、社会、环境领域内的干扰应分别制定相应的消除措施，一些综合性的干扰往往需要三个领域内同时消除才会有效。一些可以直接消除的负干扰，如城市污水、城市垃圾、化学污染等，则通过建立针对性的措施即可消除；属于长期干扰而短期内难以消除的干扰因素，如粗放式的生产模式、整个社会的环保意识较差等关系到整个社会经济层面的，则需要一个长期的过程。

5.3.4　重建生态因子

城市生态系统的生存与发展取决于其生命支持系统的活力，其中重要的就是区域生态基础设施，包括光、热、水、气候、土壤、生物。

因城市开发导致生态系统破坏的，仅仅通过消除负干扰依靠自身的恢复是不够的，往往需要人工重建一些必要的生态基础设施，才能为建立新的生境创造条件。如重建绿色植被生长所必需的土壤环境、有机肥料、淡水资源等，这些都是重建生态因子的重点。不同类型的地域受破坏程度不一样，再利用的目标也不同，重建的内容也会不同。

根据主导生态因子理论，在一定场合下影响植物生长的各种生态因子所起的作用是有所差别的，其中的一种或两种生态因子起着决定性作用。因此在进行生态恢复设计，创造六种必需生态因子的同时，应当发现在特定的环境条件下，影响生态恢复的主导因子。对自然生态系统而言，只需重建生境所需的、必要的主导性因子，自身进化和演替就可以进行了。下面是对生态恢复需要重建的生态因子进行总的论述，实际操作中应根据要求进行选择。

5.3.4.1　土壤改良

根据生态因子理论，土壤是绿色植物生存的 6 个因素中的主导性因素，如果土壤遭受严重的破坏，恢复工作则主要集中在土壤改良上，恢复生态学主要通过以下技术措施改良土壤。

1）快速转换

在许多新工程动工前，先把表层土壤取走加以保存，等到工程结束后再把它们放回原地。这种做法对于可能破坏表层土壤的工程，如修建高速公路、垃圾填埋处理场等非常有效，尽管原有的植被被破坏了，但土壤，特别是种植层土壤这种一次性资源得以保留。目前西欧大多数国家的政府都要求凡涉及表土开采的工程都要采用这一技术。

2）直接处理

对于已经造成污染、生态系统已经破坏的地表，只能采用直接处理技术。根据表土结构的不同，可以采用下列方法。

（1）植被覆盖法

表土结构太坚实或过于松散是主要的形态问题，植被覆盖是解决形态问题的永久方法。通过植物根系可使物质逐渐解体，与有机物混合，可降低土壤密度和改善土壤保水能力，植被覆盖也是解决表土风化的最好方法。

（2）豆科植物轮栽法

生态系统被破坏后，土壤由于缺乏绿色植物的固氮能力，大部分的废弃地含氮量较低，施肥只是临时措施，无法解决根本问题。实践中，最经济也是最有效的方法是种植豆科植物和其他固氮植物，随便何种豆科植物在中等生产力水平下都可以固定 100kg/ha·a 的氮素。这种做法借鉴传统农业的耕作方法，可以将这些豆科植物作为绿色肥料粉碎后混入表层土中，可以达到更好的土壤改良效果。

（3）惰性物质覆盖法

假如土壤中存在重金属污染的，主要问题是即使微量的铜、铅、锌就能完全阻止植物生长。如果这类重金属污染物不能移走，可以通过在其上覆盖一层惰性物质来治理这类废弃地，惰性物质的获取可以通过矿区内无毒的废渣经过加工处理后得到；另一种方法是种植耐重金属污染的植物来逐步降低污染。

（4）客土覆盖

客土法就是将大量的其他地区的土壤，覆盖在被破坏的土地表层或者与被污染的土壤混匀，以达到降低本地土壤中污染物浓度的目的，即混合后的土壤污染浓度低于临界危害浓度。但是对于移动性较差的污染物如铅的处理则必须采用客土法中的覆盖法。对于处理垃圾填埋场、矿渣山之类无法直接种植的废弃地，一定厚度的客土覆盖可以帮助新生植被成活，经过长时间的演替后能形成新的植被群落。

（5）表土转移

考虑到土壤中一些有毒的污染物对人体、地下水、野生动物等会有非常严重的威胁，且具有易扩散、难处理的特征，可以考虑将这些污染物取走异地处理，换入新的无污染的土壤。此外，还可以采用土壤微生物、动物等进行改良土壤。

5.3.4.2 水体的净化

水体净化的方法根据实际情况可以采用新水替换法和污水净化法，新水替换用于需要短期净化水体且水量不大的情况，污水净化可以分为人工净化和生物净化两类，人工净化即建设污水处理厂等设施进行净化，不展开论述。对于生物净化可以采用以下方法：

（1）植物净化

水葱能净化水中的酚类，野慈姑能祛除对水体中氮和磷，芦苇丛具有净化水中的悬浮物、氯化物、有机氮、硫酸盐的能力，能吸收汞和铅，对水体中磷的去除率可达到65%，湿地的河底可以大面积播撒亚洲苦草等净化功能较强的沉水植物。可以结合环保教育和审美效果，种植可监测空气污染唐昌、蒲鸭蹼草、牵牛花及类苔藓植物等。

（2）气浮法

在高压情况下，使水溶入大量的气体为工作液体，在骤然减压时，释放出无数微细气泡与经过混合反应后的水中杂质粘附在一起，使其絮体的比重小于1，从而浮于液面之上，形成泡沫（即气、水、颗粒）三相混合体，使污染物质得以从废水中分离出来达到净化的效果。

（3）生物栅和生物浮岛法

生物栅是一种为参与污染物净化的微生物、原生动物、小型浮游动物等提供附着生长条件的设施。它是在固定支架上设置绳状生物接触材料，使大量参与污染物净化的生物在此生长，由于其固着生长而不易被大型水生动物和鱼类吞食，使单位体积的水体中生物数量成几何级数增加，大大强化了湖水的净化能力。

5.3.4.3 植被恢复

绿色植物是生态系统的生产者，一个缺少绿色植物的生态系统是不完整的。对于那些绿色植物被破坏的废弃地，恢复植被是必须的。植物种类的选择应当满足群落演替原理，大小环境对生物具有不同影响原理，生态位原理，密度制约原理，物种多样性原理等生态学原理。

由于一些废弃地的生境十分恶劣，仅有少数先锋植物种类能成活，经过改良的土壤也是一个相对较长的过程，在恢复的过程中也需要利用先锋植物，尤以草本植物、乡土植物为最佳，禾草与豆科植物往往是首选物种，因为这两类植物大多有顽强的生命力和耐贫瘠能力，生长迅速，而且后者能固氮。待先锋植物定居后再引进灌木及乔木种类。乡土植物经过多年的演替，能成功适应当地气候，是植被改良首选的先锋植物种类。同时，依据种间关系原理，当地野生动物往往以这些乡土植物为食物来源，乡土植物形成一定规模后，能吸引原来生活在废弃地周边的野生动物，逐渐形成稳定的生物群落，有利于废弃地的生态恢复。

5.3.4.4 积极利用废弃物资源

重建工作可以充分利用现有的"废弃"资源，生态设计思想认为所有的"废弃物"都可以在一定程度上作为一种资源进行再次利用，"保留、再生、利用"是生态恢复重建的实际操作中最为常见的设计手法。根据这一指导思想，可以对"废弃物"进行二次利用，既可以节约重建的成本，也可以减少处理这些废弃物所需的投资。这是重建生态因子最基本的指导思想，也是最复合生态设计思想的方法。

5.3.5 引入积极干扰的措施

5.3.5.1 经济层面

自然生态系统中，物质在物质代谢、能量流动和信息传递之间的关系是一个环环相扣的网，其中的网结和网线各司其能，各得其所。生态工业就是采用自然生态系统的这种模式来构造工业系统，将相互关联的产业和企业结合成生态工业系统，对工业企业进行配置，使一家企业的副产品成为另一家企业的原料。从这个意义上理解，废弃产生的重要原因是工业链条不完整造成的，以"废品"为原料的产业没有建立起来，还原功能没有有效完成，增加人工还原功能的产业能有效减少对于自然环境的依赖和破坏，如废旧物品回收利用相关的产业、垃圾焚烧发电业、以工业废料作为原料的循环产业等。

由于历史原因，这些产业所具有的价值没有得到社会的重视，重新建立需要有相应产业政策的支持。如对利用废弃地的项目予以税收减免、低息贷款等优惠，对有利于环境建设的新产品、新技术给予资金补贴等。这在国外已经成为一项普遍的产业政策，如美国在 20 世纪 90 年代以后，随着新经济的兴起和联邦政府财政状况的好转，为了满足公众振兴棕色地块经济的需要，美国国家环保局（EPA）在 1995 ～ 1996 年间制定了棕色地块行动议程，仅 1997 年联邦政府就在 100 余个棕色地块投入超过 4 亿美元的资金资助和相关政策优惠。

5.3.5.2 社会层面

首先是要建立多层次支持城市生态恢复重建的法律法规和配套政策，国土资源部门要对适宜开发的未利用地做出规划，引导和鼓励将适宜建设的未利用地开发成建设用地[①]。城市规划部门应该制订废弃地再利用的专项规划，如废弃地再利用可能方式的宣传图册、垃圾分类搜集科普图册等。

实施过程中最关键的还是人的因素，所以唤起公众对于废弃物回收利用的环保意识，培养公众节约意识、环保意识，热爱乡土植物、原生生态群落的生态文明理念，主要靠教育科普制度的建立。

建立政府和社会监督机制，可以有效降低污染事件的发生。

5.3.5.3 环境层面

根据群落演替理论，群落的正向演替是从先锋群落经过一系列的阶段，达到中性顶极群落的过程，进行生态恢复之前，引入先锋种类是必要的，这是在环境层面进行干扰的第一步。

其次可以利用种间关系原理，引入有效的物种进行积极干扰，比如带有花果的野生植物可以吸引以之为食物的野生动物出现，通过种间互相影响，有利于新的生境形成。

5.3.6 过程反馈与及时调整

一个好的策略框架的实施是需要不断优化和调整的，实施效果监测是策略制定的必要环节，对消除干扰和引入积极干扰后的效果进行监测，并反馈到决策的制定上来，以便能及时对干扰的方式、范围、程度、频率等进行相应调整。

6 城市开发中生态风险评估与管理专题案例

6.1 案例一：基于土地利用视角的生态风险评价

6.1.1 土地利用的研究视角

城市开发区域的生态风险属于区域生态风险类型，生态数据如果也通过常规的定点监测网络获得，则技术、经费和人力等条件都需求巨大，不易实现。

---

① 国务院关于促进节约集约用地的通知. 国发〔2008〕3 号. 国务院，2008 年 1 月 3 日。

土地也是城市生态系统的重要组成部分，不同的土地利用对区域生态环境的影响存在差异。由于土地利用数据是易于保存的信息，在难以实施全面的生态监测时，可以利用土地利用类型来揭示综合性生态影响的程度和分布范围。土地利用变化是全球环境变化的重要组成部分和主要原因之一，它带来地表景观结构的巨大变化，并与环境形成一个相互作用系统，直接改变着生态系统的结构和功能，进而对重要生态过程影响深刻，因而土地利用变化被认为是对生态系统影响最为重要的变化[11]。

因此，区域生态风险分析可从土地利用状况出发，综合评价快速城镇化过程中的潜在生态风险影响。利用各类型土地面积比重，构造区域生态风险指数，通过专业判断，可建立土地利用与生态风险影响之间的经验联系。计算区域单元的生态风险指数值，用于描述一个区域单元综合性生态风险的相对大小。由于土地利用可以显示出各种生态影响的空间分布和梯度变化特征，因而生态风险指数可形成空间化的生态风险变量，用GIS软件绘制区域生态风险分布图，并运用空间分析手段实现区域生态风险评价结果的定性、定量和可视化。

6.1.2 区域生态风险指数

首先，将研究区域划分为一定空间尺度的单元网格，单元网格划分一方面要保证选取的评价单元数量足够多，能反映区域空间分布规律；另一方面数据量不要过大，以免增加计算难度。县域空间一般可划分为5公里×5公里或10公里×10公里的单元网格。从地形图上可获得每个单元内各种土地利用类型的面积。

其次，为建立土地利用类型与区域综合生态风险之间的联系，利用各类型土地的面积比重，构造各土地利用类型的生态风险指数（Eco-Risk Index，ERI），利用生态风险指数计算出研究区域单元的综合性生态风险指数值，作为生态风险值，用于描述一个区域单元内综合生态风险的相对大小，以便将土地利用结构转化成空间化的生态风险变量。每个单元的生态风险指数计算公式为

$$ERI = \sum_{i=1}^{n} \frac{A_i W_i}{A}$$

其中，ERI 为生态风险指数；n 为土地利用类型的类型数量；i 为各土地利用类型；A_i 为单元内第 i 种土地利用类型的总面积；A 为研究单元总面积；W_i 为第 i 种土地利用类型所反映的生态风险影响强度参数。

最后，区域生态风险指数本身是一种空间变量，在各单元生态风险指数的基础上，可以利用Arc GIS中的地统计分析模块（Geostatistical Analyst）

进行空间特征分析，采用局部插值法绘制区域生态风险指数的空间分布图，直观地反映区域生态风险的空间分布状况。

6.1.3 区域土地利用类型和生态风险细分

根据区域生态风险指数计算公式，需要确定各土地利用类型的生态风险影响强度参数（W_i），由此可见，关键问题是如何确定生态风险影响强度。区域生态风险评价中，各土地利用类型对生态影响的贡献程度不同，因此，它们的权重也不相同。为了准确评估土地利用对生态风险的影响程度，将土地利用类型细分为七类，将生态风险细分为六类。

结合现行《土地利用现状分类》（GB/T 21010—2007），根据区域土地利用的特点，对现行用地分类适当简化，将 12 个一级类别合并成耕地、园林地、草地、居民及工矿用地、交通运输用地、水域和未利用地等七类用地（表 3-6-1）。

生态风险指数采用的土地利用分类及其含义表　　　　　　表 3-6-1

土地利用现状分类		整理归并后的用地分类		
编码	名称	编码	名称	含义
01	耕地	01	耕地	指种植农作物的土地，包括熟地，新开发、复垦、整理地，休闲地（含轮歇地、轮作地）；以种植农作物（含蔬菜）为主，间有零星果树、桑树或其他树木的土地；平均每年能保证收获一季的已垦滩地和海涂。耕地中包括南方宽度 <1.0 米，北方宽度 <2.0 米固定的沟、渠、路和田坎（埂）；临时种植药材、草皮、花卉、苗木等的耕地，以及其他临时改变用途的耕地
02	园地	02	园林地	园地是指种植以采集果、叶、根、茎、汁等为主的集约经营的多年生木本和草本作物，覆盖度大于 50% 和每亩株数大于合理株数 70% 的土地。包括用于育苗的土地。林地指生长乔木、竹类、灌木的土地，及沿海生长红树林的土地。包括迹地，不包括居民点内部的绿化林木用地、铁路、公路征地范围内的林木，以及河流、沟渠的护堤林
03	林地			
04	草地	03	草地	指生长草本植物为主的土地
05	商服用地	04	居民及工矿用地	商服用地指主要用于商业、服务业的土地。工矿仓储用地指主要用于工业生产、物资存放场所的土地。住宅用地指主要用于人们生活居住的房基地及其附属设施的土地。公共管理与公共服务用地指用于机关团体、新闻出版、科教文卫、风景名胜、公共设施等的土地。特殊用地指用于军事设施、涉外、宗教、监教、殡葬等的土地
06	工矿仓储用地			
07	住宅用地			
08	公共管理与公共服务用地			
09	特殊用地			

续表

土地利用现状分类		整理归并后的用地分类		
编码	名称	编码	名称	含义
10	交通运输用地	05	交通运输用地	指用于运输通行的地面线路、场站等的土地。包括民用机场、港口、码头、地面运输管道和各种道路用地
11	水域及水利设施用地	06	水域及水利设施用地	指陆地水域，海涂，沟渠、水工建筑物等用地。不包括滞洪区和已垦滩涂中的耕地、园地、林地、居民点、道路等用地
12	其他土地	07	其他用地	指城镇、村庄、工矿内部尚未利用的土地。以及田坎、盐碱地、沼泽地、沙地、裸地

采用前述的生态风险细分类型，将生态风险细分为六类：土壤生态风险、空气生态风险、水环境生态风险、噪声生态风险、生物多样性风险和经济美学价值风险。其中土壤生态风险包括水土流失、土壤沙漠化、土壤污染、土壤盐碱化等风险；空气生态风险包括污染物排放、交通运输污染等风险；水环境生态风险包括水资源短缺、水资源污染、地下水开采过度、水资源浪费等风险。

6.1.4 各类用地生态风险影响强度计算

综合六种生态风险类型和七种土地利用类型，建立计算生态风险强度参数的层次分析模型（图3-6-1）。各类用地对各种细分生态风险都有不同的影响强度，先分别评估土地利用对各类生态风险的单独影响，再进行综合评价。

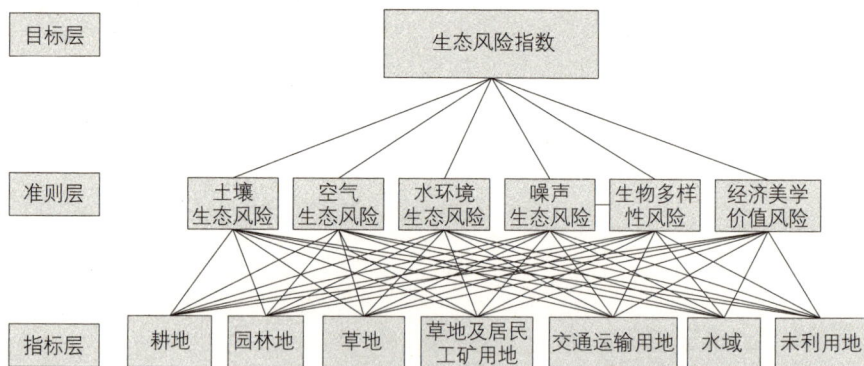

图3-6-1 层次分析法计算生态风险强度参数

由于这种影响强度无法给出具体的衡量数据，难以量化，因此使用层次分析法确定其影响强度值。层次分析法（analytic hierarchy process，AHP）是由美国运筹学家 T.L.Saaty 于 20 世纪 70 年代提出的，是一种定性与定量相结合的决策分析方法。由于它能处理那些难以完全用定量方法来解决的问题，将人的主观判断用数量形式表达和处理，因此近年常用来解决指标体系的权重问题。层次分析法通过专家咨询来构造针对每类生态风险的影响强度两两比较判断矩阵，计算出各土地类型对每种生态风险的相对重要性及其排序。

6.1.4.1　各类用地对于土壤生态风险的影响强度（表 3-6-2）

各类用地对土壤生态风险的影响强度计算表　　　　表 3-6-2

—	交通用地	居民及工矿用地	未利用地	林地	耕地	草地	水域	影响强度 W
交通用地	1.0000	0.3679	2.2255	2.2255	0.5488	2.2255	2.2255	0.1560
居民及工矿用地		1.0000	3.3201	3.3201	1.8221	3.3201	3.3201	0.3096
未利用地			1.0000	1.4918	0.5488	1.0000	1.2214	0.0933
林地				1.0000	0.4493	1.0000	1.4918	0.0832
耕地					1.0000	2.2255	3.3201	0.2017
草地						1.0000	1.4918	0.0881
水域							1.0000	0.0681

注：土壤生态风险判断矩阵一致性比例：0.0130；对总目标的权重：0.1508。

6.1.4.2　各类用地对于空气生态风险的影响强度（表 3-6-3）

各类用地对于空气生态风险的影响强度计算表　　　　表 3-6-3

—	交通用地	居民及工矿用地	未利用地	林地	耕地	草地	水域	影响强度 W
交通用地	1.0000	0.6703	3.3201	3.3201	2.2255	2.2255	2.2255	0.2291
居民及工矿用地		1.0000	3.3201	4.9530	3.3201	3.3201	3.3201	0.3228
未利用地			1.0000	1.4918	0.6703	1.2214	1.2214	0.0918
林地				1.0000	0.6703	0.8187	0.6703	0.0671
耕地					1.0000	1.0000	1.0000	0.1029
草地						1.0000	1.0000	0.0918
水域							1.0000	0.0945

注：空气生态风险判断矩阵一致性比例：0.0059；对总目标的权重：0.2841。

6.1.4.3 各类用地对于水环境生态风险的影响强度（表 3-6-4）

各类用地对于水环境生态风险的影响强度计算表　　　表 3-6-4

—	交通用地	居民及工矿用地	未利用地	林地	耕地	草地	水域	影响强度 W
交通用地	1.0000	0.4493	1.4918	1.8221	0.5488	1.4918	0.5488	0.1095
居民及工矿用地		1.0000	4.0552	4.9530	2.7183	4.9530	3.3201	0.3534
未利用地			1.0000	1.4918	0.4493	1.2214	0.4493	0.0800
林地				1.0000	0.3679	1.0000	0.4493	0.0636
耕地					1.0000	3.3201	1.8221	0.1885
草地						1.0000	0.5488	0.0674
水域							1.0000	0.1376

注：水环境生态风险判断矩阵一致性比例：0.0134；对总目标的权重：0.2841。

6.1.4.4 各类用地对于噪声生态风险的影响强度（表 3-6-5）

各类用地对于噪声生态风险的影响强度计算表　　　表 3-6-5

—	交通用地	居民及工矿用地	未利用地	林地	耕地	草地	水域	影响强度 W
交通用地	1.0000	1.4918	4.0552	3.3201	3.3201	4.0552	3.3201	0.3241
居民及工矿用地		1.0000	3.3201	2.7183	2.2255	2.2255	2.2255	0.2235
未利用地			1.0000	1.0000	0.6703	1.0000	1.0000	0.0799
林地				1.0000	0.6703	1.4918	1.0000	0.0896
耕地					1.0000	1.4918	1.4918	0.1159
草地						1.0000	1.0000	0.0799
水域							1.0000	0.0871

注：噪声生态风险判断矩阵一致性比例：0.0057；对总目标的权重：0.1155。

6.1.4.5 各类用地对于生物多样性风险的影响强度（表 3-6-6）

各类用地对于生物多样性风险的影响强度计算表　　　表 3-6-6

—	交通用地	居民及工矿用地	未利用地	林地	耕地	草地	水域	影响强度 W
交通用地	1.0000	0.3679	3.3201	3.3201	1.4918	3.3201	2.2255	0.2184

续表

—	交通用地	居民及工矿用地	未利用地	林地	耕地	草地	水域	影响强度 W
居民及工矿用地	2.7183	1.0000	2.7183	2.7183	1.8221	2.2255	2.2255	0.2668
未利用地	0.3012	0.3679	1.0000	1.0000	0.4493	1.0000	0.8187	0.0804
林地	0.3012	0.3679	1.0000	1.0000	0.4493	0.8187	1.0000	0.0804
耕地	0.6703	0.5488	2.2255	2.2255	1.0000	2.2255	2.2255	0.1738
草地	0.3012	0.4493	1.0000	1.2214	0.4493	1.0000	1.0000	0.0875
水域	0.4493	0.4493	1.2214	1.0000	0.4493	1.0000	1.0000	0.0927

注：生物多样性风险判断矩阵一致性比例：0.0217；对总目标的权重：0.0856。

6.1.4.6 各类用地对于经济美学价值风险的影响强度（表3-6-7）

各类用地对于经济美学价值风险的影响强度计算表　　　　表3-6-7

—	交通用地	居民及工矿用地	未利用地	林地	耕地	草地	水域	影响强度 W
交通用地	1.0000	0.3012	2.2255	2.7183	2.2255	2.2255	2.2255	0.1856
居民及工矿用地		1.0000	4.0552	4.0552	3.3201	3.3201	3.3201	0.3581
未利用地			1.0000	1.8221	2.2255	1.0000	1.8221	0.1175
林地				1.0000	1.4918	0.6703	0.6703	0.0744
耕地					1.0000	0.6703	0.6703	0.0683
草地						1.0000	1.4918	0.1079
水域							1.0000	0.0883

注：经济美学价值风险判断矩阵一致性比例：0.0230；对总目标的权重：0.0800。

6.1.4.7 各类用地的综合生态风险影响强度

综合分析各类用地对于各类生态风险的影响强度，结合前述的各类生态风险的权重计算结果，采用加权法计算可得各类用地对于综合生态风险的影响强度，见表3-6-8。

各类用地对综合生态风险的影响强度　　　　表3-6-8

—	交通用地	居民及工矿用地	未利用地	林地	耕地	草地	水域
生态风险影响强度	0.1907	0.3161	0.0884	0.0728	0.1469	0.0839	0.1013

6.1.5 案例一小结

传统生态风险研究多数针对单一的污染源，研究过程常按照受体和生态终点分析、风险源分析、暴露和危害分析、风险综合评价等步骤进行。但是快速城镇化地区的生态风险评价具有特殊性，生态风险源主要由快速城镇化过程引起，并且种类多样，按照传统的研究步骤难以开展综合研究。区域生态风险指数是综合性评价指标，由于快速城镇化引起的区域生态风险源与土地利用类型具有较强的关联性，根据区域土地利用结构计算出的生态风险指数能够综合评价快速城镇化地域的综合生态风险大小，并且能绘制成生态风险空间分布图，进行 GIS 空间分析，是一种值得推广的生态风险评价方法。

6.2 案例二：水资源承载力分析的指标构建

6.2.1 研究水资源承载力风险的意义

生态环境，特别是水资源环境安全是当今国际社会、学术界普遍关注的热点问题。随着人口增长、社会经济发展，城市作为人口、社会、经济发展的集聚区域，水资源的需求量不断增加，水资源短缺和水环境污染问题日益突出。水资源问题与城市发展关系密切，做好城市水资源的风险评价、预测与管理研究，对于城市水资源的可持续发展具有重要指导意义。

6.2.2 水资源承载力的含义

水资源承载能力是指，在一定的历史发展阶段下，以可预见的技术、经济和社会发展水平为依据，以可持续发展和维护良好生态环境为原则，以合理的优化配置为条件，水资源能够支撑社会经济发展的最大支撑能力（袁鹰等[12]，2006）。

根据水资源承载能力的定义，水资源承载能力主体是天然的水资源本身。其中，水资源应包括其水量的多少和水质的好坏，只有水量没有水质或只有水质没有水量的水资源均不能构成水资源承载能力。

广义来理解水资源承载力，其实是包含于一个复杂的生态系统之中。它是水资源作为主体与同他相关联的客体如动物、植物、环境以及城市和城市中的人和物所共同构成的。这里面既有天然系统，又有非天然系统，但是它们之间却是相互关联的。

6.2.3 水资源预警指标层次

从水资源承载力的定义，可以划分对于水资源承载力的评价指标包含三个层次：

第一，是用于评价水资源作为主体的指标，称为主体描述指标，定位于反应水资源可能提供的资源量值。

第二，是用于评价需求和消耗水资源的客体的指标，称为客体需求指标，定位于反应水资源的利用和处理量值。

第三，是用于评价主体与客体的影响和作用的指标，称为影响因素指标，定位于反应水资源供应与需求的影响量值。

6.2.4 水资源预警单类指标选取

6.2.4.1 指标选取的原则

评价指标的选取是进行水资源承载能力综合评价的基础，为了增强指标体系制定的科学性，评价指标选取应遵循以下原则：

（1）简洁性原则。所选指标应当概念明确，并且尽量避免包含有重复信息的指标。

（2）可操作性原则。所选指标应当使用明确的数值，若是包含非数据性指标则应划分明确的状态值。

（3）可比性原则。为便于比较，要求评价指标在时间和空间上具有一定的可比性。

6.2.4.2 指标选取的分类

（1）主体描述指标

描述和影响水资源主体的因素主要是水资源禀赋，最突出的反映在水质和水量上。以这些因素为基础，从气候条件、地表地下水资源状况、水质状况等方面建立了水资源主体描述指标（表3-6-9）。

主体描述指标表   表3-6-9

指标分类	项目编号	水资源主体描述指标		
		水量	水质	水资源特征
指标内容	1	水资源总量	BOD 浓度	径流系数
	2	人均水资源可利用量	COD 浓度	地下水模数

续表

指标分类	项目编号	水资源主体描述指标		
		水量	水质	水资源特征
指标内容	3	地表水可利用量	pH 值	干旱指数
	4	地下水可利用量	水质等级	
	5	降水量		
	6	…	…	…

（2）客体需求指标

客体描述指标主要从对于水资源的消耗需求方面来考虑，包括由于经济社会、物质生产、精神服务方面而产生的用水行为，在类型上主要包含两方面的指标。一类是反映社会经济发展的用水需求；另一类是当前用水的状态，如用水处理、用水效率等。

用水效率是反映用水水平和节水水平的指标。由于农业用水在行业用水的比重较大，因此，农业用水效率是反映一个地区用水效率的主要因素之一。通常用水净定额反映用水水平，水利用系数反映节水水平。受行业用水性质的影响，各行业水利用系数差异很大，需分别列出进行表述（表3-6-10）。

客体需求指标表   表 3-6-10

指标分类	项目编号	水资源客体需求指标		
		经济发展	社会发展	用水处理
指标内容	1	农业灌溉用水量	生活用水量	废污水处理率
	2	工业相关用水量指标	单位 GDP 净用水量	污水回用率
	3	第三产业用水量	人均耗水量	灌溉水利用系数
	4	高耗水工业增加值	亩均水资源占有量	工业水利用系数
	5	…	生活供水保证率	第三产业水利用系数
	6	…	…	…

（3）影响因素指标

影响水资源供应与需求的因素有很多，主要说来是当前的经济社会发展水平以及人们的物质文化需求。

经济发展水平的高低最直接的体现在人均GDP上，社会发展水平最直接体现在生活消费和用水水平上。其中，社会经济发展状况可通过人口数量、GDP、各行业增加值等反映，生活消费水平则主要体现在对人均肉蛋奶消费和恩格尔系数上，所以会在反映当地社会经济发展状态的各参数中选取适当描述指标（表 3-6-11）。

影响因素指标表　　　　　　　　表 3-6-11

指标分类	项目编号	水资源影响因素指标	
		经济影响	社会影响
指标内容	1	地区 GDP 总量	人口数量
	2	人均 GDP	人均肉蛋奶占有量
	3	第三产业用水量	恩格尔系数
	4	高耗水工业增加值	亩均水资源占有量
	5	城市化水平	…
	6	人均绿地	…
	7	环境保护投资占 GDP 比重	…
	8	…	…

6.2.5 水资源承载力综合指标评定

6.2.5.1 水资源承载力综合指标

分析和结合所有的指标因素最终将形成一个综合性反应整体概念的指标，称为水资源承载力综合指标。这一指标将能较为直观的反应一个地区水资源环境和承载的状态。

想要综合确定这样一个指标，需要通过三个方面的步骤：第一，筛选和确定与反应特定地区水资源承载力综合指标相关的指标因子；第二，借助一定方法进行权重赋值；第三，依照类似数学期待值的概念把各指标因子，迭代相加形成最终结果。

6.2.5.2 指标因子的筛选和赋值

指标因子的筛选过程中，将结合考虑适用性和侧重点突出的目的。只选取与表达特定目的相关联的因素，如中小城镇与大城市群，在水环境生态方面涉及的因素可能不尽相同，所以用以综合该地区水资源承载力综合指标的因子指标也不相同。

在对制约因素的指标进行赋值时，对每个指标的制约特征和赋值标准予以解释说明，根据影响程度和严重性，逐一赋值，采用 1 分制，按照影响的大小，从 0 ~ 1 分为 10 个等级，制约程度越高分值越大，制约程度越低分值越小（雷晓琴、雷阿林[13]，2008）。

6.2.5.3　确定权重关系的方法

确定指标权重是构建指标体系过程中非常重要的步骤，权重是各个指标对目标的贡献值大小。在针对定量化的多目标综合评定问题时，我们常会使用各种方法来确定对于最终结果的评价指标权重。

为避免由于主管随意性的问题，一般有采用 Delphi 法（专家咨询法）、AHP 法（层次分析法）、主分量分析法相结合方法，对各因素重要性赋值时，科学设置各指标的权重。

在这里列举层次分析的方法（AHP 法）。

层次分析法 AHP（Analytical Hierarchy Process），是美国匹兹堡大学教授 Saaty TL 于 20 世纪 70 年代提出的一种用于解决多目标复杂问题的定性与定量相结合的决策分析法。其基本思想是决策者通过将复杂问题分解为若干层次和若干要素，在各要素之间简单进行比较、判断和计算，以获得不同要素和不同待选方案的权重，从而为选择最优方案提供决策的依据（隋丹[14]，2008）。

层次分析法（以下简称 AHP 法）的基本步骤为：

（1）对构成决策问题的各种要素建立多级递进的结构层次模型。

（2）构建判断矩阵（表 3-6-12）。

根据层次结构，对上一层次元素而言，在其下一层次中所有它关联的元素之间两两比较重要性关系，构造判断矩阵，直到最下层。

假设同性质的比较因素为 C_i 和 C_j，则表 3-6-12 反映了他们之间的关系定量。

判断矩阵标度表　　　　　　　　表 3-6-12

标度内容	含义
1	C_i 与 C_j 影响相同
3	C_i 比 C_j 影响稍强
5	C_i 比 C_j 影响强
7	C_i 比 C_j 影响明显强
9	C_i 比 C_j 影响绝对强
2，4，6，8	C_i 与 C_j 影响之比在上述等级之间
1/2，…，1/9	C_i 与 C_j 影响之比与上述情况互反

（3）通过一定的矩阵计算，计算权向量。

求判断矩阵的最大特征根 λ_{max} 及其对应的特征向量，将特征向量归一化后即为某一层有关元素对于上一层相关元素的权重值，其计算方法一般采用数值迭代法。

（4）一致性检验及修正判断矩阵

一致性检验计算过程：运用层次分析法，专家咨询，进行判断矩阵的定性与定量分析，层次单排序及一致性检验，对应于判断矩阵最大特征根的特征向量，经归一化（使向量中各元素之和等于 1）后标记为 W。W 的元素为同一层次因素对于上一层次因素某一因素相对重要性的排序权值，这一过程称为层次单排序。进行层次排序一致性检验，要计算一致性指标：

$$CI = \frac{\lambda_{max} - n}{n - 1}$$

式中　CI——一致性检验指标；

　　λ_{max}——最大特征根；

　　n——判断矩阵维数。

平均随机一致性指标 RI 值见表 3-6-13。

平均随机一致性指标 RI 值表　　　　　表 3-6-13

n	1	2	3	4	5	6	7	8	9
RI	0	0	0.58	0.9	1.12	1.24	1.32	1.41	1.45

当随机一致性比率 $CR = CI/RI < 0.1$ 时，说明层次单排序的结果有满意的一致性，否则需要调整判断矩阵的元素取值。

（5）检验并修正整体的一致性情况。

6.2.6　水资源综合承载力指标的计算

在得到了所有指标因素的权重赋值后与其对应的权重相乘，通过权重折算，以及各项综合指数修正后（视数据来源情况而定，可以估算或省略），得到最终分值和评价结果。根据每个指标因子的制约分值，（有时还需要再乘以其修正系数）将所有制约因子相加，得到最后的水资源承载力综合指标数值。

$$E = \sum_{i=1}^{n} F(X_i)$$

式中　E——水资源承载力综合指标；

　　X_i——选定的各个指标；

　$F(X_i)$——经过权重计算和修正后的制约因子数值。

经过计算后的水资源承载力综合指标，实际上就是适用于特定地区反映该地区水资源综合情况的一个反映量，通过对其的研究和监控可以比较好的掌握即时的水资源状况。并且，我们也可以就这个综合指标的一点，例如主体描述指标进行分项水资源承载力指标的计算，这里的分项指标就反映着某一方面的水资源情况，也具有研究和监控的价值。

6.2.7　指标变化的影响因素

水资源是人口、经济和社会发展的物质载体，功能多样，开发利用涉及的利益相关者众多，因此，影响水资源承载力的因素也多种多样，从生态环境系统和社会经济系统出发，以系统的观点认为水资源承载力的影响因素包括：

（1）经济发展因素。由于经济发展，带来的对于水资源的消耗和影响。例如，GDP指标、工业农业等产业耗水等。

（2）社会发展因素。由于社会发展，人们对于水资源的消费以及处理水的能力。

（3）自然变化因素。除了以上可控因素两者外，还存在不可控的因素即自然因素，例如，维持水资源自身动植物环境所需要的消耗，地理、水文变化导致的水资源承载力变化等。

6.2.8　水资源预警风险等级划定

生态风险预警是基于城市化过程和生态环境变化过程的现实状况与期望状态的偏离值来揭示二者耦合状态的，这里的期望状态就是生态预警的参照标准。

在水资源的风险预警参照系统中，我们把所有的状态预警划分为五个级别：分别是无警（正常态）、微警（少许偏离）、中警（明显偏离）、重警（严重偏离）、特别警报（超过某一设定最高值）。

在各级别之间设定相应的偏离区间和限度，并且用以直观的色等来反映，具体情况可以参考表3-6-14所示，由轻到重共分为"绿灯"、"黄灯"、"橙灯"、"红灯"、和"闪烁红灯"信号。其中，"绿灯"表示水资源生态环境系统处于协调状态，系统内因素与期望值接近或好于期望值；"黄灯"表示水资源生态环境系统处于较为协调状态，在短期内有转为不协调或趋于协调的可能；由"红灯"转变为"黄灯"，表示水资源生态环境系统正逐步从不协调向协调转化，应进一步采取措施，使系统更趋于协调；从"绿灯"转变为"黄灯"，这给我们发出警告,应及时调整调控措施,扭转系统的演变趋势。"红灯"则表示严重警告,表示城市化与生态环境系统极不协调,应及时采取强有力的措施,促使系统的趋善化,避免系统崩溃(符娟林、乔标[15],2008)。

6.2.9　风险预警实施与危机管理方案

此处同样采用,与上文水资源生态风险预警等级相对应的五级体系。注重于各对应风险等级的实施行为,具体可见表3-6-14。

风险预警等级评定及实施行动表　　　　　表3-6-14

预警等级	无警	微警	中警	重警	特别警报
预警提示灯	绿	黄	橙	红	闪烁红
指标状态	正常或偏低	少许偏离	明显偏离	严重偏离	超过最大值
数值反映	±5%	±10%~15%	±25%~50%	±50%以上	超过设定最大值
实施行动	监控	分析原因、协调指标	采取积极措施、改变发展趋势	会同相关部门研究决策解决方案	实施事先制订的应急抢救方案

6.3　案例三：基于能源承载力分析的生态风险评价

6.3.1　能源安全的影响因素

能源安全是由许多因素相互交织、共同作用决定的。归纳起来,主要有三方面因素。第一是能源的供应安全性因素,即总量安全。包括能源的自给率、国际市场的获得性、供需率、储存率和采储率等,检测这些数据主要是为了保证国家能源的供应充足。第二是能源使用的经济效率因素,即单位GDP或单位产值所消耗的能源量,检测这些数据是为了保证能源得到了有效利用,从而减少能源的浪费。第三是能源使用过后的环境因素,即人均CO_2排放率,这主要是为了从生态角度保持可持续发展。

城市开发将通过这些因素影响城市能源安全,从而形成能源风险。

6.3.2　能源系统预警指标体系

国际上对于国家的能源安全已经有了一定的研究,其重点在于国家宏观战略上的能源供应总量充足与否与使用安全。重点对煤炭、石油天、天然气、电力、综合评价五个子系统及整个能源系统进行预警研究。

本研究主要针对城市开发的能源安全，着眼点为生态安全，同时考虑到数据实际收集中的可实施性和国内城镇人口密度大总量大的特点，我们将对国际能源安全指标进行修正。其具体做法为：①能源的供应安全因素。能源的供应安全因素分为两个部分，能源的总量安全与运输分配安全。其中总量安全因素各类能源均以自给率来衡量。运输分配安全石油和煤炭子系统以运输满足率来衡量，天然气与电力子系统以网络的覆盖率来衡量。②能源的使用经济效率因素。各类子系统均统一以单位 GDP 能耗来衡量。③环境影响因素，以各类子系统排出的废气废渣量来衡量。其中综合子系统为单位能源的二氧化碳排放量。将影响能源安全的因素和预警对象列成一个矩阵，得到能源预警指标体系，见表 3-6-15。

能源指标体系　　　　　　　　　　　　　　表 3-6-15

—		石油子系统	煤炭子系统	天然气子系统	电力子系统	综合能源
使用量	—	使用量增长率	使用量增长率	使用量增长率	使用量增长率	历年使用量增长率
		人均使用量增长率	人均使用量增长率	人均使用量增长率	人均使用量增长率	人均使用量增长率
供应安全	总量安全	自给率(%)	自给率（%）	自给率(%)	自给率（%）	—
	运输分配安全	—	运输满足率	网络覆盖率与保障能力	网络覆盖率	—
经济效率	—	吨标准煤/万元 GDP	吨标准煤/万元 GDP	吨标准煤/万元 GDP	吨标准煤/万元 GDP	单位生产总值能耗（吨标准煤/万元）增长率
环境影响	—	—	粉尘量	—	—	CO_2（二氧化碳）排放系数（t/tce）（吨/吨标煤）
	—	—	—	—	—	人均 CO_2 排放量（立方米/人）

综合子系统不是各子系统的简单加总，主要分析一次能源供需状况、能源消费弹性系数、单位 GDP 能耗等综合性指标。考虑到新能源在能源消费中比重较小，暂不作为一个子系统，仅在综合子系统中加以反映。

6.3.3　能源指标评价标准的制定

指标具体数值的量化主要是从两个方面进行。一类是从已有的能源安全预警系统中总结出各项与城市发展相关的指标值，将其作为城市能源安全指标的一部分。另一类是选取与城市规划所应用的统计数据相关的能源数据，将其与城市人口、城市经济发达程度相结合，依据国家发改委环境研究所制定的四川省年能源消耗指标换算而成。如，CO_2 排放系数（吨／吨标准煤）、单位生产总值能耗（吨标准煤／万元）、单位工业增加值能耗（吨标准煤／万元）等（见表 3-6-16）。

能源指标的标准值制定 表 3-6-16

指标 \ 安全状态		高度危险	危险	值得关注	安全	高度安全
石油子系统	石油资源自给率（%）	<50	50~70	70~100	100~130	>130
	单位 GDP 石油消费量（吨／万元）[1]	>1447.02	1447.02	1378.11	1309.20	<1309.20
煤炭子系统	煤炭资源自给率（%）	<50	50~70	70~100	100~130	>130
	单位生产总值能耗（吨标准煤／万元）	>1.496	1.496~1.432	1.432（±4.435%）	1.374~1.432	<1.374
天然气子系统	天然气自给率（%）	<50	50~70	70~100	100~130	>130
	管道建设程度	劣	差	中	良	优
电力子系统	电力自己率	<50	50~70	70~100	100~130	>130
	单位生产总值电力消费量（千瓦时／万元）	>1264.75	1264.75~1232.10	1232.10（±2.654）	1199.45	<1199.45
综合子系统	年人均 CO_2 排放量（立方米／人）	4	3	2	1	<1
	CO_2（二氧化碳）排放系数（t/tce）（吨／吨标煤）	>0.69	0.67~0.69	0.67	<0.67	—
	单位生产总值能耗（吨标准煤／万元）	>1.496	1.496~1.432	1.432[2]（±4.435%）	1.374~1.432	<1.374
	单位工业增加值能耗（吨标准煤／万元）	>2.81	2.81~2.62	2.62（±7.1）	2.43~2.62	<2.43

注：①摘自《中国统计年鉴》，2007 年数据。②为中国能源研究所公布数据。

6.3.4 实证研究——以南充市为例

6.3.4.1 概况

南充市位于四川盆地东北部，嘉陵江中游。南北跨度 165 公里，东西跨度 143 公里。幅员面积 12494 平方公里，2001 年末总人口 709.65 万，人口密度为 568 人 / 平方公里，非农业人口 121.67 万，占总人口比重为 17.14%。由于其地处内陆，外界干扰较少，条件较为单一，所以将其作为研究对象。

6.3.4.2　能源安全状况（表 3-6-17）

能源安全状况　　　　　　　　　　　　　表 3-6-17

指标	安全状态	高度危险	危险	值得关注	安全	高度安全
石油子系统	石油资源自给率（%）	0	—	—	—	—
	单位 GDP 石油消费量（吨 / 万元）[①]2007 年数据	>1447.02	1447.02	1378.11	1309.20	<1309.20
煤炭子系统	煤炭资源自给率（%）	<50				
	单位生产总值能耗（吨标准煤 / 万元）	>1.496	1.496~1.432	1.432（±4.435%）	1.374~1.432	<1.374
天然气子系统	天然气自给率（%）	<50	50~70	70~100	100~130	>130
	管道建设程度	—	—	中	—	—
电力子系统	电力自给率	—	—	70~100		
	单位生产总值电力消费量（kW·h/万元）[②]	>1264.75	1264.75~1232.10	1232.10[①]（±2.654）	1199.45	<1199.45
	历年使用量增长率					
综合子系统	单位生产总值能耗（吨标准煤 / 万元）	>1.496	1.496~1.432	1.432（±4.435%）	1.374~1.432	<1.374
	CO_2（二氧化碳）排放系数（t/tce）（吨 / 吨标煤）	>0.69	0.67~0.69	0.67[②]	<0.67	
	年人均 CO_2 排放量 m³/ 人	4	3	2	1	<1
	单位工业增加值能耗（吨标准煤 / 万元）	>2.81	2.81~2.62	2.62（±7.1）	2.43~2.62	<2.43

注：①摘自《中国统计年鉴》。②为中国能源研究所公布数据。

6.3.4.3　能源安全预警指标的评价方法

用综合指标法对能源安全进行综合评价，共有 13 项指标。各项指标当其评价值为危险和高度危险时为红灯，值得关注时为黄灯，安全和高度安全时为绿灯。即利用三种指示灯的比例来评价城市的能源生态安全程度（表 3-6-18）。

能源安全指示			表 3-6-18	
高度危险	危险	值得关注	安全	高度安全
红灯	红灯	黄灯	绿灯	绿灯

6.3.4.4　能源预警方案

从城市规划与能源关系的角度考察，虽然能源安全问题涉及经济、政治、环境、政治等各个领域，但对于我们城市规划者，应该把落脚点放落实到空间和市政与公共服务设施的更新配置上。在某个城市城市化到达一定程度，能源安全出现危机时，正确及时地做出用地功能、布局与密度的有效调整，从而缓解危机所带来的生态影响。

6.3.5　控制使用量——用地功能与节能相结合降低城市能耗

（1）每个城市都有影响其耗能的关键部门，对之进行针对性的节能将事半功倍。在我国，工业耗能、建筑用能和交通用能是我国三个最大的用能部门。将这三种用能降下来，就能有效地节约城市能源。

（2）城市产业结构也对城市耗能有较大的影响。北京二产 GDP 贡献率为 38%，但其能耗却占到了各产业能源消耗总量的 71.35%，与发达国家的30% ~ 40% 相比，明显偏高。而三产 GDP 贡献率高达 58.31%，但其能耗仅占各产业能源消耗总量的 25.35%。因此，北京市进行产业结构调整，发展三产，也是其降低单位产值能耗所必需的。

（3）有些城市的大型公用建筑也是能源消耗大户。如北京市建筑 5% 的大型公用建筑，消耗了北京市 50% 的能源。将这类耗能大户的能耗降下来，对城市能源的可持续利用也是极有利的。

6.3.6　提高供应安全

增加能源供应种类的多样性，在基础设施上改变以往各类能源单独铺设的方法，将能源运输系统统一规划，修建市政共同沟，解决更新与维护的问题。

6.3.7　提高经济效率

用地空间布局与节能相结合。这是最重要的一个方面，城市空间布局一旦形成，则对其引起的交通出行进行结构性的调整将是非常困难的。以城市交通系统与土地使用的互动为线索，探索低能源消耗的空间规划策略（潘海啸）。

（1）将城市发展与节能结合，坚持走紧凑型城市化道路。如荷兰让城市保持一定的密度，避免"郊区化"现象。这样，可以高效地建设和使用城市基础设施，节约土地并维护生态平衡，达到节能的效果。

（2）将城镇体系的空间结构与节能结合。国外认为，大城市与超大城市要有合理的空间结构。人口在 200 万以上的城市都应采取有机疏散的发展模式。

（3）将城市土地使用方式与节能结合，强调土地使用功能的适当混合。居住地与工作场所之间的距离应尽可能接近，避免出现工作区与居住区明显分区的现象，以减少交通量和能源消耗将优先发展公共交通与城市节能结合。他们认识到，公共交通越发达，能耗越低。西欧发达国家与美国的人均汽车拥有量接近，但人均能耗只有美国的一半，公共交通比美国发达是主要原因之一。

（4）中国更合理的都市区小城镇发展模式是结合有轨道或区域公共交通导向的走廊式发展模式，通过空间整合与控制小汽车的使用，达到节约能源的目标。例如哥本哈根地区的指状发展是上述模式的典型案例。它是建立在轨道交通的基础上的，规划规定轨道交通车站周围 1km 范围内所有的地块都被划为城市建设用地。轨道交通车站周围土地被允许的最高建筑密度也有大幅度的增加，用以支持站点周边的商业地产的开发（Robert Cervero 1998）。

同时，区域规划要强调区域公交网络与区域空间布局模式相适应，如果采取公交走廊模式而区域空间布局上仍是基于格网状道路网的散布方式，则很有可能将使结果向有利于机动车出行的方向倾斜。

此外，传统规划理论中强调的一个就业居住平衡的城市和功能上的"自我平衡"被验证并不能降低对机动车的依赖，而应是利用高效的公交系统将各城镇有效的连接在一起形成区域平衡。

（5）以绿楔间隔的公共交通走廊型的城市空间扩张方式，将新的开发集中于公共交通枢纽。并且可以结合城市发展的实际需要在走廊方向进行分段分时序的开发。这种发展模式可以较好地适应人口增长的不确定性，鼓励公交的发展和实现城乡发展的协调。

（6）以短路径出行为目标的土地混合使用，适合行人与自行车使用的地块尺度，通常为支路间距为 300～400 米的路网。通常，城市的密度随距市中心距离的增大而减小，距市中心距离达到一定的临界距离的时候应该重组用地，建立依托公交的新中心，规划适合步行和自行车友好的地块尺度。

（7）居住区规划的改进。城市建设重大地块的开发使居住区规模过大，鼓励了私人小汽车的使用。其内部的主要功能为居住，较少考虑用地混合和提供就业岗位，导致城市中的钟摆交通。建筑上先进的节能技术节约的能源又被交通耗能所抵耗。这种情况有待改变。

（8）城市建设的技术经济指标，对建设规模有很大的影响，而建设规模又直接影响着资源与能源的耗用。有学者指出：中国属于低收入国家，世界上中低收入国家的城市人均居住建筑面积为 $8.8m^2$ 时，世界中高收入国家城市的人均居住建筑面积为 $22m^2$，而属于中低收入国家的中国，城市人均居住建筑面积已经达到 $20m^2$，直逼中高收入国家城市的人均居住建筑面积的水平网。我国城市人均居住建筑面积超越国情的高指标，不可避免地会造成城市建筑密度上升，加剧能源紧张。因此，制定科学合理的符合国情的城市居住标准，也是促进城市综合节能、改善城市环境质量的一个重要方面。

6.3.8 减小环境影响

（1）开辟新能源与治理城市污染相结合。

将城市垃圾发电作为重要的能源来源之一。日本垃圾焚烧处理总量达全国城市垃圾总量的 87%（2002 年）。265 多万人口的大阪市建有 10 个垃圾焚烧厂，几乎对全部应焚烧的垃圾都进行了处理。瑞士、新加坡等国家垃圾焚烧发电普及率也均达 80% 以上。

将城市废水作为能源利用。日本建设省城市局下水道部和东京都下水道局对下水道能源的开发利用主要表现在以下四个方面：①下水热能的利用。②小规模水力发电，据测算，日处理量 40 万立方米的处理场中，平均水流量为 0.85 立方米／秒，平均有效落差为 5.4 米，综合效率为 0.75 时，功率可达 34 千瓦，年发电量可达 17 万千瓦·时。③下水道污泥燃烧炉废热用于蒸汽发电。④下水道污泥用于生产水泥。

（2）推行有效的节能城市政策。

颁布了一些资金补贴措施和融资办法，如帮助居民在购买住宅用太阳能发电系统或绿色能源汽车时获得贷款，提供经费补助，帮助中小企业开发节能产品，或通过环境管理体系的 ISO 14001 标准认证，以及奖励使用集中供热、集中供冷的用户。与此同时，政府工作人员以身作则，每年夏季都把有空调房间的温度规定为不低于 28℃（上海 2005 年规定夏季空调房间最低温度为 26℃），甚至确定除必要的地方外，办公室在下午 6 点以后照明灯一律熄灭 1 小时，以提高大家的节能意识。

本章参考书目

[1] 夏南凯．城市开发中的风险问题 [J]．建筑与文化，2006（4）．

[2] 刘小琴，朱坦．城市化进程中环境风险评价的一些问题探讨 [J]．中国安全科学学报，2004（3）．

[3] 李新等．城市化过程中的生态风险与环境管理 [M]．北京：化学工业出版社，2007.

[4] 毕军，杨洁，李其亮．区域环境风险分析和管理 [M]．北京：中国环境科学出版社，2006.

[5] 胡二邦．环境风险评价实用技术和方法 [M]．北京：中国环境科学出版社，2000.

[6] 殷浩文．生态风险评价 [M]．上海：华东理工大学出版社，2001.

[7] 王慧敏，仇蕾．资源－环境－经济复合系统诊断预警方法与应用 [M]．北京：科学出版社，2007.

[8] 付在毅，许学工，林辉平，王宪礼．辽河三角洲湿地区域生态风险评价 [J]．生态学报，2001（3）．

[9] 刘世梁，杨志峰，崔保山，甘淑．道路对景观的影响及其生态风险评价 [J]．生态学杂志，2005，24-8.

[10] 臧淑英，梁欣，张思冲．基于 GIS 的大庆市土地利用生态风险分析 [J]．自然灾害学报，2005（8）．

[11] 许学工，林辉平，付在毅等．黄河三角洲湿地区域生态风险评价 [J]．北京大学学报（自然科学版），2001，37（1）：111-120.

[12] 袁鹰，甘泓，汪林，王忠静，游进军．水资源承载能力三层次评价指标体系研究．水资源与水工程学报 [J]．2006，17（3）：13-17.

[13] 雷晓琴，雷阿林．水资源开发利用的生态制约指标体系初探 [J]．人民长江，2008，39（11）：46-48.

[14] 隋丹．水资源可持续利用评价指标体系研究——以上海市为例 [J]．上海管理科学，2008（3）：67-70.

[15] 符娟林，乔标．基于模糊物元的城市化生态预警模型及应用 [J]．地球科学进展，2008，23（9）：99-104.

CHAPTER 4

第四章 大规模城市开发中的社会风险

针对我国当前城市化和工业化快速发展的趋势，大规模城市开发蓬勃发展，社会风险已经成为开发项目乃至整个城市社会发展中不可忽视的重要方面。本章从社会风险的社会现实特征出发，分析了我国当前城市中所面临的社会风险类型，将大规模城市开发项目中的社会风险归纳为社会公平风险、社会发展风险、社会和谐风险、社会保障风险和社会安全风险，针对不同的社会风险类型，遴选社会风险的要素构成因子，如房价收入比、保障性住房配置率、拆迁补偿标准、公共设施配套率等指标。继而针对社会风险的构成因子，提出大规模城市开发项目中的社会风险识别与评估体系，主要提出社会风险识别的基本程序，社会风险识别的基本方法以及社会风险风险识别的主要内容，对不同类型的城市开发项目社会风险的各类因子进行评估与分析，进而确定各风险因子在不同开发类型的项目中的权重。在通过社会风险因子的识别与评估的基础上，提出社会风险预警方法与预警指标体系，设计出社会风险预警的总体结构，以供不同开发项目在实际分析中予以具体运用。最后对社会风险提出监控与管理的主要对策，社会风险的监控主要通过评分的方法对社会风险因子进行打分，确定社会风险预警的具体等级，从而监控社会风险在实际运行中的发展与演变；提出了社会风险管理法则、风险管理流程、风险规避策略、风险减灾策略和社会风险的处置策略。本章最后通过对广州珠江新城和内蒙古鄂尔多斯康巴什新城的案例分析，分析在具体开发项目中社会风险的实际演变过程，并分析了社会风险的来源与社会表征，进而通过对实际开发案例中社会风险管理措施的分析，了解开发项目中社会风险评估与管理的重要性。

1 社会风险概述

1.1 现实背景：当代我国城市中的社会风险

1.1.1 快速城市化进程带来的城市社会风险

城市化作为当前世界发展最为重要的趋势之一，其发展水平的高低已经成为衡量一个国家发展水平的重要指标。城市化是指一个地区的人口在城镇和城市相对集中的过程，其意味着城镇用地的扩展，城市文化、城市生活方式和价值观在农村地域的扩散过程。在人类文明的高速发展中，无可厚非，从农业转向工业，从乡村生活转向城市生活，是现代化发展进程中的必然。

我国正处于经济社会快速发展时期，城市化水平增长迅速，已经成为世界关注的焦点。纵观我国城市化发展进程，建国初期城市化发展速度缓慢；改革开放至今，城市化进入了快速发展时期。改革开放 30 年，中国城市化水平由 1978 年的 17.9% 上升至 2008 年的 44.9%，城市建成区面积由 6500 平方公里增长至 27587 平方公里。目前城市化已经进入了加速发展的中期阶段。然而，在城市化的进程中，城市的容纳能力并未显露出与之相应的提升，城市化加速进程中带来的大规模城市开发建设、城市旧区改造、大量外来人口流动、城市隔离、贫富差距等问题成为城市社会中难以回避的现实，这些问题都可能成为城市社会风险产生的源头。

中国的城市化进程是在自然资源环境承载力总体脆弱的情况下推进的。宏观而言，在自然条件极度不平衡的基础上，形成了"东高西低"的发展形势；同时，在每个区域内又存在着中国特色的"城乡二元结构"。宏观发展的不平衡，将直接导致城市之间社会风险的产生。而就城市内部发展而言，随着大规模城市开发的进行，城市新区、新城、教育园区、产业园区、大型房地产等开发项目，因其规模大、周期长的特点而牵扯复杂的相关利益关系，开发过程中各种风险集中突出，而开发项目牵扯的社会风险问题尤为复杂。

1.1.2 我国城市社会风险的广泛存在

当前国内城市处于快速发展时期，伴随着城市建设步伐的推进，大量大规模开发项目在城市中实施，因其具有涉及范围广、实施周期长、面临的不确定性因素多、各组成因素间的关系错综复杂等特征，致使常常伴随着各种利益相关群体间的激烈冲突，带来一定的社会风险。

城市中及周边地区的工业项目因其生产过程对居民生活具有一定程度的潜在危害，极易造成城市社会风险。伴随商品房的大规模建设，大规模开发引发环境变化而造成的"退房潮"在各地屡见不鲜；厦门"PX事件"引发的市民集体"散步"成为政府、开发商和市民博弈的经典案例。

伴随着城市扩张、城市新区开发的过程，农业用地的征用转换问题成为当前社会的热点。各地不断报道出来的"强征强拆"、"农民集体上访"等事件，充分体现出了"城市—农村"存在的矛盾：如，武汉农民杨友德为维护自家土地，自制火炮打退拆迁队的新闻在国内引起了轩然大波；而城市内部更新过程中的旧城改造、城中村改造等城市开发活动，也在一些地方酿发了群体性事件：河南郑州300多商户在2008年走上街头围堵交通，抗议他们的商铺被拆且无补偿；2009年11月27日，贵阳也同样发生了暴力野蛮拆迁而引发违法堵路群体性事件。同时，由拆迁安置问题引发的各地"史上最牛钉子户"事件更是屡见不鲜，凸显出城市开发活动所造成的激烈的社会冲突问题，也暴露出了城市内部各利益团体间的矛盾冲突。

在我国当前社会转型和快速发展的宏观背景下，伴随着城市开发建设，城市社会风险广泛存在，极易引发的各类矛盾冲突，影响城市正常运营，居民正常生活。

1.1.3 城市社会风险的严重危害

根据国际经验，城镇化率从20%提高到40%的过程，英国经历了120年，法国经历了100年，德国经历了80年，美国经历了40年，苏联和日本分别经历了30年，而我国仅用了22年。快速的城市化进程带来了社会经济的迅猛发展，几乎是将西方国家100多年间出现的社会问题压缩至20～30年间，与此同时，城市容纳与调蓄能力并不能随着城市空间的增长而增长，城市社会问题由于其涉及主体的复杂性和根植社会的多源性，更加凸显在快速城市化阶段社会风险的发生。

城市社会风险已经成为城市运营中一个不可回避的问题。其独具的多样性具有前所未有的影响性与严重性。乌尔里希·贝克（Ulrich Beck，2003）曾说过："城市化进程中，城市容纳能力不足造成的风险正严重地威胁着城市的安全，这一潜在的危险因素比任何常规危险都更加复杂、更具有不可预见性和结果的严重性。"以下是社会风险几个典型的社会危害及其影响：

1.1.3.1 社会隔阂加深

随着中国社会阶层结构的逐步形成，社会各阶层的隔阂也不断加深，这种隔阂最突出表现就是社会认同感低和阶层之间的对立。这种社会隔阂映射在地理空间上，表现为不同阶层和群体的居住区域的隔离，使得群体之间缺乏可供交流的社会空间，交往活动被限制在各自居住社区之内的空间中。这样社会日益被肢解为多个具有不同时代特征的生活空间，形成一个断裂的社会。这种社会隔阂在心理层面上，表现为社会成员的社会认同感低和各个阶层间的对立情绪强。特别是泾渭分明的"贫富分居"容易造成穷人对富人的仇视和富人对穷人的歧视，放大阶层之间的不平等状态，导致各种社会问题的产生，不利于社会整体的和谐发展。

特别是在大规模城市开发的过程中，不同的社会阶层扮演着不同的利益团体，伴随着他们之间复杂的博弈，极易造成社会隔阂的加深。

总之，社会"各个部分之间的猜忌与隔阂，极大地妨碍着社会信任的确立，刺激着各种纯粹自利的短期行为。很明显，这种情形是非常不利于防范社会风险或控制风险危害的"（郑杭生，洪大用，2004）。此外，在中国还有一个特殊的现象，就是农民工群体长期被拒之于城市主流社会之外，他们为城市建设和发展做出巨大贡献却不能享有城市居民的同等待遇，这极大地加深了社会的隔阂。

1.1.3.2 诱发局部性的社会冲突

社会秩序是通过各种组织群体对现状的自我认同来维持的。社会内部的各组织之间是相互关联的，这种关联存在一定的紧张、失调和冲突等现象。一旦当人们对于社会分配的不均衡及其合法性产生怀疑和否定时，冲突就会爆发。美国社会学家默顿认为，在人们认为自己实际得到的和期望得到的、自己得到的和他人得到的之间存在很大差距时，就会产生一种被他人或社会"剥夺"了的主观心理感受，是自认为没有得到公平待遇后的不满与积怨的结合。当某一群体普遍产生了"相对剥夺感"时，他们就可能采取集体行动来强制性地"纠正"这种剥夺。当人们对美好未来有所期望，但突然之间又在现实对这些期望的前途大失所望，只有在这个时候他们才会被充分地召唤起来进行冲突。

城市中不同群体之间的分化、差异，使得在稀缺资源的分配中处于劣势地位的群体失去了对权威的信任，面对不同群体的制度设计更加剧了他们的挫折感、失落感和"相对剥夺感"，强化了他们对"纠正"自身弱势的感知。因此，极为细微的因素都会成为冲突爆发的导火索。纵观近几年部分城市发生的大型群体性事件，如"贵州瓮安事件"、"重庆万州事件"、"安徽池州事件"以及

"湖北石首事件"等均由普通的治安案件引发，结果导致了市民聚集冲突，造成较大的损失。

1.1.3.3　造成社会隔离与社会断裂

在城市化进程中，大量的农民和流动人口进入城市，与市民一起构成斑驳的城市人口分布马赛克，在不同社会群体之间，由于不同的社会联系、社会地位、社会构成、职业等，深刻影响不同群体在空间上的分布与融合，在京广沪等大城市周边形成外来人口集聚独具特色的"浙江村"、"河南村"等现象，这些居住群落与城市居民形成相互隔离和分裂的社会群体，外来人口与本地人口相互冲突的事件也逐渐增多。在城市内部，由于城市空间的扩张以及城市居民收入水平的分化，也造成不同居民在城市空间上被动的选择自身的栖身之所，一方面以富人为代表的门禁社区在城市中越来越多，另一方面被边缘化和离心化的低收入群体日益沦为城市边缘的角色，丧失原有生活场所的同时，也在饱受交通成本的升高、就业机会的降低等一系列社会问题困扰，更加加剧了城市社会的隔离与断裂。

1.1.3.4　社会坍塌

大规模城市开发行为不仅具有规划重构新的社会体系功能，如大规模城市新区的开发建设；同时也具有破坏和剥离传统城市社会体系的功能，如大规模城市旧区改造与拆迁。在大规模新区开发建设中，如果忽视社会体系构成的各个因素，进而导致新区开发集聚效应远远滞后于城市开发建设速度，抑或城市开发前期规划确定的定位与实际发展具有较大的偏差，导致新区社会体系难以构建或难以固定。如我国大量新区的单一功能，造成新区成为中心城市的卧城；大量新区住房空置现象，均是社会坍塌的典型。在传统旧城区改造过程中，该问题尤为突出，传统旧城区由于历史的沉淀，形成较为固定的社会构成与社会网络，在旧区改建过程中，大量原住民面临被拆迁转移的境地，传统的社会联系、社会组织、社会构成、社会关系等等均面临解体与重构，如果在此过程中缺乏对原住民的社会网络方面的考虑，传统的社会网络就有面临坍塌的风险，尤其是在这些老旧街区中，传承的是城市历史文化，一旦坍塌，这部分文化就有面临丢失的风险。

1.2　城市开发中的社会风险概念界定

1.2.1　广义的社会风险

"风险"概念在17世纪的英文中似乎已经出现，意思是遇上危险或触礁。随着现代社会的演进，社会风险有了更多的涵义。现代一般意义上的社会风险意指在一定条件下某种自然现象、生理现象或社会现象是否发生以及对人类社会财富和生命安全是否造成损失和损失程度的客观不确定性。

社会风险是一种导致社会冲突，危及社会稳定和社会秩序的可能性，更直接地说，社会风险意味着爆发社会危机的可能性。一旦这种可能性变成了现实性，社会风险就转变成了社会危机，对社会稳定和社会秩序都会造成灾难性的影响。当前中国社会风险的累积对社会稳定和社会秩序构成了潜在的、相当大的威胁，从而也对构建社会主义和谐社会形成了严峻的挑战。

1.2.2　本书的社会风险定义

本书中的社会风险特指由城市开发行为所导致社会冲突，危及社会稳定和社会秩序的可能性，更直接地说，由于城市项目建设、更新，可能破坏城市社会的正常运营秩序，影响居民的正常生活，甚至爆发社会危机的可能性。

1.3　理论背景：社会风险相关研究综述

1.3.1　社会风险理论概述

"风险社会"作为一个分析概念是 20 世纪 80 年代出现的。围绕这个概念产生了三种理论。第一种是现实主义的，以劳（Lau）的"新风险"理论为代表，他们认为风险社会的出现是由于出现了新的、影响更大的风险，如极权主义增长、种族歧视、贫富分化、民族性缺失等，以及某些局部的或突发的事件能导致或引发潜在的社会灾难，比如核危机、金融危机等。

第二种理解是文化意义上的，认为风险社会的出现体现了人类对风险认识的加深。比如，凡·普里特威茨（Von Prittwitz）的"灾难悖论"理论以及拉什等人提出的"风险文化"理论。普里特威茨认为，我们在风险社会中认识到本来用来解决问题的手段反而引起了新的问题。拉什是从批判贝克等人的"风险社会"理论出发提出自己的看法。他认为风险社会概念无法准确地描绘出我们当前面临的境况，因为风险并不是有序排列，带有明确的结构性和指向性的。更重要的是，风险作为一种心理认知的结果，在不同文化背景下有不同的解释，不同群体对于风险的应对都有自己的理想图景，因此风险在当代的凸显更是一种文化现象，而不是一种社会秩序。

第三种理解是制度主义的，以贝克、吉登斯等人为代表，他们是"风险社会"理论的首倡者和构建者。比较而言，他们对于风险的分析更为全面、深刻并且更有影响。1986 年贝克在德国出版了《风险社会》一书，但反应平淡。1992年该书被马克·里特（Mark Ritter）译成英文后，"风险社会"作为一个概念和理论才被更多的西方学者以及公众所接受。而吉登斯的著作无疑为"风险社会"理论在世界范围的传播提供了支持。

处于转型期的当代中国社会因巨大的社会变迁正步入风险社会，宋林飞认为，在我国社会风险指"可能引发社会动荡和社会冲突的不确定因素，这种不确定因素可能来源于社会的经济、金融、政治、文化、生态等各个领域"。

1.3.2 工程项目中的社会风险理论概述

国际上，世界银行对风险管理研究相对深入全面。世界银行于 2000 年率先提出社会风险管理（Social Risk Management，SRM）概念，针对社会风险管理提出一系列具体措施，将风险管理分为控制策略（Preventive Strategies）、减灾策略（Mitigation Strategies）和应对策略（Coping Strategies）三个部分，针对风险发生的不同阶段实施对应策略，并提出具体的评价因子及其评价方法体系，尤其针对社会风险管理，强调种族、社会群体和性别的社会评价分析，从公众参与度、就业率、种族、男女平等、信息透明度、教育机会、资源共享、文化等方面对工程项目进行社会评价。Gunningham Neil（2004）提出大型工程项目应获得工程开发建设与实施运营的社会许可证，社会许可证能满足来自于相邻社区、环卫组织、社会民众及相关社团对工程项目实施的合法期望，对工程项目实施运营的社会许可证的获取过程也即项目取得民众认同的过程，这能有效避免项目实施运营中的社会风险。国际反贫困工程师协会在 2008 年提出，工程项目中的社会风险主要包括项目拖延或取消、城市或开发主体社会声誉降低、公众利用率低、预期收益降低、公众抵制、利益相关方的决策变更、打法律的擦边球、保障问题等。

国内关于开发项目的社会风险研究目前仍处于发轫阶段，目前主要集中在社会学领域。工程学界部分学者对开发项目的风险研究仍主要集中在经济风险与生态风险两大领域，社会风险管理研究相对较少。2002 年原国家发展计划委员会组织编写的《投资项目可行性研究指南》中首次将社会评价作为我国投资项目可行性研究的重要组成部分。王朝纲、李开孟最早对我国投资项目的社会评价及其风险管理进行研究，其将社会风险分成 5 类，即项目的脆弱性、国家风险、政治经济风险、制度风险和外在风险。周恒勇等（2002）采用安全工程管理中的故障树系统安全分析方法进行社会风险因果树的构建。陈占江（2007）

从利益博弈、社会极化和失地农民市民化角度对失地农民所造成的社会风险进行研究。陈淑伟（2007）从灾害、危机和突发事件角度出发进行社会风险评价与治理研究。于浩淼从社会学和物理学角度，运用皮埃尔·布迪厄的"实践社会学"中的"场域"理论分析大坝项目社会风险运动。吴贤国等（2009）运用主观赋权和客观赋权相结合，熵权系数法和层次分析法相结合的综合评价方法，以客观评价、专家评价和影响区域公众参与评价为基础，采用综合评价模型对城市大型交通工程建设项目社会风险进行评价研究。夏南凯、宋海瑜（2007）对大规模城市开发项目的风险研究提出 7 阶段法，即风险规划、风险识别、风险衡量、风险评估、风险处置计划、风险处置、风险监控与反馈，较为完整系统地对城市开发项目的风险类型、风险管理步骤与方法进行了深入的分析。

首先，从国内外工程项目社会风险研究来看，目前我国重大工程项目的社会评价研究逐步开展，但研究仍侧重工程的经济效益与生态环境影响方面，社会评价较多的集中在项目建设之后，事前并未全面深入的进行社会风险评估；其次不同工程的社会风险评价因子选择差别极大，且带有极大的主观性，使得判定工程项目社会风险有失公允；其三，社会风险评价因子很难定量化，不同学者尝试多种定量研究方法，目前世界银行组织对社会风险的判定较为通行，但早我国开展的相关研究并不多；其四，在城市规划领域，大规模城市开发项目的社会风险研究仍处于空白，而城市规划项目的建设对城市社会的影响深远，尤其针对我国经济社会转型期，社会矛盾突出，亟需补充该领域的相关研究。

2 城市开发中的社会风险构成

2.1 城市开发中的社会风险特征

2.1.1 城市开发中社会风险来源

吉登斯认为，虽然风险社会的风险有多种多样，诸如有来自外部的自然风险，如地震、洪水、瘟疫等，但风险社会主要是指来自被制造出来的风险，也就是来自人类自己制造的各种风险，与以往外部自然风险占主要地位不同，被制造出来的风险目前已经是人类发展至今所面临的主要风险。而贝克认为，现代风险社会风险的成因是多方面的、复杂的，既有自然的，也有人为的，但最根本的还是人为因素作用的结果，来源于人为制造的"现代性的铁笼"，各种后果都是现代化、技术化和经济化进程的极端化不断加剧所造成的后果。

当代城市开发中的社会风险可归纳为以下 5 个主要来源 :

2.1.1.1　城市开发中宏观政策因素导致的社会风险

城市的发展，项目的开发离不开国家及省市政策的支持。然而，在城市开发过程中，由于政策的变更将导致整体开发方向的变化，进而引发政府、开发商、居民及其他相关利益团体之间的矛盾。

案例 1 : 2000 年前后，国内高尔夫球场建设成风，至 2003 年 7 月，在中国的 26 个省市地区共有正规高尔夫球场 219 个，同时，国内仍有大约 500 ~ 1000 个高尔夫球场正在建设或即将建成。2004 年 1 月 9 日，国务院办公厅发出《关于暂停新建高尔夫球场的通知 (国办发 [2004]1 号) 》此后，国内高尔夫球场发展进入一个低潮。因此，对大量拟建土地开发造成影响，由于开发方向的转变，项目建设放缓，造成土地长期闲置、甚至弃置，对被征地居民的补偿、安置方式，及土地周边居民的生活造成很大程度的影响。

案例 2 : 我国自 2007 年起，不断加强对房地产市场的宏观调控，每一轮的宏观调控均从政策、税收、金融等角度加强对房地产开发商和购房者施加影响，希望平抑过快上涨的房价，由此导致的住宅空置、退房潮、银贷紧缩等现象，形成一系列的社会影响，并以此形成的群体性事件逐渐增多。

2.1.1.2　城市开发中经济因素导致的社会风险

市场经济中充满了风险。在城市的发展中，政府、开发商、居民 3 个主要利益团体之间存在着明显的博弈关系。政府追求城市整体的快速发展，为居民创造更好的生活环境，这些需要借助开发商的建设实施力量 ; 开发商借助政府的开发决策，谋求最大的经济效益 ; 居民作为城市的主人，希望得到更高的居住条件，更好的生活环境。而在这博弈过程中，往往通过经济手段达到平衡。当前城市开发中，因经济因素造成的社会冲突屡见不鲜 : 不论是城市边缘地区的农民，还是旧城区的拆迁居民，通过种种方式维护着自己的权益。部分居民被迫采用较为极端的方式以博得话语权，伤人伤己的同时，在社会上也引起了极大的舆论影响。因此，经济因素成为城市开发社会风险的主要来源。

案例 : 近年来，由于拆迁补偿问题所造成的社会矛盾屡见不鲜，甚至多次发生了自焚等极端恶性事件。2010 年 3 月，江苏连云港东海县居民因 310 国道施工拆迁补偿问题起争执，一父子反锁在房屋内，并点燃屋内汽油，自焚身亡 ;

2011 年 4 月，湖南株洲农民因不满征地补偿，遭遇强拆，最终被迫自焚，造成重伤。

2.1.1.3 城市开发中生态环境因素导致的社会风险

城市中人口高度密集，自然生态系统较为敏感与脆弱。自然界气候的变化、不良的工程地质条件、水文条件等极易导致严重的生态危机，并进而影响居民的日常生活，造成周边居民的社会反响。同时，城市居民对于自然环境有着更高的渴望与需求。然而，在城市开发项目的建设实施过程中，对于生态环境的影响经常引发居民的不满，"群众集体上访要求保护城市公共绿地"的事件时常发生。除此之外，对于小区绿地率、绿地覆盖率等环境指标的关注，也经常引发居民与开发商之间的矛盾。

案例：瓯江是温州的母亲河，沿江两岸的绿地更是温州市民赖以生存的两个绿肺，是两岸市民生活、休闲、观光的生命线。可近年来，随着瓯北镇的繁荣，瓯江岸边也不时出现临时建筑物，临时厂篷。2009 年 10 月，瓯北规划建设局网站上又出现了"将瓯北北岸阳光大道南面改成商业区"的公示。面对这突如其来的"绿地"变"商业区"，瓯北住户极度不满，小区里数条"坚决反对以牺牲绿地公园为代价发展经济"等有关保护环境、保护绿地的横幅。但居民由于反对规划功能的改变，还受到过黑社会的威胁、恐吓。由此引发了市民对政府的质疑，政府公信力受到极大影响。

2.1.1.4 城市开发中管理问题引发的社会风险

城市的正常运营离不开科学的管理。由于与项目建设相关的项目执行组织内部、外部因各职能部门之间协调配合不利，以及项目建设的管理职能与管理对象、管理措施、管理计划等因素引发的安全、质量、责任事故都会引发社会风险。同时，管理水平也影响着社会各个阶层间公平公正的实现。严格的管理将有助于和谐社会的建设，实现真正的"城市让生活更美好"。

案例：2010 年 11 月 15 日，上海市静安区胶州路 728 号公寓大楼发生特别重大火灾事故，造成 58 人死亡，71 人受伤，直接经济损失 1.58 亿元。国务院事故调查组查明，该起特别重大火灾事故是一起因企业违规造成的责任事故。事故的直接原因：在胶州路 728 号公寓大楼节能综合改造项目施工过程中，施工人员违规在 10 层电梯前室北窗外进行电焊作业，电焊溅落的金属熔融物引燃下方 9 层位置脚手架防护平台上堆积的聚氨酯保温材料碎块、碎屑引发火灾。事故的间接原因：一是建设单位、投标企业、招标代理机构相互串通、虚假招标和转包、违法分包；二是工程项目施工组织管理混乱；三是设计企业、监理机构工作失职；四是市、区两级建设主管部门对工程项目监督管理缺失；五是静安区公安消防机构对工程项目监督检查不到位；六是静安区政府对工程项目组织实施工作领导不力。上海胶州路大火事件，是一起典型的由于城市开发管理问题引发的社会风险。

2.1.1.5 城市开发行为本身引发的社会风险

城市开发是一个系统性的工程，牵涉的相关方面较为广泛，且由规划到建设历时较长。城市开发行为会引发社会结构、社会组织、社会关系、社会利益分配、社会保障等方面的变化。如城市开发行为引发的城市化问题，导致城市社会结构发生改变，大量失地农民就业、安置等问题会衍生出一系列的社会问题；城市开发行为导致的拆迁安置补偿问题引发相关利益部门的博弈；城市开发行为可能导致的城市公共利益保障失衡问题等。这些问题均可能成为诱发城市社会风险爆发的根由。

2.1.2 城市开发中社会风险的特征

针对我国城市开发过程的特点，总结以下几个特征：

2.1.2.1 客观性与普遍性

在城市开发过程中，因牵扯诸多利益方，社会风险是普遍存在的。它不以人们的意志为转移并超越人们的主观意识而客观存在，且在开发的各个阶段无处不在、无时不在，是不可避免的。随着城市的快速开发过程，社会风险也迅速上升。

以信访事件为例，信访量日益增多，仅全国民政部门，2007 年为 81 万人次，2008 年升至 90 万人次。其中，农民上访缘由中，40% 与土地征集建设相关。

2.1.2.2 隐蔽性与爆发性

城市开发过程中的社会风险往往具有隐蔽性强的特征。社会风险更多地涉及社会群体的利益，其中社会成员个体的承受度、反应强度存在很大的差异性，决定了风险爆发具有较长的潜伏期，较强的隐蔽性。然而，一旦爆发，通常具有极强的影响力。

2.1.2.3 并发性

现阶段中国面临的各种社会风险之间互相影响，密切相关，潜藏着巨大的并发危险性，如若处理不当，某种社会风险一旦恶化就可能引发"多米诺骨牌效应"，引发其他类型风险的全面爆发，形成冲击波，转化为大规模的社会危机，从而危及国家安全、社会稳定和经济健康发展，甚至会使国家的发展出现方向性转变，对整个国家的前途产生重大影响。

2.1.2.4 集聚性

所谓风险的集聚性有两层涵义：社会风险主要涉及群体集中在社会基础阶层；社会风险指向客体主要集中在与民众密切相关的基本民生问题。

从主体上看，社会风险的涉入群体主要是社会的基础阶层与群体，包括工人和农民。作为人数最多的工人群体和农民群体中的成员，由于获益最少、相对剥夺感比较强烈，因而其中的一些人作为当事人很容易卷入社会纠纷和冲突事件当中，而且是较大规模的卷入。社会风险的集聚性与社会财富的集聚性正好成负相关，"社会财富在上层集聚，而社会风险在下层集聚"。从对我国各种已发生的突发性群体性事件分析来看，较大规模卷入其中的是社会基础阶层成员。

从客体上看，中国现阶段社会风险大多集中在与基本民生密切相关的部位。换言之，社会风险很大程度上是由于民生问题未得到妥善解决而产生的，涉及群体的需求主要是民生诉求而非政治诉求。

2.1.2.5 影响广泛性

城市开发过程中，不同的利益团体基于自身的利益基础，面对社会风险时会作出不同的回应。同时，社会成员面对不同的社会风险时，会出现不同的态度；且不同的风险会联合起不同的人群，不同的风险感知和选择成了相关人群相互联合的新的起点，并因此造成或者强化了人群之间的社会分裂。

2.2 城市开发中的社会风险分类

2.2.1 按开发项目特征分类

2.2.1.1 按不同的开发项目类型划分

（1）城市新建项目的社会风险

指在城市未开发区域或城市边缘区进行城市项目建设而导致的社会风险。主要出现在城市建成区扩张过程中。该类型开发项目将涉及土地征用、用地性质转换等问题，特别是一些项目需要涉及土地流转，对于农民的安置、补偿等问题已经成为当前城市开发的社会焦点之一，在开发过程中须谨慎考虑，否则将导致极大的社会风险，直接引发社会矛盾。

（2）城市更新项目的社会风险

指城市建成区内为促进城市更好更快的发展，对已建成区域进行重新定位，建设更符合城市发展需求的新项目而导致的社会风险。主要出现在旧城更新过程中。该类型开发项目将涉及土地性质转换、拆迁安置等问题，须着重考虑补偿标准、安置环境等直接关系拆迁居民利益的民生问题，否则将影响政府公信度，导致拆迁居民与政府之间的矛盾冲突。

（3）项目调整的社会风险

指项目在实施过程中，由于设计、技术、管理等原因造成的项目局部调整，从而导致的社会风险。例如，小区建成后绿地率、景观设计等与购买时宣传有不同，从而导致业主与开发商之间矛盾。

2.2.1.2　按开发项目的不同阶段划分

（1）项目开发前期的社会风险

项目开发前期需要进行发展定位、市场可行性分析、区位选址等工作，易造成公众抵触、区域城市掣肘等问题，形成社会风险。

（2）项目开发中期的社会风险

项目开发中期是社会风险的高发期，因涉及项目实施的开发强度、拆迁安置、土地流转等问题，易引发群体性事件，造成严重的社会矛盾冲突。

（3）项目开发后期的社会风险

项目开发后期影响周边生态环境、生活品质等因素，易导致交通拥堵、环境恶化等问题，造成社会风险。

2.2.2　按社会风险影响分类

2.2.2.1　社会公平风险

社会公平是社会和谐稳定发展的重要基础，当社会公平存在一定问题时，必然会造成社会风险的出现。而城市开发行为过程中，由于建设、分配、管理中的问题，在一定程度上造成社会公平风险。

案例：2011年5月，居住在重庆北部新区奥林匹克花园小区的众多居民发现，紧邻小区的溪谷公园里陆续进驻施工队伍，大批树木被砍、草地被毁，数十栋别墅即将在此开建。更让居民不满的是，这个曾经号称"中国欧盟生物多样性保护示范区"、占地近千亩的山地森林公园，近年来被房地产开发商逐渐蚕食。城市公共绿地是全市居民的生态资源，而在规划开发过程中，由于审批管理的不当，通过用地性质的调整改建为高档居住区，演变成富人的独享花园，极大地影响了社会公平。

2.2.2.2 社会发展风险

社会发展是城市开发建设的重要目标。"任何一个社会发展到特定阶段，必然要面临众多社会风险，这是一个规律。"社会发展的概念是多方面的，包括城市社会经济多方面的全面发展，在快速城市化的当今，城市社会发展主要指标包括城市化水平的提高、城市基础设施的完善、城市居民收入水平的提高、城市居民居住生活水平的提高等，当城市开发行为的积极效应推动城市社会经济快速发展，社会发展的风险小，反之，当城市开发项目定位不当，或少数利益群体为了自身私利而影响城市社会的全局发展，进而造成城市建设的滞后，都会产生社会发展风险。

案例1：上海最牛"钉子户"：由于补偿费用的分歧，位于上海市松江区九亭镇的主干道——沪亭北路沿线的一户居民，一直没有搬迁。3年时间，道路两侧均已完工，只有这栋房子屹立在道路中央，使得沪亭北路至今仍未完工通车。在一定程度上，影响了城市正常的发展秩序。

案例2：鄂尔多斯是我国内地人均国民生产总值最高的城市，依靠"羊煤土气"的资源优势，人均收入快速增长，产生大量平民富翁。然而在城市开发建设过程中，城市资源依赖并未随城市开发建设形成良性互动。康巴什新区凭借地方雄厚的经济基础，拥有漂亮且现代化的城市物质环境。然而在光鲜的物质环境背后，我们几乎看不到新城应有的一丝活力，新城除了消耗城市大量财力外，对城市经济发展的贡献微乎其微。市民对此颇有微词，一方面严重影响了城市政府的公信力，同时也浪费大量政府财政，造成严重的城市社会发展风险。

2.2.2.3 社会和谐风险

社会和谐是当今社会发展的主旋律，是我国城市建设的重要政治目标。然而，在城市开发过程中，极易涉及不同社会团体、组织之间的利益，处理不当，则会引发社会和谐风险。社会和谐包括两个层面，一个是指城市内部不同群体之间的相互共存，如本地居民与外来务工人员、不同民族群体、城市居民与政府、政府与经济体等；另一个是指城市之间相互和谐发展，不同城市之间形成相互共生共荣的城市体系，避免彼此之间的恶性或无序竞争发展，做到相互分工明确，体系完善的城市群，在城市开发中，尤其是针对产业区的开发，应加强对区域整体产业分工的研究，避免产业的同构和重复建设。

案例： 我国是一个多民族国家，几乎每个城市中都居住着不同民族的居民。某些城市，存在着少数民族聚居区。由于少数民族自尊心敏感，维权意识强，个别地区在开发过程中，由于城市总体用地的统筹发展，对民族聚居区的拆改，容易引发民族矛盾，影响社会和谐。

2.2.2.4 社会保障风险

社会保障是一个成熟社会的基本职能之一。社会保障是指国家和社会在通过立法对国民收入进行分配和再分配，对社会成员特别是生活有特殊困难的人们的基本生活权利给予保障的社会安全制度。社会保障的本质是维护社会公平进而促进社会稳定发展。当社会保障缺失或失衡，极易引发社会的不公平，从而导致社会风险的产生。

案例： 城市保障性住房是与商品性住房相对应的一个概念，保障性住房是指政府为中低收入住房困难家庭所提供的限定标准、限定价格或租金的住房。近年来，随着房价的迅速上涨，各地纷纷大规模建设保障性住房以满足城市居民的居住需求。然而，对于保障性住房的申请审批，一直是社会关注的热点，主要源于个别城市存在低收入人群无法申请到保障性住房，这份资源俨然被有权势阶层所独享。

2.2.2.5 社会安全风险

城市安全风险主要来自两大方面，一种是外部环境对城市发展造成的安全影响，另一种是城市内部发展对城市安全产生的影响。也可以概括为来自自然的安全风险，来自社会自身的安全风险。在城市社会安全中，生态环境的安全是最主要的，在生态风险章节已有阐述，本章节主要讨论来自社会本身或重大开发项目带来的社会影响而形成的安全风险，如恐怖事件、城市火灾、犯罪、群体性暴力事件、重大交通事故、重大基础设施事故等问题，及其对居民所造成的生存威胁。

案例： 为了保证城市的高效运行，城市周边布有大量能源中心。随着科技水平的不断提升，核电站在世界众多国家迅速开发建设。2011 年 3 月 11 日，日本东北部宫城县以东太平洋海域发生 9 级地震并引发海啸，随之造成福岛核电站的严重泄露，对日本社会安全造成了极大的影响。

2.3　城市开发中的社会风险要素构成

2.3.1　一般意义上的社会风险要素构成

2.3.1.1　实质风险因素

有形的并能直接影响事物物理功能的因素。又称物理风险因素，属于有形的因素。

2.3.1.2　道德风险因素

与人的品德修养有关的无形的因素，即是由于个人的不诚实、不正直或不轨企图促使风险事故发生，以致引起社会财富损毁或人身伤亡的原因或条件。

2.3.1.3　心理风险因素

与人的心理状态有关的无形因素。它是由于人们主观上的疏忽或过失，以致增加风险事故发生的机会或扩大损失程度的因素。

上述 3 种风险因素中，道德风险因素和心理风险因素均为与人的行为有关的风险因素，故二者合并可称为无形风险因素或人为风险因素。

2.3.2　社会学中的社会风险要素构成

按照社会学领域中的社会风险分类，社会风险的主要影响因素来自社会结构、社会组织、社会关系、社会发展、社会保障 5 个方面。城市开发行为是处于城市社会关系中各种社会主体的特定行为，其对城市社会的影响主要来自于开发行为的过程及其结果。

2.3.2.1　社会结构

社会结构从广义上而言包括人口结构、家庭结构、社会组织结构、城乡结构、区域结构、就业结构、收入分配结构、消费结构、社会阶层结构等若干重要子结构，其中社会阶层结构是核心。根据城市开发项目的特征，社会结构风险在城市开发中，涉及的社会结构主要包括人口结构、家庭结构、就业结构、城乡结构、区域结构、社会阶层结构等方面。

2.3.2.2　社会组织

社会组织的产生，其动力来源于功能群体的出现，以及群体正式化的趋势。在社会的演进过程中，一方面，功能性群体自然演化成了正规的社会组织；另一方面，一些社会群体的正式化，也造就了组织的形式。广义的社会组织是指人们从事共同活动的所有群体形式，包括氏族、家庭、秘密团体、政府、军队和学校等。狭义的社会组织是为了实现特定的目标而有意识地组合起来的社会群体，如企业、政府、学校、医院、社会团体等，它只是指人类的组织形式中的一部分，是人们为了特定目的而组建的稳定的合作形式。社会学研究的社会组织主要指狭义的组织。

2.3.2.3　社会关系

马克思指出，人的本质是一切社会关系的总和。此意即为人与人之间各种复杂的关系统称为社会关系。从关系的双方来讲，社会关系包括个人之间的关系、个人与集体之间的关系、个人与国家之间的关系；一般还包括集体与集体之间的关系、集体与国家之间的关系。这里集体的范畴，小到民间组织，大到国家政党。这里的国家在实质上是一方领土之社会，即个人与国家之间的关系就是个人与社会之间的关系，而个人与世界的关系就是个人与全社会之间的关系。从关系的领域来看，社会关系的涉及面众多，主要的关系有经济关系、政治关系、法律关系。经济关系即生产关系。此外，宗教、军事等也是社会关系体现的重要领域。

2.3.2.4　社会发展

广义上社会发展指标是一套以社会学理论为基础，以社会目标为框架，以人的全面发展为核心的社会发展指标体系，共分为客观指标和主观指标两大部分。客观统计指标包括社会结构、人口素质、经济效益、生活质量、社会环境、社会风险和社会秩序、社会保障和社会工作。主观意向指标反映人们的态度和取向（通常用"满意度"来衡量），以便与客观统计指标相印证。

2.3.2.5　社会保障

社会保障是指国家和社会在通过立法对国民收入进行分配和再分配，对社会成员特别是生活有特殊困难的人们的基本生活权利给予保障的社会安全制度。社会保障的本质是维护社会公平进而促进社会稳定发展。一般来说，社会保障由社会保险、社会救济、社会福利、优抚安置等组成。其中，社会保险是社会保障的核心内容。城市开发是城市经济发展的载体，在城市开发过程中，尤其是在城市开发区域内的城市经济将进行重新分配，尤其是人口在城市空间中的重新分配，导致原有的社会保障体系被破坏，重新构建的城市社会需要建立新的保障体系，一旦新的保障体系欠缺，社会风险便容易发生。

2.3.3 城市开发中的社会风险要素构成

从社会学角度考察社会风险的构成要素，主要包括社会结构、社会组织、社会关系、社会发展和社会保障 5 个方面，城市开发项目的社会风险虽然从社会学角度上可以将其归纳到上述 5 个方面，但与城市开发项目联系似乎不够紧密，为了更加准确直观的反映城市开发项目的社会风险，本书将城市开发中的社会风险要素划分为社会公平、社会发展、社会和谐、社会保障以及社会安全五个方面，并将上述社会学角度的社会风险要素从这五个方面进行归类，同时剔除各类难以量化且与城市开发行为关联度不高的相关要素。

2.3.3.1 社会公平：基尼系数、房价与人均收入比、保障性住房配置率

基尼系数：基尼系数是反映城市收入差距的重要指标，根据联合国的定义，基尼系数超过 0.5 为危险值，目前我国大部分城市收入差距呈现日益扩大的趋势，已经严重影响社会公平。城市开发项目必然导致部分群体收入的分化，当收入差距持续扩大并超过当前社会平均水平，社会风险就有发生的可能。

房价与人均收入比：根据国内外的经验，一般城市房价是人均年收入的 7 ~ 10 倍为合理值。以北京为例：2009 年一套 4 环以内普通两居室新房 80 平方米，按单价 25000 元计算，平均 200 万元左右；若以工作 5 年的中产阶级家庭为单位买房，假设夫妇月工资为 2500 元，则家庭月收入达到 5000 元，年收入为 60000 元。这样房价收入比则为 33，说明房价偏高，可能存在房地产泡沫，从而导致社会风险。

保障性住房配置率：保障性住房是指经济适用房和廉租房。目前国内外尚未有关于保障性住房与商品房的合适比例，我国不同城市在住房建设规划中提出的相关指标也差异较大，从 3% ~ 20% 不等。根据统计，大部分城市要求保障性住房占开发总住宅量应不小于 10%，或 90 平方米以下住房占总开发住宅量的 70% 以上。

案例：2011 年 3 月，重庆市市长黄奇帆在主持召开市政府常务会议时指出，重庆对商品房房价的调控要把握两个指标：一是主城区双职工家庭平均 6 ~ 7

年收入能买套普通商品房，二是新建住房价格增速低于主城区城市居民人均可支配收入增速。截至 2010 年，北京、深圳、上海、杭州、厦门 2010 年房价收入比分别达到 17.44、15.62、15.45、14.65、12.75，远远超过国际平均警戒 7 ～ 10 的范围。房价成为困扰和制约城市年青一代发展的主要因素。

2.3.3.2　社会发展：城市化水平、人均收入水平、人均居住面积、失业率、恩格尔系数

城市化水平：城市化水平的提高是我国当前城市发展的总体趋势，近十几年来，我国城市化水平的年均提高 1.5% 左右，且大城市城市水平提高更快，年均达到 2% ～ 3% 左右。城市开发行为无疑会加快城市化的进程，当城市化水平提高过快，势必造成大量失地农民进城问题，进而引发社会风险；反之当城市化水平增长缓慢，势必造成建设的浪费和城乡二元化结构失衡，同样容易导致社会风险。

人均收入水平：人均收入增长水平是影响社会发展水平的重要指标，人均收入增长的预期可按照不同城市的经济增长水平确定。当预期增长水平低于城市经济增长水平，社会风险便会有发生的可能。

人均居住面积：根据 2009 年的统计，我国人均居住面积已经达到 $26m^2$。根据我国相关标准，人均居住面积的合适面积应在 $25 ～ 32m^2$ 之间。目前，我国大部分城市人均居住面积得到迅速提高，尤其是在新开发区域，房地产开发成为开发的主要内容，导致新区人均居住面积急剧增长，相反，由于相应的配套等设施不完善，导致人口的集聚相对滞后，造成住房与人口在城市空间上的分离。

失业率：就业率是指某一时点内就业人口占经济活动人口数的比例。城市开发是促进和带动城市提高就业率的重要活动之一，通常认为，失业率在 5% 以内为正常水平[①]，当失业率高于 5%，意味就业失衡，当城市开发项目开发时间作为判断城市失业的时点，则可将城市开发项目作为影响失业率的重要参考依据之一。

恩格尔系数：根据联合国的规定，恩格尔系数高于 60% 为贫穷，50% ～ 60% 为温饱，40% ～ 50% 为小康，30% ～ 40% 属于相对富裕，20% ～ 30% 为富裕，20% 以下为极其富裕，根据我国当前的社会发展阶段，我国应属于小

---

① 根据我国《十一五发展规划纲要》中要求，我国的失业率的控制目标为 5%，超过 5%，意味着社会就业失衡，可能出现社会问题。

康向相对富裕发展的阶段，因此，恩格尔系数应控制在30%～50%之间，大城市应较低，中小城市可较高，当恩格尔系数超过50%，意味社会发展失衡，社会风险可能出现。

2.3.3.3　社会和谐：拆迁补偿标准、拆迁面积与开发区域面积比、住房空置率、房价上涨水平

拆迁补偿标准：目前我国各地均出台相应的拆迁补偿标准，但由于各地房价和地价的差别较大，以及城市开发项目本身所在区位和开发内容的差别，导致具体开发项目的拆迁补偿标准在具体城市也存在较大差异，本文建议采用拆迁补偿标准与开发时点的所在区域房价作为参考值，原则上拆迁补偿标准应与开发时点所在区域的房价一致，当偏离当前房价时，偏离越大，社会风险越高。

拆迁面积与开发面积比：城市开发过程中，极易导致城市社会问题的因素主要来自涉及拆迁安置，拆迁安置面积越大，城市开发项目社会风险越高。

住房空置率：住房空置率是反映城市开发区域住宅建设与居民可接受程度的重要指标，当住房空置率过高，反映住房开发过量或住房建设定位与居民接受不匹配，意味社会风险容易发生。

房价上涨水平：随着近年来我国城市住宅价格的逐年攀升，住宅价格已经成为影响我国社会和谐的重要因素和指标之一。从我国当前城市发展阶段和城市化水平来看，住宅价格上涨仍然具有较大的动力空间，但住宅的价格上涨不能偏离城市居民可接受的范围，当前我国各城市普遍采用住宅价格上涨与居民收入增加挂钩的评判标准，本书同样采用该标准作为评判住宅价格上涨的参考依据，当住宅价格上涨超过居民收入增加水平，意味房地产领域可能存在增长泡沫，其社会风险越高。

案例：近年来，城市开发过程中的拆迁安置而形成的冲突事件层出不穷，拆迁安置几乎是所有城市开发面临社会风险爆发最高的因素。上海闵行的潘蓉以汽油瓶对抗拆迁，潘蓉所在的闵行区是上海市最大的行政区，临近虹桥机场。在住宅市场上，它属于上海市的四类地区，类似的房屋在市场上的交易价格早已经高达每平方米15000多元。潘蓉的住宅虽然不是商品房，但是这套小楼，仅仅靠一二层的向外出租，就能获得每月4000元的租金。潘蓉用常识来衡量，也觉得这个补偿价格显然不符合市场。因此潘蓉一家商量决定：既不认可这个评估，也不在拆迁协议上签字。这是一起典型的由于城市开发导致的拆迁对抗的案例，拆迁补偿与市场房价存在较大的分歧，因此难以达成双方的共识而造

成的对抗事件。往往由于个体事件而引发的群体事件也有逐渐抬头的倾向，进而由小范围的社会风险衍变成一场大规模的社会风险。

2.3.3.4 社会保障：公共设施配套率、市政设施覆盖率、城乡社保覆盖率

公共设施配套率：城市开发是一项系统工程，公共服务设施是整个系统工程中的重要内容，公共服务设施配套完善与否是居民生活质量的重要保障。城市开发中，重点应考察规划中各类公共服务设施的落实与建设情况，是否与开发建设同步，当公共服务设施开发进度滞后于城市开发总体进度，容易出现新区居民生活不便等情况，进而难以集聚人气，造成空城现象。

市政设施覆盖率：市政设施配套是保障城市正常运转的重要内容。城市开发建设应建立在城市市政设施基本贯通的前提下，且能保障市政基础设施的正常运转。当市政设施配套跟不上城市开发建设进程，或者市政工程建设存在资金、质量等隐患，极易造成新区出现断水断电等问题。如果市政设施工程质量上存在较大的隐患，则在未来运行中容易出现市政设施故障等问题，如各种新区道路沉降、地下管网爆破等事件，从而引发社会风险的发生。

城乡社保覆盖率：城乡社保覆盖率是城乡社会保障的重要指标，根据我国"十二五"规划的相关要求，城乡社保覆盖率应达到100%，当城市开发区域城乡社保覆盖率偏低，意味着社会保障存在缺失，易导致社会风险。

案例：郑州水管8年爆裂12次，脆弱水管至今无人疗伤。频繁的爆管和爆管后的停水，严重影响了市民的日常生活。沈北新区停水断电，重庆茶园新区茶花小镇天天闹水荒日日怕停电等新闻频见网络或报端。2011年夏天各地暴雨成灾，"到城市来看海"成为各大新闻媒体的头条。

2010年11月，郑州市柿园水厂的供水管道突然爆裂，致使全市几十万人用水受限。据水厂工作人员估计，这次管道爆裂的原因可能有两种：一是管道老化，二是桥身占压管道、大量重载车辆长期碾压。然而，还有一个说法——这一片的水管7年来已是第10次出现爆裂，这次更是严重到水厂不得不停产，居民不得不提着水桶等待送水车供水——则不由得引起人们的质疑：最近几年，供水管道为何如此脆弱以至于7年爆了10次？

2011年6月9日至24日，5场特大暴雨相继降临武汉，武汉主要城区平均降雨量达到417.7毫米，有关部门缺乏有效的应对，导致主要城区渍水严重。特别是6月18日暴雨，全市80多处严重渍水，严重影响市民出行，有网友甚

至调侃"到武汉来看海"。导致了一场严重的城市市政安全危机，并由此衍生出民众对政府部门的质疑。

2.3.3.5 社会安全：犯罪、公共危机事件

犯罪率：犯罪率是指一定时空范围内犯罪者与总人口数的比值，通常以十万分之比表示。新开发区域往往处于城市外围，属于城乡结合部等范围高发区域，犯罪率是体现开发区域社会安全的重要参数，当犯罪率高于城市平均水平，意味开发区域社会保障和社会安全存在问题，可能导致社会风险的发生。

公共危机事件：本书涉及的公共危机事件主要指城市开发过程中，对公共安全产生影响的重大事件。如环境污染事件、群体性冲突事件、城市基础设施安全危机等。环境污染是我国城市公共危机中最为频繁出现的事件，随着市民环境意识的提高，大型污染型项目（厦门PX项目）的开发建设所遇到的阻力将与日俱增。其次城市基础设施的建设，如沪杭磁悬浮铁路可能产生辐射影响，形成上海市民集体散步抗议。在城市建成的基础设施运行过程中，如果缺乏有效的规划设计和合理运行维护，同样容易带来市政安全危机，大到地震、洪水等大型自然灾害，小到暴雨、台风等经常性自然灾害，均对市民切身利益产生深刻影响。公共危机事件不仅是反映社会风险的来源，也是社会风险发生的直接社会映证。

3 城市开发中的社会风险识别与评估

3.1 城市开发中的社会风险识别

风险识别指确定哪些风险会影响项目，并将其特性记载成文。风险识别的主要任务有两个：①识别出可能会影响项目的主要的风险和风险事件；②对所识别出的主要的风险和风险事件及其特性以文档的方式予以正式确认，并以该文档在组织机构内部或外部进行风险沟通（宋海瑜，2009）。而城市开发中的社会风险所面临的风险因素极为复杂且繁多，考虑资源的有限性，所以只针对影响较大、风险较高的因素加以监控与回应。

此外，由于风险的随机性和不确定性，同时社会风险又具有的隐蔽性强，潜伏周期长的特点，不可能一次就把所有的风险都识别出来，需要随时注意项目环境以及项目自身过程中各种因素的变化，不断地搜集、整理信息，反复进行风险识别。

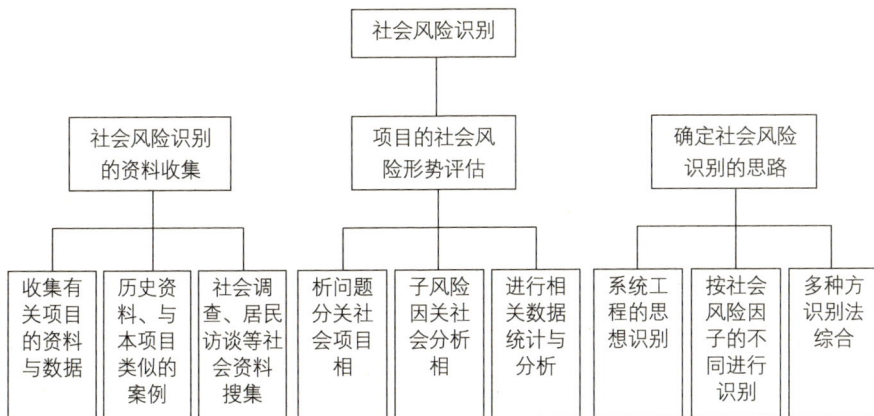

图 4-3-1　社会风险识别的基本程序

3.1.1　社会风险识别的基本程序

社会风险识别的基本程序分为社会风险识别的资料收集、项目的社会风险形势评估和确定社会风险识别的思路 3 个步骤。其具体程序形式如图 4-3-1 所示。

3.1.2　社会风险识别的基本方法

通过各种科学方法的运用，将城市开发中各个方面的社会风险进行概括，得出其中主要的社会风险清单。

风险识别的方法很多，在项目开发中常用的有头脑风暴法、专家调查法、社会调查法、分解分析法、工作分解结构（WBS）法、检查表法、外推法、风险调查、情景分析法等。结合社会风险特征，在城市开发过程中，社会风险识别以以下几个方法为主：

3.1.2.1　专家调查法

专家调查法的定义和工作步骤详见本书第一章 2.3.2 节。

3.1.2.2　社会调查法

社会调查法是有目的、有计划、有系统地搜集有关研究对象社会现实状况或历史状况材料的方法。社会调查方法是研究性学习专题研究中常用的基本研究方法，它综合运用历史研究法、观察研究法等方法以及谈话、问卷、个案研究、测验或实验等科学方式，对有关社会现象进行有计划的、周密的、系统的了解，并对调查搜集到的大量资料进行分析、综合、比较、归纳，借以发现存在的社会问题，探索有关规律的研究方法。

社会调查法主要方法有：现场调查法、调查表法、直接面谈法、定点统计调查法。

工作方法：

1）明确社会调查研究的四要素

（1）调查什么？（2）谁去调查？（3）向谁调查？（4）怎样调查？

2）明确社会调查研究专题设计的基本要求

（1）发现、提出社会问题，确定社会调查研究专题。

（2）确定谁去调查？向谁调查？调查什么？

（3）进行社会调查研究方案的具体设计，解决怎样调查的问题。

（4）收集资料。

（5）分析资料。

（6）结论与建议。

（7）理论思考与讨论。

3.1.3 社会风险类型及重要风险因子选取

对社会风险类型进行排序与分级，便于后面风险类型分析与因子选取工作的进行。基于已经得出的社会风险清单，根据其影响程度、发生概率等因素综合考虑，进行社会风险类型归纳及排序分级。主要可采用以下方法：

（1）德尔菲法

（2）概率影响矩阵法

在对风险因素的识别中，要确定4个相互关联的因素，这4个方面同时也是防范和应对风险的切入点：①项目风险来源：主要包括时间、成本、技术、法律等风险因素；②项目风险事件：指给项目带来积极或消极影响的事件；③风险的转化条件：只有具备了一定条件时，才有可能发生风险事件，这一条件可称为转化条件；④风险的触发条件：也称触发器、风险征兆，即使具备了转化条件，风险也不一定转化演变为风险事件。只有具备了另外一些条件时，风险事件才会真正发生，这后面的条件称为触发条件或触发器。

通过对上一步的风险因素识别，可以得出各种风险类型的不同程度的风险因素。在此基础上，可通过第二步中进行风险类型分级的方法进行进一步的风险因素分级，从中得出重要的风险因素识别列表。这一步所采用的方法由于其重点针对的是因素而不是风险类型，因此在操作方法上也会有一定的差别，再次也不再赘述。同样需要注意的是，此处得出的风险的影响度和概率的分级主要用作大致的定性判断，其具体影响度和概率还需要在风险评估阶段才能确定（表 4-3-1）。

社会风险要素优先级表

表 4-3-1

优先级	类别	社会风险要素
1	第一类型	社会安全
2	第二类型	社会发展
3	第三类型	社会和谐
4	第四类型	社会公平
5	第五类型	社会保障

3.1.4 社会风险识别结果表达

在识别出项目的风险后，可以通过风险登记册的形式记录风险，把各种风险来源和潜在的风险事件进行分类罗列，注明初步判定的风险影响程度和发生的概率等级、风险事件发生前的各种症状以及对项目其他方面管理工作的要求等，形成项目管理计划中风险登记册的最初记录，做到识别出的每种风险都有一张自己的等级表，记录着有关该风险的描述信息。基于风险识别过程的成果，可对风险管理规划过程中形成的风险分解结构进行修正。

3.2 城市开发中的社会风险评估

在识别了项目中的各种风险之后，下一步的任务就是对风险的影响程度及其发生的概率进行评估，将可能的代价和减少风险的效益在制定决策时考虑进去，以帮助项目积极承担"可接受的风险"。

根据评估工作的性质和目的，风险评估可分为三类（郭永龙，刘红涛，蔡志杰，2002）：第一类为概率风险评估，是在损失发生前，衡量项目可能发生什么损失及其可能造成什么危害；第二类为实时评估，主要是对开发事件过程中的风险进行评估，以便做出正确的防护措施决策，减少事故的危害；第三类为后果评估，主要研究事件停止后对周边地区和环境的影响。本书主要研究上述三类中的概率风险评估，也即城市开发项目的损失发生之前可能发生的损失及其造成的危害（宋海瑜，2009）。

风险评估过程主要包括以下内容：①进行单项风险因素评估，估计风险发生损失的概率和程度；②挖掘项目各风险因素之间的因果联系，确定关键因素；③综合考虑各种不同风险之间相互转化的条件，明确项目风险的客观基础；④确定风险评价基准。风险评价基准是针对项目主体每一种风险后果确定的可接受水平；⑤对项目诸风险进行比较分析和综合评价，确定它们的先后顺序和项目的整体风险水平，确定项目风险状态。

基于城市开发过程中社会风险特征，社会风险评估主要针对开发实施前，对项目实施风险评估预测以及开发建设实施后，评估项目对社会带来的影响和损失。其主要任务包括：识别组织面临的各种风险、评估风险概率和可能带来的负面影响、确定组织承受风险的能力、确定风险消减和控制的优先等级、推荐风险消减对策。

3.2.1 社会风险评估方法与体系

3.2.1.1 社会风险评估方法

社会风险评估主要采用定量与定性结合的方法，其中特别广泛的是：主观概率在风险评估中的价值。

对于概率理论，有两大流派（弗兰根等，2002）：①客观概率。客观论者认为，概率只应用于针对那些可重复发生多次的事件。只有经过多次重复观察，才能得出事件发生的频率和相关概率。②主观概率。根据这种理论，一个事件的概率是指决策者基于可获得的信息对事件发生的确信程度或信心。如果决策者觉得一个事件几乎是不可能发生的，他就将此事件的概率值定为接近0；如果他相信此事件很可能会发生，他就将其概率值定为接近1。主观概率反映了一个人基于其可获得的信息对事件认识的确信程度。为了在决策中使用主观概率，信息必须是准确的、可信的、标准化的以及前后一致的。城市开发项目决策大多倾向于基于主观概率，因为城市开发项目具有唯一性，不像工厂生产线那样重复生产。

事实上，主观概率不但是可以接受的，而且还优于客观概率（弗兰根等，2002）。考特思严尼斯指出由于经济环境在不断地变化，我们的绝大多数决策都是没有先例的。在这种情况下，由于客观概率对信息的要求以及必须是对相类似的事物进行比较，所以利用过去对同类事件的观察以得出客观概率的方法对项目而言是不合适的，这一点在很难获得客观概率的城市开发项目中表现的尤为明显，因为许多城市开发项目都是一次性的。尽管如此，保存大量的历史数据和积累丰富的经验还是有好处的。在确定主观概率这一点上，过去的经验和教训尤其有价值。

　　在分析过程中主要方法包括利益群体分析法、德尔菲法、层次分析法、模糊综合评判法等。在基于事前预测的城市开发社会风险评价中，主观赋权难以避免的占有更大的权重，因此首选主观概率；项目建设后的社会风险评价，则倾向于客观事实与主观概率相结合的方法。

3.2.1.2　社会风险评价体系

　　针对城市开发社会风险因子特征，选取相关量化指标作为风险评估依据，形成完善的社会风险评价体系（表 4-3-2）。

社会风险评价体系　　　　　　　　　　　　　　　表 4-3-2

社会风险评价要素	社会风险评价指标方向	社会风险评价具体指标	主要评价方法
社会公平	社会调控公平度	基尼系数 房价收入比 保障性住房配置率	专家调查法 指标评价法 加权计算法
社会发展	社会发展水平 人民生活水平	城市化水平 人均收入水平 人均居住面积 失业率 恩格尔系数	社会调查法 统计学方法 专家打分法 统计学方法 统计学方法
社会和谐	人民生活满意度	拆迁补偿标准 拆迁面积与开发面积比 住房空置率 房价上涨水平	模糊综合评判法 社会调查法 统计学方法
社会保障	基础设施保障水平	公共设施配套率 市政设施覆盖率 城乡社保覆盖率	指标评价法 层次分析法 统计学方法
社会安全	环境水平 社会安全水平	犯罪率 公共安全危机事件	统计学方法

3.2.2　社会风险评估的主要内容

　　通过对社会风险要素评价指标的综合分析，确定各风险要素的风险值，进而综合判断项目的社会风险情况。社会风险评估的内容包括以下几个方面：

3.2.2.1　城市社会风险量化的标准

　　通过风险要素相关指标的综合分析，确定社会风险的量化标准（表 4-3-3）。

社会风险量化标准表　　　　　　　　表4-3-3

分数	严重度	发生的概率	可控程度
10	严重影响社会发展，导致恶化，而且缺少警示	非常高，频繁发生	绝对不能控制，只能听天由命
9	严重影响社会发展，导致恶化，但是有警示	很高，经常发生	利用现有的技术手段和条件几乎不能控制；如需控制，需要创造一定的条件
8	严重影响社会发展目标的实现，可能导致建设的拖期、超支或质量问题	高，经常发生	利用现有的技术手段和条件控制难度很大，可能需要其他条件
7	社会生活的质量受到显著影响，并可能引发其他的问题	较高，经常发生	利用现有的技术和条件有一定的难度，但不需要其他条件
6	社会生活质量受到一定的影响，但是项目开发仍能顺利进行	中等，时有发生	利用现有的技术和条件能够控制
5	社会发展受到轻微的影响	中等，时有发生	容易控制
4	社会发展受到一定的影响，人们能认识到这种影响	中等，偶尔发生	能够控制
3	对社会发展影响较小，可以被意识到	低，很少发生	能够控制
2	影响如此之小，以至于只有少数人能够察觉这种影响	很低，几乎从来不发生	很容易控制
1	无影响	不发生	一眼就能看出问题，控制它不费吹灰之力

3.2.2.2　社会风险作用方式的界定

通过对风险要素的分析，对项目的社会风险影响方式进一步界定，以便后期通过相应的方式手段进行风险规避。社会风险的影响方式主要包括直接式、间接式及连锁反应（表4-3-4）。

社会风险作用方式一览表　　　　　　　　表4-3-4

社会风险评价要素	社会风险评价指标方向	社会风险评价具体指标	影响方式
社会公平	社会调控公平度	基尼系数	间接式
		房价与人均收入比	连锁反应
		保障性住房配置率	直接式
社会发展	社会发展水平人民生活水平	城市化水平	连锁反应
		人均收入水平	直接式
		人均居住面积	间接式
		失业率	直接式
		恩格尔系数	连锁反应

续表

社会风险评价要素	社会风险评价指标方向	社会风险评价具体指标	影响方式
社会和谐	人民生活满意度	拆迁补偿标准	直接式
		拆迁面积与开发区面积比	连锁反应
		住房空置率	间接式
		房价上涨水平	直接式
社会保障	基础设施保障水平	公共设施配套率	间接式
		市政设施覆盖率	间接式
		城乡社保覆盖率	间接式
社会安全	环境水平 社会安全水平	犯罪率 公共安全危机事件	直接式

3.2.2.3　社会风险因子的无量纲处理

为了定量反映社会风险，通过无量纲化处理，将各类不同的风险因子进行统一处理，将各类指标统一到同一个可供评估的模型当中。在针对不同的开发项目，应针对具体社会风险因子进行赋权，一般可采用熵权系数法、专家打分法等对风险因子进行赋权，确定各个因子在社会风险评价中的指标权重。

3.2.2.4　社会风险因子的指标赋值

通过评分法，将社会风险计为 100 分，五大类社会风险因子每项各 20 分。各项因子通过熵权系数法、专家评定法、问卷调查法综合确定各自权重[①]。

社会公平风险（15 分）：基尼系数（3 分）、房价与人均收入比（7 分）、保障性住房配置率（5 分）；

社会发展风险（15 分）：城市化水平（2 分）、人均收入水平（3 分）、人均居住面积（5 分）、失业率（3 分）、恩格尔系数（2 分）；

社会和谐风险（40 分）：拆迁补偿标准（15 分）、拆迁面积与开发区面积比（7 分）、住房空置率（10 分）、房价上涨水平（8 分）；

社会保障风险（20 分）：公共设施配套率（8 分）、市政设施覆盖率（8 分）、城乡社保覆盖率（4 分）；

社会安全风险（10 分）：犯罪率（4 分）、公共安全危机事件（6 分）。

---

① 本书此打分仅作为参考。在实际开发项目中，应根据开发项目的类型与特点，合理确定开发项目的社会风险因子，并通过层次分析法、专家评定法、熵权系数法等方法对风险因子进行权重分析，借鉴定性与定量方法确定各风险因子的分值。

3.2.2.5 社会风险评估

（1）将各类社会风险因子值设置对应的评分区间，每项因子相加即为社会风险值，总计为100分，分值越大，社会风险发生机率越大，分值越小，社会风险发生机率越小（表4-3-5）。

（2）社会风险因子预警区间设置

社会风险指标因子评估设置 表4-3-5

社会风险主类	社会风险因子	指标因子实际值	社会风险因子赋值
社会公平风险 （R_e）	基尼系数（G）	$G>0.5$	3
		$0.3<G \leqslant 0.5$	2
		$0.2<G \leqslant 0.3$	1
		$G \leqslant 0.3$	0
	房价与人均收入比 （$\S$）	$\S>20$	7
		$15<\S \leqslant 20$	6
		$10<\S \leqslant 15$	5
		$7<\S \leqslant 10$	4
		$\S \leqslant 7$	3
	保障性住房配置率 （$\&$）	$\&<10\%$	5
		$10\%<\& \leqslant 20\%$	4
		$20\%<\& \leqslant 30\%$	3
		$\&>30\%$	2
社会发展风险 （R_d）	城市化水平增速（U）	$U<0.5\%$ 或 $U>1.5\%$	2
		$0.5\%<U \leqslant 1\%$	1
		$1\%<U \leqslant 1.5\%$	0
	人均收入增长水平 （f）	$\mathit{f}<8\%$	3
		$8\%< \mathit{f} \leqslant 12\%$	2
		$12\%< \mathit{f} \leqslant 15\%$	1
		$\mathit{f}>15\%$	0
	人均居住面积（S）	$S<15m^2$	5
		$15m^2<S \leqslant 20m^2$	4
		$20m^2<S \leqslant 30m^2$	3
		$S>30m^2$	2
	失业率（$\propto$）	$\propto >5\%$	3
		$3\%< \propto \leqslant 5\%$	2
		$\propto \leqslant 3\%$	1
	恩格尔系数（N）	$N>50\%$	2
		$30\%<N \leqslant 50\%$	1
		$N \leqslant 30\%$	0

续表

社会风险主类	社会风险因子	指标因子实际值	社会风险因子赋值
社会和谐风险 (R_h)	拆迁补偿标准 (C)	C 低于当前开发区域平均房价	15
		C 与当前开发区域平均房价持平	10
		C 高于当前开发区域平均房价持平	5
	拆迁面积占开发区面积比 (A)	$A>20\%$	7
		$10\%<A \leqslant 20\%$	6
		$5\%<A \leqslant 10\%$	5
		$A \leqslant 5\%$	4
	住房空置率 (K)	$K>20\%$	10
		$10\%<K \leqslant 20\%$	8
		$5\%<K \leqslant 10\%$	6
		$K \leqslant 5\%$	4
	房价上涨水平 (P)	$P>f$（人均收入增长水平）	8
		$P \leqslant f$（人均收入增长水平）	4
社会保障风险 (R_l)	公共设施配套率	公共设施配套不完善，且建设滞后	8
		公共设施配套不完善，但与开发建设基本同步	6
		公共设施配套完善，但建设滞后	4
		公共设施配套完善，且与开发建设同步	2
	市政设施覆盖率 (S)	市政设施不完善，工程建设进度缓慢，存在较大的质量隐患	8
		市政设施配套不完善，工程建设进度和质量有保障	6
		市政设施配套完善，工程建设进度缓慢，可能存在的质量隐患	4
		市政设施配套完善，工程进度与工程质量有保障	2
	城乡社保覆盖率 (B)	$B \leqslant 50\%$	4
		$50\%<B \leqslant 80\%$	3
		$B>80\%$	2
社会安全风险 (R_s)	公共安全危机事件发生频率 (F)	发生过较大规模的群体事件	6
		发生过较小规模的群体事件	4
		未发生过群体事件	2
	犯罪率 (D)	$D>$ 城市平均水平	4
		$D \leqslant$ 城市平均水平	2

3.2.2.6　社会风险后果的界定

通过对风险要素的分析,对项目产生的社会风险后果进行总体界定。同时,对采取规避风险的措施、手段进行判断,对规避过程的成本代价进行预期估计(风险——收益)。

3.2.3　社会风险因子评估结论

评估风险,最终是需要知道项目所有风险的水平。项目风险综合评价可由专家或公共开发机构在综合了上述综合风险评估的结果后确定,并与项目的整体风险基准相比较,据此确定项目风险状态。需要注意的是,组合后的项目整体风险水平并非简单的是单一风险水平加计的总和,通常低于个别单一风险水平加计的总和。因为,有些风险能通过组合过程分散(宋明哲,2003)。在风险综合评价中要注重风险之间的上述相关性,以便在风险应对规划中更好的分配相关的资源。

4　城市开发中的社会风险预警与管理

4.1　社会风险预警理论

国内外关于社会风险预警研究近年来发展迅速,理论体系不断完善。英国以齐舒姆为代表的区域经济社会研究学派,总结了人口、资源、城市、经济和生态环境相互作用的经验数据,对社会运动进行预测,为社会风险预警研究奠定了基础。罗马俱乐部为代表的未来学派在人口、能源、环境和经济发展等12个要素之间,试图建立社会风险预警研究模型。美国内布拉斯加为代表的系统学派,提出 AGNET 系统模型分析工具,对美国中西部6个州的区域社会管理进行社会预警的优化调控和管理决策。我国的社会风险预警研究始于20世纪80年代后期,贫富分化、区域发展不均衡、城乡矛盾、犯罪、农民失地等问题成为研究的重点。宋林飞从社会风险指标体系、社会风险预警系统设计等角度进行了系统的研究。吴忠明对宏观社会问题预警系统进行研究。王宏波提出将社会预警纳入社会工程加以判断。邓伟志就监控、预警社会风险的可行性、社会预警系统的架构以及运作进行了研究。还有部分学者(夏南凯、陶履彬、李永盛、吴贤国等)从工程项目角度提出相应的风险评估与预警模型。从国内相关风险预警研究的情况来看,大致可以概括为社会风险管理与社会工程学派、社会预警机制学派、指标体系设计的计量学派等，随着我国社会经济的发展，社会问题逐渐突出，社会风险研究方兴未艾。目前，在城市规划领域，针对城市规划与开发行为导致的社会风险研究尚在起步阶段，而城市规划作为社会经济发展的龙头，其对社会经济发展的影响不可估量，其本身可能导致的社会风险需要进行深入的研究。

4.2　城市开发社会风险警源

城市开发中的社会风险警源是指警情发生的根源，是分析警兆的基础，也是风险预警治理的前提。一般而言，警源可分为内生与外生两种类型。

城市开发社会风险的内生警源是指城市开发项目直接导致的社会问题，可以是城市开发行为本身，也可以是城市开发对象本身。外生警源是指由外部环境变化对城市开发行为产生的影响，并由此导致衍生出来的社会风险。由于外部警源相对复杂，且城市规划与城市开发涉及的方方面面比较多，很难界定外部环境具体对城市规划与城市开发产生何种影响，以及具体影响程度如何，因此，本书重点探讨城市开发自身行为对社会风险产生的影响。

根据 2.3 节确定的城市社会风险因子，我们根据警源属性与警源生成二维分类视角对城市开发中的社会风险源进行分类，我们将城市开发中的社会风险源分为社会公平、社会发展、社会和谐、社会保障、社会安全等 5 个方面。对社会风险因子进行归类如下：

社会公平风险警源：基尼系数、房价与人均收入比、保障性住房配置率。

社会发展风险警源：城市化水平、人均收入水平、人均居住面积、失业率、恩格尔系数。

社会和谐风险警源：拆迁补偿标准、拆迁面积与开发面积比、住房空置率、房价上涨水平。

社会保障风险警源：通勤时间、中小学覆盖率、城乡社保覆盖率。

社会安全风险警源：水质达标率、空气质量优良率、噪音、犯罪率、公共安全危机事件。

4.3　城市开发社会风险警兆

4.3.1　社会风险警兆的特征

城市社会风险警兆是社会问题爆发之前的先兆，其主要有先兆性、可预报性、可观察性、规律性等特征。警兆是以警源为基础而选定的具体的预见性因素。社会风险警兆分析是社会风险分析与预警中最为关键的一环。通过警兆分析，能识别社会风险演化的趋势与规律，能真正实现风险的预警作用，进而规避风险的发生。

4.3.2 城市开发社会风险警兆

警兆是城市开发行为导致的社会现象，但社会风险还未发生，但已经偏离了正常预期的路径。城市开发中的社会风险警兆的确定一般遵循四步法，即确定社会风险的警兆指标，设定警兆指标的上下限，确定警兆指标变动的趋势，分析时点的警情与警度。如年度开发指标超标或偏低而出现的过度开发问题，第二产业比重过高导致的就业结构单一，市政基础设施承载力弱导致的灾害性影响等现象。新区开发中较为典型的表征如土地闲置、住宅空置率高、大量的自发建房现象、暴雨内涝、潮汐式通勤高峰、暴力强拆等事件。由于社会风险往往是一个不断累积的过程，且在实际中，社会风险难以通过具体的量化指标加以判断，因此，经验判断和社会估值预期是判断社会风险警兆的重要依据，同时根据不同的开发项目，确定社会风险的警兆指标，对不同的社会风险警兆因子赋予不同的警兆判定依据，形成综合的社会风险警兆判定标准。

以城市开发中的拆迁安置为例，社会风险的警兆指标以拆迁安置补偿标准与当前所在区域的房价指标比值，当拆迁安置补偿标准低于当前所在区域的房价均值，社会风险就有上升的可能，当拆迁补偿涉及的利益分配过度不均，则可能酝酿大量拆迁安置群体的反抗，进而导致社会风险。如城市开发项目中的社会安全风险，应主要考察易发生的城市公共安全危机事件，如基础设施承载力、公共环境卫生、城市公共空间安全性等内容，以城市排水指标来分析，如2011年夏武汉、北京、长沙等地暴雨导致的城市内涝事件，极大地威胁了市民的公共安全。

4.4 城市开发社会风险警情

在城市开发行为中，社会风险的警情是指由城市开发行为引发并业已形成的社会问题，是指由于开发行为过程中，社会风险因子不断累积，并在此情况下缺乏合理有效的调控手段，导致社会风险逐渐出现社会表征，如失地农民上访、群体冲突事件、退房潮、退地潮、烂尾楼、"空城"现象、缺乏预防性的城市灾害等。

4.5 社会风险预警方法与指标筛选

4.5.1 社会风险预警方法

社会风险预警指标体系是由一系列相互关联的、能够表达社会风险现状及其运行过程的大量单项指标所构成的指标集合。作为一种特定的测量工具和手段，这套指标体系必须满足代表性较强、灵敏度较好、具有可操作性、时效性、预警性以及逻辑结构合理等标准。目前国内外针对社会风险预警的主要方法包括层次分析法（AHP）[1]、德尔菲法（Delphi）[2]、熵权系数法[3]、模糊综合评判法[4]等。

由于城市开发项目类型和特点相对较为复杂，且相互之间的差别较大，因此很难适用单一的评判方法对城市开发构建风险预警体系。本书针对城市开发项目的特点，结合现行城市社会风险预警的一般方法，采取综合评判法，主要采用较为成熟的 AHP 法和 Delphi 法对风险因子进行分类、分级，赋予相应的权重进行评估。主要体系如图 4-4-1 所示。

4.5.2 社会风险预警指标筛选

美国宾州大学社会学系教授艾斯蒂斯选择 36 项社会指标，计算 120 个国家的社会进步指数，评估社会风险的情况。大卫·莫里斯博士运用"生活质量指数"分析社会情况。我国宋林飞教授运用"社会风险早期预警系统"（SREWS），也称"痛苦指数"来分析社会风险的发生。目前较为成熟的体系包括美国社会指标体系，包括人口与家庭、健康和营养、住房与环境、交通运输、公共安全、

---

[1] AHP 法是将问题分层次分析，一般将包含的风险因子分层：最高层（解决问题的目的）；中间层（实现总目标而采取的各种措施、必须考虑的准则等。也可称策略层、约束层、准则层等）；最低层（用于解决问题的各种措施、方案等）。把各种所要考虑的因素放在适当的层次内。用层次结构图清晰地表达这些因素的关系。

[2] 德尔菲法也称专家调查法，是一种采用通讯方式分别将所需解决的问题单独发送到各个专家手中，征询意见，然后回收汇总全部专家的意见，并整理出综合意见。随后将该综合意见和预测问题再分别反馈给专家，再次征询意见，各专家依据综合意见修改自己原有的意见，然后再汇总。这样多次反复，逐步取得比较一致的预测结果的决策方法。

[3] 熵权系数法是不同方法的综合，将各种方法得出的风险预警系数进行赋值，并通过熵权方法赋予相应的系数，综合得出风险预警系数。

[4] 模糊综合评判法与熵权系数法相类似，但其更加注重评判人员的主观判断，根据其经验得出相应的风险预警系数。

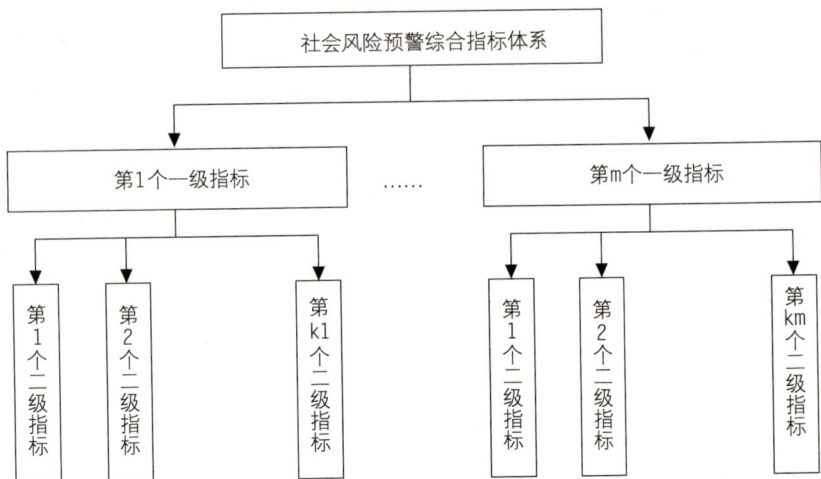

图 4-4-1　社会风险预警决策树

工作就业、社会保障、收入、社会活动参与、文化、教育、闲暇时间利用等。日本社会指标体系包括自然环境、人口家庭、经济基础、财政、教育、医疗健康、居住环境、社会保障、社会教育、文化体育、安全和时间分配。我国目前较多采用小康社会的评价指标体系，国务院发展研究中心 2004 年提出建设小康社会 4 个方面 16 项指标。包括经济指标、社会指标、环境指标和制度指标等方面，这些指标相对较为笼统。

　　本书根据大规模城市开发项目的特点，针对性地提出 5 个具体方面，并结合大规模城市开发项目的工程特点，针对性地提出相关指标因子，主要涉及社会公平、社会发展、社会和谐、社会保障和社会安全 5 个方面。

4.6　城市开发项目的社会风险预警总体结构设计

　　社会风险预警机制的核心问题是预警的主旨、主体、客体与方法论问题，具体包括社会风险预警组织保障体系、社会风险预警政策法规保障体系、社会风险预警技术保障体系、社会风险预警运营保障体系等构成。社会风险预警的目的是保障开发项目顺利进行，维护社会稳定与公共安全，主体是城市开发项目的组织机构。

　　根据前文确定的城市开发项目的社会风险警源、警兆、警情分析，构建社会风险预警总体结构如下（表 4-4-1）：

城市开发项目社会风险预警总体结构　　　　表 4-4-1

社会风险领域	警源	警兆	警情
社会公平风险 （R1）	基尼系数 房价与人均收入比 保障性住房配置率	贫富差距过大 高房价 住房空置率高 违章建筑多	门禁社区 棚户区 犯罪 "空城"现象 私搭乱建
社会发展风险 （R2）	城市化水平 人均收入水平 人均居住面积 失业率 恩格尔系数	城乡二元化结构 人均收入水平偏低 住房拥挤 失业 物价上涨	抛荒 违章搭建 门禁社区 城中村
社会和谐风险 （R3）	拆迁补偿标准 拆迁与开发区面积比 住房空置率 房价上涨水平	强制拆迁 住房空置率高 自住型住房比例低 住房投资多	群体冲突事件 上访 土地闲置 退房潮 退地潮 烂尾楼 抛荒 违章搭建
社会保障风险 （R4）	公共设施配套率 市政设施覆盖率 城乡社保覆盖率	生活成本上升 居住工作分离 就学不便 停水停电 道路开挖 失地农民失业 非正式就业增多	交通拥堵 上访 事故频发 非正常停水停电事故
社会安全风险 （R5）	犯罪率 社会公共安全危机事件	犯罪频发 生态安全危机 公共安全危机	群体事件增多 上访、犯罪 极端天气导致的城市灾害、环境危机

4.7　城市开发项目的社会风险预警系统的运行

在城市社会风险评估模型的基础之上，得到各级指标的权重值和无量纲值后，在分析社会风险预警程度时，可以通过社会风险评价值的大小来反映社会风险预警程度。建立下列社会风险预警程度的评估模型（表 4-4-2）。

社会风险预警程度评估模型　　　　表 4-4-2

警评分类	警级			
	轻警（绿灯）	中警（蓝灯）	重警（黄灯）	巨警（红灯）
总警	Ra<60	60≤Ra<70	75≤Ra<90	Ra≥90
综合判断对策	安全	注意	治理	应急

5 城市开发社会风险监控与管理对策

5.1 社会风险监控机制

项目风险监控就是跟踪已识别的风险，监视剩余风险和识别新的风险，保证风险计划的执行，并评估消减风险的有效性。风险监控是建立在项目风险的阶段性、渐进性和可控性基础上的一种管理工作。通过对项目风险的识别和分析以及对风险信息的收集，就可以采取正确的风险应对措施，从而实现对项目风险的有效控制。

在对社会风险因子的识别与评估基础上，通过设计社会风险的预警结构，确定风险监控的基本内容。通常意义上，风险监控的主要依据风险管理计划、风险应对计划、实际风险发展变化情况、可用于风险控制的资源等。风险监控的主要目的在于努力及早识别风险，通过制定计划和采取措施努力避免风险的发展，积极消除风险带来的消极影响，并充分吸取开发项目中的经验与教训。

对大规模城市开发项目中社会风险的监控主要从以下方面开展。

5.1.1 确定风险因子

由于城市开发项目性质千差万别，开发项目所在区域也存在较大差异，如工业区开发项目和房地产开发项目在因子确定上应存在明显的不同，前者更注重环境污染带来的社会影响，后者更侧重经济利益平衡带来的社会影响，因此合理确定开发项目中的社会风险因子是确保风险监控准确与否的关键。

5.1.2 确定项目开发中风险因子的演变情况

风险监控的核心任务是识别风险因子并确定风险因子在项目开发进程中的演变情况。社会风险由于其具有潜伏性、周期长、累积性等特征，往往在初期并不易察觉，风险监控的目的就是在项目开发的全过程中，根据开发进度和开发内容，不断调整开发项目中的风险因子。以广州珠江新城开发建设为例，在初期主要是判断开发项目带来的社会公平风险、社会保障风险、社会安全风险等内容，如拆迁安置、公共设施配套、交通安全、环境安全等因素；到开发项目的中后期，则重点需要考虑开发项目的社会发展风险和社会和谐风险，如经济发展度、住宅空置率、房价收入比等因素。在项目开发的不同阶段，不断调校社会风险因子，同时监测各社会风险因子的发展演变情况。

5.1.3　确定风险因子的权重

在开发项目中，不同社会风险因子并非等量齐观，不同的开发项目各风险因子也各有侧重。判断并对风险因子进行评估，以确定各风险因子在开发项目中的权重。如在滨水和山区开发项目，对项目的防洪、防震、防泥石流等自然灾害的评估应是至关重要的；在城市旧城区和城市近郊区的开发项目，城市拆迁安置补偿、居民安置等问题则应是风险因子中至关重要的。

5.1.4　构建风险预警体系

在识别与评估风险因子的基础上，针对不同的开发项目，构建风险预警模型，以轻警、中警、重警、巨警四个等级表示，并在开发过程中定期动态调整各风险因子的赋值。

5.1.5　制定风险管理计划

风险管理计划是风险监控与管理的结果，是在对风险因子识别、评估、构建预警体系的基础上，建立的一套完整的风险管理框架体系，主要内容包括风险规避、风险减小、风险处置等内容，同时应在此基础上，适时对出现的社会风险等问题进行总结，吸取经验教训。

5.2　社会风险管理对策

5.2.1　社会风险的管理法则

社会风险管理（Social Risk Management）是世界银行为应对经济全球化背景下对社会发展的严峻挑战，于1999年提出的社会保护政策的全新理念，旨在拓展现有的社会保障政策思路，强调运用多种风险控制手段，多种社会风险防范与补偿的制度安排，系统、综合、动态地处置新形势下各国面临的日趋严峻的社会风险，实现经济社会的平衡发展和可持续发展。

社会风险管理是在全面系统的社会风险分析基础上，强调综合运用各种风险控制手段，强调通过系统的、动态调节的制度框架和政策思路，有效处置社会风险，实现经济、社会的平衡和协调发展的新策略框架。

其一，社会风险管理强调将风险管理的理念和框架用于社会政策领域，尤其强调系统思维、综合控制和整体协调的管理哲学；强调运用新的方法和工具，包括社会风险的在险价值（VaR）测试、社会风险心理测试方法，并在社会风险定性和定量分析基础上，实现对社会风险的有效控制。在变化、动态的社会风险背景下，孤立、静止、片面的思维和政策框架必然四处受阻，而系统、综合、整体协调与动态调整的思维方式和制度框架将发挥愈来愈重要的决策及政策效应。应当说，社会风险管理正是适应变化复杂的经济社会系统变迁而提出的创新理念。

其二，社会风险管理的制度框架强调综合协调政府社会保障制度、市场保险机制、家庭及民间互助机构，在处置社会风险与实现社会稳定上的重要作用。既注重强化并发挥社会保障这一政府主导的正式制度安排的支柱作用，又充分运用市场保险机制，充分发挥商业保险公司的经济保障功能。同时，发挥各种传统的非正规制度安排机制在社会稳定上所起的重要作用，重视家庭保障、民间互助援助在社会稳定上所起的基础性作用，发挥和调动传统文化心理、习俗的社会风险自控机制的潜在价值。唯有综合发挥社会保护的正式制度安排和非正式制度安排的作用，才能更有效地处置社会风险并探索适合各国国情的社会保护机制。

其三，社会风险管理的政策框架强调综合运用风险分析技术和方法，充分发挥风险控制工具、风险补偿工具的重要作用并构建社会风险预警系统。与传统的社会保障制度旨在强化基本生活保障的作用相比，社会风险管理的内涵和外延无疑更为宽广，它拓展了传统社会保障制度性框架的作用，体现了一种新的社会风险控制理念和更为科学合理的政策思路及创新制度框架。社会风险管理体系自身的综合优势，无疑为在新形势下进行社会保护的制度创新提供了一个新的制度和管理框架，对有效化解经济全球化背景下日趋严峻的社会风险，实现社会稳定具有十分重要的决策意义。

其四，社会风险管理策略框架是在极为复杂的社会经济发展背景下提出的系统处置社会风险问题，实现经济社会协调发展的新思维。它强调运用复杂性科学的基本方法，探索社会风险管理的风险分析、风险控制、风险预警，风险补偿系统及其各系统的有机组合、相互配合、相互协调的政策取向，强调层次结构、功能结构的结合，静态与动态的融合，定性与定量的结合，控制、预警与补偿的结合，分析、决策与反馈机制的结合，寻求最佳的社会风险管理绩效。

5.2.2　社会风险的规避策略

风险规避是一种最简单也彻底的风险处置技术，是指根据风险评估的结果，当风险发生的可能性太大，或一旦风险事件发生造成的损失太大时，主动放弃该项目或改变目标，重新组织项目，以消除规划或实施可能带来风险隐患的措施，使风险无法影响项目。

针对城市开发项目特点，根据社会风险评估因子确定的权重，风险规避的策略包括：①重新调整规划。针对城市开发的社会风险因子，制定相应的规划调整内容。②终止项目。挑选更合适的项目类型，选择更有利的市场环境。如发现某项目的实施将面临很大的潜在风险，应立即放弃该方案，停止项目的实施，以免遭受更大的损失。③改变开发活动的性质、改变开发思路和开发地点等。④加强规划公众参与。

5.2.3　社会风险的减灾策略

在风险无法避免的情况下，可以采取风险减轻的策略。风险减轻是指在风险发生前或发生中，为使风险降低到项目可以接受的程度而采取的降低风险损失发生的频率，和缩小损失程度而采取的各项措施。要达到风险减轻的目的，一是降低风险发生的概率；二是一旦风险事件发生应采用有效措施尽量降低其损失，或双管齐下。

社会风险的减灾策略包括：

（1）压缩开发规模，减少开发项目的社会影响。如减少拆迁征地规模，减少对生态环境的影响。最为典型的社会风险规避措施，如避免或减少拆迁征地规模，尽可能减少因拆迁安置带来的社会问题。

（2）加强开发项目的公众参与度。在城市开发全过程引入公众参与机制，尽可能让公众最大限度参与了解项目的概况，避免因为信息不公开或信息不对称引发社会影响，进而酝酿成为社会风险。

（3）压缩开发周期，通过加快进度来减少社会风险。开发经营周期越长，项目建成以后的经济与社会形势也都越难预测。所以尽快完成开发项目，这样就可能一定程度的避免不必要的风险因素的影响。

（4）调整开发内容，充分评估涉及社会风险的规划内容，完善和补充相关规划，形成配套完善的开发内容。

（5）提高城市安全预防等级。城市安全是引发社会问题的重要内容之一，只有在安全的前提下才能充分保障市民的切身利益。涉及城市公共安全，主要包括市民的生命安全和财产安全，生命安全体系主要包括城市防灾、消防、市政设施、犯罪等方面，财产安全主要包括防盗、犯罪等社会问题。如提高城市防灾等级，尤其是城市大型公共设施的安全性，避免由于天灾人祸而导致的市民生命财产安全，避免城市公共安全危机。

5.2.4 社会风险的处置策略

风险处置是指风险已经发生或即将发生的对策。风险处置的主要策略包括风险自留与风险转移策略。风险转移指在项目实施过程中重新组织项目，在风险事件发生之前有意识地改变风险发生的时间、地点或将开发主体不能或不愿承担的风险转嫁给其他经济单位（企业、开发商、居民、银行、其他主体）。通过转移方式处置风险，风险本身并没有减少，只是承担者发生了变化。社会风险的作用对象主要是社会群体，社会风险转移一般通过政府、开发主体来承担，避免让公众承担社会风险带来的影响。

对于已经发生的社会风险，针对不同的城市社会风险内容，相应的采取不同的社会风险处置策略，如涉及社会公平、社会和谐与社会保障类的社会风险，应本着公开公正的原则，公开公正是化解社会风险最好的方法。充分协调各个群体之间的利益平衡，同时充分考虑相关群体的利益诉求，同时积极做好各方利益的调解工作，对城市开发中出现的社会问题追根溯源，及时补充跟进，政府和开发主体作为城市开发中的强势群体，应充分承担应有的社会责任，避免与民争利。对于涉及社会保障、社会发展与社会安全类而导致的社会风险，一方面应充分评估发生的社会风险造成的社会影响和损失，另一方面要回顾与反思城市开发行为中的社会风险评估缺失，对造成社会风险的开发因子应重新进行分析与评估，尤其是涉及公共安全的开发因子，应给予充分重视，并提高其安全等级，同时积极启动利益受损群体的损失评估机制，做好社会风险引发的损失善后工作。对于引发城市开发过程中社会风险的相关责任人，应启动问责机制和责任追究机制，减轻社会影响和持续性的公共利益损失。

6 城市开发中的社会风险评估与管理案例研究

6.1 广州珠江新城开发与建设过程中的社会风险管理

6.1.1 珠江新城基本情况介绍

广州珠江新城位于广州东部新中轴线上，北起黄埔大道，南至珠江，西以广州大道为界，东抵华南快速干线，用地面积约 6.6 平方公里。其中包括猎德、冼村等的城中村，也包括广州图书馆新馆、广东省博物馆新馆、广州市第二少年宫、广州歌剧院、电视观光塔、双子塔（西塔和东塔）等城市地标性建筑物。珠江新城是广州市 21 世纪中央金融商务区，是集中体现广州国际都市形象的窗口。

早在 1993 年广州市政府就作出决策，将广州新城市中心定在珠江新城，并打算用 5 ～ 10 年的时间把它建成一个现代化的金融商务中心。按照 1993 年出台的《广州新城市中心区——珠江新城规划》，珠江新城位于广州市天河区，北起黄埔大道，南至珠江，西以广州大道为界，东抵华南快速干线，用地面积约 6.4 平方公里。1993 ～ 1999 年，珠江新城的土地开发已累计投入 50 亿元人民币，但对多数广州人而言，"珠江新城"还只是一个地图上的概念。除居住用地正在积极开发外，只有若干政府办公机构迁入，尚无一家真正的商务办公建筑建成。2000 年，广州市的总体规划确立了建设国际性区域中心城市的目标，这使得珠江新城的重新定位迫在眉睫。于是，《珠江新城规划检讨》应运而生。这个对"93 版"规划进行修正的新规划在 2003 年由广州市政府颁布。在《珠江新城规划检讨》出台以后，珠江新城才真正走上了发展的快车道。2005 年以来，随着《珠江新城规划检讨》的实施，广州市加快了珠江新城的开发建设，在《广州市国民经济和社会发展第十一个五年规划纲要》中，确定珠江新城为广州市"十一五"期间十大重点发展区域之一，要求"以广州歌剧院等六大标志性建筑、集中山水城市精华的中央广场和立体化便利的交通设施等重点，形成区域性高标准的服务设施支持体系；发展成为具有国际金融、贸易、商业、文娱、外事、和旅游观光等多种功能的城市中央商务区硬核，国际经济、文化交流与合作的基地，成为城市新形象的集中体现"。

目前，珠江新城政府投资建设的广州市图书馆、广州市第二少年宫、广州市歌剧院、广东省博物馆等公共建筑已投入使用，一些地标性的建筑如广州电视塔、珠江新城双子塔（东塔、西塔）等建设完成，新的中轴线从黄埔大道至海心沙岛依次布置市民广场、景观公园、双塔广场、文化艺术广场、海心沙岛市民庆典广场（图 4-6-1、图 4-6-2）。

6.1.2　珠江新城开发与建设过程中的社会风险

珠江新城的开发建设并非一帆风顺。自 1993 年提出将珠江新城打造成广州的新世纪 CBD 以来，1993 ～ 2001 年期间，发展极为缓慢，引发社会广泛质疑，质疑声不仅来自民众，官方对珠江新城的发展也极为不满，不仅存在推进缓慢的问题，同时建设中城市形象缺失、密度过高、定位不当、配套失衡等问题层出不穷，规划部门备受压力，由于常年作为建设大工地，民众也备受施工干扰之苦，导致社会大众对珠江新城存在极大的不满情绪。在珠江新城的开发建设

图 4-6-1　珠江新城总体鸟瞰图

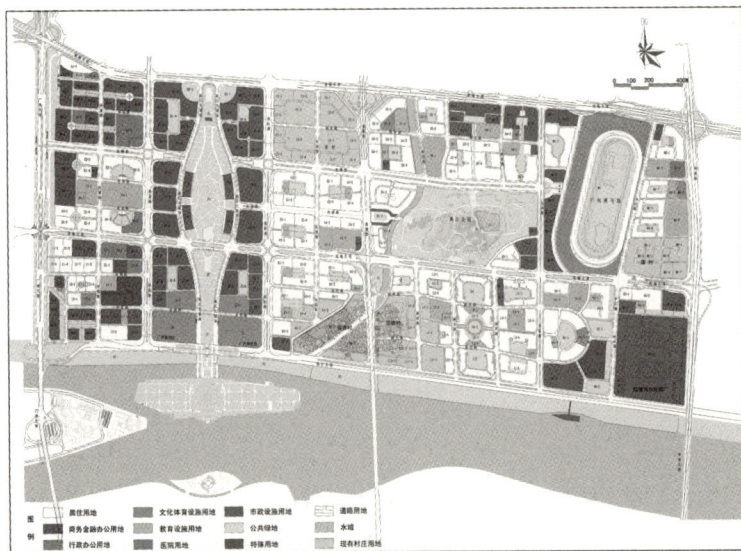

图 4-6-2　珠江新城土地使用规划图

过程中，较为突出的表现为社会发展风险和社会保障风险，由于存在几个大型城中村猎德村、冼村和谭村等，开发建设过程中面临大量拆迁安置问题，以及传统的岭南民居及岭南文化的传承与延续问题。同时由于开发建设过程中经济风险导致的社会风险问题也同样突出。

6.1.2.1　珠江新城开发建设过程中的社会风险来源

社会风险的产生是多方面的，广州珠江新城的开发建设历时至今约 18 年，在不同的阶段，社会风险来源也存在较大差异。从学术界和市民眼中，珠江新城的开发建设出现的问题，主要来自以下几个方面：

（1）规划定位失当。20 世纪 90 年代初，按广州市政府的意图，珠江新城将建设成"未来的广州新城市中心"。由于当时广州市政府正筹划修建地铁一号线，由于城市财政吃紧，政府希望靠土地收益支持地铁建设。大块土地不易卖，于是就把地块划小，希望用"小地块、高容积率"的模式开发珠江新城。小地块难以形成具有公共空间的城市环境，导致大量高而密的楼群，严重影响了城市外部环境的塑造。同时切分过多的小地块需要大量开发商进驻，受到基础设施配套缓慢的影响，同时经受亚洲金融危机，市场低迷，导致大量土地出让不掉。

（2）配套设施欠缺。由于高定位，造成珠江新城大量土地作为商业金融用地，居住用地比重较低，因此在原有配套标准的基础上，规划中对日常生活必需的配套设施缺乏考虑，过于理想化的 CBD 难以一蹴而就，导致长期人气低迷。依据国际惯例，公共设施是 CBD 至关重要的元素：交通、休闲场所、学校、医院、城市监管系统、家政服务、安全部门等公共设施，既可以解决就业、增加消费，又可以为各种消费提供良好的环境。而在珠江新城长期以来缺乏最基本的公厕、超市、银行等设施，导致居民不愿入住。

（3）外部环境的制约。由于广州毗邻香港，广州的 CBD 主要受到香港的挤压，同时，在内地受到北京和上海等城市的竞争压力，导致长期难以形成有效的集聚效应。

（4）交通的制约。由于 1993 版本规划的过于理想化，且交通问题的前瞻性不足，导致在建设过程中受到城市中轴线的制约以及地铁等设施的建设，导致东西向交通难以贯通，同时由于长期施工的影响，断头路、丁字路等较多，严重影响了交通的便捷性。

（5）公众参与的缺乏。从 1993 版珠江新城的规划开始，各个层次的规划均是"规划精英"和政府合作的产物，公众参与严重不足，导致公众对珠江新城的规划内容和开发进度不甚了解，导致的开发建设过程中出现问题以后，各方质疑声一片，但有些问题并非规划问题，但目前阶段表现出来的问题让公众将问题归咎于政府和规划机构。

6.1.2.2　珠江新城开发建设过程中的社会风险类型

从珠江新城的开发建设历程及其发展过程中的问题源头可以发现，引发的社会风险主要包括社会公平风险、社会发展风险、社会保障风险等。

（1）社会公平风险：珠江新城虽然长期以来未能形成具有强烈集聚效应的城市核心，但由于高定位，以及大量城市高端公共服务设施的入驻，政府部门的高度重视等因素，导致该区域房价持续上涨，从 2000 年以来，珠江新城的平均房价由 6000 元／平方米上涨到如今超过 40000 元／平方米，上涨达到 6 倍之多，超过周边地区普遍房价。

珠江新城开发的前期，不少开发商面对这片"处女地"都充满信心，纷纷投入开发，但许多项目都陷入了困境，一些甚至以失败收场，而艰难存活下来的，多年来也"活"得相当不容易。"珠江新城的房地产开发，从时间上大致可以分为三个阶段：1993 ～ 1995 年；1997 ～ 2002 年；2002 年至今"，供职于新世界中国地产的 Jack 介绍说，"前两个阶段基本上都以失败告终，直到第三个阶段，珠江新城才真正迎来了开发的高潮，楼价也就在这个时候不断被刷新。"据他介绍，最初开发珠江新城时，很多项目都"活"得相当不容易，这些项目当中，一度烂尾的华普广场可以说是典型代表。珠江新城最初的开发重点是偏靠成熟地段的西区，以商业项目为主。位于这一带的华普广场最初是由华普集团开发的写字楼项目。从 1993 年开始，其间经历了数次烂尾，规划也从最初的写字楼改为半住宅项目，然后到服务公寓最后仍回归写字楼。最后在引入了新的合作伙伴重新包装后，直到 2004 年才上市销售。尽管当时的开盘价不过每平方米六七千元，比住宅价还低，但开始时销售情况仍然不算好，直到旁边的星汇国际以 8000 多元／平方米开售，才带动了华普广场的销售。到 2005 年，该盘后期的销售价格也上涨到 8000 多元／平方米，开发期长达十多年，华普广场的有关负责人回忆起那段艰难的岁月，一再用"辛酸"两字来形容。华普广场实际上是珠江新城"第一拨"开发热的产物，当时虽然有 CBD 概念，却没有成熟的市场环境，导致了不少项目难以生存。2000 年左右，在珠江新城开发的第二个阶段，住宅项目开始不断涌现出来，例如，南国花园、金碧华府、新城海滨花园、星汇园等。当时这些楼盘均定位为"豪宅"项目，售价每平方米七八千元，甚至达 10000 元／平方米，在当时这个价格已经被市场"惊为天价"了。在这个时期开发的楼盘，实际上销售都经历过一段艰难的阶段，当时人们对珠江新城的接受度不高，楼盘的促销人员要绞尽脑汁才能吸引人气。熟知内情的人一言以蔽之：当时的珠江新城太不成熟了。2002 年，《珠江新城规划检讨》通过审议，2003 年广州市政府发布《关于实施〈珠江新城规划检讨〉的通告》，重新明确了珠江新城的定位。自此珠江新城重新启动，到 2005 年，进入了真正意义的开发高潮，住宅、写字楼全面推出，东区、中区、西区全面开花。2004年前后珠江新城主要有凯旋新世界、保利香槟花园、利雅湾等楼盘上市，均价在8000多元／平方米；2005年5月，力迅上筑推出市场，均价上升到9000元／平方米以上，使珠江新城楼价开始向"万元时代"进军。2005年年底到2006年5月，随着中海观园国际、富力爱丁堡国际公寓、珠江太阳城广场、中海花城湾、铂林国际公寓等楼盘的推出，珠江新城的住宅均价全面突破1万元，达到12000～15000元／平方米左右。其中誉峰的开盘价达到18000元／平方米，当时被称为"全城最高价"，再一次突破了人们对楼价承受的心理底线。2006年年底至2007年年初，随着嘉裕礼顿阳光、中海璟晖华庭、尚东宏御、尚东美御、保利心语花园等楼盘的推出，珠江新城的均价基本达到了15000元／平方米，销售持续畅旺。到了现时，珠江新城在售项目的销售均价普遍达到20000元／平方米，其中誉峰的售价更攀升至35000元／平方米，再次刷新了广州楼价纪录。

一方面是不断创出新高的城市房价，另一方面是公众群体对珠江新城的广泛质疑。以一套100平方米的房子为例，以单价40000元／平方米计算，珠江新城的房价收入比达到13，超过7～10的国际平均水平。

在广州电视塔的周边，凯旋城、珠江帝景、嘉裕礼顿阳光等超级豪宅比邻而立，但同样在电视塔周边，猎德村等原城中村安置住宅区大量存在，导致严重的门禁社区和普通社区的空间对立。同时，由于担心电视塔的辐射影响，豪宅呈现出高空置率。

在珠江新城的开发建设过程中，猎德村需要启动约7000人的拆迁安置，村址面积约31万平方米，另外还有发展经济用地约23万平方米。其中赛龙舟、祭宗祠等活动是村里的常规项目，村里保留有完整的龙舟和祠堂，具有典型的岭南文化特征，在现代化CBD建设大潮中，如何保护传统文化，减少村民的拆迁抵触，是开发建设面临的主要社会风险之一。2007年9月29日，猎德村出让地块拍卖，最终以46亿元被富力和合景泰富联合体拍下，随后又宣布引入新鸿基集团共同开发。

（2）社会发展风险：珠江新城面临长达16年的建设尚未真正成型，导致最为严重的社会发展危机。由于最初的规划过于理想化，以及金融危机的影响，导致土地出让陷入困境。另外一方面，由于CBD的功能定位，导致住宅和公共建筑的比例失衡，过高的住宅用地又制约了CBD的功能提升，但居住用地过少又使得CBD区域的人气不足，商务和金融类开发用地热情难以积聚和激发，导致长期难以真正形成具有实际意义上的CBD。

（3）社会保障风险：珠江新城在建设过程中，长期以来缺乏合理的公共设施配套，导致新区人气不足，生活不便，使得开发观望而却步，居民生活怨声不断。广州市政协委员罗科抱怨："交通不方便，日常用品也难买，我觉得住CBD的配套还不如城中村！"住在珠江新城的罗科买菜要搭车出去，因为整个珠江新城只有一个冼村肉菜市场。若要买菜又不想搭车，只好到超市买，可在珠江新城里超市也难找。罗科说，在整个珠江新城里，他只发现了两家超市。市民曾小姐2007年4月置下了珠江新城尚东美誉的房产，当时之所以花高价选在这里，正是奔着这里的高尚住宅而来。如今虽尚未入住，却已有受骗的感觉。她说，她所需要的并不是下楼就可以吃到沙河粉的方便，也不是多建几个菜市场的简单要求，而是配得上高尚住宅的方便而舒适的配套。而另一位在珠江新城某高级写字楼工作的肖小姐向记者抱怨，这里银行太少，吃饭的地方太少，有时候公司接待客户，不得不跑到天河体育中心附近。

6.1.3 珠江新城开发与建设过程中的社会风险管理

2000年以来，广州各级部门开始意识到珠江新城的开发建设存在的各种问题，开始着手对珠江新城的重新审视与检讨工作，2002年，《珠江新城规划检讨》编制完成，并针对过去存在的主要问题进行相应的补救措施。

6.1.3.1 广州市政府对珠江新城的社会风险管理措施

在《珠江新城规划检讨》出台之前，广州市政府出台了四大措施，加大对珠江新城的建设力度：

（1）对城市土地进行有组织的控制，回收闲置土地，使发展商的开发用地更多地通过竞拍等方式获得。同时，将未来全市的商务办公用地都集中放在珠江新城内，原则上不再从其他区域批出，促成开发的集约和聚集效应。

（2）让市民参与珠江新城的规划讨论，并出台《珠江新城规划检讨》，进一步明确珠江新城作为广州CBD的定位。

（3）以房地产开发作为主要动力，带动珠江新城的开发建设。

（4）把部分政府部门和广州大型的市政配套集中纳入珠江新城，如博物馆、广州歌剧院、广州图书馆、广州少年宫，形成更大范围的集约开发。

6.1.3.2 《珠江新城规划检讨》中提出的规划补救与管理措施

《珠江新城规划检讨》在总结了CBD建设中出现的各类问题基础上，主要提出以下几种补救措施：

一是住宅、商贸、行政办公总建筑面积减少。增加了广场和绿地用地，设计了新中轴线系列广场。

二是提高了配套设施水平，增设市级少年宫、图书馆，增设幼儿园9所，增设小学1所，市级医院、幼儿园、小学的用地面积增大。

三是改变小地块开发"楼看楼"的模式，采用国际通用的计划单元综合开发模式，将楼群间的绿化集中设置，形成很多漂亮的小花园。

四是街道模式变单一为多样，既有交通干道，也有骑楼式商业步行街。

五是提出了由高架步行道、地下人行隧道、地面专用步行道构成的立体化步行系统。

六是提出了一个必须通过举办设计竞赛才能确定方案的地标性建筑系统，用制度保证创造出有艺术特色的城市形象。

总体上，珠江新城的检讨工作基于"限密不限容、增加配套设施、强化交通组织与优化"等主要手段，在高度上不再拘泥于控制，重点控制楼栋之间的间距，在保证建筑面积的前提下，大大优化了外部公共空间。其次通过完善的基础设施配套，以及适当提高居住用地面积，强化了中心区的人气集聚。通过行政手段和市场手段强化CBD区域的商务用地集聚等，使得CBD中心区的环境和品质得到大幅提高，一些具有影响力的公共建筑入驻带动了整体品位的提升。

6.1.3.3　城中村拆迁安置中的风险管理措施

猎德村是广州市天河区街属下的行政村，位于珠江新城中南部，南临珠江。目前共有户籍人口7000多人，3300多户，还有1万多外来暂住人口。村址面积约31万平方米，另外还有发展经济用地约23万平方米。根据拆迁方案，猎德村的补偿原则是"拆一补一"，即拆1平方米补回1平方米，以4层为上限，实施阶梯式安置。猎德村还将在保留的专属用地内建设一座酒店作为集体经济发展的支撑项目，村民未来的长期分红有了稳定的经济来源。重视文化传承，祠堂先落成。为了保留猎德村文化氛围，新猎德村将保留以往的猎德风情，之前整体搬迁的5座祠堂目前已整饬一新，灰瓦白墙、大红灯笼和彩绘门神、威武的石狮子、房檐屋顶上的精致装饰，还有祠堂广场大块石板、广场门口施工中的高大石牌坊……印证着猎德村改造工程对历史的保留与传承。如今，新落成的祠堂已成为村民喜爱的休闲地。祠堂门前，一方池塘在建设中，该池塘占地7亩，今后将专门用于放置村中的八条龙舟。在现代化的大拆大建工程中，猎德村900多年的文化遗址和赛龙舟等传统，一定程度上得到了保留与传承。

猎德村的拆迁安置过程中，通过有效的经济杠杆，以及充分考虑村民后续的经济与就业等社会问题，同时充分挖掘与传承村民的传统文化，使得拆迁安置工作进展异常顺利。在拆迁后的整体安置小区内，继续利用原有的村民委员会和宗族集团实施社会管理，禁止村民私自出租安置住宅，避免了一般意义上的安置小区人员混杂的局面，使得新的安置小区呈现出一贯的活力和凝聚力。

6.1.3.4 珠江新城后续开发建设过程中可能存在的社会风险

虽然通过一系列的规划措施和管理办法，规避了大部分珠江新城开发建设中可能存在和激化的社会风险，但同样存在一些不可忽视的社会风险，主要为社会公平风险。珠江新城作为广州乃至华南重要的首善之区，其高品位、高质量毋庸置疑，但同样在此区域存在高房价的问题，尤其是广州电视塔对周边高端楼盘的消极影响难以消除，导致周边部分豪宅出现空置现象。其次过快上涨的房价对未来 CBD 区域的就业群体也是一个不小的压力，由于住宅等级缺乏合理梯度，片面的大户型和高品质的住房导致入驻群体过于单一，大量中低收入的群体势必需要付出高昂的通勤成本，将影响到未来 CBD 区域就业群体的多样化，甚至可能会出现低端服务业群体缺乏的现象。

随着 CBD 区域开发建设的逐渐成熟，未来大量居住与就业人口带来的交通压力也同样不可忽视，现有的交通能否在未来支撑得起近 50 万人的日常生活与工作？同时大量潮汐式的通勤人口是否会造成上下班高峰期交通过于拥堵，进而引发社会问题？这些都是需要思考和解决的问题。

6.2 鄂尔多斯新城开发与建设过程中的社会风险管理

鄂尔多斯市位于内蒙古自治区西南部，地处鄂尔多斯高原腹地。东部、北部和西部分别与呼和浩特市、山西，包头、巴彦淖尔市，宁夏回族自治区、阿拉善盟隔河相望；南部与陕西省榆林市接壤，总面积 86752 平方公里。

鄂尔多斯市地上、地下资源十分丰富。"羊煤土气"这四种资源为城市带来了巨大的经济效益：2009 年，鄂尔多斯人均 GDP 已经超过 20 万元，人均 GDP 超过香港，成为全国第一。由此，诞生了"鄂尔多斯经济现象"。

6.2.1 鄂尔多斯康巴什新城开发建设过程简介

鄂尔多斯市辖 8 个旗区，其中：7 个旗、1 个区。鄂尔多斯市由 3 个区组成：东胜区、东胜经济开发区和康巴什新区。后两者都是最近几年开发而成的新区。东胜区是鄂尔多斯的老城区，而本次案例研究主体即康巴什新区。

康巴什新区位于鄂尔多斯中南部，地处鄂尔多斯高原腹地，距东胜 25 公里、阿镇 3 公里，与东胜阿镇共同组成鄂尔多斯市城市核心区，是鄂尔多斯新的政治文化中心、金融中心、科研教育中心和轿车制造业基地。

康巴什新区水资源丰富，附近有两处水源地和两大水库，日供水量最高可达 8 万立方米以上，完全可以满足城市用水。康巴什新区土地平坦开阔，坡度在 5°以下的面积达到 60% 以上，且地质构造稳定，无滑坡、泥石流等自然灾害，无矿产资源开采区，有利于城市建设和绿化。这里北距东胜 25 公里，南距伊旗阿镇 3 公里，3 座城镇相向发展，顺应了世界城市形态由"单一中心"向"组团式"演变的发展趋势。于是，2006 年，康巴什新区应运而生。

新区规划控制面积 155 平方公里，规划建设面积 32 平方公里，北起 109 国道，东至 210 高速公路，距鄂尔多斯机场 15 公里，距世界旅游文化名胜成吉思汗陵 28 公里，包（头）西（安）和（胜）乌（海）铁路从城市外围通过。城市北靠青春山，南临东红海子，三面被乌兰木伦河环绕，地势开阔平坦。优越的地理位置、舒适的自然环境、便捷的交通、通信条件，使新区具有了得天独厚的综合发展优势和强劲的吸引力。

耗资 50 多亿打造、面积达 32 平方公里的内蒙古康巴什是一座豪华新城。康巴什基础设施一应俱全，有办公大厦、行政中心、政府建筑、博物馆、电影院和运动场，以及各种类型的居住小区。

6.2.2　康巴什新城开发中的社会风险类型

康巴什新区作为鄂尔多斯城市未来新的政治文化中心，对其有着较高的规划定位，同时也以百万人口新城的规模进行的配套设计。政府计划在 2010 年前迁入 100 万的居民。新区实际人口情况为：2008 年 2.8 万人，2010 年最新的人口统计数据为 2.86 万人。而距此半个小时车程的东胜区人口为 150 万，依旧是人口集聚的中心。新区人口是当前政府亟待解决的问题，由此引发的一系列问题都在一定程度上造成了新城开发的社会风险。

6.2.2.1　康巴什新城开发中的社会公平风险

鄂尔多斯的经济奇迹为这个城市带上了经济富足的标签。以 2009 年为例，其全市人均 GDP 位居全国第一，超过 20 万元。鄂尔多斯市区人口为 35 万，加上各个旗县总人口约为 150 万，其中，资产过亿的富豪人数超过了 7000 人，资产上千万的人有十余万。的确，这是一个富有的城市，这个城市拥有太多的富豪阔商。随之而来的新城建设在雄厚的经济基础之上，采用了国际化高端化的建设水准：高端的公共设施、高端的居住社区等。

图 4-6-3　鄂尔多斯城总体规划（2009-2020 年）——规划区土地使用布局图

　　然而在新区进行的随机问卷调研中发现，受访者中 73.7% 年薪仅为 20000 元左右，而新区内新建居住小区约 8000 元 / 平方米的售价对他们来说是遥不可及的，更不用说那些高端的公共设施了。而通过现场调研，新区内社区空置率高达 50% 左右。上述指标形成了明显对比：大多数的受访者作为新区的真正使用者，却没有能力享受新区新建居住社区，只能通过多人合租的形式居住在新区外围的老旧居住用房内。

　　通过对调研收入与居住问题的分析，可以发现，新城在开发建设过程中存在着社会公平风险问题。

6.2.2.2　康巴什新城开发中的社会发展风险

　　随着鄂尔多斯经济的飞速发展，其整体城市化水平与城市服务配套完善程度也有了大幅提高。通过问卷调研，100% 的受访者认为新城的建设提升了鄂尔多斯整个城市的环境水平；94.7% 的受访者表示新城建成后自身生活水平有了明显提高。因此，新城开发对社会发展具有巨大的促进作用。

6.2.2.3　康巴什新城开发中的社会和谐风险

通过问卷调查，84.2%的受访者认为新区房价上涨过快，同时，78.9%的受访者感觉新区二手房租金水平偏高。而关于动拆迁问题，受访者中有过动拆迁经历的人中62.5%认为其房屋资金补偿较为合理。

综上，新城存在着社区高空置率、房价／房租上涨水平较快的问题，反映出了新城开发过程中社会和谐风险问题。

6.2.2.4　康巴什新城开发中的社会保障风险

目前，新区内大部分企业部门职工仍然居住于东胜区，因此，通勤交通问题极为明显。新区距离东胜区30公里（车程半小时左右），仅有K21路公交连接。工作日，交通极为紧张。

42.1%的被访者认为新区服务配套设施量一般，31.6%的被访者认为设施配套量偏少。根据调研发现，目前新区配套设施建设情况不太均匀，主要集中在中心区域，以餐厅、小卖部、网吧为主，且为底商形式，规模较小。

综上，新城存在着通勤交通紧张、服务配套设施有待完善等问题，反映出新城开发过程中的社会保障风险问题。

6.2.2.5　康巴什新城开发中的社会安全风险

鄂尔多斯地处中国北部内陆，高原腹地，是我国沙漠化和水土流失较为严重的地区之一，市区内毛乌素沙漠、库布奇沙漠占了全市总面积的48%，丘陵沟壑区、干旱硬梁区也占全市总面积的48%，其自然生态系统较为敏感薄弱。因此，鄂尔多斯成为黄河中上游严重水土流失和西北、华北地区主要沙源地，被国家列为对改善全国生态环境最具影响、对实现全国近期生态环境建设目标最为重要的地区之一。而资源型城市的发展、新城的建设，对地区生态都是极大地挑战。

同时，由于新区内居住人口较少，平日仅单位区域有人出入活动，随处可见空旷的街道与广场。晚上，仅在核心区一带有居民活动，其余地区人迹罕至，对犯罪率增长有潜在的促发作用。

综上，新城存在着生态脆弱、犯罪率上升的风险，反映出新城开发过程中的社会安全风险问题。

6.2.3　康巴什新城开发中的社会风险管理

作为未来的鄂尔多斯政治文化中心，规划的百万人口规模是政府当前重点解决的问题。现已通过多种手段，集聚地区人气。

6.2.3.1 大型城市活动的举办

康巴什新区规划建设了城市博物馆、图书馆、文化艺术中心、民族大剧院等大型高标准的城市公共建筑。目前，新区通过举办相关国内国际活动来吸引新区人气，同时树立康巴什新区品牌。

2010 年康巴什新区举办了国际那达慕大会、全国机器人大赛暨 RoboCup 公开赛，"寻源问道·鄂尔多斯"——中国油画院油画邀请展，俄罗斯名家油画展，第二届鄂尔多斯住房交易会等 15 项国内、国际大型活动。

6.2.3.2 政府等行政单位的迁入

康巴什新区作为未来鄂尔多斯的政治行政中心，为促进新城发展，首先将城市重要的政府、行政机关单位迁入，以带动新区人气。

康巴什新区现已迁入鄂尔多斯市委、市政府、市公安局鄂尔多斯海关、市国土局、市建委、市林业局等城市重要的政府行政单位。

6.2.3.3 学校、医院等大型公共设施的迁入

学校、医院是城市重要的公共服务设施，同时也能在较短时间内积聚大量人气。康巴什新区内现已有鄂尔多斯职业学院、人民医院等设施。

6.2.3.4 对于员工通勤问题的考虑

为提升新区人气活力，同时解决通勤问题，部分大型单位取消班车，要求员工工作日居住在新区。

本章参考书目

[1] （德）乌尔里希·贝克著，何博闻译. 风险社会 [M]. 南京：译林出版社，2004.

[2] 吉登斯. 失控的世界 [M]. 南昌：江西人民出版社，2001：22.

[3] 薛晓源，周战超. 全球化与风险社会 [M]. 北京：社会科学文献出版社，2005.

[4] 夏南凯，宋海瑜. 大规模城市开发风险研究的思路与方法 [J]. 城市规划学刊，2007（6）.

[5] 魏涛. 城市社会风险的危害及其治理 [J]. 攀登，2010（10）.

[6] 张子礼，侯书和. 风险社会风险的成因与治理 [J]. 齐鲁学刊，2010（6）.

[7] 程新英，柴淑芹. 风险社会及现代发展中的风险—乌尔利希·贝克风险社会思想述评 [J]. 学术论坛，2006（2）.

[8] 城市化时代的转型与变革：中国进入城市化快速发展时代. 人民网，2010（10）.

[9] 姚亮. 中国社会转型期的社会风险及特征分析. 人民网，2009（10）.

[10] 陈远章. 社会风险预警指标体系及其实证研究 [J]. 系统工程，2008（9）.

[11] 童星. "十一五"期间江苏省重大社会风险预警 [J]. 公共管理高层论坛（第3辑）.

[12] 宋林飞. 中国社会风险预警系统的设计与运行 [J]. 东南大学学报（哲学社会科学版），1999（1）.

[13] 闫耀军. 论社会预警的概念及概念体系 [J]. 理论与现代化，2002（5）.

[14] 赵喜顺，王占国，赵骥. 社会预警的内涵与外延 [J]. 中共四川省委省级机关党校学报，2005（4）.

[15] 曾永泉，张鹏. 基于综合评估法的社会风险预警指标体系建构 [J]. 现代管理科学，2007（12）.

[16] 陈胜辉. 我国目前面临的社会风险及其控制. 广西青年干部学院学报，2004（3）.

[17] 刘旭东. 社会风险预警指标与我国现实比较. 中国城市经济，2011（1）.

[18] 胡学峰. 广州和谐社会指标体系的建立与实证研究. 广州市经济管理干部学院学报，2006（1）.

[19] 夏南凯，宋海瑜. 大规模城市开发风险研究的思路与方法. 城市规划学刊 [J]. 2007（6）：84-89.

[20]（德）乌尔里希·贝克著，何博闻译. 风险社会 [M]. 南京：译林出版社，2004.

[21] 宋林飞. 中国小康社会指标体系及其评估 [J]. 南京社会科学，2010（1）：6-14.

[22] 杨琳，罗鄂湘. 重大工程项目社会风险评价指标体系研究 [J]. 科技与管理，2010（2）：43-46.

[23] Gunningham Neil, Kagan R A, Thornton D. Social license and environment protection：Why businesses go beyond compliance. Law and Social Inquiry[J]，2004：307-341.

[24] Matthew L. A systematic approach to project managers of large infrastructure and extractive industry projects. Engineers Against Poverty, 2008.

[25] 中国国际工程咨询公司. 中国投资项目社会评价指南. 北京：中国计划出版社 [M]，2004.

[26] 王朝纲，李开孟. 投资项目社会风险的识别与规避 [J]. 中国工程咨询，2004（9）：47-49.

[27] 周恒勇，梁福庆，郑根保. 三峡农村移民安置中的社会风险因果树分析 [J]. 河海大学学报（哲学社会科学版），2002（2）：25-29.

[28] 陈占江. 转型期失地农民问题的社会风险及其治理 [J]. 东南学术，2007（6）：10-14.

[29] 陈淑伟. 论社会风险治理的三个视角 [J]. 理论与改革，2007（1）：62-64.

[30] 吴贤国，王瑞，陈跃庆，陈丹. 城市大型交通工程建设项目社会风险评价研究 [J]. 华中科技大学学报（城市科学版），2009（4）：25-28.

[31] 夏南凯，宋海瑜. 大规模城市开发风险研究的思路与方法. 城市规划学刊 [J]. 2007（6）：84-89.

[32] 吴智刚，周素红. 快速城市化地区城市土地开发模式比较研究. 中国土地科学 [J]，2006（1）：27-33.

[33] 陶履彬，李永盛等. 工程风险分析理论与实践：上海崇明越江通道工程风险分析 [M]. 上海：同济大学出版社，2006：228.

[34] 冯必扬. 社会风险：视角，内涵与成因 [J]. 天津社会科学，2004（2）：73-77.

[35] 邓伟志. 关于社会风险预警机制问题的思考 [J]. 社会科学，2003（7）：65-71.

[36] 朱力. 中国社会风险解析——群体性事件的社会冲突性质. 学海，2009（1）.

[37] 胡鞍钢，王磊. 社会转型风险的衡量方法与经验研究（1993～2004 年）. 管理世界，2006（6）.

[38] 童星，张海波等. 中国转型期的社会风险及识别：理论探讨与经验研究 [M]. 南京：南京大学出版社，2007.

[39] 郑杭生，洪大用. 中国转型期的社会安全隐患与对策. 新华文摘，2004（12）.

[40] 郭永龙，刘红涛，蔡志杰. 论工业建设项目的环境风险及其评价 [J]. 地球科学：中国地质大学学报，2002（2）.

[41] ［英］弗兰根等. 工程建设风险管理. 中国建筑工业出版社，2000.

[42] 贵州瓮安"6·28"事件. http：//news.ifeng.com/mainland/special/wengan628/

[43] 京城住宅上演退房高潮大牌地产商难以独善其身. http：// house.focus.cn/news/2008-06-12/485330.html.

[44] 苏州城乡一体化反思：大规模群体事件持续半月. http：//shilei.blshe.com/post/792/598051.

[45] 人民日报探访广东闲置土地"晒太阳"12 年增值 11 倍. http：//news.xinhuanet.com/fortune/2010-08/17/c_12452840.htm.

[46] 广州市规划勘测设计研究院. 珠江新城规划检讨，2002.

[47] 珠江新城规划之痛：CBD 成了大工地. http：//finance.ifeng.com/news/house/20090813/1079793.shtml.

CHAPTER 5

第五章　大规模城市开发中的政治风险

1 政治风险研究概述

1.1 现实背景

政治风险是社会风险的一种，是指由于战争、内乱、罢工发生的可能性和政治稳定性及国家政策的连续性带来的风险，政治风险主要包括国际政治、国内政治环境和政策风险等，这种由所在地区的政治背景所带来的风险，在不稳定的国家或地区最易发生，同时在不同国家和地区的体现也大相径庭。伴随着国际和国内政治环境发展和变化，传统政治风险之外，新的政治风险也在不断地发生和演化。"911"事件的发生，标志着恐怖主义成为重要的政治风险，民族主义、宗教主义等地缘政治风险也呈现出新的特点。政治风险的发生可能导致生命、财产的严重损害，也增大了国家、社会和企业利益受到严重侵害的可能性。

1.1.1 全球化背景我国下宏观经济调控政策

改革开放以后，社会主义市场经济背景下，宏观调控成为稳定经济的主要调控手段，自 1979 年以来，受对外政策及国际金融环境的影响，我国一共进行了 5 次大规模的宏观调控。

在全球化背景下，中国经济正成为全球经济的紧密一环，国际金融动荡不可避免地波及我国，2007 年后期爆发的美国的次贷危机，演化为全球的金融危机。为了应对金融危机对经济增长的不利影响，我国采取了一系列以投资为主的经济刺激措施，使经济在短期内保持较快增长，宽松的货币政策使货币供给增加 30%。2010 年底，伴随着货币流动性过剩，为防止价格由结构性上涨演化为明显的通货膨胀，中央开始实行紧缩的货币政策，2011 年共 6 次上调存款准备金率。

扩张性的财政政策急剧转向紧缩的货币政策，宏观经济政策的变化导致一系列矛盾的急剧爆发，一方面，由于银行借贷的紧缩，市场流通性的降低，大量中小企业资金链绷紧，民间借贷兴盛，大量企业关门倒闭。另一方面，随着本轮调控的过程中，2010 年地方政府投融资平台的负债规模急剧膨胀，大规模的投融资带来巨额债务浮出水面，而这些债务中的相当比例是用于大规模的城市开发项目，在当前形势下，伴随着调控的深入，房地产调控限购令的实行，购房需求的强行抑制，土地拍卖不景气，地方债的压力不断加大，如不加以合理有效的应对，将造成很大的危机。

1.1.2　快速城市化背景下的城市竞争和土地财政

中国城市数量已从 1949 年的 132 个增长到 2009 年底的 654 个，城镇人口达 5.21 亿，全国地级以上城市 287 个，县级城市 367 个，建制镇 19322 个。在计划经济体制下，1949～1978 年城市化水平从 10.64% 上升至 17.38%，30 年仅提高了 6.74 个百分点，而改革开放后至 2009 年底，全国城市化水平已经达到 46.59%，30 年间增长了 29.2 个百分点。[①]

城市数量增多，伴随着城市市区区域的扩张。据统计，1984 年，全国 295 个城市市区土地面积占全国面积的 7.6%。1996 年，由于城市数量增加和自身规模扩大，城市市区土地面积已占全国面积的 18%。[②]近 20 年来，北京、上海、天津、哈尔滨、武汉、南京、广州等特大城市周围的若干县区，均已建设成为城市新区。与此同时，以大城市为中心的城市群（带）逐渐形成、壮大，已形成大中城市和小城镇协调发展的城镇体系，结构日趋合理。

城市经济的快速发展，引起城市自身大规模扩张，并向周围地区产生强大辐射。在我国的东部沿海地区，开始形成以特大城市为中心、多层次、功能互补的城市群，如以长三角、珠三角、京津冀三大城镇密集地区，以及辽中南、中原、武汉、长株潭、成渝、闽东南、山东半岛、关中天水、北部湾等城镇群。这种以一个或多个城市为核心、多个城镇共同组成的城镇群已成为各地重要的经济增长极，是我国改革开放和制度创新的基地，对城乡和区域发展发挥了重要的辐射带动作用。

1.1.3　城市竞争加剧

地方发展的价值取向应当是整个社会的全面进步和发展。经济繁荣、政治稳定、（社会）秩序井然是为政者孜孜追求的目标。而在目前的背景下，地方政府决策的价值取向往往是一地的发展，甚至仅仅是经济增长。"为官一任，保一方平安"，外求"政绩显赫"，内求"仕途通达"成为地方官员的行为准则。以自我发展为中心，区域发展缺乏统筹，以邻为壑，地方政府过分注重看得见摸得着的硬因素，对至关重要的软因素兴趣不大。一些城市还在搞"大而全"，不以自己的比较优势为出发点，不是主动联合而是恶性竞争，造成了区域基础

---

① 参见国际欧亚科学院中国科学中心、中国市长协会、联合国人居署《中国城市状况报告 2010/2011》。

② 参见《中国农村城镇化进程中的改革问题研究》。

设施规划和城市发展布局的不合理，导致的不是双赢而是双输的局面。

1.1.4 土地财政越演越烈

分税制实施以后，伴随着土地市场的成熟和大规模的房地产开发，城市政府收入过度依赖土地的现象越演越烈，2009年全国土地出让收入约达14239亿元，一些城市年土地出让收益占到了财政收入的五六成之多。土地财政形成的机制，客观上促使了多卖地、快卖地、早卖地、贱卖地，牺牲了子孙后代的利益，土地被大量出让。2010年全国发现违法违规用地3.42万宗，涉及土地面积73.35万亩，其中耕地27.45万亩，有13个省（区）违法占用耕地超过1万亩。国家和省级重点工程项目违法用地33.04万亩，其中耕地15.02万亩，分别占全国违法用地面积和违法占用耕地面积的45.05%和54.72%。[①]土地的大量出让导致了城市土地资源的严重浪费，加大了城市开发中的经济风险和生态风险，最终将给城市带来巨大的创伤。

1.1.5 政治转型滞后

政府转型是政治转型的载体。政府改革的滞后，也已成为是我国现阶段经济转型进程面临的主要矛盾，也是政治不稳定的主要诱因。为此，要实现无限政府向有限政府转型，政府作为民权的代理机构，它不能无休止地扩大其治理的权力，成为无限政府。政府必须在权力、职能和规模上受到严格的宪法和法律约束、限制成为有限政府，权力的分散和制衡是有限政府本质内容，要实现权威型政府向服务型政府转型。现阶段政权的性质和经济转型时期特殊任务，要求政府担当起公共服务者的角色。进行公共投资，分配公共资源，管好公共物品，维持正常的市场交易秩序，弥补市场失灵的不足等，必须成为政府的主要职责。

在"十二五"期间，党中央提出加快推进政府职能的转型，要求政府从行政控制型政府向公共服务型政府转变。一方面有利于和谐社会建设的要求，另一方面也能促进社会和谐，增强政府在公共服务提供中的主体地位和主导作用。

1.1.6 政治非稳定因素的发展

政治非稳定因素主要包括：转型中利益关系严重倾斜，转型收益和成本的

---

① 参见2010年度国家土地督察公告。

呈现严重的非对称性，腐败问题日益突出，民族宗教矛盾激化，重大决策失误等等。

目前，我国城乡之间、区域之间、不同行业群体和阶层之间的收入差距仍在继续扩大，尤其在城镇，贫困层的规模呈现膨胀趋势，一部分居民的生活状况趋向恶化。更为严重的是，近年来公众舆论及不满情绪，呈现出从向"收入差距集中"往"分配过程不公"集中转移的趋势。分配过程的不公正，扰乱了社会分配秩序，导致"富了不该富的，穷了不该穷的"，直接影响人们对自身收入状况的认同，对社会心态的负面影响更为严重。众多学者认为，较为严重的分配不公已经造成社会成员产生严重的心态失衡。

我国在政治上处于腐败的多发期和高发期。以权谋私，权钱交易较为突出，并呈现出集团化与公开化的趋势。腐败现象的蔓延对整个社会产生了极为恶劣的影响，严重影响了法治的实现，它不仅严重侵蚀政府肌体，干扰经济、政治秩序的正常运行，而且已经成为产生政治不满的一个根源，威胁公众对政府的信任，成为诱发政治和社会冲突的重要原因。

城市经济体制改革，如改革的战略选择、推进速度控制，方向的把握等涉及全局的问题，主要是政府主导，而不是企业选择。政府成为改革的设计者和推进者，渴望改革的企业仍然需要仰政府之鼻息。因此，政府（部门或官员）的好恶、政府在改革中收益和成本的计较等等，往往成为政府设计和推进改革的重要依据。改革的受益者往往是政府，而不一定是企业。这种基于政府自身政治利益思考的决策，必然容易导致重大的决策失误。如"开发区热"，成为一厢情愿的事情，政府乐此不疲，一些官员"雁过拔毛"，一批官员政绩在身，加官晋爵。至于留给地方经济的"空洞"，只有来日再议了。

1.2　理论背景：政治风险研究综述

1.2.1　政治风险研究的产生和发展

国外政治风险研究是基于全球化发展背景下的现实需要产生的，为跨国公司，国际组织等对跨国经营模式进行探索和实践提供理论的基础。大致经历了以下几个发展阶段：

第一阶段，政治风险研究的兴起主要是在美国。因为二战期间，西方诸国在国际贸易投资环境下曾经整合他们的风险管理体系。美国作为新兴国家，对欧洲商业环境方面的信息有迫切的需要。

第二阶段，早期在不发达国家建立起来的政治风险模型有赖于垄断性的双边贸易。东道国控制市场准入情况下，外国投资者掌控着资本，管理或者技术等要素。雷蒙德·弗农（1971）在其著作 Sovereignty at bay：The Multinational Spread of U. S. Enterprises 中提出了渐逝协议因素模型，阐释了跨国合作中两个参与者争夺控制权相互竞争关系。并指出在项目的进行过程中，随着科技和管理技术渗透至投资国的环境中，谈判权利远离这些公司，使公司承担政治风险。这个理论也成为日后其他理论的基础。Stefan H. Robock（1971）在渐逝协议因素的模型基础上界定了各种行业在受政治风险时的概率是不相等的。同时，Stefan 指出新技术的注入是规避政治风险的最佳途径。

传统的政治风险理论研究局限在全球一体化时代的狭隘范围内，因此多极化的趋向产生出更深入的研究理论。托马斯·布鲁尔（1983）提出在国际政治风险的度量理论。他认为国家在不同利益集团中并非单一的参与者，而是相互讨价还价的过程，掌权者制定了在政治环境中的游戏规则，其政治风险取决于掌权者的利益变化。同政府的政策也受到跨国，全球性范例的影响和国家关系中权力转化。

1979 年伊朗革命，是一个政治风险范例中具有分水岭意义的政治事件。在美国成立了数个商业风险评级机构：商业环境风险信息（BERI），Frost 和 Sullivan 世界政治风险服务机构（WPRS），商业国际的国家评估机构（CAS），欧洲货币评估报告。这些将经验数据加以量化并使用以 Delphi 法为基础的专家意见法。这些方法不断得到发展，并广为跨国公司所使用。

William D. Coplin 和 Michael O'Leary（1979）创造了一种通过使用分析预测和改良过的 Delphi 方法来构架政治风险模型。这种方法提供了各东道国政治风险概率。世界政治风险预报机构（WPRF）后改名为政治风险机构。它提供了对政权的性不稳定、骚乱程度、货币的可流通性、投资风险及出口风险的预测。WPRF 强调一个综合观点，"有当权者干涉的政治体系中会产生对于企业的政治风险"。

另一方面，市场也在这样的体系下运作，政治风险管理体制的实践和理论研究在二战后发展起来。美国国外投资担保委员会和海外私人投资公司（OPIC）以市场为基础，提供诸如国有化，战争等政治风险及贷款担保等来支持东道国的各个项目。OPIC 的发展成为从事风险担保的管理机构和组织的模板。1988 年世界银行组织建立一个多边投资担保机构。

目前我国的政治风险研究的主要领域研究包括跨国投资、能源企业、PPP 项目（公私合作关系）等，研究成果尚未形成完整的体系。吴娟（2005）通过分析 PPP 模式的基本特征，提出了 PPP 模式下环境风险、金融风险、技术风险、市场风险等风险因素。王盈盈等（2008）通过对 1995 ～ 2008 年国内外 30 多篇关于 PPP 模式开发的论文进行数据统计和研究分析，得出 PPP 项目在中国的政治风险主要集中于国家政策法规的不稳定性、突发事件导致的暂停项目及政府官员的贪污腐败等，并且各个风险要素的重要等级不断变化的特征。在应对风险方面，汪文雄、李启明（2008）针对 PPP 模式与基础设施项目的特点，建立了涉及政治风险等 5 个方面 15 个指标的风险预警模型。

1.2.2　存在的缺陷和不足

当代的政治风险理论还存在着以下的局限：

（1）政治风险的适用范围小。政治风险的研究背景是 20 世纪 60 ～ 70 年代世界范围的民族独立运动，大批发展中国家通过暴力手段取得政治独立后，为追求经济独立又以社会主义理论为指导，对开采原材料为主的西方跨国公司进行了没收、征用和国有化。绝大多数的实践研究的主要对象是极端型政治风险。目前，虽然理论界仍有很多热点问题，但跨国企业已很少遇到这种极端型政治风险，更多是非极端型风险。且风险的研究主要针对跨国的经营性投资，在目前国内投资，尤其是开发方面存在的由于国内政治环境的变化导致的风险识别、评价和管理缺少适应性。

（2）无法满足企业管理者的需要。风险研究专家从不同角度对风险进行分析，得出的结论是截然不同的。在研究领域，学者往往从政治学或经济学的角度来考量政治风险，其得出的结论缺乏实用的指导性意义。

（3）政治风险的理论缺陷。政治风险研究以政治学理论为基础，忽视了企业的战略管理，使其在企业的合法性、行业吸引力、竞争能力、运营能力和运营技巧等方面无法满足商业管理的实战需要。同时，政治风险的评估体系也存在严重分歧，定性的分析存在政治事件数据量化困难的问题，而定性的方式则缺乏准确数据，两者如何相互补充，是未来研究的方向之一。

（4）我国政治风险的研究目前多集中于海外并购和能源投资等方面，尚没有专门针对城市开发方面的研究。城市开发作为一种特殊的投资，具有其资金量大、开发周期长、不可移动性等特点，与当地政府休戚相关，除去受到极端政治环境的影响之外，微小的政治环境改变，如房地产政策的调整、信贷制度的改变、领导人的更迭都可能造成严重的政治风险，但是目前该领域的政治风险研究成果极度缺乏。

2 大规模城市开发的政治风险

2.1 大规模城市开发的政治风险概念界定

2.1.1 广义政治风险

政治风险的概念出现于 20 世纪 60 年代，由于第三世界的民族解放运动中发生没收、征用、国有化等问题。其概念其跨越了政治学、经济学、法律和社会学等各个学科，主要是针对跨国投资领域的风险识别与规避而提出的。

斯特芬•罗伯克（Stefan H. Roboek）提出：“国际经营中政治风险存在于经营环境中出现的一些不连续性，这些不连续性难以预料，它们由政治变化所带来。经营环境中的这些变化必须具有对某家企业的利润或其他目标有重大影响的潜在可能性时才构成‘风险’。”

杰夫利•西蒙（Jeffrey D. Simon）则认为：“政治风险可视为政府的亦或社会的行动与政策，或源于东道国或源于其外，对有选择的或者大多数国外经营与投资产生不利影响”。

丁文利（Wenlee. Ting）（1988）将政治风险定义为：“环绕某一国际项目或企业的设定经营结果（收入、成本、利润、市场份额、经营的连续性等），而可能源自于东道国政治、政策、亦或外汇制度的不稳定性的非市场不确定变化。”

Lensik（2002）将政治风险定义为在政治、社会和经济环境中存在的不确定性，他认为政治风险研究的是社会中政治和经济实体关系的不确定性。政治风险是一种政治力量引起的经济生活的变化，这些变化会对公司的经济活动产生负面影响。

有关政治风险的各种定义存在差异，但大多包含 4 个基本要素，即：经营环境的不连续性，政治力量使然，风险的不确定性，对实现企业战略目标产生重大影响。

2.1.2 国家政治风险、主权风险和项目政治风险

国家政治风险是指所有公司所处的环境的宏观风险，主权风险一般特指直接向一国政府贷款或向政府担保实体贷款时发生的风险。国家政治风险和主权风险两个概念虽有相同之处，如风险发生的原因可能都与政府直接或间接决策或行为有关，但国家政治风险的内涵要比主权风险宽泛，如果说国家政治风险

泛指风险成因的话，那么主权风险则特指风险事件。

　　项目政治风险指国内外政治经济条件发生重大变化或政府政策作出重大调整而导致项目失败、项目信用结构改变、项目债务偿还能力改变等方面的风险，这类风险统称为项目的政治风险。项目的政治风险可分为两大类：一类为国家风险，即项目所在国政府由于某种政治原因或外交政策上的原因，对项目实行征用、没收，或者对项目产品实行禁运、联合抵制，中止债务偿还的潜在可能性；另一类为国家政治经济法律稳定性风险，即项目所在国在外汇管理、法律制度、税收制度、劳资关系、环境保护、资源主权等与项目有关的敏感性问题方面的立法是否健全，管理是否完善，是否经常变动。项目的政治风险可以涉及项目的各个方面和各个阶段，从项目的选址、建设，一直到生产经营、市场销售、现金流量、利润回收等项目全过程。

2.1.3　大规模城市开发的政治风险

　　大规模城市开发的政治风险是政治风险在城市开发领域的专业性风险。本文所讨论的大规模城市开发的范围界定为大规模公共开发项目，指由城市政府针对特定项目所设置的公共开发机构所主导开发的位于城市边缘或外围的各种类型、集中连片、面积大体在3平方公里以上的各种独立功能单元。这类项目往往具有多重功能，并在城市整体发展战略和空间格局中承担重要的作用，引导或制约着临近地区的开发，甚至能够对整个城市的开发活动产生直接或间接的影响，同时也往往是树立城市形象、展示城市实力的重要窗口。

　　大规模城市开发的政治风险是指开发主体在开发集中连片、面积在3平方公里以上的城市独立功能单元时，由于政治因素导致经营环境变化，项目所获得的实际结果与项目所设定的预期目标（内部预期目标和外部预期目标）发生负偏离的可能性。

2.2　城市开发中的政治风险特点

2.2.1　严重性和积累性

　　政治风险是各类风险中级别最高、损失最大、破坏最严重的风险。由于政治系统在一个社会的重大主导作用，任何局部性、全国性战争、叛乱、动乱、暴动、工人罢工、学生群众示威游行，群众性内乱以及其他不测事件的危害都是严重的，对于经济、文化、社会所造成的创伤需要几年甚至几十年都无法恢复。

政治风险的爆发具有相当时间的积累过程,在积累的过程中可以被把握到。政治系统的稳定对于整个社会的稳定都具有决定的作用,所以政治系统往往具有一套比较稳固的设计,用以化解政治矛盾。但是不能根本消除各种矛盾,在政治风险积累的过程中当冲突积累到一定的程度,任何的政治失策就会引发矛盾激化,危机一触即发。

2.2.2 外生性和被动性

外生性是指一个系统主要是受外部因素的影响,则称该系统具有外生性。尽管大规模的城市开发的决策失误可能带来诸如政府破产、法律责任等严重后果,但在绝大多数情况下,尤其在我国的现实国情下,政治风险仍是由于外部的政治因素而引发的经营环境的不连续,具有外生性的特征。城市开发的外生性特征主要表现为:①受宏观政治环境的影响;②受政治组织构成方式的影响;③受领导者(部门、官员)影响;④受政策体制影响。大规模城市开发项目往往是一个城市未来数年重点发展的区域,在一个城市中起到拉动地方经济,解决就业人口、缓解城市矛盾,展现城市形象等重要的作用。因此,大规模城市开发往往由地方政府所主导,开发商对整个项目的策划、开发、建设阶段都需要与政府部门协调实施,因此,相对于其他开发项目而言,大规模城市开发更具有被动性的特征。

2.2.3 不可控性

项目的政治风险属于项目的环境风险,环境风险是指项目的生产经营由于受到超出企业控制范围的经济环境变化的影响而遭受到损失的风险。这类风险企业无法控制,并在很大程度上也无法准确预测,因而项目的环境风险也被称为项目的不可控制风险。

比如 2010 年 11 月 3 日,住房和城乡建设部等四部委下发国五条通知,将住房公积金贷款购房的首套住房购买 90 平方米以上的房屋首付提高到 30%,二套首付不得低于 50%,三套贷款停止。与此同时,北京市房地产交易管理网统计的 10 月份当月房屋交易数据显示,当月北京房屋交易量环比降 36.1%。据中原地产统计数据,当月北京商品房成交均价为 19160 元 / 平方米,房价自 2008 年以来首度跌破 2 万元 / 平方米。国五条政策的出台,意味着房地产的买方市场急剧萎缩,市场供需平衡被打破,对刚竣工或正在建设的房地产项目产生了一定的风险,而这个风险具有突然性和不可控性。

2.2.4 复杂性

影响政治风险的因子纷繁复杂，错综交叉，容易引起连锁反应，加之不可控性与主观性的特征，使政治风险更具复杂性的特征。贫富差距悬殊、就业压力增大、社会不正之风及社会治安恶化、公平公正偏离、环境污染严重、政策失误等一些问题对人们的心理、社会秩序、社会制度的公正性和权威性造成很大影响，都可能导致政治系统权威削弱，政治资源流失。大规模城市开发涉及的利益方较多，资金庞大，任何一方利益的损害，都可能导致整个项目停滞。

2.2.5 关联性和原发性

在多数情况下，政治风险是本源的风险，政治决策的失误或政策的不当易引发社会风险、经济风险、生态风险、文化风险等其他风险，形成连锁反应，对社会造成巨大损失。如 2007 年美国发生的次贷危机，席卷了美国、欧盟、日本等主要金融市场，给世界经济造成巨大损失。很多人认为危机主要产生原因是金融监管制度的缺失，那些贪婪无度的华尔街投机者钻制度的空子，弄虚作假，欺骗大众。这场危机的一个根本原因在于美国近 30 年来加速推行的新自由主义经济政策。

2.3 城市开发中的政治风险分类

2.3.1 按风险来源分类

2.3.1.1 作为城市开发外部环境的政治风险（外生型）

根据夏南凯等（2007）研究，大规模城市开发项目主要是指由政府主导，大规模集中连片开发的城市新区或旧区改造项目，项目功能类型复杂，并在城市整体发展战略格局中占有重要的作用，这与有经济组织主导的开发项目具有极大差异性。城市外部政治环境对项目开发具有较大影响，影响因素包括政局动荡，领导换届，政策更换等要素。

2.3.1.2 城市开发本身可能引发的政治风险（内生型）

城市开发本身涉及面广，城市大规模开发活动所引发的社会力量的冲突与对抗给城市建设主管领导带来了政治压力，城市建设主管部门也往往处于突破政策界限以执行领导意图与坚持法定规划以维护社会公共利益这种难以协调的两难境地。大规模城市开发涉及利益方较多，由于决策和实施的失误，可能带来一系列的政治风险。本文对此种风险不作重点研究。

2.3.2　根据政治风险作用范围分

2.3.2.1　宏观风险

社会宏观政治风险包括革命、内战、少数民族或宗教骚动和大规模内乱等。这些事件在某特定国家的发生可能中断该国家全部跨国商业活动，或对整个跨国商业活动产生负面影响。政府宏观政治风险包括对所有跨国经营投资的国有化、征用或本金及收益汇回限制等。宏观政治风险是针对主权国家全部国外债权人和投资者行为和政策的风险。

2.3.2.2　微观风险

社会微观政治风险包括针对特定跨国经营产业的恐怖分子袭击、针对特定公司的罢工、抗议示威和怠工破坏等。政府微观政治风险包括政府不履行合同、选择性国有化和征用、扣押特定资产和针对特定公司的歧视性税收等。微观政治风险则是针对主权国家某些跨国业务或特别部门国外债权人和投资者行为和政策的风险。

区分宏观政治风险和微观政治风险在于强调特别产业、部门风险因素的变化与整个政治和社会风险因素变化对出口商和国外投资者的影响。宏观政治风险和微观政治风险又可细分为与社会事件和条件变化相连的风险以及与政府决策和行为相连的风险。因此，政治风险有社会宏观政治风险、社会微观政治风险、政府宏观政治风险和政府微观政治风险等四种类型。

2.3.3　按风险大小分

2.3.3.1　非区别性干预

非区别性干预是指政府机关为了实现既定的经济社会发展等目标而采取的普遍性的干预措施。相对而言，非区别性干预是一种干预程度最低的措施，而且往往不特别地针对某一特定领域。在城市开发项目中，往往表现为：①要求开发项目额外建设基础设施等公共利益项目；②项目的主要负责人由政府部门的领导人或管理人员担任；③规定城市开发项目中使用或含有特定要素；④要求额外增加社会和经济上的附加费。

2.3.3.2　区别性干预

区别性干预是指政府机构为削弱特定投资在行政区划内部的开发与实施而采取的一系列措施。区别性干预措施比较严厉，而且目的很明确。在城市开发

项目中，表现为：①向特定的项目征收附加税费；②仅限外资进入基础设施等
获利效率不高的项目。

2.3.4 按项目现象分

2.3.4.1 决策风险

决策风险是指由于政府机构对项目或自身建设定位的错位而导致的政治风
险，包括项目建设基地的定位、项目规模的定位、项目性质的定位、项目实施
时序的定位和项目服务人群的定位等。决策风险产生的原因有多种多样，如领
导人意志、政府信息的不完备、政府评估体系不完善等。

2.3.4.2 转型风险

转型风险是指由于政治因素改变而产生的政治风险，其中包括政治制度的
转型、政治体制的转型、政府人事的调整、政策导向的改变等。比如城市定位
问题，城市定位的不确定性导致了大规模城市开发项目实施的不确定性。目前
的城市定位、城市新区都是领导定位，或者政府定位。比如深圳，从建立特区
开始到现在，城市定位从出口区、来料加工区、贸易区、经济特区到高科技城
市、文化城市，城市定位随着领导人的变化前后改变数十次，规划也随着城市
定位而变，政策导向也在不断变化，从而导致基础设施的投入、重点项目的建
设面临不确定的政治风险。

2.3.4.3 失范风险

失范，亦称脱序，由于社会规范失调产生一种社会反常的状态，即在一个
社会中缺乏人们可以共同遵守的行为准则之意。现代世界的变革过程迅猛而深
入，从而激发了许多重大的社会难题。它们大大扰乱了传统的生活方式、道德、
宗教信仰和日常规范，却没有提供明确的新价值观。非政府组织（NGO）"透明
国际"在世界的 178 个国家和地区的范围内监视并公布了 2010 年度全球腐败
指数报告。中国大陆排名第 78，比去年上升 1 位。我国在政治上处于腐败现
象的多发期和高发期。以权谋私，权钱交易较为突出，并呈现出集团化与公开
化的趋势。尤其在城市基础设施与重大项目的开发过程中，政府与开发商勾结，
利用权钱交易，以次充好，进而中饱私囊，危害群众利益。政治失范的扩大化
与公开化，降低了政府在群众中的威信，易造成政局的动荡，甚至出现混乱无
序状态。而对于项目的开发而言，项目开发商易陷入获准危机，即项目的开发
和建设得不到或不能及时得到项目所在地政府的授权或批准的风险，从而导致
正常开发不能顺利进行。

2.3.4.4 运行风险

运行风险是指在大规模城市开发项目进行过程中，由于政府部门的运行机制而导致的风险。主要包括地方保护主义、部门协调矛盾、各级政府矛盾等。我国政府层级较多、部门设置较为繁杂，行政机关较为臃肿。各部门条块分割较为明显，缺乏统筹考虑。采取分税制之后，地方政府往往为增加自身财政收入，不顾上级政府区域统筹的规划，执意推行有利于地方财政收入的城市开发项目。在与上级政府及平级政府协调发生不一致后，最终导致政治风险的产生。

2.4 政治风险的要素构成

2.4.1 行政机构组织

2.4.1.1 行政级别

从宪法的规定来看，我国现行的政府级次可分为中央、省自治区、直辖市、州、县、乡镇五级。但是在实际上，我国的政府层级远不止五级。形成中央、省、省直辖市（副省级、但省辖市自定为省级待遇）地市州、区（副地级）、县市、乡镇、村八级，其中省直辖市和区是两个半级政府。如果两者合并实际上形成七级政府运行。

在我国所处的转型期的特殊社会阶段，政府作为经济人的特征尤其明显，政府担当的不仅仅是裁判员，也是市场经济中的运动员，就大规模城市开发项目而言，政府往往是开发的主体，不同级别的政府由于其掌握的政治经济资源的不同，从而对项目的成败有着很大的影响，项目结果迥异。

2.4.1.2 机构设置

政府级次过多，事权和财权不清，职能紊乱，机构人员膨胀，财政供给人员过多，行政运行成本过高是当前我国地方政府普遍存在的问题，很多地方政府也在不断地通过部门改革和调整，优化机构设置结构，提高运作效率。

比如，与城市规划最为密切关系的土地部门与规划部门，经常出现土地利用规划与城乡规划不够协调。城镇建设以总体规划为依据，由城镇建设管理部门负责制定，而城市土地利用规划是土地管理部门负责制定的，双方在制定规划时如没能充分交流，两个规划必有不相协调的部分，这就会为今后在建设管理上造成不利影响。由此规土合一可使管理效率提高，减少问题和矛盾。

2.4.1.3 政治透明度

政治透明度，是政治体制现代化发展的重要指标。可以说，没有政治透明，就没有现代民主政治。民主选举和政治透明构成了现代政治的重要基石。如何才能称得上政治透明或者透明政治，最根本的就是重大事情让人民知道、重大问题经人民讨论。包括新闻发言人制度、政务公开制度等。

自改革开放以来，经过数十年的艰难改革，我国的政府职能有了一定的改变，由原先的计划经济体制下的政府，转变成适应市场经济的政府。但在建设过程中在我国政府职能中一直存在越位、缺位和错位的问题。服务型政府与公共服务型政府的区别，关键在于"服务"与"公共服务"之不同。政府服务的范围很广，包括对整个社会所有个人和组织的服务，常常是从广义来理解的，并且在中国主要作为对经济领域的服务来指向，包括采用适当的财政政策和货币政策保持经济平稳健康发展、制定法规政策保护私有产权、对市场主体的经营活动进行监督等。政府职能的转变有利于减少政府意志对于市场作用的影响，有效地避免和减少政治风险在大规模城市开发中风险的发生。

2.4.1.4　政府决策

政府决策是指政府通过讨论、研究、论证后确定的大规模城市开发的项目，由于受到时代、意识形态、信息不完备等因素的局限而导致的风险。由于大规模城市开发项目牵涉的利益方较多，其中的关系错综复杂，政府部门往往是在多方利益中权衡，以期获得全民利益的最大化。由于整个过程的复杂性和不可预测性，有些决策在项目实施后若干年被证明是错误。其次，一个城市的发展受到其领导人的引导和约束，不切实际的领导人的想法可能会对城市的开发建设造成风险。

如2003～2006年，郑州市政府及有关部门违反土地利用总体规划和城市总体规划、违法批准征收集体土地14877亩，用于龙子湖高校园区建设，并拒绝按照国土资源部的要求进行整改，反而继续违法征占土地。郑州市之所以如此超越规划、不顾中央政府的政令，违法征占土地，为的是建设实现当地官员所确定的"建一座新城"的宏伟目标。政府领导的意志在整个新城开发中起到了关键的作用。

2.4.1.5　政府换届及人事调整

地方组织法规定地方各级人民代表大会每届任期5年。地方各级人民政府每届任期5年。每届领导人都有自己的想法和做法，而任期就5年，如果必须按照前任的思路操作，那么实际上领导人就不能按照自己的想法干事了。而城市总体规划的年限是20年，规划期限与政府领导人任期错开几年的安排，即成为一种严重的弊端——本届领导人如何约束下届领导人完成本届制订的目标和规划，同时规划时间超过任期的逻辑结果，就是规划在很大程度上徒托空言，而本届政府则可以因此脱责，民众却无从监督和评判。而大规模城市开发过程从决策到最后的实施，往往需要相当长的时间。要保证规划得到有效的执行，必须解决规划期与政府的任期不一致问题，特别是要处理好政府换届与规划思路延续、对接的问题，保持新一届政府采取的政策与前任的连贯性。

2.4.1.6　行政干预

行政干预是政府对国民经济的总体管理，是一个国家政府特别是中央政府的经济职能。包括政府投入和政府控制。在城市开发领域，政府会对自身重点发展区域进行资金投入，其主要形式有政府财政拨款、发行国债协助融资、引入合适配套项目等。同时也会对一些项目进行控制其开发量，从而达到平衡市场的目的。

当前宏观调控中仍然有明显的行政干预色彩。特别近年来市场偏冷的形势下，政府对经济活动的直接参与增加，行政干预的色彩也有所增强。

行政干预具有以下特点：

一是政府直接投资规模扩大，持续时间较长。政府部门对投资的调控偏重项目审批，由于投资决策与风险责任不对称，决策者利益与项目效益没有密切联系，影响了投资的效果。二是在一些方面出现了过度干预的现象。如不恰当地限制市场准入，控制市场价格，限制竞争，保护落后。三是当经济开始升温时，为了防止新的过热，在信贷资金和土地批租方面有些数量、规模控制等直接管理的方法又开始恢复。而一些市场调节措施，例如减税、调整利率等使用的较少，效果也不明显。

2.4.1.7　行政效率

行政效率是指公共组织和行政工作人员从事公共行政管理工作所投入的各种资源与所取得的成果和效益之间的比例关系。行政效率包括行政行为的速度，成本和正确度。由于大规模城市开发牵涉的部门较多，高效的行政效率有助于项目的推进，政治风险发生的可能性较小。目前，在全国范围内，政府部门都开始推行服务承诺制及简化窗口办事程序，令行政行为高效、透明和公正。政府承诺制包括首问责任制[①]、首办责任制[②]、一次性告知制[③]和限期办结制[④]。目前政

[①] 首问责任制是针对群众对机关内设机构职责分工和办事程序不了解、不熟悉的实际问题，而采取的一项便民工作制度。

[②] 首办责任制，是指人民检察院对于本院管辖的控告、申诉，按照内部业务分工，明确责任，及时办理，将控告、申诉解决在首次办理环节的责任制度。

[③] 一次性告知，是指在窗口服务工作中，窗口工作人员在对服务对象办事申请和咨询作出说明、解释，提供准确、可靠信息，应当一次性予以告知。

[④] 限期办结制，指机关及直属单位依据法律、法规和规章等有关规定，办理行政事务和管理服务事项必须在规定的时间内予以办结的一种制度。

府有关部门对房地产开发项目的审批，还没有脱离计划经济时代过多的行政审批模式，采取的仍然是行政控制型的管理方式。归纳起来，大致有以下几个特点：一是涉及的部门多，大约涉及30多个部门、50多个环节；二是从立项到投建期间办理审批手续，一般要半年以上，在全部的审批手续中，近80%都集中在立项到项目破土动工的前期；三是投资资金长期闲置。对开发商而言，不仅项目前期所需要的时间长，而且在项目前期就必须投入大量的资金。土地实行拍卖以后，开发商一旦竞拍成功就必须马上投入一笔不菲的资金，加上拆迁费、政府代收费、勘察设计费、开发准备金、"三通一平"等费用，前期的铺垫资金至少要占项目总投资额的50%。由此可见，项目前期准备阶段不仅牵制了开发商大量的人力、财力和精力，也加大了项目开发的成本。行政效率的低下直接可能造成巨大的城市开发风险。

2.4.1.8　干部渎职

目前我国政治正处于转型期，由于法律制度的不完善和政治体制的不健全，在很多政治事务上存在"暗箱操作"和"权钱交易"的情况。尤其在城市开发方面，土地收入已经成为政府的主要财政来源之一。土地平整和土地的转让等带有明显暗箱操作的成分，可塑性强，导致国有资产的大量流失，往往造成"项目上马、领导下马"的尴尬状况，使大规模的城市开发活动无法顺利进行。如山东省临沂市，在2006～2009年期间，检察机关在土地整理领域查处了7起职务犯罪案件，涉案人员均为管"土"吃"土"的"业内人士"。这些政府工作人员往往手中握有一定实权，或负责土地整理项目的竞标，或负责项目立项、报批，或负责项目的检查、验收。这类犯罪事实和手段都比较单一，属于赤裸裸的权钱交易。造成这种"权钱交易"频发的很重要的一个原因就是项目管理的权力过于集中，使涉案人员有机可乘。

2.4.2　宏观政策

2.4.2.1　区域发展政策

目前，我国正处于社会转型的中期阶段，市场经济体制初步确立，城市化进入快速发展阶段，产业面临转型与升级，城市的发展战略急需充实和调整，社会在制度，体制等各方面经历着根本性的变革，包括社会体制的转轨，政治制度的改革，社会阶层的分化重构，社会发展阶段的转变和城乡文化变迁等多个方面。我国自1978年改革开放以来，宏观政策发生数次改变，从1978年优先发展东部沿海地区，先后建立了5个经济特区和14个沿海开放城市，加快了东部建设的进程。到 2000 年推进西部大开发政策,给予西部开发大量的优惠政策。而后到 2004 年 3 月,温家宝总理在政府工作报告中,首次明确提出促进中部地区崛起。2004 年 12 月,中央经济工作会议再次提到促进中部地区崛起。由非均衡发展,到均衡发展,区域发展政策的制定,国家支持的倾斜,对区域总体定位,城市大规模开发项目的实施具有重要的意义。

2.4.2.2　土地政策

国家根据一定时期内的政治和经济任务,在土地资源开发、利用、治理、保护和管理方面规定的行动准则。它是处理土地关系中各种矛盾的重要调节手段,一般包括地权政策、土地金融政策和土地赋税政策等。20 世纪 60 年代以后,由于工业的发展和城市人口的增加,环境污染和建设事业占用农田在许多国家中成为尖锐的社会问题,于是又制定了有关防治污染、保护农田的政策。土地政策除了有关土地所有、占有、使用制度方面的内容以外,还有土地经营、垦殖、开发、管理、课税等方面的政策。土地经营方面,有些国家是鼓励土地集中,扩大经营规模的政策;有些国家是维持土地分散,即采取小规模经营的政策。对土地买卖、转让、租赁、典押,有些国家是实行禁止、限制等政策,有些国家则实行自由主义政策。在垦殖、开发方面,许多国家为了扩大种植、养殖,实行财政信贷支持和税收减免的政策。在土地管理方面,有水土保持政策、土地改良政策、土地合理利用政策等。

众所周知,土地和金融是国家宏观调控的两大"阀门",因而国家土地政策在宏观经济调控中具有举足轻重的地位。对于土地储备业务来讲,当国家采取经济刺激政策时,需要增加土地供应,土地储备总量必然加大;反之就会压缩。调控政策的过渡转换,在土地储备业务的变化上会形成时间差,如果处理不好的话,会引起土地储备周转业务、资金供需的连锁反应,其风险是显而易见的。

2.4.2.3　动拆迁政策

动拆迁将形成对住宅的巨大刚性需求,如果政府不作为,任由市场供应房源的话,将导致市场供求关系失衡,进一步引发房价上涨,而被拆迁人拿到的安置补偿款将不足以购买同等居住质量的住房。为此,政府一方面调整、健全动拆迁政策法规,另一方面拿出较好的地块用以建造动拆迁安置房,并完善周边公交地铁及生活配套设施。同时,政府减免动迁安置用房的土地出让金和相关规费,并对安置房的价格实行政府限价,使之少受房价飙升的市场化影响,对于稳定市场房价也起到了相当重要的作用。2004 年 6 月,国务院办公厅即发布《关于控制城镇房屋拆迁规模严格拆迁管理的通知》,要求合理控制城市房屋拆迁规模和进度，严禁大拆大建，减缓被动性住房需求过快增长。要量力而行，在没有落实拆迁安置房源和补偿政策不到位的情况下，不得实施拆迁，不得损害群众合法利益。这一政策有利于调节住宅市场的供求关系。

案例：世博动迁涉及浦东新区、卢湾区和黄浦区，涉及 18000 多户居民。政府专门开发了浦江世博家园和三林世博家园两个大型居住社区，作为专门安置世博会动迁居民的房源。总居住建筑面积约 200 万平方米，公建和商业配套超过 35 万平方米。因世博会动迁的居民，将由原来的户均 30 平方米建筑面积的旧居，改善为户均超过 70 平方米建筑面积、环境优美、功能齐全、生活方便的新居，因为动迁政策得民心，自 2005 年 3 月底陆续开始分批动迁签约以来，截止到 11 月 14 日，已有 15000 户居民签约，总签约率达到 80%。其中浦东新区出现了动迁居民近千人排队签约的罕见现象，实现了一个月签约数逾 3000 户，第二批首日签约数逾 1000 户的"双突破"，创下上海动迁史上的新纪录。

2.4.2.4 规划建设政策

近年来，许多开发商都热衷于推出大房型的住宅，3 房 2 厅的建筑面积从 100 平方米增至 140 平方米，再增至 180 平方米，同时通过广告媒体引导社会舆论和消费观念：越是大的房型越是显示业主的尊贵品质，并以此作为卖点不断提升房价，提高开发商自身利润。在容积率保持不变的情况下，越是大空间大房型，其隔墙越少，厨房和卫生间的比例也越小，相应的机电和装修工作也越少，可以省下不少建设投资。同时，因其单元面积较大、户数相应减少，销售成本也可降低。

建设部发布的消息称，截至 2006 年 4 月底，40 个重点城市可售商品住房面积总量达到 100 万套，套型面积在 60 平方米（含）以下的商品住房可售面积约 12 万套；套型面积在 60 平方米～80 平方米（含）的商品住房可售面积约 11 万套，中小户型房子只占到可售房源的 23%。大户房型不但使得单套房屋总价提高，而且使得可供销售的住宅总套数下降，不能满足占社会绝大多数的中低收入者的购房需求，更不利于改善住宅供不应求的矛盾，故应该大幅度提高中小户型住宅的比例。

2.4.2.5 保障性政策

我国保障性住房制度主要是由经济适用房、廉租房和公积金制度组成。近年来，面对畸高的房价，国家频频"亮剑"，接连重拳出招遏制房价疯涨。但遗憾的是,几乎每一次调控之后,房价不仅没降反而报复式反弹,涨得更高更快,形成了"越调越涨"的怪圈。随着关注民生理念的深入,我国房产调控政策也在逐渐转向保障性住房,许多城市已把保障性住房作为社会发展的奋斗目标。"国四条"中的一条是:继续大规模推进保障性安居工程建设,力争到2012年末,基本解决1540万户低收入住房困难家庭的住房问题。这个指标已经比2009年5月住房和城乡建设部等三部委出台《2009—2011年廉租住房保障规划》制定的指标翻了1倍。无疑,有了新政策支持下的保障房市场,将会迎来更大规模的供应热潮。同时,由于政策制定中的漏洞及中国特殊的收入制度导致许多"开宝马、住经济适用房"的情况出现,这给保障性住房的建设带来较大的困难。

2.4.3 政治体制

2.4.3.1 行政区划

行政区划就是国家为了进行分级管理而实行的国土和政治、行政权力的划分。一般说来,行政区划是以在不同区域内,为全面实现地方国家机构能顺利实现各种职能而建立的不同级别政权机构作为标志。我国分6级行政区体系,包括省级行政区、地级行政区、县级行政区、乡级行政区、村级行政区和组级行政区。其中省、县、乡3级为基本行政区。在区域统筹的今天,行政区划的调整变得更加频繁。如浦东自1990年设立新区以来,发生了翻天覆地变化,随着城市功能的升级及新区的扩张,2009年4月,国务院批复同意将原南汇区行政区域划入浦东新区,面积1210平方米,常住人口412万。"二次创业"的浦东,围绕建设成为上海国际金融中心和国际航运中心核心功能区的战略定位,计划用10年左右的时间成为联系国内外经济的重要枢纽。

行政区划的调整,本质是区域地方利益的调整、地方权力的重新划分,行政区划调整"牵一发而动全身",它涉及地方权、责重新划分的重大问题,以及与此相伴随的经济社会发展空间、财税运行、干部管理等一系列复杂问题。行政区划调整在带来机遇的同时也带来巨大的风险,如项目开发的关键性政治要素的行政机构的调整、领导人的变更等。

2.4.3.2 土地储备和供应制度

土地供应制度不仅是政府调控城市空间发展的最有力的措施,也是城市发展最主要的资金来源。政府控制土地的主要方式有协议、拍卖和招投标,并且转让土地的用途需符合城市总体规划。

土地储备是指城市土地储备中心收购城市用地,政府由此掌握土地的收购权和批发权。被收购的土地纳入政府的土地储备库后，按规划的要求，完成房屋拆迁，具名安置等前期工作，然后按公开招标拍卖的方式推向市场，让市场决定开发商和地价。实行土地出让制度以后，地价大幅度上升。例如，2001年6月，杭州西湖边的一块地竟拍出了每亩 1800 万元的天价，与上海陆家嘴经贸区不相上下。地价不会因为政府短期的土地储备而被推高，但是中短期地价的推高会对社会造成不可估量的危害。例如，在 20 世纪 80 年代至 90 年代的十多年期间中，房地产业成为香港经济的"火车头"，由于受《中英联合声明》港政府每年只可卖地 50 公顷的土地限制，导致 5 年间香港地价涨了 2～3 倍。由于高地价，不少的企业都转移至内地。1998 年后，香港经济一蹶不振，4 年间基本为零增长，香港政府财政出现大量赤字。

3 城市开发中的政治风险识别与评估

3.1 城市开发中的政治风险识别

3.1.1 政治风险识别的基本程序

政治风险识别的步骤包括：第一步，确定目标；第二步，明确最重要的参与者；第三步，收集资料；第四步，估计政治风险形势；第五步，根据直接或间接的症状将潜在的风险识别出来。

3.1.2 政治风险识别的基本方法

风险识别的方法很多，在项目开发中常用的有头脑风暴法、专家调查法、社会调查法、分解分析法、工作分解结构（WBS）法、检查表法、外推法、风险调查法、情景分析法等。使用时应针对实际问题的不同特点进行选择。

（1）专家调查法（Expert Investigation Method）

专家调查法的定义和工作步骤详见本书第一章 2.3.2 节。

（2）社会调查法（Social Investigation Method）

社会调查法的定义和主要方法详见本书第四章 3.1.2.2 节。

3.1.3 政治风险类型及重要风险因子选取

在对风险因素的识别中，要确定 4 个相互关联的因素，这 4 个方面同时也是防范和应对风险的切入点：①项目风险来源：主要包括时间、成本、技术、法律等风险因素；②项目风险事件：指给项目带来积极或消极影响的事件；③风险的转化条件：只有具备了一定条件时，才有可能发生风险事件，这一条件可称为转化条件；④风险的触发条件：也称触发器、风险征兆，即使具备了转化条件，风险也不一定转化演变为风险事件。只有具备了另外一些条件时，风险事件才会真正发生，这后面的条件称为触发条件或触发器。

通过对上一步的风险因素识别，可以得出不同程度的风险因素。在此基础上，进一步的风险因素分级，从中得出重要的风险因素识别列表。需要注意的是，此处得出的风险的影响度和概率的分级主要用作大致的定性判断，其具体影响度和概率还需要在风险评估阶段才能确定（表 5-3-1）。

基本风险因素及其优先级表 表 5-3-1

优先级	类别	基本的风险因素
1	第一类型	地方政府执政能力、廉洁程度
2	第二类型	地方政策、体制、行政变迁
3	第三类型	政治稳定程度
4	第四类型	宏观政策

3.1.4 政治风险评价体系

风险评价的目的是确定每个风险对项目的影响大小，一般是对已经识别出来的项目风险进行量化估计。通常用逐项评分的方法来量化风险的大小，即事先确定评分的标准，然后由项目小组一起，对预先识别出的政治风险一一打分，然后得出不同风险之大小。事先建立一个为风险条件打分的矩阵，然后对每种风险的可能性、严重性和可控性进行评分，3 个分值相乘，得到这种风险的风险级别，风险级别越大，表示这种风险越大，越应引起重视和需要制定相应的应对措施。

大规模城市开发的政治风险是指开发主体在开发集中连片、面积在 3 平方公里以上的城市独立功能单元时，由于政治因素导致经营环境变化，项目所获得的实际结果与项目所设定的预期目标（内部预期目标和外部预期目标）发生负偏离的可能性。

大规模城市开发的政治风险主要指由于宏观政治环境、政策及等外部政治因素的变动，导致经营环境变化，以及地方行政机构对项目支持力度和执行能力的差异，项目所获得的实际结果与项目所设定的预期目标（内部预期目标和外部预期目标）发生负偏离的可能性。包括执政能力风险、廉洁程度风险、地方政策、体制行政变迁风险、政治稳定程度风险、宏观政策风险等。

在宏观层面关注宏观政治环境，政策制定对社会和城市整体或局部利益产生损害等，同时也关注各种微观层面地方政治行政机构的要素对项目造成的影响。

鉴于我国目前还没有比较系统且可操作的风险评价指标体系，本书在分析研究国内外大量相关文献的基础上，结合我国大规模开发政治风险的实际问题，构建出适合我国国情的政治风险综合评估指标体系（表5-3-2）。

政治风险评价体系   表 5-3-2

政治风险分类	政治风险评价要素	政治风险评价具体要素	主要指标	政治风险评价具体指标
微观	地方行政机构	执政能力	行政级别	级别、权限和辖区
			行政机构设置	机构设置合理程度
			政治透明度	政务公开程度
			行政效率	承诺制及落实情况
			政府执政能力	社会经济发展情况
			政府稳定性	换届和人员更迭情况
		廉洁程度	渎职受贿案件查办率	案件查办率
			人员录用及回避情况	设立和执行效果
			内部监督制约制度建立健全程度	设立和执行效果
			群众满意度	群众投诉打分情况
		地方政策、体制、行政变迁	地方政策情况	制定和强制力
			行政区划调整	扩权或收权
			财税制度	设立和执行效果
			土地储备制度	完备性及合理性
宏观	国家政治环境	政治稳定程度	战争 恐怖主义 社会冲突及动乱 国家安全（土地、农业）	社会冲突指数
		宏观政策	关联程度	影响程度
			健全程度	缺项和漏项
			调整频率	影响周期和频度
			规范及强制性	强制力

4 城市开发中的政治风险预警与管理

4.1 政治风险的预警

4.1.1 城市开发政治风险警源

城市开发政治风险属于外生警源，是指外部宏观政治环境、政策和地方行政环境等对城市开发行为或开发对象产生的影响。如 2010 年，我国维稳经费已超过了国防经费，达到 6000 亿人民币，民族事件和群体事件发生的频率和规模都有不断扩大的趋势，从而增加了项目所面临的宏观政治风险。而主要由于地方政府决策失误和执政能力等原因导致的城市开发的失误案例也不断见诸报端，如内蒙古鄂尔多斯的所谓的鬼城"康巴什新城"。

一般的，无论何种级别、规模的城市开发项目，其开发过程中都不能摆脱其所处的外部政治环境，大规模城市开发都受到国家土地、财税、动拆迁政策的影响和限制，政策的调整也将带来一系列的连锁反应，同时地方行政治机构也对项目的成败产生决定性的影响。

就政治风险研究本身而言，主要属于社会学领域范畴，同时政治治理的信息数据存在很大的争议，因此政治、政策因素较难量化。

根据城市开发政治风险因子，根据警源属性与警源生成二维分类视角对城市开发中的政治风险源进行分类，将城市开发中的政治风险源分为宏观、微观两个层面，其中微观层面包括执政能力、廉洁程度、地方政策、体制和行政变迁，宏观层面则包括政治稳定程度和宏观政策两个方面。

对政治风险因子进行归类如下：

（1）政治稳定程度警源：战争、恐怖主义、社会冲突。

（2）宏观政策警源：关联程度、健全程度、调整频率、规范及强制性。

（3）执政能力警源：政府级别及权限、机构设置合理性、政治透明度、行政效率、政府执政能力、政府稳定性。

（4）廉洁程度警源：渎职受贿案件查办率、人员录用及回避、内部监督制约制度建立健全程度、群众满意度。

（5）地方政策、体制、行政变迁警源：地方政策情况、行政区划调整、财税制度、土地储备制度。

4.1.2　城市开发政治风险警兆

警兆是风险发生前的先兆。一般，不同警素对应着不同警兆。当警素发生异常变化导致警情发生之前，总有一定的先兆，这种先兆与警源可以有直接关系，也可以有间接关系；可以有明显关系，也可以有隐形的未知"黑色"关系。警兆的确定可以从警源入手，也可以依经验分析。政治风险警兆分析是政治风险分析与预警中最为关键的一环。通过警兆分析，能识别政治风险情况，能真正实现风险的预警作用，进而规避风险的发生。

（1）宏观层面的警兆主要包括：国际关系恶化、民族主义上升、国内矛盾加剧，政策缺位、政策调整频率高等。

（2）微观层面的警兆主要包括：越权、机构重叠，管理空白、政务公开程度低、行政效率低、经济发展停滞、官员更迭频繁、渎职受贿高发、监督缺失、群众满意度和信任度下降、行政区划调整等。

4.1.3　城市开发政治风险警情

警情是指社会政治系统运行与发展过程中出现的异常情况，它是在政治风险预警时确定需要监测和预报的内容，也就是宏微观政治环境中已存在或预期即将发生的各种问题，广义的如社会动荡、政治不透明、暗箱操作等，具体到城市开发行为中，警情是指对城市开发行为产生影响的政治现象和问题，如上访抗议、贪污腐败、群体冲突事件等。

4.1.4　政治风险预警方法与指标筛选

（1）调查预测法。调查预测是指预测者在深入实际进行调查研究，取得必要的信息的基础上，根据自己的历史经验和专业水平，对政治风险状况作出的一种分析判断。

（2）专家评估法（又称德尔菲法）。专家评估法是向一组专家征询意见，将专家们对过去历史资料的解释和对未来的分析判断汇总整理，以取得统一意见，对宏微观政治风险作出一个总体判断。

4.1.5　大规模城市开发项目的政治风险预警总体结构设计（表5-4-1）

政治风险总体结构表　　　　　　　　表5-4-1

政治风险领域	警源	警兆	警情
执政能力风险 （R1）	政府级别及权限 机构设置合理性 政治透明度 行政效率 政府执政能力 政府稳定性	越权 机构重叠，管理空白 政务公开程度低 行政效率低 经济发展停滞 官员更迭频繁	违法用地越级审批 机构臃肿，管理失范 暗箱操作 人浮于事，互相推脱 经济增长乏力 政策朝令夕改
廉洁程度风险 （R2）	渎职受贿案件查办率 人员录用及回避 内部监督制约制度 群众满意度	渎职受贿高发 监督缺失 满意度和信任度下降	任人唯亲 贪污盛行 上访抗议不断

政治风险领域	警源	警兆	警情
地方政策、体制、行政变迁风险 （R3）	地方政策情况 行政区划调整 财税制度 土地储备制度	地方政策多样 行政合并频发 地方财税特点 土地储备特色	中央地方矛盾加剧 行政区划合并 地方财税制度的差异化 土地收储，新农村建设
政治稳定程度 （R4）	战争 恐怖主义 社会冲突	国际关系恶化 民族主义 国内矛盾加剧	分裂组织 恐怖袭击 群体性事件
宏观政策风险 （R5）	关联程度 健全程度 调整频率 规范及强制性	政策缺位 调整频率高 发布机关差异影响力不同	抑制房价 抑制流通 调控失灵 政策缺乏连贯性

4.2 城市开发政治风险管理对策

在城市开发项目的过程中，为了减少政治风险对城市开发项目的负面影响，一般可根据项目进行阶段的不同采取风险规避、风险转移与分散、风险接受、风险利用等多种手段对城市开发经济风险实施管理。

4.2.1 政治风险的规避策略

风险规避是一种最简单也彻底的风险处置技术，是指根据风险评估的结果，当风险发生的可能性太大，或一旦风险事件发生造成的损失太大时，主动放弃该项目或改变目标，重新组织项目，以消除规划或实施可能带来风险隐患的措施，使风险无法影响项目。

针对城市开发项目特点，根据政治风险的要素构成和特点，风险规避的策略包括：①重新调整规划。针对城市开发的政治风险因子，制定相应的规划调整内容。②终止项目。挑选更合适的项目类型，选择更有利的市场环境。如发现某项目的实施将面临很大的潜在风险，应立即放弃该方案，停止项目的实施，以免遭受更大的损失。③改变开发活动的性质、改变开发思路和开发地点等。④加强规划公众参与。

4.2.2 政治风险的减灾策略

在风险无法避免的情况下，可以采取风险减轻的策略。风险减轻是指在风险发生前、发生中，为使风险降低到项目可以接受的程度而采取的降低风险损失发生的频率和缩小损失程度而采取的各项措施。要达到风险减轻的目的，一是降低风险发生的概率；二是一旦风险事件发生应采用有效措施尽量降低其损失或双管齐下。

政治风险的减灾策略包括：①压缩开发规模，减少开发项目的社会影响，如减少拆迁征地规模，减少对生态环境的影响。②压缩开发周期，通过加快进度来减少政治风险。开发经营周期越长，项目建成以后的经济与社会形势也都越难预测。所以尽快完成开发项目，这样就可能一定程度的避免不必要的风险因素的影响。③调整开发内容，充分评估涉及政治风险的规划内容，完善和补充相关规划，形成配套完善的开发内容。

4.2.3　政治风险的处置策略

风险处置是指风险已经发生或即将发生的对策。风险处置的主要策略包括风险自留与风险转移策略。风险转移指在项目实施过程中重新组织项目，在风险事件发生之前有意识地改变风险发生的时间、地点或将开发主体不能或不愿承担的风险转嫁给其他经济单位（企业、开发商、居民、银行、其他主体）。通过转移方式处置风险，风险本身并没有减少，只是承担者发生了变化。政治风险的作用对象主要是社会群体，政治风险转移一般通过政府、开发主体来承担，避免让公众承担政治风险带来的影响。

风险自留指项目开发机构将风险留给自己承担，主要运用于控制那些风险损失较小、开发机构自己能够承担的风险。那些造成损失较小、重复性较高的政治风险，以及在风险评估过程已确定了其风险在项目有关各方的承受能力以内的风险，在风险管理者的主动控制下，这些风险是可以接受的，最适合于风险的自留、接受和利用。

海外投资项目管理中的风险调适涉及两个方面，一是在项目计划中留有余地，二是在项目实施中随时做出战略和管理的改变。在防范政治风险中，两者是紧密联系在一起的。

根据有关国家环境因素变化的可能性，企业在项目计划中，可在项目规模、资本结构、技术水平、工厂选点以及工厂设计等方面做文章。

虽然市场容量和企业可动用的投资量（包括自由资本和借入资本）是决定项目规模的主要因素，但在预计政治风险较大的情况下，可适当缩小项目规模，并通过转包来满足计划市场份额超出工厂可供量的部分。扩大对项目的贷款、减少股权投资作为降低海外资产被没收或征用等风险的传统做法，对于防范因政策变化导致的利润汇出或本金抽出困难、当地化要求等风险依然有重要作用。在某种情况下，也可利用国际机构贷款和吸纳合伙人来提高项目抗风险能力。

在项目实施中，出于风险管理需要而改变企业的战略和管理，应根据情况来确定范围。从大的方面来讲可以从整体上调整企业总体战略，从小的方面来讲可进行局部战略或某些职能活动的改变。

5 案例分析

5.1 案例一：上海波罗的海明珠项目

波罗的海明珠项目是由中俄双方政府领导提议建立的国家级战略合作项目，也是目前中国在海外最大的公用投资项目，中俄国家领导人及圣彼得堡和上海市均给予了项目很大的支持，项目具有深远的国际意义与政治意义，被称为中国投资者进入俄罗斯和欧洲的"名片"。

项目选址位于圣彼得堡西南波罗的海沿岸的红村区，计划建设成一个以现代化、生态化、人性化、欧洲化为特征的大型多功能综合社区。项目总占地约200公顷，建筑面积193万平方米，其中住宅建筑面积约100万平方米，并设有宾馆、零售、餐饮、文化、教育、娱乐、休闲、医疗等配套设施。项目在"政府推动、企业运作"模式下，采用总体设计、区域集成、土地运营、房产为主、分期滚动开发的方式进行运作。

项目从2003年开始提出，经过长达近3年的协商和谈判，于2006年1月圣彼得堡市长签署市长令，正式批准了建设规划。2006年3月，在中国国家主席胡锦涛和俄罗斯前总统普京的共同见证下，投资方、中国进出口银行与圣彼得堡市共同签署项目战略合作协议。

上海实业集团、百联集团、锦江国际集团、绿地集团、上海工业投资集团等代表上海和中国实力的企业集团共同组建上海海外联合投资股份有限公司，由上海海外联合投资股份有限公司作为投资方，成立全资子公司"波罗的海明珠"股份有限公司具体负责开发建设"波罗的海明珠"项目。

项目自2006年动工以来并不顺利，先是遭遇了金融危机，随后又遇到法律和文化上的巨大分歧，5年更换了5个经理，一度进展缓慢，2009年金融危机严重影响了整个项目的融资和分期发展，特别在进入危机的 2 年里，项目经历了严重的困难，国家在信贷上给予上实一定的优惠，在此背景下，为保证项目继续实施，上实公司开始寻找合作伙伴，同欧洲的投资机构和一些当地的建设公司进行谈判，但都无果而终。2011 年以后，市场逐渐转暖，上实分别和芬兰的 SRV 公司以及俄罗斯 SETL City 集团进行了合作，SRV 公司投资两亿美元，建设 14 万平方米规模的商业综合体。上实集团转租波罗的海明珠的 3.9 公顷土地给 SETL CITY 集团用于 2013 年开发 6 万平方米的住宅。[①]

目前波罗的海明珠项目一期已经基本建成，同时市场转暖和俄罗斯以及外国新合作者的介入，项目正在逐步推进，上实公司仍然作为项目的主体建设者，预计项目将于 2013 ～ 2014 年左右完成。

在本案例中的政治风险主要包括以下两个方面：

（1）民族主义

出于文化的差异以及缺乏沟通和了解，这个项目在策划伊始就遭到了圣彼得堡市民的广泛抗议，他们担心这个中国人的"城中之城"会给自己的生活带来麻烦，为此圣彼得堡当局进行了大量解释工作，中国方面也承诺不会把这项工程变成"唐人街"，按照俄罗斯人的风俗习惯和文化传统，充分考虑当地人对欧洲生活方式的需求，建设一座"中国人投资的外国城"，甚至表示将来生活在社区里的中国公民不会超过 1%。

（2）法律和体制差异

当地迥异的法律环境，审批过程和及技术规范体系和过渡时期的转型经济体制存在的大量"潜规则"。在俄罗斯开发的难度相当大，虽然允许中国房企购地，但是当地的社会关系十分繁琐，从市一级到各委办以及各种类型的私人公司，都需要不停地协调沟通，才能保证审批的顺利进行。上实并没有在俄罗斯投资的经验，虽然波罗的海明珠项目采用两国协调机制做保障，但是项目的推进中仍然遇到了层出不穷的法律和体制问题。

5.2 案例二：上海宝山罗店北欧新城

罗店北欧新镇，是上海确定的"一城九镇"之一，它以北欧风情为特色，

---

① 参见 http://lands-sale.com/real_estate/Setl_City_will_invest_45_billion_rubles_for_housing_37897。

距上海市中心 28 公里。处于 A30、沪太路高速干道交织的核心区位，是"一城九镇"中离市中心最近的镇。2004 年罗店北欧新镇被建设部中国房产协会评为"中国著名小城镇"。新镇总体规划面积 6.8 平方公里，按照北欧小镇服务功能规划，包括特色住宅区、旅游生态区、风情商务区、文化教育区等的产业化模块，预计建成后将常住人口 3～5 万。其中 1.2 平方公里的重点核心区包括美兰湖、北上海最大的商业步行街、北欧风情街及 3 大广场、美兰湖会议中心，诺贝尔科技公园，高尔夫宾馆和会馆以及 36 洞国际 PGA 级高尔夫球场等设施。

在整个宏观经济环境中，整个罗店新镇的开发，启动于 2002 年，尽管在开发期间国际宏观经济环境起起落落，先后在 2004 年、2007 年经历了几次世界金融危机。但国内房地产业形势大好，从 2003 年起，长三角很多城市，如上海、南京等地房价涨幅惊人。房地产的欣欣向荣奠定了罗店开发的顺利进行。

在宏观政策环境中，罗店开发期间正处于我们快速城镇化的阶段，城市人口快速增加，城镇用地迅速扩张。罗店是上海规划确定的"一城九镇"中的重点发展地区，在区域发展政策上，对该地块有着明显的发展倾向。同时，2003 年基于房地产对经济的特殊贡献，房地产被誉为我国的经济发展的支柱产业。在宏观的政策导向上，无论土地政策还是动拆迁政策，都是鼓励房地产的快速发展。政策的导向保证了罗店开发的顺利进行。

在政府组织方面，罗店的开发过程中，基本没有产生行政级别调整、重要部门整合和主要领导人更迭等重大的政治转型风险，导致政府的决策能够自始至终的贯彻落实。同时，上海市我国市场经济发展较为发达的地区，市场操作较为规范，政治失范事件鲜有发生。

在政治干预方面，针对整个罗店新镇的开发，在开发模式上设立了城市开发和运营商，采取国资、外资、民营企业相结合，由上置集团与上海宝山区城乡建设投资经营有限公司、罗店镇资产经营投资有限公司合资组建金罗店开发有限公司，上置拥有 70% 多的股权。合资公司在项目发展过程中拥有土地独家开发及管理权，除了从事城镇整体规划、土地清理及准备、基础设施建设等城镇发展工程，还透过建造高素质的配套设施，引入优质品牌及领先房地产开发商等提升城镇的长远价值。政府注资参与整个新镇的开发建设，对整个项目起着一个较好的控制作用。

同时，整个罗店新镇的开发采用总体规划、统一建设市政道路和公共设施的方式，由金罗店公司负责地区土地的一级开发，具体包括整个项目的配套设施，如地上的水电、排污及交通等基础设施，兴建医院、学校及一般商业项目，完成后将交回政府通过招拍挂运作，卖给二级开发的发展商。有关土地出让不是非要等土地完成建设后才可，开发的第 2 年政府便可以将土地进行"招拍挂"，收入与上海置地分成。在城市运营层面。金罗店开发有限公司由开发商转变为城市运营商，通过市、区两级政府政策和资金支持，由单一的开发公司在整个新镇开发中起主导作用。新城重点项目：如诺贝尔科技公园、北欧风情商业街等都是由上海金罗店开发有限公司开发。此外，作为土地一级开发商，上海金罗店开发有限公司不仅承担着建设高标准的学校、医院等公共服务设施的配套职能，还拥有罗店地区大量的开发用地，并负责为这些地块招商引资。

从整个上海一城九镇的建设过程看，罗店新镇是一个比较成功的案例，早期的规划和定位实现率很高，区域品质和知名度稳步提高，成为宝山发展的一个成功的缩影。通过罗店案例，我们可以得到启示：

（1）宏观环境对项目的推动作用。6.8 平方公里的大规模的城市开发，宏观环境的起落对项目开发十分重要。罗店新镇的开发正好抓住了中国快速城镇化的阶段和房地产快速发展的阶段，使大规模的开发项目能被市场所消化。

（2）政治环境对项目的保障作用。在大规模的城市开发中，政府决策层的转变和机构调整对项目开发的打击是巨大的。罗店新镇的项目历经 10 年，在整个开发过程中，政府的决策和政策保持了相当高的连续性是值得其他大规模开发项目学习的。

（3）政策稳定性和利益一致性：通过罗店新镇的开发上海置地与宝山区和罗店镇建立了良好的合作关系，如果没有政府的政策和资金支持，很少有开发公司愿意进行长时间的开发。在开发的利益分配上，民营企业与政府之间建立了充分的信任和默契，根据 2011 年新的协议，罗店项目的土地出让过程中所得的土地出让金，项目公司所占得的比例，将会较前减少 15 个百分点至约50%。此减少的 15 个百分点的土地收益，将如国家政策所定，留归地方人民政府用于保障房的建设。

本章参考书目

[1] 李琛. 跨国经营政治风险及其管理研究 [D]. 复旦大学管理学院，2005.

[2] 吴娟. 项目融资模式在企业信息化中的应用研究 [J]. 经济与管理，2004（07）.

[3] 王盈盈，柯永建，王守清. 中国 PPP 项目中政治风险的变化和趋势 [J]. 建筑经济.
2008（314）12：58-61.

[4] 汪文雄，李启明．PPP 模式下基础设施项目私营方风险预警模型 [J]．重庆建筑大学学报，2008（05）．

[5] 杨亚岐．BOT 项目融资政治风险评估 [J]．中小企业管理与科技（上旬刊），2008（09）．

[6] 夏南凯，宋海瑜．城市开发风险的系统分析和应对策略 [J]．同济大学学报（社科版），2008（4）．

[7] 夏南凯，宋海瑜．大规模城市开发风险研究的思路与方法 [J]．城市规划学，2007（6）．

[8] 夏南凯，宋海瑜．城市开发风险的可控性及其控制机制 [J]．同济大学学报（社会科学版），2007（6）．

[9] 夏南凯，宋海瑜．大规模城市开发风险初探 [C]．2007 年中国城市规划学会年会会议论文．

[10] 夏南凯，宋海瑜．城市开发中的风险问题 [C]．2006 生态城市规划国际研讨会论文集．上海：上海音乐学院出版社，2006．

[11] 闫天三．改革中的政治风险与防范措施 [J]．南都学坛，2001（1）．

[12] 张金水，连秀花．国家经济风险评价模型的一种改进 [J]．清华大学学报（哲学社会科学版），2005（6）．

[13] 李瑞民，邱阳，郭伟．境外石油天然气项目的政治风险管理 [J]．国际石油经济，2007（8）．

[14] 丁君风．跨国公司的政治风险管理对策及其对我国的借鉴 [J]．世界经济与政治论坛，2006（2）．

[15] 高勇强．跨国投资中的政治风险：西方研究的综述 [J]．当代经济管理，2005（3）．

[16] 姜玉梅，李莹．中国内向 FDI 的决定因素基于经济、政治、文化的多角度分析 [J]．中国经贸导刊，2009（23）．

[17] 秦国民，沈大涛．政治风险视角下地方政府制度创新 [J]．新西部（下半月），2008（3）．

[18] 周端明，钱瑞梅，吕秋颖．政治风险、社会意识和中国乡镇企业 [J]．安徽师范大学学报（人文社会科学版），2004（3）．

[19] 姜南，刘红丽．谈项目管理中的政治风险 [J]．商业时代，2005（20）．

[20] 何显明．市场化进程中的地方政府角色及其行为逻辑——基于地方政府自主性的视角 [J]．浙江大学学报（人文社会科学版），2007（6）．

[21] 杨学进．浅析国家政治风险评价对象 [J]．中国经贸，2001（5）．

CHAPTER 6

第六章　大规模城市开发中的经济风险

1 城市开发中的经济风险概述

1.1 现实背景：当代城市中的经济风险

1.1.1 经济全球化给国家和城市发展带来的风险

20 世纪 90 年代以来，以信息技术革命为中心的高新技术迅猛发展，不仅冲破了国界，而且缩小了各国和各地的距离，使世界经济越来越融为一体。但经济全球化是一把"双刃剑"。它一方面推动了全球生产力大发展，加速了世界经济增长，为发展中国家追赶发达国家提供了一个难得的历史机遇；与此同时，经济全球化弱化了各国的国家主权，使国内经济波动的可能性大大增加，对国内产业和市场将造成一定的冲击，并可诱发国内金融风险等，由此可见经济全球化加剧了国际竞争，增多了国际投机，增加了国际风险，并对发展中国家的经济主权和民族工业造成了严重冲击。

目前，经济全球化已显示出强大的生命力，并对世界各国经济、政治、军事、社会、文化等所有方面，甚至包括思维方式等，都造成了巨大的冲击。这是一场深刻的革命，机遇与风险并存，任何国家都无法回避，唯一的办法是如何去适应它，积极参与经济全球化，在历史大潮中接受检验。

1.1.2 快速城市化进程带来的城市经济风险

在大规模的城市建设和快速的城市化进程中，也蕴藏了巨大的经济风险。

1997 年的东南亚金融危机，其影响之大、波及面之广是罕见的。诱发这次危机的因素很多，但是最根本原因还是在于这些国家和地区内部经济的矛盾性。国民经济高度集中于少数城市，城市首位度高，城市发展过程中，盲目扩张，贪大求快，成本高昂。另外发展中国家在扩大外资规模的同时，放松了对本国金融市场的监督，一旦国内经济出问题，发达国家的投资资本便乘虚而入，酿成金融市场的严重危机，给国家经济造成巨大灾难性影响。

地处沙漠的奢华之都迪拜，早年因石油资源濒临枯竭而探索新的经济增长模式，其选择的高端地产开发路线，以建设中东地区物流、休闲和金融枢纽为目标，要把迪拜打造成世界级观光和金融中心，5 年内进行了 3000 亿美元规模的建设项目，吸引了石油国资金和全世界热钱的追捧。借助房地产业、金融服务业和旅游业，迪拜迅速崛起，已经成为海湾地区和中东地区最活跃的商业中心。在此过程中，迪拜政府与其所属开发公司在全球债券市场大举借债，筹措建设资金，政府与国有企业的债务像滚雪球一样不断增加。目前公开的债务总规模达到 590 亿美元，远远超出了自己的偿还能力，终于在 2009 年底爆发了大规模的债务危机。

1.1.3 我国城市经济风险的广泛存在

当前我国正处于快速发展时期，众多大规模的城市开发建设项目不断涌现。但是在我国市场经济体制尚不完善，国内外环境不断变换的背景下，城市开发项目投资决策及运作失败的事件频繁发生。比如近年来，随着城市经营的理论和实践活动不断深入，我国许多城市为加快城镇化进程，不考虑社会经济发展的实际需求，盲目拉大城市框架，导致城市规模快速扩张。粗略统计，全国地级市中有一半左右在进行着旧城改造与新城开发，但大多是旧城改而未变，新城开而未发，不但占用大量耕地，而且债台高筑。在新城开发中，由于设定的规模过大而城市的经济实力和项目支撑不足等原因，导致众多新城开发迟缓、大量土地闲置、基础设施配套匮乏等问题。类似的事件反映了我国城市开发活动中经济风险管理意识的薄弱甚至缺失，使得开发项目常常面临着诸多风险而缺乏相应的风险分析技术和防范措施，无疑在城市开发活动中埋下了隐患。

总体而言，城市规划并不具备决定城市开发的能力，其对城市开发的控制主要是基于市场机制的缺陷而采取的调控手段。但如果规划控制不当，其所带来的经济成本也是巨大的。研究城市开发带来的经济风险，探索城市经济发展战略，避免与减少经济风险，对繁荣我国城市经济发展，促进城乡一体化，减少宏观经济震荡，都有积极意义。

1.2 城市开发中的经济风险概念界定

1.2.1 广义的经济风险

城市经济风险是指在城市经济发展过程中，由多种原因引发的不确定性导致城市经济的快速衰退和不可持续发展的可能性。

1901 年，美国的 A·H·威雷特在其博士论文中曾给经济风险下了这样一个定义："风险是关于不愿发生的事件发生的不确定性之客观体现"。

1921 年，美国经济学家、芝加哥学派创始人 F·H·奈特在其名著《风险，不确定性和利润》中认为，所谓风险是"可测定的不确定性"，而"不可测定的不确定性"才是真正意义上的不确定性。

1964 年，美国明尼苏达大学教授 C·A·小威廉和 R·M·汉斯在其所著《风险管理与保险》一书中则进一步把主观认识与判断因素引入了经济风险概念，他们认为风险是一种客观状态，对于任何人都是同样存在和同等程度的，但不确定性却是认识者的主观判断，不同的人对同一风险会有不同的看法。倘若人们的判断有差异，人们面对的风险就产生了同样的差异。

1983 年，日本学者武开勋在其《风险理论》一书中总结了历史上的诸家风险观点，认为风险定义本身应有三个基本因素：一是风险与不确定性有所差异；二是风险具有客观性；三是风险可以被测算。

1.2.2 本书的经济风险定义

本书中的经济风险一方面包括城市外部环境的经济波动对城市开发项目带来的不确定，这种不确定性会影响城市开发项目的建设；另一方面也包括由城市开发行为导致的经济问题以及由此带来的危及城市经济健康发展和城市经济安全的可能性。

1.3 经济风险的相关理论

1.3.1 相关经济学理论概述

1.3.1.1 城市经济学理论

城市经济学是经济学科领域中一门新兴的边缘科学，它于 20 世纪 60 年代初创于美国，之后在英、日、苏联等国得到发展。我国从 20 世纪 80 年代初开始研究城市经济学，发展较快。城市经济学的研究对象是城市经济和城市问题，同西方经济学相对应的，它也有宏观城市经济部分和微观城市经济部分，主要内容包括城市化的普遍规律，城市经济发展战略、经济结构、城市土地、基础设施等一系列问题。总的来说，城市经济学是运用经济学的基本理论，融汇多学科的研究方法，揭示城市经济的产生、发展的历史过程和运行规律，分析其中的生产关系、经济结构和要素组织，对主要的城市问题做出科学解释，并为城市管理部门提供技术经济论证和社会经济决策的依据。

1.3.1.2 产业组织理论

产业组织理论，是研究市场在不完全竞争条件下的企业行为和市场构造，是微观经济学中的一个重要分支。研究产业内企业关系结构的状况、性质及其发展规律的应用经济理论。该理论的核心问题是：在保护市场机制竞争活力的同时充分利用"规模经济"，即：某一产业的产业组织性质是否保持了该产业内的企业有足够的竞争压力以改善经营、提高技术、降低成本，是否充分利用规模经济使该产业的单位成本处于最低水平。

1.3.1.3　市场理论

市场理论研究的是社会经济运行过程中市场运行本身内部各个方面的联系。市场理论研究包括市场结构理论、市场机能、市场供求关系、市场价格、市场竞争分析以及市场的管理等。

（1）市场结构理论。市场结构理论是揭示和说明市场体系内部结构，组成状况及其相互关系的理论。市场体系作为一个开放的运动着的庞大系统，本身的构造既存在着横向结构系统，又存在着纵向结构体系。其结构内部多固有的相互联系、相互贯通、相互依存、相互制约的复杂的经济关系，是市场体系形成的基础。

（2）市场机能理论。市场机能是市场理论中最基本的经济范畴之一，包含市场机制、市场功能和市场作用等经济范畴的内涵。市场机制主要有价格机制、竞争机制、供求机制等，市场功能是市场机制在现实经济运行中所表现出来的一种客观职能，与市场机制有着内在联系。市场作用是市场机制和市场功能的外在表现，它决定于市场机制和市场功能，作用于社会再生产的各个环节和不同层面。

（3）市场管理理论。市场管理是国家依据经济管理职能对市场运行目标、运行方式、运行主体及运行过程进行干预、协调、指导与监督，以建立和维护市场秩序，保证市场有效进行。

1.3.2　城市开发中的经济风险理论概述

1.3.2.1　经济风险理论

经济风险按其存在的社会形态不同，可分为资本主义前诸社会的经济风险、资本主义社会的经济风险和社会主义社会的经济风险。

经济风险按经济性质不同，又可分为自然经济条件下的经济风险、产品经济条件下的经济风险和市场经济条件下的经济风险。

如果把经济风险产生的原因分解为经济活动的外部环境和经济活动的内在矛盾两个方面的话，那么，资本主义前诸社会中自然经济条件下的经济风险和社会主义社会产品经济条件下的经济风险更多地出自于自然的和社会政治的原因，即经济活动的外部环境。

国际上经济风险理论与实践：

20世纪60年代美国经济学家西蒙和马奇发展创立了包括风险决策在内的管理决策理论；近年来，风险管理已成为外国企业管理实务的一个组成部分；第二次世界大战后，在美国第一次出现由风险投资支持的风险企业热，而后日本、西欧等国家竞相发展风险企业。进入80年代后，形成世界性风险企业热潮，从而使尖端技术日新月异，带动了科技进步和社会经济发展；苏联在曾进行的经济改革中，也注意到西方国家以风险资本支持风险企业发展科学技术的经验，力图改变在官僚制度下发展科学技术的旧体制、旧办法。

贝叶斯定理在经济风险的测定方面给出理论支撑，马尔可夫过程和蒙特卡洛模拟则用于经济风险的估计和测度，模糊数学方法在经济风险分析过程中起到重要作用。而在经济风险信息处理方面，灰色系统理论成为重要的系统方法。

1.3.2.2　城市开发中的经济风险理论

城市作为经济社会发展的主要载体，其开发建设无疑也会存在众多风险问题。同时，由于城市是一个开放的复杂巨系统，任何一个城市开发策划和城市规划都不能够把所有的影响因素考虑进去。因此，任何城市开发项目不可避免地都会存在一定的风险。

1986年，德国社会学家乌尔里希·贝克（U Beck）出版了《风险社会》一书，首次使用了"风险社会"概念并提出了风险社会理论（The Social Theory of Risk）。该理论认为，随着经济全球化的加速推进和信息化程度的快速提高，世界正在进入一个不同于传统现代化社会的风险社会，社会突发性危机的不确定性、不可预见性和迅速扩散性都日益增强。

2002年苏州大学孙永正教授在《城市经营的五项风险》中将城市开发中的风险分为政府职能"越位"风险、城市建设规模失控风险、土地资本和耕地资源枯竭风险、地方保护主义风险和加重企业税费负担风险。

2007年，夏南凯教授在《大规模城市开发风险初探》一文中认为城市规划所关注的经济风险主要指开发建设活动对城市整体或局部地区经济发展造成的经济损失、效益低下或成本增加等威胁，大体可以分为两类，即一般风险和来自城市规划的风险。一般风险包括市场风险、投融资风险、基础设施建设风险；来自城市规划的风险包括价值观风险、规模风险、密度风险、空间布局风险、规划变更风险和审批和决策失误风险。

2010年，国内学者周鹏在《经济风险初探》一文中认为城市经济风险就是城市经济发展过程中的不确定性，这种不确定性会引发城市经济的快速衰退。

房地产泡沫风险、周期性风险、产业空洞化风险、制度性风险、外部风险等都是城市经济风险的表现形式。

2　城市开发中的经济风险构成

2.1　城市开发中的经济风险特征

2.1.1　经济风险存在的客观性和普遍性

在大规模城市开发项目的全寿命周期内，风险是无处不在、无时不有的。作为损失发生的不确定性，经济风险是不以人的意志为转移并超越人们主观意识而客观存在的。人类一直希望认识和控制风险，但直到现在也只能在有限的空间和时间内改变风险存在和发生的条件，降低其发生的频率，减少损失程度，然而却不能也不可能完全消除风险。

2.1.2　某一具体经济风险发生的偶然性和大量经济风险发生的必然性

在城市开发项目中，任何一种具体经济风险的发生都是诸多经济风险因素和其他因素共同作用的结果，是一种随机现象。也就是说，个别经济风险事故的发生是偶然的、杂乱无章的，但对大量经济风险事故资料进行观察和统计分析发现，经济风险的发生呈现出明显的运动规律。这就使人们有可能用概率统计方法及其他现代经济风险分析方法去计算经济风险发生的概率和损失程度，这也导致现代风险管理的迅猛发展。

2.1.3　城市开发项目全过程中经济风险的动态性和可变性

在城市开发项目的整个进行过程中，经济风险在质和量上都发生着变化，这体现在：

（1）经济风险的渐进性。对于大部分的城市开发项目，经济风险不是突然爆发的，是随环境、条件和自身固有的规律逐渐发展形成的。在城市开发项目的全过程中，经济风险的大小和性质会随开发项目的内外部条件的逐步变化而变化。

（2）经济风险的阶段性。城市开发项目经济风险的发展可分为潜在风险阶段、风险发生阶段和造成后果阶段，这一特征为开展开发项目风险管理提供了前提条件。

（3）经济风险的突变性。在城市开发项目的内部条件或外部条件发生突变时，项目风险的性质和后果会随之发生突变。

2.1.4 经济风险的多样性和多层次性

大规模城市开发项目周期长、规模大、涉及范围广，经济风险因素数量多且种类繁杂，这导致其在全寿命周期内面临的经济风险多种多样。而大量经济风险因素之间的内在关系错综复杂，各经济风险因素之间以及其与外界交叉影响又使经济风险显示出多层次性。这是大规模城市开发项目中经济风险的另一主要特点。

2.1.5 大规模城市开发项目中经济风险的相对性

不同的开发主体对同样经济风险的承受能力是不同的。人们的承受能力取决于认识经济风险的能力，开发项目收益的大小，开发项目投入的多少，开发项目主体地位的高低和其所拥有的资源的多少以及工程项目风险的大小和后果。因此经济风险具有一定的相对性。

2.2 城市开发中的经济风险分类

城市经济风险的诱发因素很多，但对此进行系统研究的尚少。城市经济有其自身的特点，它是第二产业与第三产业在空间上的高度集聚。产业空间联系密切，相互影响力强，一定程度上具有多米诺骨牌效应。这种影响在金融业、房地产业表现明显，进而波及其他产业，给整个城市经济带来风险。总结起来，城市经济风险可以按照开发项目、现象和来源进行分类。这些风险有时单独作用，但往往是多因素共同作用。为了防范经济风险，就必须首先认识风险的形成机理。

2.2.1 按经济风险现象分

2.2.1.1 经济危机

经济波动具有周期性，经济在历经一段时间的繁荣以后，接下来的便是萧条和衰退。根据经济周期的长短，周期性风险可分为 4 种：短周期性风险（3年左右）、中周期性风险（9 年左右）、中长周期性风险（20 年左右）、长周期性风险（50 年左右）。与此相对应的城市经济同样摆脱不了这种风险。事实上，这种宏观经济的风险承受载体主要是城市，因而，城市经济的周期性在所难免。

20世纪初以来，全球共出现了四轮摩天大楼热，每一次都伴随着经济衰退或金融动荡。美国高级研究员马克·桑顿（Mark Thornton）在《摩天大楼与商业周期》一文中，对这一现象进行了经济学的解释。首先是利率对于土地价值和资本成本的影响。低利率会趋向于提高土地的价值，尤其是在大都市的中央商务区。由于土地成本提高将导致给定高度下每层楼的建筑成本升高，从而激励地产主建造更高的大楼，以分散土地成本。其次，低利率会刺激企业规模扩大，资本越来越密集，而生产和销售将在更广大地域进行。这样，企业的协调、管理工作需要建立某种集中的协调、管理机构。这个时期，金融市场总是异常活跃，大量金融企业也对高级办公场所形成了强大的需求，这种需求会抬高房租，鼓励兴建更多、更高的办公大厦。再次，兴建比以前更高的大楼，既需要资金，也需要技术和材料创新，而技术和材料创新经常是低利率、资本市场异常火爆时代的产物。此时企业家倾向于进行一些长期性投资，而低利率使得企业家可以很容易得到廉价资本。于是，大量资本涌入资本密集行业，包括兴建高楼大厦。这样的决策，一般都是在利率最低、资本最廉价、技术创新最活跃、金融市场最繁荣的时期作出的。

上述靠人为维持低利率所推动的经济繁荣是不能长期维持的。因为，生产过程被拉长，大量资源被转移到远离最终消费的生产中，而在这些部门就业的人口新增收入会增加对于最终消费品的需求，从而推动相关产品和服务价格上涨。此时，理应将远离最终消费的部分资本转移到与最终消费距离较近的生产活动中，但由于资本的异质性，这种转移很难进行。结果，生产结构被打乱，导致利率上涨，资本成本上涨，股票市场一泻千里，经济衰退到来。在繁荣时期那些资本密集的新兴行业和金融证券行业，正好就是当初决定兴建摩天大楼时所瞄准的主要客户。而建造摩天大楼都需要一定的周期，长则三五年，最短也需要两三年。于是，通常是在经济已经陷入衰退的时候，摩天大楼才姗姗竣工。于是，摩天大楼投入使用之时，便立刻陷入经营困境。从政治和民众心理上说，摩天大楼当然是一种荣耀，但对开发商来说，它可一点都不经济。世界第一的建筑，往往成为逝去的繁荣时代，也可以说是泡沫时代一个令人惆怅的纪念碑。这里需要指出经济泡沫不一定带来泡沫经济，只有泡沫膨胀到一定程度，才能形成泡沫经济，经济才陷入衰退。泡沫化风险就是泡沫经济破灭后对经济所造成的负面影响，这类风险的"基地"通常是大中城市，尤其是特大城市，不少国家、区域、城市都曾遭遇过这种风险。

2.2.1.2 产业空心化风险

产业空心化风险一般是指制造业在城市的空位，现有产业由于产品进入生命周期的衰退期或产业外迁而新的产业又没成长起来，从而造成经济增长点的萎缩，导致城市经济退化的现象。

产业空心化一般有两种情况：一是由产业转移引发。当某一区域发展到一定程度，由于人口过度密集、交通拥挤、自然资源匮乏、环境污染严重等导致生产成本过高，企业不得不外迁，大量的企业外迁导致产业衰退，经济萧条。在香港及日本的一些城市都出现过这种情况或类似的情况。二是由于产业高度化滞后，传统的加工工业生产能力普遍过剩，而新的投资领域没有开辟，高新技术产业没有形成规模，导致产业链断层，从而出现产业衰退的现象。我国中部的一些城市在经济转型过程中，由于没有发展新的产业，不同程度地出现了产业空心化的情况。

2.2.2 按开发项目分类

2.2.2.1 按不同的开发项目类型分

（1）城市新建项目的经济风险

指在城市未开发区域或城市边缘区进行城市项目建设而导致的社会风险。主要出现在城市建成区扩张过程中。该类型开发项目将涉及土地征用、用地性质转换等问题，特别是一些项目需要涉及土地流转，及其对农民安置、补偿等问题将导致经济风险。

（2）城市更新项目的经济风险

指城市建成区内为促进城市更好更快的发展，对已建成区域进行重新定位，建设更符合城市发展需求的新项目而导致的经济风险。主要出现在旧城更新过程中。该类型开发项目将涉及土地性质转换、拆迁安置等问题，须着重考虑补偿标准等经济问题。

（3）项目调整的经济风险

指项目在实施过程中，由于设计、技术、管理等原因造成的项目局部调整，从而导致的经济风险。

2.2.2.2 按开发项目的不同阶段分

1）决策阶段的风险

（1）区位选择的风险。城市开发项目的区位条件对城市开发成败有着重要的作用。主要在于各地经济发展水平、项目所临近商业区繁华程度、区域内道路的通达程度、交通的便捷程度、城市基础设施情况等。开发项目的选址并不是一个简单的空间位置概念，它不仅指自然地理位置，更多的是指经济地理位置、环境地理位置和文化地理位置或者是它们的综合。区位选择一旦失误，将很有可能造成整个项目难以发挥预期的功能。

（2）项目开发类型的风险。项目开发存在着风险，但并非任何类型开发项目的风险都是相同的。各类开发项目具有不同的功能、用途及技术经济特性，因而具有不同的风险。

（3）开发时机的风险。由于经济发展的周期性，产品的供求关系随时间而变化。而开发项目的不可移动性和地区性，使一个地区空余的项目并不能弥补另一地区的短缺，这导致项目开发收益随开发时机不同而异。当然，不同类型的开发项目对时间的敏感程度有所差别。

（4）开发模式与规模的风险。一般都是选择滚动开发的模式，土地平整——基础设施建设——批租土地——公共设施配套等各个阶段都存在一定的不确定性，由此会带来各种相应的经济风险。在城市规模方面，人口规模的偏大会给生态环境造成压力并间接造成环境污染；用地规模偏大除了造成上述问题，还可能导致其建设规模无法按预期计划实现。

2）土地获取阶段

（1）土地购买风险。土地购买风险主要指在购买土地过程中受土地获取方式和土地政策影响而导致的土地成本的增加。

（2）征地拆迁风险。购买土地使用权仅是获取土地过程中的一个环节，之后，便是大量的征地、拆迁、安置和补偿工作。这里的风险主要指地块上原房产所有者基于社会的、心理的、经济的原因，不愿意出售或搬出原有房屋，从而使开发者丧失宝贵的开发时机，同时支出大量资金利息，甚至放弃开发项目，以致前期投入的巨额资金付之东流。

（3）融资风险。项目融资主要适用于城市基础设施建设项目和其他建设规模大并具有预期稳定收益的项目，它以项目自身的预期收入和资产对外承担债务偿还责任，可用较少的资本金获得数额比资本金大得多的贷款，使许多重大项目实现了在传统融资方式下无法实现的融资目标。但项目融资涉及的资金规模大、期限长、参与方众多且结构复杂，还具有"有限追索"的特点，即对借款人拥有的项目之外的财产，原则上没有追索权或只有有限追索权，导致项目融资的风险很大。

3）项目建设阶段（规划设计—基础设施—项目建设）

（1）城市开发项目的规划设计风险，主要指由项目的规划定位、指标、方案等规划设计因素的设置不当所导致的风险。

（2）基础设施风险，这里主要是基础设施投融资带来的风险和基础设施建设中带来的经济风险。

（3）项目建设风险，主要是由于一些不确定因素导致建设项目进度缓慢、工程停滞、成本盲目增加甚至产品质量严重受损所带来的风险。

2.2.3 按经济风险来源分

2.2.3.1 内生性经济风险

内生性风险来自项目内部环境，表现在城市开发项目中的各项决策和经营活动中。

1）规模风险

近年来，许多城市为"加快城镇化进程"，不考虑社会经济发展的实际需求，盲目拉大城市框架，导致城市建设规模快速扩张，诱发经济风险。据粗略统计，全国地级市中有一半左右在进行着旧城改造、新城开发等，但大多是旧城改而未变，新城开而未发，不但占用大量耕地，而且债台高筑。近来的战略规划在很大程度上成为城市政府扩大用地规模的工具。城市建设规模过大或进程过快，都可能引起城市经营性建设用地供给失衡风险。

案例：2002年南京市建设用地面积已达13.4万公顷，而《南京市土地利用总体规划（1996—2010）》中指出，到2010年南京市建设用地面积规划控制指标为13.89万公顷，则2003年至2010年建设用地面积增长空间仅为0.4万公顷，年平均增长控制指标为2.16%，城市扩张需求突破土地规划已是必然（冯振中，2006）。另一方面体现在土地使用权上，目前土地出让以70年、50年、40年为限，且70年、50年的占大多数，土地的大量供应可能导致几年或十几年以后政府虽然拥有土地，却事实上无地可供。

2）空间结构风险

（1）空间布局风险

城市发展速度与空间扩展模式应当适应。一是城市整体布局。当城市扩展速度超过某一临界值时，便有可能在现有建成区外另建一座新城。若发展速度超越该临界值却沿袭渐进式空间扩展就会导致城市运行成本上升。若未达到该临界值却采用跨越式空间扩展就会造成主城区衰退或新区荒置，甚至诱发城市财政危机。二是不同功能用地布局。布局一旦产生就会有持久的羁留效应，不科学的土地利用必然会对邻近地区产生长期的负面影响。如嵌入工业用地内的居住区。

（2）密度风险

城市开发密度过高会带来效率的下降，造成土地过度开发，使基础设施负担过重，造成交通堵塞。但过低的密度也会造成土地经济效率不高。

3）规划管理风险

大规模城市开发项目所面临的风险是多种多样的，给项目带来了诸多的不确定因素，也给规划风险管理提出了巨大的挑战。

（1）规划变更风险

规划变更是城市建设的"硬"风险，对开发商冲击巨大。有的小城镇，城镇建设纯粹是领导意志，随着领导的变化，建设规划和思路也可能会变化，城镇规划的主导作用会失去。有的城镇虽有规划，但是规划也不尽科学合理，随时都有修订的可能。这种无规划或不严格执行规划，可能会导致房产与城镇规划中的功能分区不符，生活区、工业区和商业区等功能相互混杂，建筑风格与周围自然环境、人文景观不协调等，从而失去区位优势，影响房产的价值，带来投资风险。

（2）审批和决策失误风险

规划审批中常存在某些随意和违法行为，有的规划项目往往先建设后报批。另外我国有的城镇还没有建设规划，或者虽有规划但只是"规划规划，墙上挂挂"而已，没有严格地审批流程，主观随意性较大，导致管理混乱、效率低下，从而抑制经济增长。

4）基础设施风险

城市基础设施的建设由于资金密集、建设周期长、投资风险相对较大等的特征，使得其风险防护十分重要。因此，广泛引入各种形式的市场竞争与合作机制，比如 BOT、TOT、BTO 等，可以在减少政府投入的情况下实现设施的建设，但其中也潜藏着很大的风险，如果处理不当，政府将会背上巨大的财政负担。

案例1：首都五环高速公路的工程造价是每公里 1 亿元，采取的是"贷款修路，收费还贷"的模式。基础设施建设和经营的长期性导致了收益的长期性，它的还款期限长达十几年到 20 年，而商业银行的贷款期限一般不超过 10 年，两者是错位的，因此靠银行贷款为主力投资基础设施建设存在很大的风险。事实证明北京五环路建成后的收益和拥有收费权的北京市首都公路发展有限公司的预期有很大差距，最终导致五环路停止收费，100多亿的贷款实际上甩给了政府。从不少城市的实践看，一些政府背景的企业投资效率低下，让政府背上了沉重的包袱，也给银行造成风险。

案例2：广东珠江西岸某市，一个耗资千万元以BOT（建设运营移交）方式建设的污水处理厂，由于缺乏相应的管网建设，完工一年来没有处理过一吨污水。另外一家由德国某公司承建和运行的10万吨生活污水处理厂，由于管网建设难以到位，进入污水处理厂的污水量不足3万吨。这是因为实施BOT制度后，项口运营商理直气壮地把投资高的管网建设的配套工程推给了政府，使政府背上了财政包袱。

5）投资风险

建设项目在开发启动以后，如果没有投资商或者建成后没有使用者，那么就必然会使开发者和投资商受到经济损失，从而对城市经济运行产生一定的冲击。

当前我国对高尔夫球场的建设进行了严格的控制，但是大部分城市仍然不断以各种形式上马高尔夫球场。高尔夫球场一方面会对周边环境产生很大的环境污染，另一方面由于其巨大的占地和投资，往往会和高档别墅一起捆绑销售。这种做法其实就是分散其投资风险，"地内损失地外补"的做法。

6）市场供求风险

市场供求风险是项目所面对的最重要、最直接的风险之一，只有对市场中供求关系做出客观、准确地判断并进行科学的预测，才有可能避免该类风险的发生。

7）地价风险

土地既是一种资源，又是一种资产，这就决定了地价同样具有二重性：资源性定价和资产性定价。市场地价应等于未来土地持有期间的土地收益的贴现值和再加上未来土地转让收益的贴现值。因而，在地价中就包括了预期的因素，使地价具有虚构性。由于土地的异质性、市场交易量的有限性以及人类自身的有限理性，就会使地价的虚构度过高，一方面造成现实的市场地价高，另一方面致使土地投机盛行。地价的虚构度过高，使房地产开发商的重点不是放在房地产的开发建设上，提高土地的利用收益率，而是囤积土地，待价而沽，由此引发一系列的经济投资风险。

案例：从 1999～2000 年，杭州市余杭区政府先后把与杭州市区接壤的 3600 亩土地采用协商定价的方式将地价出让给开发商，而这些土地在相当长的时间内被闲置。开发商担心土地被高度利用之后，会增加土地转让的难度，他们只期望获得高额的土地资产转让收益。其结果必将是地价的高涨。地价高涨限制了一般住户的购买力，造成房地产市场需求的结构性矛盾，大量商品房被积压，巨额资金被套牢，阻碍了住房商品化的进程；也限制了政府为社会公共利益而收购或征用土地的难度，增加了政府的基础设施投资预算中的土地费用，不利于城市的基础建设，影响了城市环境的改善。

2.2.3.2　外生性经济风险

外生性风险是指在全球化背景下，境外的经济震荡波及区域内而形成的经济风险。外生性风险来自项目的外部环境，包括外部环境本身和外部环境的变化对项目目标的影响等。

随着经济全球化进程的加快，经济一体化日益加强，经济的开放度不断提高，生产要素的国际性和区际流动深化，区域间的联系得到强化，相互影响也加强了。一旦某一地区或国家经济发生波动，往往会对周边区域产生影响，东南亚金融危机就是如此，开始只是个别国家，最后是许多国家都卷入其中。外生性风险主要有经常项目下的外部风险和资本项目下的外部风险。由于信息化与金融衍生工具的升级，区域外部风险近年明显增强。

2.3　城市开发中的经济风险要素构成

2.3.1　土地

2.3.1.1　土地财政

土地财政，是指一些地方政府依靠出让土地使用权的收入来维持地方财政支出，属于预算外收入，又叫第二财政。中国的"土地财政"主要是依靠增量土地创造财政收入，也就是说通过土地出让金来满足财政需求。

数据显示，自实行土地有偿出让制度以后，地方政府土地出让金迅速增长，在财政收入中所占比重不断攀升。随着城市的扩张和对土地的经营，土地出让收入成为许多城市推动城市发展的重要支撑，成为名副其实的"土地财政"。

《2007 年中国社会形势分析与预测》蓝皮书指出，土地财政存在着以下五个显著风险：财政风险，金融风险，投资过热风险，社会风险，行政腐败风险。

大规模的土地出让和持续走高的土地出让金隐藏着巨大的经济风险。

首先，大规模城市开发中的经济风险来自土地出让金的短视性和不可持续性。一方面，就居住用地的出让年限 70 年来讲，一块土地出让一次性预收并一次性预支了未来若干年限的土地收益总和，而在之后的发展过程中这块土地的价值是丧失了，对本届政府之后的各届政府和人民来讲显失公平。另一方面，由于未来的经济发展特别是中长期经济发展所能达到的水平是难以预期的，因此无论现在的土地出让定价有多高，从数十年的长远来看都有可能实际亏损。

同时，更大风险还来自于高走的房地产价格一旦大幅下跌所引起的经济震荡。政府对土地财政有着深度的依赖，一旦土地市场辉煌不再，政府财政收支平衡就面临着巨大压力，甚至爆发财政危机。而银行方面对整个房地产的产业链发放了巨额贷款，无论这样一个超长资金链的其中哪一个环节断裂，都有可能造成银行的破产，造成国有资产的损失。

2.3.1.2　土地储备制度

土地储备，是指各级人民政府依照法定程序在批准权限范围内，对通过收回、收购、征用或其他方式取得土地使用权的土地，进行储存或前期开发整理，并向社会提供各类建设用地的行为。实施土地储备制度，使城市土地交易走向市场化，经济风险也必然相随而来。

（1）内部风险

从土地储备制度实施的过程分析，土地储备的内部经济风险包括：土地储备的收购风险、土地储备的开发风险、土地储备过程中的风险和土地的出让风险。

土地储备的收购风险是指在土地收购过程中，由于受让地块的产权归属复杂，地下设施、地块周边环境和地理结构不明，致使所收购的土地和地面建筑有可能存在已抵押、查封的风险或存在复杂的历史遗留问题，导致土地储备管理工作陷入不必要的法律诉讼而耗神费力，影响土地储备工作的正常进行；复杂的地理结构和不合理的地下结构会极大地增加开发成本，与低廉的收购价格相比形成土地收益倒挂，造成国有资产流失。

土地储备的开发风险是指土地储备中心将收购的"生地"开发为"熟地"的开发成本过高，土地收益减少，造成国有资产流失。影响土地开发成本增加的因素有：由于级差地租的作用使不同地域单位土地面积的开发成本不同；将土地开发工程发包给施工企业时，不能科学有效地控制工程造价、施工进度和工程质量，直接和间接地提高了工程成本；由于市场信息不准确、不及时，盲目开发带来的非成本因素风险。

土地储备过程中风险是指已经进入土地储备库存的土地，由于不能及时盘活、推向市场而引起的一系列风险。

从土地储备的数量方面分析，土地储备库存的土地储备数量不可太少，也不可太多。土地储备太少，不能满足市场的需要，需求者就会在土地储备中心外部寻求土地资源，从而弱化土地一级市场。土地储备太多，一方面造成土地和资金的双重积压，土地储备成本增加；另一方面会带来巨大的筹资风险——超额的土地储备需要巨额的资金支撑。

从土地储备的时间分析，大量的、短时期的土地周转储备，是土地交易的正常储备，不构成土地积压，只有超过土地储备保本期的地块才构成积压储备。财务风险与积压风险并存。土地储备资金是一项长期的巨额投资行为，在土地储备刚刚起步阶段，土地储备和土地储备资金的运作还没有进入一个正常的循环轨道。如果形成土地储备积压，巨额的债务利息，会给土地储备制度的实施带来严重的财务风险，其危害程度严重时，可以导致政府土地储备制度瘫痪。

土地的出让风险是指土地出租、出让交易过程中由于各种不确定因素带来的风险。如土地交易"流拍"，使部分地块不能实现顺利转让，结果会导致地价低于成本出售或土地积压。

（2）外部风险

土地交易中的政府行为或政府干预会引发土地储备外部风险。土地储备的外部风险主要有地产泡沫风险和政府干预失败风险。

地产泡沫即地价泡沫，就是由土地投机导致的土地价格超过其市场基础决定的合理价格而持续上涨。地产泡沫风险就是由地产泡沫而给城市土地储备制度实施中带来收益的不确定性。地产泡沫风险的主要表现是：地产泡沫膨胀期间，房地产市场普遍被看好，市场的供应量和需求量增大，房地产价格上涨迅速，房地产开发火热，大量银行贷款进入房地产行业。地产泡沫破灭后，房地产市场严重供过于求，房地产价格迅速下跌，土地的闲置率和空房率提高，银行大量房地产贷款成为呆账、坏账。

政府干预失败风险是指政府在土地资源配置中对土地市场的干预不能奏效而给土地一级市场带来收益的不确定性。在土地资源配置中采取必要的政府干预，这在成熟的市场经济国家也是经常采用的手段。我国政府干预房地产市场的主要表现有：地方政府直接进入房地产市场，干预主管职能部门的决策；通过土地划拨、减免税等"政府优惠政策"吸引投资；过度下放土地审批权限，无原则地突破土地规划。政府干预的直接后果是土地批租过量，土地炒作加剧，土地收益流失，严重时会引发地产泡沫风险。

政府干预能力的不足和"权力寻租"现象的存在为地产泡沫滋生提供了土壤和条件。

案例：1988～1993年海南和北海的地产泡沫，主要原因来自于"政府干预失败"和"权力寻租"，对我国的股市和房地产市场造成了极大的冲击和危害，使土地收益严重流失。

2.3.2 投融资

随着我国经济的发展，城市化建设规模扩大，城市建设的投融资问题也越来越突出。而在中国的城市发展中，引进外资是弥补本地建设资金不足的有效途径。当前，国际国内经济问题比较突出，中国宏观经济形势和全球金融形势复杂变化，国家财政政策和货币政策的调整将直接影响城建投融资工作。面对当前金融危机、经济放缓的形势，支撑城市建设的资金从哪里来？在国内固定资产投资难以有大的增长的情况下，今后城市建设融资将变得愈加艰难。

案例：据世界银行调查，在2003年，重庆八大投资集团资产总额只有300亿～400亿元。到2006年，八大集团的总资产就达到1901亿元；更重要的是，这八家投资集团的总投资占到了重庆基础设施总投资额的75%，扛起了重庆基础设施和城市建设投资3/4的大旗。随着大批基础设施项目亟待上马，未来部分集团不同程度面临着资金压力。在全球金融危机背景下，城市建设融资难度不断加大，重庆要尽快建成长江上游地区综合交通枢纽，如何筹集后期建设资金就自然成为重点和难点。

2.3.2.1 政府财政风险

世界银行的汉纳·普拉科瓦（Hana Polackova）利用财政风险矩阵模型描述政府面临的财政风险和不确定性，将财政风险的内容归纳为显性和隐性财政风险两部分。

其中，显性的财政风险是指为明确的契约如法律条文、合同所认可的负债；隐性的财政风险是没有明确的契约约束，政府为了公众权益和利益集团压力而承担的道义义务。从我国目前的财政风险的构成来看，既有显性的，也有隐性的。

具体原因有：

（1）政府担保过多，政府债务过重

尽管我国现行的《预算法》等有关法律中严格禁止地方财政出现赤字和地方政府举债，但事实上，我国各级地方政府大都在不同程度上举债度日或负债运行，这些债务大多处于隐性状态，所负债务的种类之多、负担之重，已经超出一般人的想象。不同于金融风险的是，这些负债缺乏统一管理，缺乏有效的风险防范机制，并正在通过银行体系向金融风险转化。这不仅会导致政府的信任危机，而且我国金融改革的成果也将被蚕食。

（2）盲目进行土地炒作

由于中国经济的发展，各地区土地被大量的利用和开发，土地出让金成了很多地方政府近几年的重要收入。一些地方土地出让金收入已经占到地方财政收入的 35% 左右，有的甚至高达 60%。中国国土资源信息中心表示，经济发展较快的城市，由于土地市场竞争激烈，为获取土地收益，政府官员热衷于"低进高出"，追求"以地生财"，一方面用计划经济的办法低价拿地，另一方面用市场经济的办法高价供地。低价征地，高价出让，已成为不少地方创造政绩、增加财政收入、改善部门福利的捷径。国土资源部调查表明，一些地区出让土地中征地费不到地价的 10%，一些建设项目的征地费标准还是 10 年前的水平。但在土地出让的交易中却频频出现"天价地"。

2.3.2.2 城市开发财务风险

城市开发主体由于前期缺乏对财务风险进行周密细致的可行性研究导致对投资风险的认识不足、信息不全面等，进而导致盲目投资，造成投资无法按期收回，资金回笼不畅等问题，使投资项目不能获得预期的收益，从而给企业带来了巨大的财务风险。

2.3.3 市场

市场经济条件下，风险与市场如同一对孪生兄弟，风险始终伴随着市场的存在而存在，经济风险更是如影随形，有增无减。城市开发的经济风险是在市场经济中，经济行为主体的预期经济目标与实际结果的偏差。首先，经济风险依存的环境为市场经济，只有在市场经济中它才能成为一种普遍的经济现象，因为市场经济中存在越来越多的分工协作，并且生产的社会化程度不断提高。这样，生产、交换和消费各个环境上不确定性因素增多了，风险也随之产生并发展起来了。其次，经济风险的承担者是经济行为的主体。经济行为系以经济利益为目的的活动，而经济行为主体为经济行为的发出者。最后，经济风险为一预期性概念，而不是实际发生的结果。正是由于这种预期性，使得研究经济风险问题成为必要，结果一旦发生即成为事实，从而将失去研究的意义，对经济行为的预期性风险了解越全面，分析越彻底。减小风险、增大效益的潜力也越大。最后，经济风险是行为主体的预期经济目标与实际结果的偏差，这种偏差是经济利益上的偏差，不考虑其他方面的差别。

市场秩序是人们按着某种法律规范、经济和行政管理的规章制度进行经济活动所形成的一种市场行为状态，市场秩序是由无数经济行为构成的。市场风险与市场秩序有着密切关系，虽然在正常的城市开发活动中，也会面临着各种市场风险，但这种风险是正常的，是市场规律作用的结果，是市场繁荣与发展的一种动力。然而，混乱的市场秩序给人们带来的市场风险则是一种非正常现象，它是社会环境、经济体制和市场管理存在严重缺陷的一种表现，对经济繁荣与市场发展有百害而无一利，是走向经济低谷的先兆和导致经济危机的基础。

TIPS：帕累托最优

帕累托效率是由意大利经济学家和社会学家维尔弗里多·帕累托（Vilfredo Pareto）在 21 世纪初他的著作《政治经济学讲义》和《政治经济学教程》中给出的。他提出了下面的定义：对于某种经济的资源配置，如果不存在其他生产上可行的配置，使得该经济中的所有个人至少和他们在初始时情况一样良好，而且至少有一个人的情况比初始时严格地更好，那么这个资源配置就是最优的。这个定义的含义：经济学意义上的效率是指资源配置已达到了这样一种境地，无论作任何改变都不可能使一部分人受益而没有其他的人受损，也就是说当经济运行达到了高效率时，一部分人改善处境必须以另一些人处境恶化为代价，这就是著名的"帕累托效率"准则。

实际上，在现实经济生活中，帕累托效率是不可能完全实现的，大多数的经济活动都可能是以其他人境况变坏为条件而使某些人的境况变好。帕累托效率准则的意义，只不过是为实行市场经济的社会提供了一种合理配置资源的理想状态。所以，可以将帕累托效率准则的实际含义解释为：经济活动上的任何措施，都应当使得者的所得多于失者的所失，或者从全社会看，宏观上的所得要大于宏观上的所失。如果做到了这一点，资源的配置就可说是具有效率的。

2.3.4 基础设施

当产业和人口集中到一定程度时，城市能否实现可持续发展，在很大程度上取决于城市发展所要求的基础设施和公共服务的供给状况。城市开发过程中基础设施建设是开发的先期工程，投资大，风险大，利润也不高，但却是城市空间开发的首要任务。另外，基础设施建设项目建设期又长，所以如何获取资金并合理使用资金进行基础设施建设，是城市开发者必须解决的重大课题。

在城市规划领域，我们研究的与基础设施有关的经济风险主要是基础设施投融资带来的风险和基础设施建设中带来的经济风险。基础设施项目投融资风险是指项目筹措了债务资金之后，有关的实际经济指标与项目前期投融资方案可行性分析预测、公司经济指标测算值发生了一定程度的偏离，从而导致公司债务增加，使项目和投资者蒙受损失的可能性和不确定性，它是一种潜在的危险。基础设施项目投融资风险呈现阶段性特征，存在相对高风险的项目建设期和相对低风险的项目运营期。在项目投融资的特许、建设、运营、移交 4 个阶段，都有可能会给项目参与各方带来损失，基础设施建设风险是指在基础设施建设的过程中产生的经济风险，这种风险可能是内生的，也可能是由政治、环境等因素引发的经济风险。具体有以下几种。

2.3.4.1 基础设施投融资风险

（1）信用风险

有限追索的项目投融资是依靠有效的信用保证结构支撑的，各个保证结构的参与者能否按照法律条文在需要时履行其职责，提供其应承担的信用保证，就是项目的信用风险，这一风险贯穿于整个项目各个过程之中。

（2）市场风险

包含价格和市场销售量两个要素，大多数产品都具备这两种风险，因为市场价格（利率、汇率、股票价格和商品价格）存在不确定性，使得投资、贸易收益与支出同样存在不确定性，市场参与者随时可能会面临损失的风险属于价格因素风险。

（3）金融风险

主要表现为利率风险和汇率风险两个主要方面。

（4）政治风险（带来的经济风险）

由于投资者与所投资项目不在同一个国家或贷款银行与贷款项目不在同一国家，如果项目所在国政治环境发生了变化，就可能会导致整个项目面临信用结构改变、项目债务偿还能力改变等风险，这类风险统称为项目的政治风险。市政公用基础设施的投融资是一个中长期的融资过程，它本身就具有一定的风险性，如果没有一个政治上稳定、安全有保障的、宽松的投资环境，就会没有资金愿意冒极大风险进入这个国家或地区的市场。

（5）法律风险

法律风险是指东道国在外汇制度、法律制度、税收制度、劳资关系等与项目有关的敏感性问题方面的立法是否健全、管理是否完善。基础设施采用项目融资方式在很大程度上依赖于政府的特许经营权、特定的税收政策和外汇政策等，并以特许权协议和相关的政策作为项目融资的重要信用支持。

2.3.4.2 基础设施建设风险

（1）完工风险

具体包括：项目建设延期、项目建设成本超支、项目迟迟达不到"设计"规定的技术经济指标、项目将面临被迫停工的危险。无论在发达国家还是在发展中国家，项目建设期出现完工风险的概率都是比较高的。

（2）生产风险

在项目试生产阶段和生产运行阶段存在的技术、资源储量、能源和原材料供应、生产经营、劳动力状况等风险，主要表现形式为：技术风险、资源风险、能源和原材料供应风险、经营管理风险。

（3）环境保护风险（带来的经济风险）

包括对所造成的环境污染的罚款、改正错误所需的资本投入、环境评价费用、保护费用以及其他的一些成本。

3 城市开发中经济风险的识别与评估

3.1 设定城市经济风险管理的目标（表6-3-1）

基于经济风险的安全指标表　　　　　　表6-3-1

土地	土地收购成本	适宜
	土地储备的开发成本	适宜
	土地储备的积压程度	在保本期内
	土地的出让收益与投入之比	>1
	土地利用结构	适宜
	土地规模	适宜

续表

投融资	投入／产出之比	<1
	负债占投入资金的比例	适宜
市场供需	供应／需求之比	1 左右
基础设施	投资／收益之比	>1
	项目工程质量	合格

制定具体的评判标准，设定发展的具体目标，是风险管理首先要考虑的问题，这关系到整个经济风险管理工作的开展和后续监控。

3.2　城市开发中经济风险的识别

3.2.1　概念和方法

就政府而言，开发的各个阶段的风险表现是不同的，它伴随着各个阶段的主要任务而产生。城市开发中的经济风险识别是指在风险事故发生之前，人们运用各种方法系统的、连续的认识所面临的各种经济风险以及分析风险事故发生的潜在原因。

风险识别的方法很多，在项目开发中常用的有头脑风暴法、专家调查法、社会调查法、分解分析法、工作分解结构（WBS）法、检查表法、外推法、风险调查法、情景分析法等。使用时应针对实际问题的不同特点进行选择。

3.2.2　经济风险识别的内容

3.2.2.1　经济风险识别的内容

项目经济风险识别是一项贯穿于项目实施全过程的项目风险管理工作。它不是一次性行为，而应有规律的贯穿整个项目中。风险识别包括识别内在风险及外在风险。内在风险指项目工作组能加以控制和影响的风险，如成本估计等。外在风险指超出项目工作组控制力和影响力之外的风险，如市场转向等。严格来说，风险仅仅指遭受创伤和损失的可能性，但对项目而言，风险识别还牵涉机会选择（积极成本）和不利因素威胁（消极结果）。任何能进行潜在问题识别的信息源都可用于风险识别，信息源有主观和客观两种。客观的信息源包括过去项目中记录的经验和表示当前项目进行情况的文件，如计划分析、需求分析等；主观信息源是基于有经验的专家的经验判断。项目风险识别是项目风险管理中的首要工作，其主要内容包括以下几个方面：

（1）识别项目中的潜在风险及其特征

这是项目风险识别的第一个目标。因为只有首先确定可能会遇到哪些风险，才能够进一步分析这些项目的性质和后果。所以在项目风险识别工作中，首先要全面分析项目的各种影响因素，从中找出可能存在的各种风险，并整理汇总成项目风险的清单。

（2）识别风险的主要来源

只有识别清楚各个项目风险的主要影响因素，才能够把握项目风险发展变化的规律，才能够度量项目风险的可能性与后果的大小，从而才有可能对项目风险进行应对和控制。

（3）预测风险可能会引起的后果

项目风险识别的根本目的就是要缩小和取消项目风险可能带来的不利后果。在识别出项目风险和项目风险的主要来源之后，必须全面分析项目风险可能带来的后果及其后果的严重程度。当然，这一阶段的识别和分析主要是定性分析。

3.2.2.2　城市开发中经济风险识别的阶段性内容

城市开发中的风险识别分为四个阶段：①在投资决策阶段，围绕何时何地开发何种类型，主要是有关开发区域、开发物业类型、开发时机的风险；②在土地获取阶段，结合项目规划设计、拆迁安置补偿及资金筹集等工作，应重点关注土地风险、市场风险、拆迁安置风险和筹资风险；③在项目建设阶段，应考虑招标模式、承包方式、承包合同、工期、质量、成本控制等面临的主要风险；④在经营管理阶段，应注意租售合同风险、销售时机风险、意外事故风险、资金回收风险。

3.2.3　经济风险识别的程序

经济风险识别的步骤包括：第一步，确定城市开发的目标；第二步，明确最重要的参与者；第三步，收集资料；第四步，估计经济风险形势；第五步，根据直接或间接的症状将潜在城市开发中的经济风险识别出来（图6-3-1）。

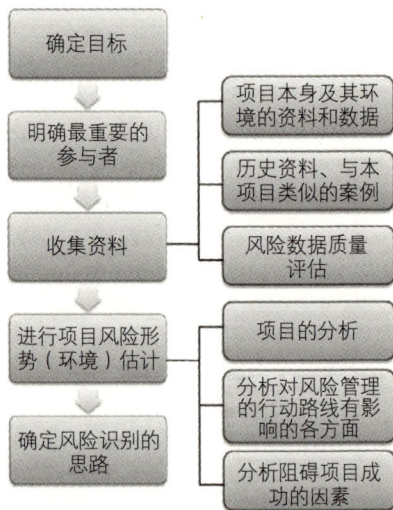

图6-3-1　经济风险识别流程图

3.2.4 重要风险因子选取

通过对上一步的风险因素识别，可以得出不同程度的风险因素。在此基础上，进一步的风险因素分级，从中得出重要的风险因素识别列表。需要注意的是，此处得出的风险的影响度和概率的分级主要用作大致的定性判断，其具体影响度和概率还需要在风险评估阶段才能确定（表6-3-2）。

基本风险因素及其优先级表　　　　　　　表6-3-2

优先级	类别	基本的风险因素
1	第一类型	土地风险
2	第二类型	投融资风险
3	第三类型	市场供需风险
4	第四类型	基础设施风险

3.2.5 经济风险识别结果表达

在识别出项目的经济风险后，可以通过风险登记册的形式记录风险，把各种风险来源和潜在的风险事件进行分类罗列，注明初步判定的风险影响程度和发生的概率等级、风险事件发生前的各种症状以及对项目其他方面管理工作的要求等，形成项目管理计划中风险登记册的最初记录，做到识别出的每种风险都有一张自己的等级表，记录着有关该风险的描述信息。基于风险识别过程的成果，可对风险管理规划过程中形成的风险分解结构进行修正。

3.3 城市开发中的经济风险评估

风险评估就是将可能的代价和减少风险的效益在制定决策时考虑进去，对风险的影响程度及其发生的概率进行评估，以帮助项目积极承担"可接受的风险"。

城市经济风险评价一般有以下几个目的：

（1）对各个经济风险进行比较分析和综合评价，确定它们的先后顺序。

（2）挖掘经济风险之间的相互联系。虽然造成的经济风险的因素众多，但这些因素之间往往存在着内在的联系，表面上看起来毫不相干的多个风险因素有时是由一个共同的风险源造成的。

（3）综合考虑各种不同风险之间相互转化的条件，研究如何才能化威胁为机会，明确经济风险的客观基础。比如建设用地的扩张速度与经济发展水平的关系可以初步判断用地扩张速度的快慢，这是产生后续风险的源头，只有在选取可控的发展速度的前提下，发展才能稳定；政府针对某个项目的负债率是衡量该项目风险的重要指标，在该项目出现风险时，政府将无力偿还银行贷款，使银行蒙受巨大损失，进而引发金融风险；入园企业数量和质量则是衡量政府获得税收的重要指标，新增建设用地的投入最终需要靠生产企业赢利来偿还，如果企业没有获得赢利，政府没有获得税收收入，那政府在新增建设用地上的经济风险必然产生。

（4）进行经济风险量化研究，进一步量化已识别风险的发生概率和后果，减少风险发生概率和后果估计中的不确定性，为风险应对和监控提供依据和管理策略。

3.3.1 风险评估方法分析

大规模公共开发项目往往具有案例的可比性差、历史数据和同类数据不足、量化的难度高等特点，这就使得其他风险管理中所常用的数理统计、概率分布、非线性规划等方法在城市开发项目中较难运用。因此，必须对其他项目管理中风险评估的方法加以选择和适当调整，才能适用于大规模公共开发项目。

常见的风险评估方法为定性分析和定量分析。在风险评估中，主观概率具有重大意义。根据这一理论，一个事件的概率是指决策者基于可获得的信息对事件发生的确信程度或信心。如果决策者觉得一个事件几乎是不可能发生的，他就将此事件的概率值定为接近 0。如果他相信此事件很可能会发生，他就将其概率值定为接近 1。主观概率反映了一个人基于其可获得的信息对事件认识的确信程度。为了在决策中使用主观概率，信息必须是准确的、可信的、标准化的以及前后一致的。城市开发项目决策大多倾向于基于主观概率，因为城市开发项目具有唯一性，不像工厂生产线那样重复生产。

但主观概率也并不是凭空得来的，通常它是建立在类似以往项目所获得的知识和经验的基础上的。即使是那些纯粹一次性的开发项目也与过去的项目和当今科技有着一定的联系。另外，主观概率不应仅由一个人或一个团体作出，应该通过使用如德尔菲法等技术来反复修正。

3.3.2　经济风险的度量与评价体系

风险评价的目的是确定每个风险对项目的影响大小，一般是对已经识别出来的项目风险进行量化估计。通常用逐项评分的方法来量化风险的大小，即事先确定评分的标准，然后由项目小组一起，对预先识别出的经济风险一一打分，然后得出不同风险之大小。事先建立一个为风险条件打分的矩阵，然后对每种风险的可能性、严重性和可控性进行评分，3 个分值相乘，得到这种风险的风险级别。风险级别越大，表示这种风险越大，越应引起重视和需要制定相应的应对措施。

大规模城市开发的经济风险主要指由于项目投入产出等内部因素以及宏观经济政策等外部因素的变动对项目本身和城市发展所造成的经济损失、成本增加等的风险，包括市场供求风险、投融资风险和地价风险等。一方面，主要在于对社会和城市整体或局部利益产生损害的效益低下、经济损失和成本增加等，同时也关注各种可能提升社会生活和城市建设水平的风险收益。

鉴于我国目前还没有比较系统且可操作的风险评价指标体系，本书在分析研究国内外大量相关文献的基础上，结合我国大规模开发经济风险的实际问题，初步构建出适合我国国情的经济风险综合评估指标体系（表 6-3-3）。

经济风险综合评估指标体系表　　表 6-3-3

经济风险分类	经济风险评价要素	经济风险评价具体要素	主要指标	经济风险评价具体指标
内生	城市土地开发	土地储备	土地储备的收购资金	土地储备中心的贷款比例
			土地储备的开发成本	土地开发成本与低廉的收购价格之比
			土地储备过程中的积压程度	储备期与土地储备保本期之比
			土地的出让收益	出售价格与成本价格之比
	城市开发投融资风险	国债	偿债能力	国债依存度和国债偿债率
		政府负债	资金支付潜力与实际需求的相对关系、资金缺口的相对值	债务率（当年城建资金还本付息支出/当年本级可支配财政收入）
				偿债率（偿债率＝当年城建资金还本付息支出/当年本级财政可偿债资金）

大规模城市开发的风险管理

经济风险分类	经济风险评价要素	经济风险评价具体要素	主要指标	经济风险评价具体指标
内生	城市开发投融资风险	金融风险	通货膨胀、货币贬值	利率变动程度
				汇率变动程度
				资本市场投资收益率
				资本市场规模和健全程度
	城市开发的市场供需		供应量与需求量的相对关系	市场价格的变化
				市场供应量、购买力之比
				建成项目空置率
外生		地产泡沫风险	居民收入与房价的关系	年度家庭全部收入与房价之比
				城市居民个人月收入与每平方米房价之比
			地产融资比重	一国全部贷款中房地产类贷款的比重
				社会全部固定资产投资中房地产业投资的比重
			地产价值泡沫化程度	房屋租售比（房屋每平方米月租金和每平方米售价之间的比值）
		产业空心化	产业规模	产业产值指标
				产业投资规模
				产业就业规模
			产业成长度	产业需求收入弹性
				产业增长率
			产业空间区位状况	区位熵
				比较优势系数
			产业开放度	产业区际商品率
				产业外贸依存度
			产业可持续发展	环保投资额年均增长率
				产能消耗水平

3.3.3 经济风险的评价内容

通过对经济风险要素评价指标的综合分析，确定各风险要素的风险值，进而综合判断项目的经济风险情况。经济风险评估的内容包括以下几个方面：经济风险发生的可能性、风险强度、风险持续时间、风险发生领域和风险起因以及可控性。

4　城市开发中经济风险的预警监控与管理

4.1　经济风险的预警

4.1.1　经济风险预警理论

经济监测预警系统的研究最早可以追溯到 19 世纪末期。1888 年，在巴黎统计学会上就出现了以不同色彩作为对经济状态进行评价的论文。20 世纪 30 年代中期，经济监测预警系统再度兴起，到 20 世纪 50 年代不断改进、发展并开始进入实际应用时期。1937 年，美国全国经济研究局选择了 21 项指标构成超前指数，而且还系统详尽地研究了一系列涉及景气监测方法的问题。自 20 世纪 60 年代起，经济预警方法逐步走向成熟。1961 年，美国商务部正式在其刊物《经济循环发展》上逐月发表以数据和图表两种形式提供宏观景气动向的信号。研究机构与政府机关的合作使研究迅速向前发展，这一时期有以下几方面的发展：①合成指数的引入；②经济预警的基本方法有了较大进展；③景气调查方法的引入，拓宽了景气监测的信息源；④分析报警的信号指数的出现。20 世纪 70 年代末期，预警系统本身已日趋成熟，但是在信息识别和基础理论研究方面仍在不断发展着。为使景气监测结果更具有超前性，美国全国经济研究局国际经济循环研究中心等机构已着手研究长先行指标，将原来先行指数半年左右的超前期扩展至 1 年或者 1 年以上，便于政府和企业及早地为将要发生的周期波动作出反应。

我国预警理论研究是从经济循环波动问题入手的，起始于 20 世纪 80 年代中期，其发展过程基本上可以分成两个阶段。1988 年以前为第一阶段，这一阶段以引入西方的经济发展理论和经济波动的周期理论为主，并对我国的经济波动及其动因进行了分析。从 1988 年开始为第二阶段，主要工作是寻找我国经济波动的先行指标，一个重要变化就是从研究经济形态的长期波动转向研究经济形态的短期变化。特别是引入了西方景气循环指数方法后，使这一研究取得了突飞猛进的发展。1988 年，袁兴林和黄运成运用 DI 和 CI 方法计算了我国工业生产景气循环的基准日期；1989 年，中国经济体制改革研究所宏观经济监测与分析研究组在 35 个月度经济指标中，选出了 13 个先行指标，13 个同步指标，9 个滞后指标，并运用 DI 方法对 3 组指标的运行轨迹进行测算，寻找出了 3 组指标各自基准循环日期；同年，国家统计局统计科学研究所宏观经济监测课题组设计了 6 组综合监测预警指数，并把指数的运行区间划分为 5 个灯区，显示经济循环波动过程中的冷热状态。1990 年，毕大川、刘树成主编了《经济周期和预警系统》，是对我国宏观经济周期波动问题从理论到应用进行全面研究的第一部专著。同年，国家统计局进行了《经济监测与预警系统》的研究课题，并且完成了综合性的软件系统，应用于经济发展趋势推断，并进行预警预报，经济变量间协调行为和政策效用分析等研究。1992 年底，中国人民大学国民经济系顾海兵教授等人开始了粮食生产预警系统研究，并对预警理论进行了新的探索和发展。特别是在 20 世纪 90 年代，经济预警的应用领域进一步拓展，不仅在宏观经济领域，而且在微观经济领域也得到了广泛应用。

近年来，随着经济影响力的扩大，从宏观到微观的各类活动都与经济密不可分。城市开发行为因其涉及面广、影响力大等特点，针对城市规划与开发导致的经济风险研究迫在眉睫。

城市开发经济风险预警，即在充分掌握各种与城市规划、开发模式、项目运营、后期管理等相关的各种经济信息基础上，对可能发生或者已经发生的经济风险事故提前给予报警，并采取相应的防范与调整措施进行补救或者提出合理有效的解决方案[①]。

4.1.1.1　城市开发经济风险预警的必要性

随着市场经济体制的探索完善、全球化程度的不断深化，城市开发在开发主体构成、建设资金运作模式等方面也日益复杂，由于各种城市开发行为导致的经济风险也不断增多，其主要表现为：

（1）开发决策失误导致的经济风险

主要是由于对地区经济和产业状况的了解不够，在没有对现有资源条件进行评估以及对未来经济发展的合理规划下，做出的与经济发展相关的开发决策方面的失误。

（2）建设资金运作不合理导致的经济风险

如高比例的贷款与土地收益，容易产生负债经营的隐患，最终可能无法偿

---

① 蓝必华．建立区域经济风险预警与控制系统对策研究——以深圳市龙岗区为例．改革与战略，2006（08）．

还借贷款。

（3）宏观经济形势对开发项目的造成的经济影响

如全球金融危机导致经济低迷，众多行业的发展陷入困境，城市开发的动力不足，预期经济收益也大大降低。

4.1.1.2　城市开发经济风险预警的可行性

城市开发经济风险是否具有可预测性，关键在于能否把握城市开发经济风险中的偶然性因素，能否掌握必然性因素的规律。只有对偶然性因素做出准确的预估判断，同时遵循必然性因素的发生规律，才能进行有效的经济风险预警。

（1）偶然性因素引发的风险

城市开发中偶然性因素引发的经济风险主要来源于两个方面：一是由于人们对开发中的种种偶然性现象背后的规律没有充分认识所引起的偶然性风险，目前尚不能完全预测，但随着人们经验和技术的积累，以后就能在某种程度上加以把握，如突发性自然灾害引发的经济影响等；二是由于城市开发项目内在要素的复杂性与外部环境的不易预测性，使开发前景难以预料而导致的风险，如突发性金融危机等。

（2）必然性因素引发的风险

城市开发中必然性因素引发的经济风险主要来源于人为的经济活动或市场自发的经济活动，这些必然性因素往往与城市开发行为直接相关，如建设资金构成比例[①]、开发成本与收益等，也包括市场供求关系、产业发展阶段等与市场自发经济行为相关的要素。这些必然性因素存在一般性规律，只要与时俱进地把握它们的作用规律，就能够在一定程度上有效地降低经济风险。

4.1.2　城市开发经济风险警源

警源是指导致风险发生的根源性因素。从警源的生成机制看，警源可以分为内生型警源与外生型警源两种。

4.1.2.1　内生型警源

城市开发经济风险的内生警源是指城市开发项目本身蕴含或引发的经济问题，既包括城市开发行为，也包括城市开发对象和开发主体，如项目规模、空间结构、规划管理、基础设施、投资、市场供求、地价等。

[①] 建设资金构成比例是指建设资金来源的组成，如政府投资、私人企业投资、外资等。

案例： 东莞华南 MALL，2002 年选址于东莞郊区万江，占地 43 万平方米，建筑面积 89 万平方米，其中商业面积 40 万平方米，停车位 8000 个，预计总投资额超过 25 亿元人民币。华南 MALL 定位为集购物、休闲、餐饮、娱乐、旅游、文化、运动等功能于一体的超大型主题式购物公园，消费市场面向珠江三角洲地区。按照规划设想，华南 MALL 将引动 3 级商圈：第一级覆盖东莞大部分地区、广州黄埔区和增城市 35 个镇，人口约 800 万～900 万，GDP 近 1600 亿元人民币；第二级覆盖广州、深圳两个国际大都市及顺德等 8 个地县级市的大部分地区，74 个镇，人口约 2800 万，GDP 近 5000 亿元人民币；第三商圈覆盖珠三角几乎全部中型以上县级市，158 个镇，4000 万人口，GDP 近 7000 亿元人民币。以此形成一个东莞及珠三角商贸的物流基地和中心，汇集周边地区人流、物流、资金流和信息流，极大拓展珠三角的消费市场。一方面，从项目选址来看，由于东莞向来以制造业而非观光旅游业见长，虽然华南 MALL 增加了观光娱乐因素，但在整体规划中只占一成比例，很难撼动深圳、广州、珠海已成传统的商贸、旅游资源，对第三商圈的辐射能力有限。另一方面，从地区经济发展来看，广州市消费零售总额比深圳、东莞要多出几百亿元，而占据广州消费制高点的天河城建筑面积仅 16 万平方米，日最高客流量是 60 万人，而东莞华南 MALL 建筑规模相当于广州 5 个以上的天河城，其目前的人流量远远无法满足销售需求。华南 MALL 自开发以来，接连面临人气难聚、商家撤铺、资金紧张的困境，出现这些问题主要是由于开发策划阶段对项目本身选址、定位、规模的预估有失准确，导致项目本身与市场需求产生错位，进而引发经济风险。

4.1.2.2　外生型警源

城市开发经济风险的外生警源是指外部宏观经济形势、体制、政策对城市开发行为或开发对象产生的影响，由此衍生的经济风险。如也包括对外经济关系与非经济关系发生恶化。如国外贸易保护主义对出口的限制（关税与非关税壁垒），国际价格的动荡等，目前我国外贸进出口总额已达 2000 亿美元，按汇率算已占 GNP 的 1/4 至 1/3，且三资企业众多，因此外生警源的影响不可忽视。

一般的，无论何种级别、规模的城市开发项目，其开发过程中涉及的经济问题都与宏观经济环境息息相关，但由于宏观经济的趋势研究主要在经济学领域进行探讨，且经济体制、政策等因素较难量化，因而，本书重点关注于城市开发行为本身对城市开发经济风险的影响。

根据本章 2.3 节确定的城市开发经济风险要素，我们根据警源属性与警源生成二维分类视角对城市开发中的经济风险源进行分类，具体分为城市土地开发、城市开发投融资、城市开发市场供需、地产泡沫、产业空心化等方面。对经济风险因子进行归类如下：

（1）城市土地开发风险警源

土地储备中心贷款比例、土地开发成本与收购价格比、储备期与储备保本期之比、售价与成本价之比。

（2）城市开发投融资风险警源

国债依存度和国债偿债率、政府债务率、政府偿债率、利率变动程度、汇率变动程度、资本市场投资收益率、资本市场规模和健全程度。

（3）城市开发市场供需风险警源

市场价格变化、市场供应量与购买力之比、建成项目空置率。

（4）地产泡沫风险警源

年度家庭全部收入与房价之比、城市居民个人月收入与每平方米房价之比、一国全部贷款中房地产类贷款比重、社会全部固定资产投资中房地产业投资比重、房屋租售比。

（5）产业空心化风险警源

产业产值指标、产业投资规模、产业就业规模、产业需求收入弹性、产业增长率、区位熵、比较优势系数、产业区际产品率、产业外贸依存度、环保投资额年均增长率、产能消耗水平。

4.1.3　城市开发经济风险警兆

警兆是风险发生前的先兆。一般，不同警素对应着不同警兆。当警素发生异常变化导致警情发生之前，总有一定的先兆，这种先兆与警源可以有直接关系，也可以有间接关系；可以有明显关系，也可以有隐形的未知"黑色"关系。警兆的确定可以从警源入手，也可以依经验分析。警兆又可以分为两类：一类是景气警兆，一类是动向警兆。景气警兆不仅充当警兆，而且自身直接反映某种景气程度。例如中国际经济干扰的扩散等。动向警兆是指这类警兆本身不表示景气程度，一般多与价格因素有关，价格的涨落一般都有两面性，难以说明好坏。

城市开发中经济风险的警兆往往通过一些与项目策划、开发或运作的相关经济指标是否处于正常范围内反映出来，如开发项目建设资金运作模式等。

确定警兆之后，需要进一步分析警兆与警素的数量关系，找出与警素的5种警限相对应的警兆区间，然后借助于警兆的警区进行警素的警度预报。预报警度是预警的目的。警度预报有两种方法：一是建立关于警素的普通模型，先作出预测，然后根据警限转化为警度。二是建立关于警素的警度模型，直接由警兆的警级预测警素的警度。这是一种等级回归技术。除了定量预测经济风险之外，在预报警度中，也需要结合经验方法、专家方法等定性分析，提高预警的可靠性。

4.1.4　城市开发经济风险警情

城市开发经济风险的警情主要可从两个方面考察，一是警素，即构成警情的指标；二是警度，即警情的程度。

经济风险警素往往难以用单指标刻划，必须考虑经济内部结构、经济效益等。城市开发项目经济风险的警素可由两类指标构成：一类是反映经济增长数量的，主要由开发项目相关产业的经济指标构成，如对外经济贸易指标、基础设施投资指标、市政建设投资指标等；另一类是反映经济增长质量的，如通货膨胀、财政收支、外汇收支等。

经济风险警度一般可分为5个等级，即无警警度、轻警警度、中警警度、重警警度、巨警警度。

4.1.5　城市经济风险预警方法与指标筛选

4.1.5.1　经济风险预警方法

经济预警是指围绕经济循环波动这一特定经济现象所展开的一整套经济监测和经济评价的理论和方法体系，它主要包括预警指标的选择和确定、预警方法、警限界定和报警等几个方面的内容。其中预警方法是预警系统的核心，目前国内外常用的经济风险预警方法主要包括层次分析法（AHP）、景气指数法[①]、

---

① 景气指数法是用有关经济变量相互之间的时差关系来指示景气的动向，通过构建合成和扩散指数来达到对经济运行情况进行监测预警的目的。这种方法分为四步：第一步是确定时差关系的参照系——基准循环，这是关键的一步；第二步是选择构成指标；第三步是划分先行、同步、滞后指标；第四步是对先行、同步、滞后指标分别编制扩散指数和合成指数。划分先行、同步和滞后指标可以采用灰色关联度法、模糊贴近度法和判别分析法等。

ARCH 预警方法[①]、基于概率模式分类法[②]、判别分析法[③]、人工神经网络方法[④]等。

由于不同类型的城市开发项目，相互之间的差别较大，且相关经济要素的变化趋势较难掌握，因此，本书采用较为成熟的层次分析法（AHP）对风险因子进行分级、分类及评估。

4.1.5.2 经济风险预警指标筛选

经济风险预警指标主要采用本章第 3.3 节 3.3.2 中提出的经济风险综合评估指标体系，主要涉及城市土地开发、城市开发投融资、城市开发市场供需、地产泡沫、产业空心化等方面。

4.1.6 城市开发项目的经济风险预警总体结构设计

根据前文确定的城市开发项目的经济风险警源、警兆、警情分析，构建经济风险预警总体结构见表 6-4-1。

城市开发项目经济风险预警总体结构　　　　　　　　表 6-4-1

经济风险领域	警源	警兆	警情
城市土地开发风险（R1）	土地储备中心贷款比例 土地开发成本与收购价格之比 储备期与土地储备保本期之比 出售价格与成本价格之比	土地储备贷款挪作城建资金 开发商圈地 政府"卖地"频繁 大量农转非	政府不能及时向银行归还贷款 拆迁冲突 农民安置冲突 "地王"频出

---

① ARCH 模型，即自回归条件方差模型，应用 ARCH 简历预测模型，根据 ARCH 模型条件异方差的特性，确定具有 ARCH 特征的警限，从而使预警的结果比较真实地反映实际经济运行状况。

② 基于概率模式分类法从模式识别的角度对宏观经济进行预警，所有具有相同警度的预警样本组成一个预警模式集，一个预警样本就称作一个预警模式。预警指标选择子系统就相当于模式识别系统中的模式特征选择，预警方法子系统相当于模式识别系统中的模式分类过程；报警子系统相当于模式识别系统中的识别错误检查过程。即预警就是把未知警度的新预警样本与已知警度的预警标准样本进行比较辨别，从而确定新预警样本所归属于的预警模式类别。

③ 判别分析是对研究对象所属类别进行判别的一种统计分析方法。进行判别分析必须已知观测对象的分类和若干表明观测对象特征的变量值。判别分析就是要从中筛选出能提供较多信息的变量并建立判别函数，使推导出的判别函数对观测样本分类时的错判率最小。

④ 人工神经网络由大量的节点（或称"神经元"，或"单元"）和之间相互联接构成。每个节点代表一种特定的输出函数，称为激励函数（activation function）。每两个节点间的连接都代表一个对于通过该连接信号的加权值，称之为权重（weight），这相当于人工神经网络的记忆。网络的输出则依网络的连接方式，权重值和激励函数的不同而不同。而网络自身通常都是对自然界某种算法或者函数的逼近，也可能是对一种逻辑策略的表达。

经济风险领域	警源	警兆	警情
城市开发投融资风险（R2）	国债依存度和国债偿债率 政府债务率 政府偿债率 利率变动程度 汇率变动程度 资本市场投资收益率 资本市场规模和健全程度	财政收入占 GDP 比重低 银行信贷风险上升	政府大量发行国债 出口规模萎缩 对外投资市场萎缩 城市开发项目少
城市开发市场供需风险（R3）	市场价格变化 市场供应量与购买力之比 建成项目空置率	楼宇空置率高 办公密度不均 居住密度失衡	群体冲突事件上访 退房潮 烂尾楼 违章搭建
地产泡沫风险（R4）	年度家庭全部收入与房价之比 城市居民个人月收入与每平方米房价之比 一国全部贷款中房地产类贷款的比重 社会全部固定资产投资中房地产业投资的比重 房屋租售比	投资型住房比例高 自住型住房比例低 居住工作分离 就学不便 私家停车位不足 房租上升幅度大	"空城" 物价高昂 钟摆交通明显
产业空心化风险（R5）	产业产值指标 产业投资规模 产业就业规模 产业需求收入弹性 产业增长率 区位熵 比较优势系数 产业区际商品率 产业外贸依存度 环保投资额年均增长率 产能消耗水平	三产比重超过一、二产 工业制成品产量显著降低 就业率低 城市开发萎缩	本地物价上涨 失业人口增多 外出务工人员比例上升 城市面貌陈旧 生活水平停滞 外来消费品增多

4.1.7　城市开发项目的经济风险预警系统的运行

4.1.7.1　指标体系层次结构

与城市开发项目经济风险预警总体结构相对应，产生预警指标体系的层次结构，如图 6-4-1 所示。

4.1.7.2　指标评价值处理及风险计算

具体计算方法同本书第二章 1.6.1 节。

图 6-4-1　城市开发经济风险预警指标体系层次结构图

4.2　城市开发经济风险的管理对策

4.2.1　经济风险的规避策略

4.2.1.1　重新组织项目

当城市开发经济风险发生的可能性太大，或一旦风险事件发生造成的损失过大时，可选择主动放弃该项目或改变目标。

案例： 1988 年，美国熊猫汽车公司准备投资 20 亿美元，以大亚湾熊猫汽车厂为核心，建成具有底特律，香港，夏威夷特色的综合性现代化城市，一期建成 16 万平方米，是当时全国最大的单项厂房。开发者的目标锁定在从 1995 年开始，年产 30 万辆"熊猫"牌小轿车，然而，当时整个中国的小轿车产量不过才 3 万，使用的轿车品牌仅桑塔纳和北京吉普两款车。项目所在地的惠阳县（现惠州市惠阳区）对此开发项目欢欣鼓舞，将刚刚建成的县政府大楼转让给"熊猫"做办公楼，并将该楼西南侧的大片土地提供给熊猫做厂房，将该楼以北的一片土地提供给"熊猫"做生活区。在"熊猫"的带动下，1991～1993 年，惠阳县实际利用外资从 1673 万元人民币，上升到 1.8 亿美元。但后来，由于宏观政策的转向，中央取消了已建成厂房用作汽车厂的规划。至此，熊猫汽车城的项目宣告失败。此后，"汽车城"被房地产所取代，重新开发成为如今的"熊猫国际"的欧洲风格主题社区。

4.2.1.2 开发项目内容筛选

当一个完整的城市开发项目中有部分内容包含经济风险的隐患，可选择取消该部分内容，或适当调整改变开发手段与目标，筛选开发项目内容的风险规避方法常用于城市开发项目的初期，在整个开发项目框架已经制定的情况下，局部调整开发内容和策略。

4.2.1.3 相关政策制定

在城市开发过程中，一些与金融、财税、房地产相关的经济政策往往发挥着重要的作用。以稳定市场为主要目标的经济政策，通常能够规避一些单纯为了追求经济发展而产生的经济风险。通过制定相关政策规避经济风险的方法可贯穿整个城市开发项目的过程中，随着宏观经济环境和市场的变化，适时地调整政策，提高其稳定市场的作用。

4.2.1.4 城市规划

当城市开发项目需要依托其周边的社会经济条件或对环境的敏感程度较高时，可通过城市规划分析项目选址的区位、产业条件等，合理选择项目开发的位置，确定其定位与开发规模，达到适当规避经济风险的目的。

如大型城市开发项目，往往对区域经济发展水平、产业布局等方面的敏感程度较高，这就要求在规划设计的过程中全面分析城市发展条件，选择适合进行某种城市功能大型开发的位置，避免试图依靠"空降"的功能区带动一个地区的发展，导致"筑巢"不"引凤"的结果，最终造成极大的经济损失。

案例： 1995 年兴建的珠海机场是全国唯一纯地方政府投资的机场，投资总额达 60 多亿元。珠海机场按一级民用机场进行总体规划，设计和施工，其跑道、候机楼、通信系统、供油和安全等均达到国际先进水平。然而启用以来的经营状况却与规划设想相距甚远，2000 年珠海机场起落总架次，不足设计年航空起降架次数的 1/5（10 万架次）；2000 年客运量，不到设计客流量的 1/24（1200 万人），不足深圳黄田机场 1/10（600 万人次），不足北京首都国际机场的 1/35（超过 2000 万人次），不足香港新机场的 1/60（超过 3200 万次）。珠海机场每月客流量只相当于广州白云机场一天的客流量，每年的客流量只相当于香港新机场一周客流量。珠海机场经营虽然惨淡，但有政府的支持尚不至于破产，但最终拖欠债务17亿元，造成巨大的经济损失，已是不争的事实。分析来看，珠海机场开发项目的经济风险主要来源于选址不当、定位失误、建设资金来源过于单一等，导致最终的经济风险完全由是珠海市政府承担，对城市财政的重创还将引发其他建设资金的短缺。由此可见，城市规划的决策失误对城市经济发展的影响是十分重大的，在城市规划过程中应慎重对待开发项目蕴含的经济风险危机。

4.2.2 经济风险的减灾策略

4.2.2.1 经济风险的抵消

经济风险的抵消是指将一些同类的经济风险加以合并，将其内部化，以便在一个系统范围内控制风险。

2008年汶川地震发生后，都江堰及时调整了城市开发的强度，将2010年的多项经济发展目标提前到2008年灾后重建过程中实现，如增大房地产市场的开发，提供更多的社会就业岗位，期望以市场开发抵消市场需求，带动更广泛的就业，促进经济复苏和发展，试图通过增加供给，抵消经济风险。

4.2.2.2 经济风险的分离

经济风险的分离是指通过将城市开发项目分解成可控的几个子项目，可将经济风险随之间隔，以避免发生连锁反应或互相牵连。这种分离经济风险的方法是将风险局限在一定的范围内，即使风险发生，其损失也不会波及更大的范围之外，以达到减少风险损失的目的。

如将一个复合型开发项目进行分期开发，按照开发条件的成熟程度将其分解成几个单一的开发项目，进行分期开发。这样可以在开发过程中根据外部环境的变化和市场反馈的情况，适时调整后续开发的内容和手段，降低经济风险的损失。

4.2.2.3 经济风险转移与分散

（1）运用经济手段转移风险

运用经济手段进行风险转移是指用合同或协议等合法契约，在风险事件发生时将损失一部分或全部转移到开发项目以外的第三方。运用经济手段将风险转嫁给另一人或单位的策略，主要是指保险。通过订立保险合同，将风险转移给保险公司，开发项目在面临经济风险时，可向保险公司缴纳一定的保险费，风险也将随之转移。

（2）调整开发主体构成分散风险

风险分散是指通过增加承受风险的单位以减轻总体风险的压力，使多个单位共同承受风险，化大为小，从而减少开发主体的经济风险损失。大型的城市开发项目一般都由一个或几个开发主体共同承担，通过合理组建开发主体，将经济风险分散到各个开发个体，降低每个独立个体需要承担的经济风险。同时还可以强弱搭配，将经济实力较弱但执行管理能力较强的开发主体与经济实力雄厚但监管力度更弱的开发主体共同组成联合的开发主体，共同承担开发项目的经济风险。

上海世博会的开发采用了上海世博会组委会和开发公司合作的开发模式，组委会主要负责筹备上海世博会的相关事宜，由多个独立公司实体共同投资的上海世博集团有限公司则同意负责世博会场馆的建设、会期管理、场馆后续利用等，这是典型的对上协调、对下实操的开发主体组合模式。同时，多个公司主体的投资构成也有利于分散经济风险，较好地适应了世博会开发建设的需要。

4.2.3 经济风险的处置策略

4.2.3.1 经济风险的接受与监控

任何城市开发都具有一定的经济风险，如果预测的经济风险损失较小，在承受能力范围内，则可自行承担经济风险，同时加强风险的监控，随时调整开发策略以降低经济风险。

4.2.3.2 经济风险的利用

风险的两面性决定了在接受风险的同时也获得了收益的机会，风险越大收益也往往越大，若能在却是存在风险的开发过程中兴利抑弊，转被动接受风险为主动利用风险，就能够在风险中把握机遇，获得收益。

20世纪90年代，随着浦东的开发开放，在上海市新一轮产业结构调整升级中，由于科技创新能力不足和传统工业的特点，曾为中国近代机器大工业发祥地之一的杨浦承受了巨大阵痛，面临被边缘化的尴尬处境：国有企业从1200多家锐减至200多家，产业职工从60万人锐减到6万人。传统大工业优势弱化，随之而来的是就业、救助等社会民生问题的增多和体制机制束缚等问题的暴露。2008年9月，国家科技部办公厅的一片科技发展重大问题研究报告，点出了杨浦区建设知识创新区的突破口。杨浦区是中国高等教育比较集中的地区之一，有复旦、同济等14所高校，150余家科研机构，聚集了上海 40% 以上的大学生、研究生，具备了从工业经济过渡到知识经济的基础。在具体的规划建设中，杨浦区利用了保留旧工业厂房的经济风险，保留改造了相当一部分旧厂房作为设计工作室，既免去了拆除重建的成本，又很好地适应了设计工作室的空间环境要求，将被动接受转变为主动利用风险，最终获得收益。

本章参考书目

[1] 童明．政府视角下的城市规划 [M]．北京：中国建筑工业出版社，2004．

[2] 冯现学．快速城市化进程中的城市规划管理 [M]．北京：中国建筑工业出版社，2006．

[3] 余建星．工程项目风险管理 [M]．天津：天津大学出版社，2006．

[4] 宋明哲．现代风险管理 [M]．北京：中国纺织出版社，2003．

[5] 王有志．现代工程项目风险管理理论与实践 [M]．北京：中国水利水电出版社，2009．

[6] 王卓甫．工程项目风险管理:理论、方法与应用 [M]．北京:中国水利水电出版社，2002．

[7] 顾梦迪，雷鹏．风险管理（第二版）[M]．北京：清华大学出版社，2009．

[8] 卡尔·H·波尔奇．保险经济学 [M]．北京：商务印书馆，1999．

[9] 马文军．城市开发策划 [M]．北京：中国建筑工业出版社，2005．

[10] 夏南凯，王耀武．城市开发导论 [M]．上海：同济大学出版社，2003．

[11] 夏南凯．城市开发中的风险问题 [J]．建筑与文化，2006（04）．

[12] 夏南凯，宋海瑜．城市开发风险的系统分析和应对策略 [J]．同济大学学报，2008（08）．

[13] 夏南凯，宋海瑜．城市大规模开发风险研究的思路与方法 [J]．城市规划，2007（06）．

[14] 夏南凯，宋海瑜．城市开发风险的可控性及其控制机制 [J]．同济大学学报，2007（12）．

[15] 周婕，谢波．城市大规模城市开发项目的风险规划及实施策略的框架研究 [J].EI．

[16] 于立．后现代社会的城市规划：不确定性与多样性 [J]．城市规划，2005（02）．

[17] 于立．城市规划的不确定性分析与规划效能理论 [J]．城市规划汇刊,2004（02）．

[18] 宋海瑜．城市大规模公共开发项目风险研究与规划应对 [D].同济大学，2010．

[19] 顾海宾．宏观经济预警研究：理论方法历史 [J]．经济理论与经济管理，1997（04）．

[20] 黄继鸿，雷战波，凌超．经济预警方法研究综述 [J]．系统工程，2003（21）．

[21] 王耀中，侯俊军，刘志忠．经济预警模型述评 [J]．湖南大学学报，2004（18）．

[22] 王超，樊宏烨．我国危机预警方法研究现状评析 [J]．交通企业管理，2005（12）．

[23] 张照，王德．我国城市基础设施建设资金运作模式研究 [J]．城市规划，2009（03）．

[24] 钱晨．财务危机预警分析及应对方法探讨 [J]．现代商贸工业，2008（08）．

CHAPTER 7
第七章　大规模城市开发中的文化风险

1 概述

1.1 研究背景：我国目前文化风险的存在

1.1.1 现实背景

1.1.1.1 全球化的文化侵蚀

在经济全球化、社会信息化、城市开发国际化的背景下，世界各国不同文化相互交流、渗透、冲撞和融合，人类历史上很少出现像今天这样的经济繁荣，也很少出现当今这样的文化交融。文化全球化作为一种历史潮流，生活在地球村中的任何国家和民族都无法回避，但这一过程从一开始就是不平等的。总体而言，发达国家基本上处于受益者的地位，他们的价值观念、思维方式、生活方式凭借其强大的政治经济实力而得以扩张；发展中国家则相对处于弱势地位，其民族文化往往出现了边缘化的趋势，甚至有失去自主性的危险。

1.1.1.2 中国传统文化的遗失

改革开放几十年以来，随着经济发展，城市化进程加剧，中国步入了快速发展的社会转型期，同时城市开发也进入了一个飞速阶段。1990 年末全国城市建成区面积为 12856 平方公里，2000 年末达到了 22439 平方公里，10 年内扩大了 9583 平方公里，是 1990 年的 1.75 倍，2006 年末扩大到了 33660 平方公里，较 1990 年翻了一番[1]。但是伴随着城市飞速发展，大量的历史文化建筑、街区等被破坏和拆除，随之而来的是每座城市都是高楼林立，城市自身所特有的风采韵味逐渐丧失，城市的文化记忆和文化特色遭到破坏，人们的生活方式遭到冲击。大规模的扩张和高层的建设导致城市尺度的失衡，为追求城市经济利益，迎合房产或者商业开发，大量承载城市历史特色的小尺度街区被拆除，如近年来，武汉旧城改造中，处于繁华地段的承载汉口人记忆的里份多成为被拆除的对象，同样北京的四合院、上海的里弄等也不可避免地面临过如此遭遇。

1.1.2 大规模城市开发文化风险的危害

1.1.2.1 历史断裂与文化抽离化

中国文化历史悠久，与城市建设也有着不可分割的联系。《周礼·考工记》曾记载："匠人营国，方九里，旁三门，国中九经九纬，经涂九轨，左祖右社，前朝后市，市朝一夫"，其强调城市的建设符合礼制、君权主义思想，这种文化思想在中国大多城市的建设中得到延续，对中国城市形态影响巨大。但大规模的城市开发使城市的历史空间被弱化、切割、甚至消解。在全球化的冲击下，原本和谐的空间被扰乱了，那些曾创造了伟大的景观奇迹的历史城市、历史空间被无情的肢解了。

北京是举世闻名的中国文化古都。明清北京集历朝之大成，城市格局已臻于完美。1980 年改革开放以后，受全球化冲击，北京的城市特色格局已被国际投资和各种商业开发活动所瓦解，大量四合院被拆除，现代与历史的纽带被切断，城市不再是一个完整的历史的绸带，而成为零星的碎片。

1.1.2.2 居民生活方式和心理受到冲击

城市不仅是一群人共同居住的地域，还是一种"城市性"的心理状态和生活方式，城市文化的渗透和影响在人们生活中起着关键性的作用（宋海瑜，2010）。城市不仅仅是一个物质空间，而是由内在的文化形式通过居民的创造活动反映成为外在的物质形式，如城市的街道、广场、酒肆、茶楼以及南方的骑楼、湘西的吊脚楼、北方的大院等都反映了居民不同的生活态度和生活方式。在现代化城市开发进程中，城市空间被千篇一律的大尺度高层所占据，原有的居民生活方式和生活习惯受到一定的冲击，原有的生活氛围和生活圈层受到了不同程度的割裂。

1.1.2.3 文化趋同化

中国大规模城市开发在领导意志下多遵循"更高、更大、更宽阔"的基调，城市建筑越来越高，城市空间越来越失去中国传统特色，而是具有西方的大尺度的特征。与此同时，映射在原有城市尺度和空间上的城市文化特色也逐渐消失，取而代之的是西方的文化理念。

1.1.2.4 文化认同缺失

"文化认同"是指人们对本民族共同的宗教信仰、民族血统、历史传统、思维方式、风俗习惯的一种认可和依赖。一般而言，与政治、经济等因素相比，文化对民族和国家的发展更具有影响力。因为，"对于人来说，归根到底最重要的，不是政治意识形态或者经济利益。人们认同之所在，人们为之而战斗、而牺牲的，是信仰和家庭、血统和理念。"[2]

但是，随着全球化进程深入，西方国家的价值观念伴随商品和资本的输出在全球扩张，无孔不入，严重削弱了非西方国家的文化基础。许多输入西方文化的地方出现了文化混乱，表现为目的的丧失、道德的冷漠、暴力的嗜好、传统的破裂以及认识到属于"落后"社会而产生的心理痛苦。对此，亨廷顿也不得不承认："20世纪90年代爆发了全球的认同危机，人们看到，几乎在每一个地方，人们都在问'我是谁'，'我们属于哪儿'以及'谁跟我们不是一伙'等。"[3]

1.1.3 大规模城市开发中文化风险空间界定

1.1.3.1 老城区

城市老城区是上一代人生活居住的地方，那里记载着他们生活的历史痕迹，埋藏下了特属于那个年代人们的情怀，恋故乡情，落叶归根，使得他们对老城区有着别样的情愫，保留老城区在情感上是对前人及其后代（寻根问祖）的一种抚慰，也是更多的人追忆故事凭吊别样情怀的佳处，还有历史文物古迹总是承载着大量的历史文化信息，比如说北京的胡同，单是其名字，就可以给我们提供很多的研究内容，它们有的以形象标志来命名，有的以地名来命名，有的以衙署官方机构命名，有的以贸易市场来命名，有的以树木植物命名，有的以方位来命名，如若我们再去深究，则一个胡同的名字甚至可以引出一系列故事。

面对不断加速的工业化和城市化进程，老城开发面临的文化风险极为严峻，城市快速的经济增长、人居环境改善与城市文脉延续、特色塑造、城市居民生计基础维系之间的多重冲突和矛盾也愈来愈严峻，引发了大量的文化风险。

1.1.3.2 新城区

中国大部分城市新区所拥有的历史文化资源相对老城区要少，甚至没有，但是部分城市由于历史悠久，年代久远，其新区也具有良好的文化资源，如大连金州新区周边拥有丰富的亮甲店和向应街道的青铜文化遗产，马圈子汉代城邑与墓葬，大岭屯汉代古城遗址，董家沟汉代葬群等。这在大规模城市开发向新区拓展的进程中是需要密切关注的事情，这些文化资源是历史的印记，是地区的特色所在。同时，由于地方政府或者开发商对新区文化资源的认知度不够，而且新区的物质文化遗产又大多不涉及拆迁等现实性问题，则在城市开发的过程中，新区的文化资源常成为被首当其冲拆除的对象。

1.1.4 大规模城市开发中文化风险的主导引诱因子

1.1.4.1 模仿、复制的城市开发模式

在全球化、西方现代主义和其他思潮的刺激下，中国许多城市沿袭西方

现代主义的城市建设模式，复制西方建筑风格。随着全球化影响的深入，国际投资规模的扩大，越来越多发达国家的设计机构直接介入到一些大型的公共和私营开发项目的设计中来。国际设计机构实际上扮演了"先进设计"代言人的角色。他们带来了新的设计理念，为封闭的设计市场注入了新的活力。然而同时，由于西方设计师对中国文化和历史的认识层次参差不齐，对于地方的文脉、地脉等考虑甚少，而只是先进理念的单纯的植入，导致了不良的后果。

在北京投资 4 亿美元，选址位于天安门广场附近，与故宫和人民大会堂毗邻的国家大剧院，由法国设计师保罗·安德鲁完成设计。该设计以一个由玻璃和钛金属构成的蛋形壳体与紫禁城周围业已形成的景观和文脉环境形成强烈冲突。这样的一个非常具有现代感的建筑置于中国历史文化及其浓厚的北京是非常不适合的，是完全没有考虑中国文化和北京现有特色的结果。另外库哈斯设计的中央电视台，扭曲怪异的形态也产生了类似的弊端。

山西省蒲县，一个只有区区 3 万人口的一个偏僻县城，耗资 1 个多亿，修建规模堪比鸟巢的所谓"浦子文化馆"，与当地文化传统、文化活动没有任何关联，成为典型的"面子工程"（图 7-1-1）。

图 7-1-1　山西省蒲县鸟巢图片
（图片来源：http://news.163.com/10/0716/08/6BMUQFAH000146BC.html）

1.1.4.2　政绩考核引发的囚徒困境

目前，一个地区的经济发展水平仍然是政府官员绩效考核的重要方面，因为绩效考核的制度，使得政府陷入耗竭式经济开发的"囚徒困境"，如图 7-1-2 所示，我们假设两个隶属于同一省区的地区政府甲和乙，每个政府有

乙

拆　　不拆

拆　（10,10）（12,6）

甲

不拆　（6,10）（12,6）

图 7-1-2　古迹保护决策博弈图
（图片来源：《我国城市开发中的古迹保护研究》
侯景新、冯小妹）

两个策略可选，一个是拆除古迹，进行大规模现代化建设；一个是不拆除；相应的支付矩阵表示在一定决策下，政府官员晋升的可能性大小。这样，数值越大代表晋升的可能性越大。如图 7-1-2 所示，当两个地区政府都选择不拆除的时候，由于除二者之外的其他地区政府可能采取拆除策略，所以每个官员晋升的可能性都为 8，相对于都拆的每个地区官员晋升的可能性为 10 要小些，假如一方不拆，而另一方拆，则不拆的地区官员的晋升可能性为 6，采取拆除策略的地方官员晋升的可能性为 12 由此可见，政府将最终陷入囚徒困境，都采取拆除的策略，而这一根源则对文物古迹的保护产生威胁。例如西部历史文化名城天水，在东关和大城内，将原有古民居建筑大片拆除，然后再修建高楼大厦，使得城市原来的社会结构，文化遗产，城市风貌以及地方风情等随着被拆除的旧建筑一起消失了。当地人不无感慨地说：旧貌换了新颜，但我们这座历史文化名城却没有历史了。

1.1.4.3　超空间的塑造

现代城市为打造雄伟的城市形象，城市地标，现代化的特色，于是便借鉴西方现代化的摩天大楼、超尺度的广场、大而无当的绿地草坪、笔直的道路、立交桥和奔跑的汽车等城市元素，毫无疑问地，这些都成为中国城市现代化的象征。西方的现代理性就代表着进步而传统往往就是落后的同义语，中国城市在这种进步力量的刺激下，大都市英雄主义不断膨胀。

1994 年海口举办的"中心区城市设计国际竞赛"的国际参赛者也似乎有一股强大的意愿要把一个几十万人口的城市建成中国的曼哈顿。获一等奖的方案由法国提供，方案在基地中首先划定了一个超尺度的椭圆形开放空间，椭圆的外围布置了 100 多栋高层办公及商住大楼。

深圳，是中国的新兴城市，20 世纪 80 年代初还只是一个小渔村，到 2011 年底已发展成为拥有 1047 万人口的大城市（深圳统计年鉴 2012）。该城市曾创造了著名的"深圳速度"。其超尺度的城市中心是以英雄主义为基调的。

上海的浦东陆家嘴通过国际设计确立了大尺度的规划主题，林立的超高层成为城市的特征。

1.1.4.4 倾商主义

由于外资大量涌入，使城市发生巨大变化。面对强大利益集团，城市当局往往为了吸引投资而牺牲公共利益，从而导致城市景观的破坏及地方文化断裂。景观成为一种商业代码。如 20 世纪 80 年代中期以来，在外资的刺激下，在紧邻故宫的旧城核心区内的王府井相继出现了一批由外商投资兴建的高层建筑，如王府饭店、和平宾馆、东方广场等，这些大型项目的兴建打破了北京旧城的景观格局和传统天际线。投资 20 亿美元、建造面积达 80 万平方米的东方广场，号称亚洲最大的商业建筑群，近 500 米长、200 米宽的混凝土屏障有 78 米之高。超出限高的 1 倍，这个建在古城中心地区的巨型建筑群，极大地损害了北京景观风貌。

1.1.4.5 大型项目开发

大型节事项目由于占地规模巨大及其相关场馆和配套设施建设，往往会破坏所处基地原有的历史文化，从而造成文化风险。

这一点在北京奥运会上也有着明显的体现。洼里乡地处北京城中轴线北，过去是北四环外的一片农村。2001 年北京申奥成功以后，洼里乡 1 万多农户都必须整体搬迁，建设包括奥运村和奥运会主体育场"鸟巢"在内的奥林匹克公园。所有的洼里人几乎都是一夜暴富，但同时也失去了家园。到 2005 年，洼里乡被彻底拆除。从此洼里乡变成了北京奥林匹克公园奥运村地区，农民户全部都转为城市居民，过上了城里人的日子 [4]。当地的记忆只能在昌平小汤山建造的洼里博物馆还能找到些回忆。

1.1.5 大规模城市开发中文化风险的研究意义

当前，城市的软实力与文化特性越来越成为城市综合竞争力的重要因素。大规模城市的开发的涉及范围广、实施周期长、面临的不确定性因素多、各组成因素间的关系错综复杂，其对城市文化的冲击也日益严峻。风险是客观存在的，对于城市开发中的文化风险，必须确立明确的认识观念，加强系统理论的构造和方法的指导，制定高效的评估和防护措施，将城市开发中的文化风险最小化。

城市开发项目虽然是对物质空间的改造，但其对现状物质层面背后的深层次的文化要素的影响也是显而易见的，如果项目开发机构和负责人无视项目将对当地文化产生的负面影响，则可能对本地区的文化根源造成损害。在现实操作过程中，由于文化作为一社会记忆和社会存在，与经济效益并没有直接关联，所以在开发过程中便遭到了不同程度的忽略。

本章研究城市开发的文化风险，提出文化风险的预警管理等一系列手段，在城市开发中引进文化风险管理的技术方法，建立一套适用于城市开发项目的系统化的分析方法，将城市开发中的文化风险最小化。

1.2　研究范围及概念界定

1.2.1　研究对象的界定

本文研究文化风险研究将对象界定为物质文化、形态文化。即大规模城市开发对城市的物质空间、形态、尺度、肌理、风格、色彩等带来的风险。

1.2.2　文化风险的概念

根据夏南凯等（2007）研究，大规模城市开发项目主要是指由政府主导，大规模集中连片开发的城市新区或旧区更新项目，项目功能类型复杂，并在城市整体发展战略格局中占有重要的作用，这与由经济组织主导的开发项目具有极大差异性。

城市开发项目在通过开发活动实现城市发展效益的过程中，所获得实际结果与项目所设定的预期目标（内部预期目标和外部预期目标）发生负偏离的可能性是客观存在的。

本书中的文化风险特指在大规模城市开发过程中，各项项目建设、开发给原有城市的物质文化和城市形态空间带来的风险，并由此对城市居民的生活方式、城市文脉延续、特色塑造等产生一定影响。

1.3　相关理论与研究综述

1.3.1　关于城市文化的研究

1.3.1.1　文化的内涵

"文"与"化"并联使用，较早见之于战国末年儒生编辑的《易·贲卦·象传》：（刚柔交错），天文也。文明以止，人文也。观乎天文，以察时变；观乎人文，以化成天下。其本义即以文教化。文化的实质性含义是"人化"或"人类化"，是人类主体通过社会实践活动，适应、利用、改造自然界客体而逐步实现自身价值观念的过程；或者说，"自然的人化"即是文化。

关于文化的概念西方最早定义来自英国文化人类学家泰勒，他认为文化是指知识、信仰、艺术、法律、道德、风俗以及人类作为社会成员所获得的其他能力和习惯的复杂整体。

1.3.1.2　城市文化的内涵

关于城市文化的定义，主要存在两种定义思路。虽然关于城市文化的理解多种多样，但一般来说其都可以划归为广义或狭义的一种。关于狭义和广义文化的理解，普遍认为广义的城市文化是城市各个要素相互作用的总和，几乎涵盖整个城市人类的所有生产、生活方式。不仅包括教育、科技、文学、艺术、体育、服务业的服务质量、居民素质、企业管理及政府形象等非物质实体，而且还包括建筑艺术风格、街景美化、广场规划和设计、雕塑装饰、公共设施、环境卫生状况等物质实体。狭义的城市文化仅指指导城市人类生产和生活的精神意识形态，它主要包括教育、科技、语言文学、艺术等精神理念和精神产品。

而由于城市文化的复杂性，许多学者通过明确城市文化的具体所指对象而达到利于学术研究的目的。《中外城市知识辞典》认为城市文化包括物质文化和非物质文化两个方面。前者属物质的或有形的器物用品，如城市建筑、园林、教堂、公共文化娱乐设施、交通工具等；后者则为社会心理、价值观念、道德、艺术、宗教、法律、习俗以及城市居民的生活方式等（刘国光，1991）。朱柏林（2005）根据城市发展的特征，认为城市文化指城市发展过程中的形态文化、经济文化、社会文化、精神文化4个方面，其中，形态文化指地理区位生态特点、城市规划布局、建筑特色、标志性建筑、重要历史文化遗产等；经济文化指生产力布局、产业结构特色、经济资源优势、经济组织和经济制度等；社会文化指城市人口族群状态、社会结构、社会关系、社会组织、政治制度和法律制度等；精神文化是指哲学、宗教、道德、文艺和社会心理等。

1.3.2　关于文化风险的理论与研究

1.3.2.1　文化风险理论概述

以拉什、道格拉斯为代表的风险文化论者提出了风险文化论（The Cultural Theory of Risk），他们认为妄谈风险的社会结构是没有意义的，社会所存在的只是各种各样的风险文化：政治风险文化、经济风险文化和自然风险文化，正是这3种文化特征导致社会结构走向混乱不堪的社会无组织状况。[5]

在拉什看来[6]，风险社会概念预先假定了一个确定的等级秩序和制度定式。

这种秩序和定式承认风险的传播依靠程序性的规则和规范，因而人们可以运用制度性的和规范性的治理手段对各种风险予以控制。因此，拉什主张运用风险文化取代风险社会的概念。风险文化的预先假定是一个需要自然调节的不确定性的无序状态。风险文化的传播依靠其实质意义上的价值，人们依靠一些带有象征意义的理念和信念来控制风险和治理社会。

1.3.2.2 企业文化风险

1968 年和 1972 年，霍夫斯泰勒教授调查了 IBM 公司遍布世界各地分支机构的 11.6 万名员工，总结出了 4 条能解释大范围文化差异的因素，即权力距离、对不确定性因素的规避、个人主义 / 集体主义以及男性化 / 女性化，这些因素至今仍被广泛认同。

1.3.2.3 城市文化风险研究的缺失

可以看出，国外学者的研究中，虽然风险概念提出较早但系统的理论和技术成熟要晚的多，因此在发达国家正进行大规模城市开发建设时却缺少成熟的风险理论支持；当其进入到缓慢发展和以更新改造为特征的阶段后，风险理论和技术才逐渐成熟。也即风险理论和技术的成熟正好错过了可以将其大规模应用在发达国家的最适宜时期，这也就导致当前发达国家虽然具有较为成熟的风险理论和管理技术但却缺少对在城市大规模发展下的应用，自然也就造成了学术成果上的空白。而国外风险理论和管理技术的成熟期正好与我国当前快速城市化、工业化的时期相重合，大规模城市开发项目大量涌现，且我国正处于新旧体制变更的特殊阶段，各类经济、社会和环境问题极为突出，同时国内关于开发项目的文化风险研究目前仍处于发轫阶段，目前主要集中在企业文化风险、跨国经营文化风险等领域。工程学界部分学者对开发项目的风险研究仍主要集中在经济风险与生态风险两大领域，文化风险管理研究基本为空白。因此这些成熟的理论和技术在我国城市开发中加以运用既是必然的，也是具有极为重要的现实意义的。

2 大规模城市开发中的文化风险要素构成

2.1 大规模城市开发中的文化风险特征

2.1.1 大规模城市开发过程中文化遗失加剧

大规模城市开发不论是新区开发还是旧区更新，原住地的城市物质文化在开发过程中面临削弱甚至是局部地区的丧失，其带来的新文化处于强势地位，不可避免的对原文化进行同化甚至取代现象。这种文化同化加剧了城市文化的单一化，由于原住地文化在开发过程中处于弱势状态（伴随的是经济、话语权等的弱势），如在此过程中现代城市文化对传统城市文化（旧区更新）以及传统乡村文化（新区开发）进行破坏，会导致这些处于弱势地位的文化加剧遗失。

2.1.2　全球化进程对文化风险的影响日益增大

目前的全球化，特别是伴随着中国的入世与开放，西方文化代表的"普世文化"对中国的城市文化冲击更是巨大，西方城市及建筑理论主导中国学界，西方规划及建筑师参与中国城市规划及建筑设计领域，西方建筑在中国攻城略地，中小城市在城市化过程中丧失地方话语权，城市空间尺度及形态模仿大城市，全球化淡化了中国建筑及城市文化主体意识，由此引发城市空间和形态趋同（许峰，张向炜，2007），各个地方千城一面，中国的传统城市文化整体沦丧，很多传统文化只能以文化遗产的形式被小心地保护起来。

2.2　大规模城市开发中的文化风险类型

2.2.1　按照文化风险来源分类

按照来源分类可分为外部风险和内部风险，外部风险主要指全球化下西方强势文化的影响，导致自我文化价值体系的弱化和丧失；内部风险主要指开发决策者和建设者的自我爱好和文化水平，有可能忽视该开发地区的特色文化，导致本地文化的丧失和特色泯灭。

2.2.2　按照开发项目地区特征分类

对原有开发地区而言，大规模城市开发的文化风险包括旧区更新和新区开发的文化风险。

（1）旧区更新有大型节事项目（如上海世博会）、退二进三、商住开发（旧街坊改造成完整的居住区）等；商住开发文化风险主要是拆迁成本的提高，为维护开发商利益，带来城市建筑高度、城市肌理、城市风格等的丧失；退二进三的文化风险主要是好的工业遗产被忽略，导致工业文化的断层；大型节事项目因其功能要求的特殊性，占地规模巨大，相关场馆和配套设施建设，会导致原住地传统历史文化的整体丧失。

（2）新区开发主要有产业园区、城市新区、高教园区等的大规模开发，产业园区、城市新区的文化风险主要是对自然景观及整体环境的改变而带来的传统景观和田园文化丧失；新区建设基本是以现代西方建筑为主，千城一面，导致城市特色和多样性的丧失。高教园区的文化风险按照宋海瑜（2010）分析，包括区位偏僻阻隔了大学生城市化的正常进程，高校特色丧失，高校搬迁抽空城市灵魂。

2.2.3　按照开发项目功能分类

对开发地区未来形成的功能区划而言，大规模城市开发的文化风险包括生活区、工作区、休闲区的文化风险。

（1）生活区主要是指居民日常生活的居住区。

（2）工作区主要包括工业区、物流园区、商务区、行政区等各类工作区域。

（3）休闲区开发项目包括风景名胜区、旅游度假区等政府主导开发的大型项目。如中国传统的风景观强调对自然的尊重，追求人及建筑与自然的高度和谐、融为一体的审美境界，不能超越自然，"虽由人作，宛自天开"的终极目标，其文化风险主要有因超强度开发带来的景区境界及意境的弱化，和对特殊文化底蕴的破坏，还有在景区建立索道电梯等不和谐因素而破坏景观环境趣味以及原住民的流失。

2.3　大规模城市开发中的文化风险要素

2.3.1　价值体系

传统的城市文化是对中国文化的空间体现。反应在城市文化中的核心价值观包括人与人的关系，人与自然的关系，人对建筑的态度。

人与人的关系以"礼乐伦常"为核心价值观，孔子语："兴于诗立于礼成于乐"。人与人在世上的最基本关系用五伦来概括：父子有亲、君臣有义、夫妇有别、长幼有序、朋友有信（孟子·滕文公上）。人伦的双方要遵循一定的规矩，以十义来体现：君仁臣忠，父慈子孝，夫义妇顺，兄友弟恭，朋实友信。落实在城市文化上，就是《周礼·考工记》所阐述的思想，体现在城市空间上以"礼"为核心，城市是人与人关系的物化，传承发展（尊重传统永续发展、过去现在未来一脉相承）、主从等级（突出重点主次分明，摆正位置不喧宾夺主），虚实均衡（城市图底关系均衡，虚实相生；建筑与植物搭配刚柔相济），次序特色（建筑次序分明，在整体统一前提下，各自细节特色鲜明），平等多样（各空间族群平等和谐，体现地方特性与环境的协调统一），和序相济（礼别异，乐和同，乐者天地之和也，礼者天地之序也，和序相济才能达到完美的和谐城市）。而西方文化强调个体凸显，在吸收其文化合理时注意其核心价值与传统价值相悖之处。

人与自然的关系以"天人合一"为核心价值观。老子说："人法地，地法天，天法道，道法自然。"王弼注说："与自然无所违"。董仲舒则明确提出："天人之际，合而为一"（《春秋繁露·深察名号》）。如何达到天人合一？《易·乾卦·文言》说："大人者与天地合其德，与日月合其明，与四时合其序，与鬼神合吉凶，先天而天弗违，后天而奉天时。"张载在《正蒙·诚明》篇中提出："儒者则因明致诚，因诚致明，故天人合一。"程颢提出了"仁者以天地万物为一体"的论断。落实在城市文化上，如《管子·乘马》的"立国论"，"因天时，就地利，创人和"的城市规划理念；伍子胥提出的"相土尝水、象天法地"的规划理念；诸葛亮对南京"虎据龙蟠"象征主义风水理念的提出等。

人对建筑的态度以"不求原物长存"和"阴阳五行"为核心价值观。梁思成就此分析中国人的自然生灭观念，他认为中国人的内心始终秉承自然更换的观念，房屋如同人的衣服、交通用的车辆一样，都是会随着时间流逝而逐渐更换的。因此中国人并不力求房屋建筑永世长存。"阴阳五行"观，解释传统建筑基本采用木材的意义：在五行中，木为生命象征，故供人起居的建筑应以"木"为根本。而"土"则为永固的象征，因此入土为安，地下陵墓以砖石砌筑（还包括佛塔和皇史宬（档案馆）等非人居住建筑）。

中国崇尚天地，发展为理性主义；西方崇尚天性，发展为人文主义（汪德华，2009）。前者探索天体自然规律，社会伦理制度，布局象天法地，追求天意和理气，城市空间组合整体和谐；后者注意技术改进，逐步彰显人驾驭自然科技本领。

2.3.2 城市结构

中国传统城市结构遵循"礼乐伦常和天人合一"法则，"象天法地"。以清北京城为例（图7-2-1）：皇城居中（按照五行，中位至尊），南北中轴（中轴线虚实相生，沿线为城市核心建筑，规格形制色彩等高于周边建筑），前朝后市（紫禁城前方两侧为三院六部，后方沿中轴布置钟鼓楼，传统商业中心），

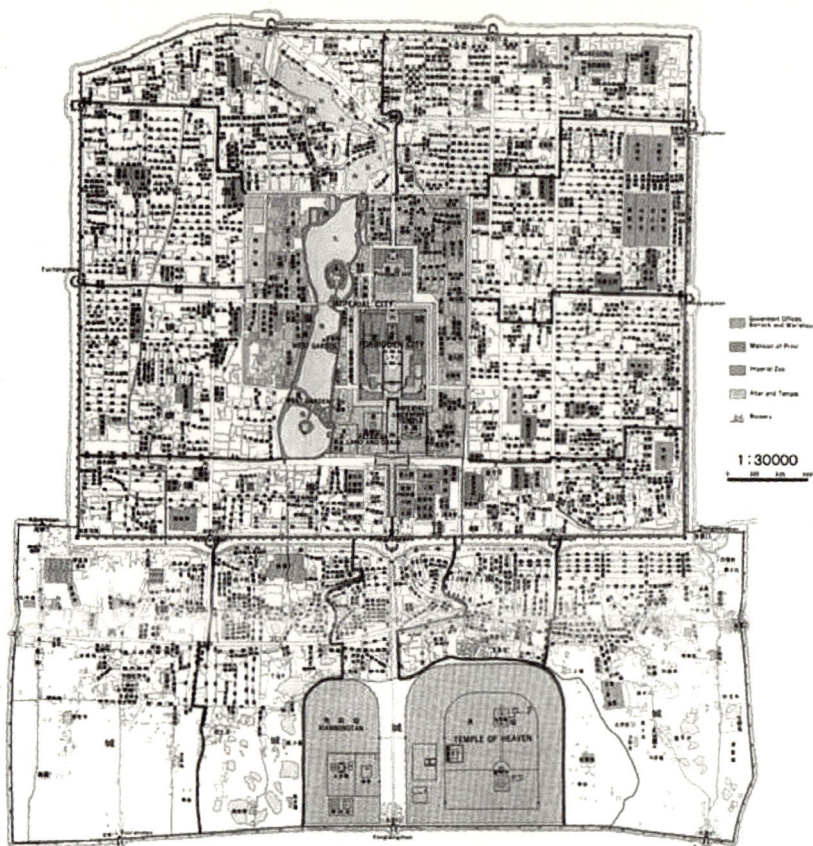

图 7-2-1　清北京城地图

五方杂处（既有各地居民混居一处，也有城市的居住商业宗教等多功能混合布局），界限分明（院落—胡同—城墙—护城河，一层套一层），背山（中轴北端直指燕山为全城靠山，故宫背后再建景山为靠），面水（城市水系模仿中国大江大河走势，天高西北，地倾东南，西北进东南出）。其他州县府城的结构基本如此，有因地制宜变通者，但这些基本元素组成中国传统城市的核心结构：政府居中，南北中轴，前朝后市，五方杂处，界限分明，背山面水。

　　影响中国传统城市结构的是其重要的城市选址观：遵循"天地人和"的和谐理念。

　　（1）形胜①观，包括依山傍水的城市形胜理念，山为生活库府和安全依托（军

---

① 形胜：其固塞险形势便山林川谷美天，材之利多，是形胜也。《荀子·疆国》。

事防御需求），水为生长源泉；因地制宜的实用环境理念（如管子中强调的给水充足，排水方便）。

（2）便利观，水运城市多选择于桥头、码头、河流交汇处及水运起点；陆路城市多选择于干旱地区的绿洲、山地与平原交接的河谷地区（曹润敏，曹峰2004）。

（3）择中观，都城居中为尊，同时便于控制四方；商业城市择中，范蠡选择陶（今山东定陶县）就是"以为此天下中，交易有无之路通，为生可以致富矣"（史记·越王勾践世家）。

（4）相土观，土地肥沃与否是传统农耕社会的城市选址的重要条件。

（5）城乡一体观，《考工记·匠人》营国制度提出的"体国经野"制，将城市与乡村作为一个有机整体来对待。所谓"体国"，是指合理确定城郭的等级与规模、布置城池、宫殿、宗庙和社稷，"经野"是指规划建设城郭周围的土地和奴役的居邑，处理好城乡关系。

2.3.3 城市肌理

城市肌理是个复杂系统，包括建筑实体的空间秩序、道路系统的网格骨架、地块界限的分割限定及其他相关要素的阵列或者痕迹，如水系等（徐丹2007）。

传统城市肌理基于前工业社会的时代大环境，建筑及交通工具等均为手工制作，城市空间接近人的尺度；其次时间上城市发展缓慢，城市的更新如自然界的生物演替一样，达到平衡。

现代城市开发以西方人文主义价值观为核心，包括建筑工具和交通工具的机械化，建筑材料的土石化，建筑实体等的个体化，使得传统城市肌理的文化风险大大增加。

图 7-2-2、图 7-2-3 为国家大剧院的环境关系图。

2.3.4 空间尺度

空间尺度包括城市规模，路网体系，建筑高度等。

（1）城市规模的相称观，传统城市早已根据城市腹地支撑能力来确定城市规模，如《礼记·王制》的"地邑民居必参相得"论，《尉缭子·兵谈》的"三相称"论，即"量地肥饶以建城邑，以城称地，以地称人，以人称粟，三相称则内可以固守，外可以战胜"。《墨子·杂守》中"率万家而城方三里"的规

图 7-2-2　国家大剧院与天安门中轴线卫星图

图 7-2-3　国家大剧院照片

（图片来源：（法）保罗·安德鲁著. 国家大剧院 [M]. 大连：大连理工大学出版社：2008.）

模论等。

（2）路网体系的等级观，《考工记》中的"经涂九轨（16.632米）、环涂七轨（12.936米）和野涂五轨"是以人的等级来划分，分别指国都、诸侯城、小城，传统路网体系是以人的尺度为度量衡的，现代的则是以汽车尺度为度量衡的。在道路规划规范中，人的宽度以0.75米为单位，小汽车的宽度以3.5米为单位。西方城市虽然也是以汽车为尺度，但是他们是以密路网小尺度的街区来达到宜人尺度，新中国成立后的疏路网大尺度街区既没有传统人的尺度城市，也没有西方应对汽车尺度的手法，这在城市开发中应着重避免此风险。

（3）建筑高度，传统建筑高度以"礼制"为准则，等级分明。适应人的尺度应是以眼睛往上看自然的高度为4层楼，超过人的生理和心理的容量，就会让人感到疏离、压抑。现在的城市开发要避免建筑贪大求洋，丧失人的尺度。

2.3.5　建筑风格

建筑风格包括建筑平面型制、建筑立面型制、建筑材料、建筑风格等。

（1）建筑平面形制：传统建筑风格是以"天圆地方"的象地法则作为建筑的基本平面布局，平面基本都是以方形为模数进行变化，受风水影响，建筑平面应满足"九宫格"，缺角即为不吉，整体城市风格体现出在方形布局中的千变万化，以方形为基本型的和谐统一。而现代中国建筑风格成为国外建筑师的试验场，追怪求奇，受广告文化的影响，追求建筑的视觉冲击力，各种异形建筑大行其道，这是要注意的风险。

（2）建筑立面形制：中国传统建筑立面是以"天人地"的三位一体法则来划分立面，由屋顶-梁柱-台基组成。屋顶反宇向阳以承天，梁柱横平竖直以顶天立地，台基坚实平缓以接地。同时建筑立面比例也象法天人地，天高人中地厚。

（3）城市材料包括建筑单体材料及街道铺地材料等，传统的原则有"因地制宜"法则和"阴阳五行"法则。因地制宜就是材料基本使用当地材料，这样才出现中国各地城市特色；阴阳五行就是梁柱拟人以木材用之，台基及街道接地以砖石用之，屋顶承天以瓦（火攻土以成金，金克水）用之。

（4）建筑风格："非壮丽无以重威"的皇家奢华建筑观与"赏俭去奢"的民间朴素建筑观，萧何的"且夫天子以四海为家，非令壮丽无以重威，且无令后世有以加也"说与孔子赞赏的颜回独居陋巷，诸葛茅庐，杜甫草堂，刘禹锡的陋室铭等朴素观，两者形成了传统城市极具鲜明对比特色的城市形象，大量民居的朴素映衬少量奢华的官家建筑。

2.3.6　空间色彩

传统城市空间色彩既以礼为核心，又因地制宜。

以礼为核心是城市色彩等级鲜明的内在原因：《春秋谷梁传》：天子丹（红）、诸侯黝（青）垩，大夫仓（黑），士黈（土黄），这是西周至春秋战国时代的色彩等级；其他朝代有所演变，至唐代，受五行学说影响，黄属中属土，因而黄色为皇室专用色彩直至清代。清北京城黄色的故宫灰色的民居所形成的强烈的色彩美感，就是基于礼制。

因地制宜，体现在不同气候的地域色彩的运用不同，例如在平坦广阔的华北平原地区，冬季景色色彩单调严酷。在北方宫殿、官衙建筑中，善于运用鲜明色彩的对比与调和。房屋主体部分、即常可照到阳光部分，一般常用朱红色类的暖色；房檐下的阴影部分则用蓝绿相配的冷色，强调出阳光温暖和阴影阴凉，形成悦目对比。一些重要纪念性建筑，如故宫、天坛等再加上黄色、绿色或蓝色的琉璃瓦，下面并衬以一层乃至好几层雪白的汉白玉台基和栏杆，在北方秋高气爽、万里无云的蔚蓝天空下，色彩效果无比动人。基于相同原因，在南方，建筑的色彩一方面为建筑等级制度所局限，另一方面也是因为南方终年青绿、四季花开，为了使建筑色彩与自然环境相调和，使用色彩比较秀丽淡雅，多用白墙、灰瓦和栗、黑、墨绿等色的梁柱。这种色调在炎热南方的夏天里产生清凉感，不像强烈颜色容易令人烦躁（段丽娟，何林，2007）。

现代城市没有了礼制观念，很多地方又不注重地域气候特色，再加上色彩技术的突破，建筑色彩由 20 世纪 60 年代以前的几百种色彩到目前的上百万种色彩。由于西方个人主义的宣扬，建筑的色彩成了开发者和建筑师的个人喜好的展现，导致整体城市空间色彩凌乱和无序化。

2.4　大规模城市开发中的文化风险演变规律及趋势

文化风险与多种风险协同变化，风险影响范围日益扩大，文化风险导致的损失程度越来越高，不仅体现在物质层面，更体现在文化记忆丧失、精神层面、价值体系缺失等方面，从而导致目前整体城市文化的丧失。

但从历史进程来看，中国文化因其独特的传承性和包容性，在几次外来文化的大交流背景下，都融为了中国自己独特的文化，如印度佛教文化的传入，最终成为中国传统文化中的强大一支。要将目前的西方文化洋为中用，就是不能丢掉自己的文化价值体系，才能兼容并蓄。

3　文化风险识别与评价

3.1　文化风险识别概述

在项目管理学的权威文献——美国项目管理协会（PMI）制定的 PMBOK 中指出风险识别为判断哪些风险会影响项目，并以书面形式记录其特点。

风险识别是风险管理的第一步，也是风险管理的基础，只有在正确识别出自身所面临的风险的基础上，在项目开发过程中，风险管理者才能主动选择有效的方法，针对主要的文化风险因子进行处理。

风险识别一方面可以通过感性认识和历史经验来判断，另一方面也可通过对各种客观的资料和风险事故的记录来分析，归纳和整理，以及必要的专家访问，从而找出在城市开发中存在的明显和潜在的文化风险及其损失规律。同时，由于大规模城市开发固有周期长、投资额大、内部因素复杂等特性，其引发的城市文化风险后果也会特别严重，为了保证风险分析的质量，有必要对投资过程中可能存在的文化风险进行科学的分析并采取一系列的风险管理方法，使项目开发既有条不紊地进行，又将其对城市文化的冲击降到最低。

3.2　文化风险识别系统

3.2.1　文化风险识别程序

3.2.1.1　风险识别的资料收集

信息资料是进行风险识别以及整个风险分析的基础，收集到完整可靠的相关数据信息对于风险评估也十分重要，主要有[8]：

（1）收集有关项目本身及其环境的资料和数据。

（2）历史资料、与本项目类似的案例。

（3）风险数据质量评估。

3.2.1.2　进行项目风险形势（环境）估计

通过项目风险形势估计，判断和确定项目目标是否明确，根据项目资源状况分析实现战略目标的战术方案是否具有现实性，存在多大的不确定性；分析保证项目的战略方针、战略步骤和战略方法；弄清项目有多少可以动用的资源等。具体包括以下主要内容 [9]：

（1）项目及其分析。

（2）分析对风险管理的行动路线有影响的各方面。

（3）分析阻碍项目成功的因素。

3.2.1.3　确定风险识别的思路

（1）按系统工程的思想识别。

（2）从后果和原因识别。

（3）按性质不同进行识别。

（4）多种方法综合识别。

根据城市开发项目的总体特点，本文将其风险识别分为风险类型识别和风险因素识别两个阶段，并分为以下 4 个步骤展开（表 7-3-1）。

城市开发项目风险识别的步骤　　　　　　　　表 7-3-1

步骤	工作内容	成果
1	列出初始的风险类型清单	得出初始的风险类型
2	对初步的风险类型进行排序	得出主要的风险类型
3	对得出的风险类型进行深入分析	得出风险因素
4	对得出的风险因素进行分级	得出主要的风险因素

3.2.2　识别方法介绍

在项目风险管理过程中，为了准确的评估风险，必须采用科学的方法，选择精度较高的模型进行复杂的计算，但由于资料的稀缺和时间的紧迫，大多数开发项目都采用了定性的预测方法，将风险估计主观量化。

3.2.2.1　国外项目风险评估的应用

英国雷丁大学（University of Reading）教授 S.J.Simister 就风险评估技术及其应用情况，对英国项目管理者协会的 37 名会员单位做了调查，从情况看，尽管目前出现了很多关于风险评估的新技术和方法，但传统的分析评估技术仍占主导地位。目前较常用的评估技术主要是调查打分法，蒙特卡罗模拟法、计划评审技术和敏感性分析，而且这些技术主要应用在项目可行性决策和投标阶段；其他技术，如 CIM 模型、模糊数学、多目标决策模型及效用理论等，应用不广泛。

1998 年，以色列特拉维夫大学的 T. Raz 对以色列的软件行业和高科技企业进行了问卷调查。调查表明，一个项目无论是否有风险管理的过程，其风险识别技术的运用是基本相同的。很多项目组更倾向于将技术应用到风险管理比较薄弱的地方，例如风险评估、风险应对和风险控制等。在调查中，大部分项目经理认为在实际项目风险评估中很少用到决策树分析、故障树分析和影响图分析。该研究表明，风险管理技术的应用与项目风险管理的绩效成正比，且项目风险评估技术在整个项目风险管理中占有重要的地位。

3.2.2.2　国内项目风险评估的应用

迄今为止，由于经济、环境、技术等各种条件的限制，我国还没有进行过类似调查研究。但随着我国城市开发进程的加速，我国项目风险评估也正为越来越多的人所关注，它已经成为项目风险管理中一个很重要的方面，而层次分析法与蒙特卡罗模拟法作为较传统的评估技术已被人们熟知和应用。

3.2.2.3　文化风险识别的基本方法

文化风险识别的方法主要有：层次分析法、头脑风暴法、调查打分法、蒙特卡罗模拟法、专家调查法、社会调查法、分解分析法、工作分解结构（WBS）法、检查表法、外推法、风险调查法、情景分析法等。

3.2.3　文化风险识别原则

3.2.3.1　全面周详的原则

风险的识别是风险管理的前提和基础，识别的准确与否在很大程度上决定风险管理效果的好坏。为了保证最初分析的准确程度，就应该进行全面系统的调查分析，将文化风险因子进行综合归类，揭示其性质、类型及后果。

城市开发中的文化风险要素具有多样化特征，如城市结构、城市肌理、空间尺度、建筑风格、空间色彩等。在风险识别过程中，必须对一系列文化风险要素进行综合考虑，并根据不同地方特色，因地制宜针对主导风险因子进行重点分析。

3.2.3.2　科学性原则

对文化风险进行识别的过程，就是对开发项目的过程及结果对地方物质文化要素冲击进行识别的过程。实际开发过程中，需要对项目所处环境进行量化核算并以严格的数学理论作为分析工具，在普遍估计的基础上，进行统计和计算，以得出比较科学合理的分析结果。

3.2.3.3 持续性原则

由于文化风险一直存在于城市开发过程中，鉴于城市开发的长期性，影响因素的多样化，城市开发对地区文化的影响可能在不同阶段呈现不同的特征，所以风险的识别和衡量也必须是一个连续不断的、制度化的过程，避免风险评估的虎头蛇尾，这样才能保证城市可持续开发与文化的充分融合。

3.2.4 文化风险识别结果表达

同其他类型的风险一样，文化风险在识别出以后，可以通过登记册的形式记录文化风险，把各种风险来源和潜在的风险事件进行分类罗列，如由领导意志引导的大型开发导致的文化遗失或是由于大型公共设施建设和社会经济利益主导导致的文化风险。在登记风险源和风险事件后，可注明初步判定的风险影响程度和发生的概率等级、风险事件发生前的各种症状以及对项目其他方面管理工作的要求等，形成项目管理计划中风险登记册的最初记录，做到识别出的每种风险都有一张自己的等级表。

通过以上风险识别工作，即可得出分为两个层次的"警惕"以上等级的重要风险类型和重要风险因素分级列表。若取消其分级内容，即可形成初步的针对该类型对象的城市开发项目的风险类型和风险因素检查表，供其他项目参考。

项目识别过程通常直接引入下一个过程，即风险评估过程。如果风险识别过程是由经验丰富的风险管理人员完成的，有时也可直接进行风险的评估过程。在有些情况下，甚至仅通过风险识别过程即可确定风险应对措施。

3.3 文化风险评估概述

从城市文化保护的角度来讲，本文中的文化风险评估是对在大规模开发中城市现有物质文化（即体现城市特色的城市风貌、城市历史街区、城市尺度等）所面临的威胁、存在的弱点、开发造成的影响以及三者综合作用所带来风险的可能性的评估。作为风险管理的基础，文化风险评估是确定文化安全的一个重要途径，属于文化风险管理体系的重要过程。

大规模城市开发中的文化风险评估可分为3类[10]：第一类为概率风险评估，是在损失发生前，衡量项目可能发生什么损失及其可能造成什么危害；第二类为实时后果评估，主要是对事故发生期间的风险进行评估，以便做出正确的防护措施决策，减少事故的危害；第三类为后果评估，主要研究事故停止后对周边地区和环境的影响（宋海喻 2010）。

目前在美、英、日和欧盟等工业发达国家，几乎对所有重大项目都需要事先做风险评估和安全建议，其目标一是认识重大项目自身的风险和附近居民所承受的风险等级，二是由安全部门决定其风险是否可以使项目得以批准。至今，我国的《环境影响评价法》已经实施了 5 年多，规划环评被认为是这部法律的最大亮点。然而至今，我国却很少有规划真正按照环评法的要求进行规划环评。由此可见，加强城市开发项目规划的风险评估仍然有着大量的工作要做。

风险评估过程主要包括以下内容：①进行单项风险因素评估，估计风险发生损失的概率和程度；②挖掘项目各风险因素之间的因果联系，确定关键因素；③综合考虑各种不同风险之间相互转化的条件，明确项目风险的客观基础；④确定风险评价基准。风险评价基准是针对项目主体每一种风险后果确定的可接受水平；⑤对项目诸风险进行比较分析和综合评价，确定它们的先后顺序和项目的整体风险水平，确定项目风险状态。

项目风险可分为初级幼稚阶段（风险的蕴藏潜伏、风险的生成阶段、风险的演化进程）、全面作用阶段（风险的临近阶段、风险的逐步显现、风险的破坏阶段）和后期转化阶段（风险的失控突变、风险的退出清算、风险的结束转移）[11]。这种 3 阶段划分的模型表明，项目风险将随地域和时间的变化表现出不同的风险信号和作用特征，风险一般都处在不停演化和运行的进程中，从而呈现出多维（元）的地域分异性和阶段性，这就要求我们用动态的眼光进行风险评估，定期或不定期的实施风险评估过程，以便对新的风险和原有风险的变化重新进行评估。

3.4　文化风险评价方法与因子选取

大规模开发的文化风险评价主要侧重于两个方面，首先，对开发地区的文化稀缺程度进行评价，以评定出该地区的文化稀缺层级其次，在此基础上，针对不同重要层级的文化地域情况，评估城市开发项目对地区带来的文化风险，事先建立一个为风险条件打分的矩阵，然后对每种风险的可能性、严重性和可控性进行评分，3 个分值相乘，得到这种风险的风险级别，风险级别越大，表示这种风险越大，越应引起重视和需要制定相应的应对措施（表 7-3-2）。

文化风险分析矩阵　　　　　　　　　表 7-3-2

描述 ＼ 层级		地区文化风险资源稀缺层级				
		极低 [0, 0.2)	中低 [0.2, 0.8)	一般 [0.8, 1.2)	高 [1.2, 1.6)	极高 [1.6, 2.0]
文化风险形象描述	健康 [0, 0.2)					
	尚可 [0.2, 0.4)					
	警惕 [0.4, 0.6)					
	危险 [0.6, 0.9)					
	高危 [0.9, 1.0]					

　　这种评价方法特点在于首先通过文化层级定位确定地区文化的稀缺程度和重要性，通过赋值从定量角度来对下一阶段文化风险具体要素分析提供基础，即初步分析已限定文化风险的大致程度，进一步分析以确定开发对不同文化指标的影响度，将文化风险的目标因子细化，为项目实际开发的文化保护提出决策依据。

3.4.1　地区文化资源稀缺层级评价

　　文化稀缺程度评价方法采用文化资源区位熵为主，多种评价分析方法如专家打分法，模糊综合评判法等相结合的方式进行。

　　区位熵又称专门化率，是一个经济学概念。所谓熵，就是比率的比率。它由哈盖特（P. Haggett）首先提出并运用于区位分析中。区位熵在衡量某一区域要素的空间分布情况，反映某一产业部门的专业化程度，以及某一区域在高层次区域的地位和作用等方面，是一个很有意义的指标。在产业结构研究中，运用区位熵指标主要是分析区域主导专业化部门的状况。区位熵计算公式：$Q=S/P$，式中，Q 为区域的经济区位熵，Q 大于 1，说明区域经济在全国经济中发达，反之欠发达；Q 越大，说明区域的经济发展水平越高，否则发展水平越低。S 和 P 分别为该区域 GDP 和人口数占全国的比重。

　　在文化资源区位熵评定中，将文化资源的存量、文化资源年限等作为主要因子，从区域甚至全国这一范围对项目所在地区的文化资源稀缺程度进行评价，得出文化稀缺状态（表 7-3-3）。

　　如，北京的胡同、上海的里弄、西藏的藏式佛教宗教聚落空间等资源都是在地区内集聚，在本地区的文化资源区位熵极高，是地方文化和传统特色的体现。

文化资源稀缺程度评价表　　　　表 7-3-3

文化稀缺程度描述	文化稀缺状态	文化稀缺级别色块表达	文化层级定量赋值
极低	基本没有文化		[0, 0.2)
中低	有一定文化资源		[0.2, 0.8)
一般	文化资源值得关注		[0.8, 1.2)
高	文化资源需进行保护		[1.2, 1.6)
极高	文化资源极端稀缺		[1.6, 2.0]

3.4.2　地区文化风险要素评价

从文化风险要素出发，制定风险评价具体指标，评价内容为该地区的大规模城市开发对文化风险指标的影响，将风险形象描述为 5 个等级，分别为健康、尚可、警惕、危险、高危。其对应的风险定性状态为健康对应基本没有风险；尚可表示有一定风险，但是是适度的风险且处于可控状态；警惕是风险已经值得规划部门或者开发单位进行关注，并尽快采取一定方法进行风险规避；危险是指已经达到严重风险的状态，并需要采取策略进行风险分解和规避；高危是指风险随时将会失控，且对地区的文化资源具有毁灭性伤害，急需进行风险控制（表 7-3-4）。

文化风险级别评价表　　　　表 7-3-4

风险形象描述	风险定性状态	风险级别色块表达	风险定量赋值
健康	基本没有风险		[0, 0.2)
尚可	风险适度		[0.2, 0.4)
警惕	风险已值得关注		[0.4, 0.6)
危险	风险严重需警惕		[0.6, 0.9)
高危	风险随时可能失控		[0.9, 1.0]

将文化风险的七大要素进行分解，得出文化风险的评价主要指标和具体指标，采用一定的指标评价方法，如加权计算法、专家打分法、估值法等将文化风险的各要素的评价内容进行指标量化，得出地区文化风险形象描述（表 7-3-5）。

文化风险评价指标表 表 7-3-5

评价要素	评价主要指标	评价具体指标	评价方法
价值体系	人与人的关系 人与自然的关系 人对建筑的态度	项目开发对城市空间传承的影响 建筑的主从等级 建筑的虚实关系程度 建筑与城市软景的契合程度 城市图底关系 建筑秩序特色 建筑的整体和谐关系 建筑与城市空间的和谐 城市开发带来的社会隔离程度 项目开发对城市特色文化的传承程度	指标评价法 加权计算法 专家打分法 估值法
城市结构	传统城市结构符合度 城市特色 形胜观 便利观 择中观 相土观	与城市轴线符合程度 特色建筑拆除量 拆除的特色建筑占地区总特色建筑的比例 项目功能性质与城市整体功能的冲突程度 建设项目的选址与城市选址的符合程度 建设项目的选址与交通网络的关系是否符 合原有城市特色要求 建设项目选址与空间布局是否体现择中观 是否符合风水要求	专家打分法指标 评价法 层次分析法
城市肌理	建筑实体的空间秩序 道路系统的网格骨架 地块界限的分割限定	地块分隔大小 建筑实体的空间秩序 建筑实体的布局形式（围合式、行列式、 自由式） 规划路网对城市路网特色的影响程度 规划路网与城市路网的对接程度 项目建设对地区特色建筑的冲击 道路系统的网格骨架 地块界限的分割限定 街巷形制 特色片区肌理重塑 周边肌理的变化 项目的自身封闭性引发的肌理破坏 公共资源的占用	专家打分法 模糊综合评判法 层次分析法
空间尺度	建设尺度 建筑体量 建筑高度 尺度空间 街区空间的宽高比	建设项目规模与周边地区建筑规模的关系 开发项目路网密度与城市路网密度的关系 道路宽度 建筑体量 建筑高度 建筑高度对历史建筑的影响 开发项目与周边建筑的尺度关系 街区空间的宽高比	指标评价法 专家打分法 层次分析法

续表

评价要素	评价主要指标	评价具体指标	评价方法
建筑风格	建筑平面形制 建筑立面形制 建筑材料 建筑风格	建筑平面形制 建筑立面形制 建筑材料 建筑风格 建筑体量 建筑符号 标志物 景观小品	指标评价法 层次分析法
空间色彩	历史街区色彩 建筑色彩	历史街区特色色彩 建筑特色色彩 城市色彩与气候的关联度 建筑色彩与当地建材的关联度	指标评价法 加权计算法

对现状和建设过程分别评价,先评价权重,再针对权重项目仔细调查评价。

对本表格的应用:本表是各评估因素汇总,不同城市的评价因子权重不同,可从表中选取最有影响的因子评估,针对不同类型历史文化名城、名镇、名村和不同功能类型的城市特色应区分对待。

3.5 风险评估机制应用

3.5.1 初步确定风险范围

如A项目经过分析,首先确定地区文化资源层级,通过文化存量、文化保存年限、文化重要程度等因子,确定文化区位熵值。得到A项目所在地段的文化稀缺状态和稀缺程度。对应到项目评价对象上,A项目所在地段的文化存量"中低",文化保存年限"极高",文化重要程度"高"。通过矩阵分析,得到A项目所在地块的文化稀缺程度为"高"。评价结果如图7-3-1所示。

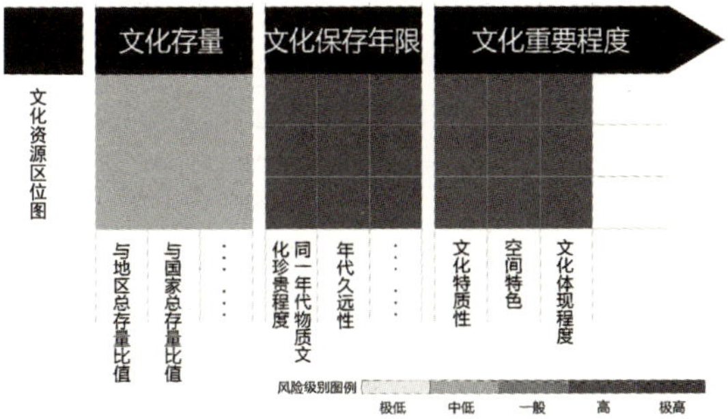

图7-3-1 文化稀缺度评价图

3.5.2 具体因子风险级别评估

在初步确定风险范围后，将 A 项目的价值体系、城市肌理、空间尺度、空间色彩、建筑风格等文化风险评价要素带入分析因子分系统，进入分析评估阶段。通过专家评估法、模糊评估法、层次分析法、估值法等方法进行综合评定，拟定得出 A 项目价值体系风险级别为"尚可"，城市风格风险级别为"警惕"，城市肌理风险级别为"高危"，城市选址风险级别为"健康"，城市尺度风险级别为"高危"，城市色彩风险级别为"健康"，城市景观风险级别为"危险"。评价结果如图 7-3-2 所示。

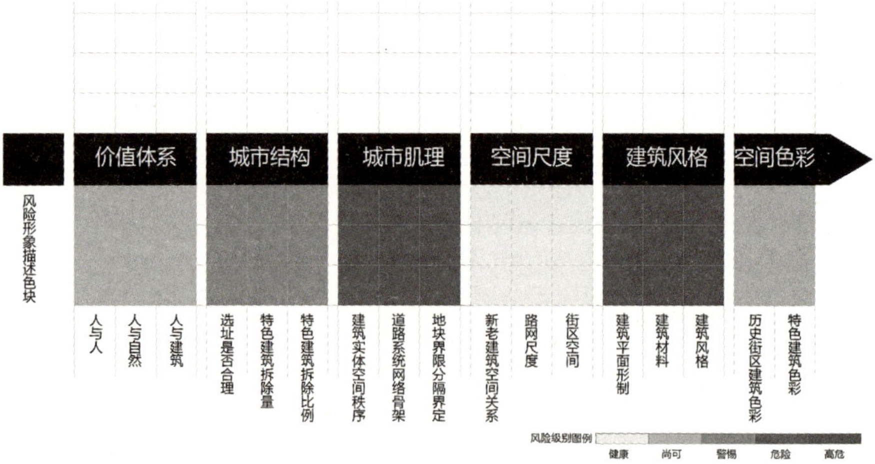

图 7-3-2　文化风险权重评价图

不同城市的评价因子权重不同，得出的图表也会不同，上图只是某个城市的个例。

3.5.3 具体因子风险综合评估

将具体因子风险与地区文化风险资源稀缺层级相互结合，进行矩阵分析，可得出各因子的文化风险程度。在 A 项目所在地块文化稀缺程度为"高"的情况下，应适当调整具体因子风险级别程度，综合得出 A 项目价值体系风险级别为"警惕"，城市风格风险级别为"危险"，城市肌理风险级别为"高危"，城市选址风险级别为"尚可"，城市尺度风险级别为"高危"，城市色彩风险级别为"尚可"，城市景观风险级别为"高危"。

4　文化风险预警与管理

4.1　文化风险相关理论

4.1.1　文化保护理论

城市文化保护研究主要有以下理论：

（1）文化遗产原真性（Authenticit）理论，包括设计与形式、材料与实体、工艺与技术、场所与环境、功能与使用、情感与关联性的原真性；

（2）历史城市保护优先权理论，包括优先权排序体系和评估体系；

（3）城市历史环境保护的生态学理论，提出城市历史环境是城市生态环境的组成部分、是城市生长演替的基础条件之一、是维护城市多样性的手段、是体现城市地方（域）性的重要因素、是发挥城市整体生态功能的重要载体等；

（4）文化保护的四性原则：原真性、整体性、可读性和永续性；

（5）旧建筑的再利用理论，如文化创意产业对旧厂区的更新利用；

（6）文化生态与文化多样性理论，"多样性是大城市的天性"（简·雅各布斯），拼贴城市；

（7）技术与材料的遗产理论，如安藤忠雄对素混凝土的应用等；

（8）整体性保护理论，意大利的博洛尼亚古城的"人和房子一起保护"；

（9）文化景观的保护理论，即自然与人文环境的保护，包括设计景观、进化而成的景观、关联性景观。

4.1.2　城市开发理论

城市开发理论按照"总体认知→技术分析判断→行为策略→行动策略"四阶段来简介（夏南凯等，2008）。

城市总体认知理论有：系统论、熵理论、动态发展理论；

技术分析判断理论有：平衡理论、门槛理论；

决策方法理论有：博弈论、模型（结构模型、数学模型和模拟模型）；

行动策略理论有：增长管理理论、公共参与理论、城市经营理论。

4.1.3　城市更新理论

城市更新理论，在西方的城市更新过程中，涌现出大量的关于城市应该如何"演化"和发展的理论流派以及各种观点，他们主要形态见表 7-4-1。

国外部分学者的城市更新理论汇总表　　　　　　表 7-4-1

阶段	特征	理论	代表人物	重要观点
产业革命至 19 世纪末	工业时代大城市	英国模式	克里斯托弗	建筑应当考虑经济政治职能
		巴黎模式	奥斯曼	整体城市规划
		田园城市理论	霍华德	建立"乡村式"城市
19 世纪末至第二次世界大战末期	卫星城、死城	田园理论继续	Barlow	政府重建城市，疏散人口
		卫星城理论	泰勒	分散中心城市人口和经济活动
		有机疏散理论	沙里宁	建立"半独立"城镇
20 世纪 50 年代至 70 年代	否定"巴洛克"	大规模改造	柯布西耶	推倒原有建筑，大规模重建
		渐进式规划与小规模改造	简·雅柯布斯	"小而灵活的规划"实现社区网络和文脉的延续
20 世纪 70 年代以来	内城大改善	社区建设与公众参与	赫鲁	注重区域社会文化和公共政策研究，注重过程和社会结构
		可持续发展理论	芒福德	以人为本，注重城市的长期发展规划
		改造与历史价值的保护	亚历山大	注意保护城市环境，对历史保护区的新建筑进行严格控制

来源：陈则明，公共管理视角下我国城市更新模式研究 [D]. 上海社会科学院硕士学位论文，2010.

国内城市更新理论：

实例有北京菊儿胡同的"有机更新"、苏州十全街的"历史环境再生"、上海的新天地的"开发性保护"等，理论有有机更新理论和全面系统更新理论。

（1）有机更新理论：吴良镛，"要树立任何改建并不是最后的完成，它是处于持续的更新之中的观念。主张按照渐进式规划和小规模改造的方式进行城市更新，强调城市整体的协调统一性，旧居住区更应保持城市的整体性，研究城市更新地块的城市布局和文脉特征，要求新的城市细胞应符合原有城市肌理。"

（2）全面系统更新理论：阳建强、吴明伟《现代城市更新》，"中国现阶段城市更新的实质就是基于工业化进程加速、经济结构发生明显变化、社会进行全方位深刻变革这一宏观背景下的物质空间和人文空间的大变动和重新建构。它不仅面临着过去存在的大量物质性老化问题，而且更交织着结构性和功能性衰退，以及与之相伴而来的传统人文环境和历史文化环境的继承和保护问题。从深层次意义上，城市更新应看作是整个社会发展工作的重要组成部分，从整体上应向提高城市活力、推向社会进步这一更长远全局性的目标。其总的指导思想应是提高城市功能，达到城市结构调整，改善城市环境，更新物质设施，促进城市文明。基于对城市更新改造本质内涵的整体认识，当务之急是致力于走向全面系统的城市更新改造：首先，城市更新的目标应建立在城市整体功能结构调整综合协调的基础上；其次，城市更新规划应由传统单一形体规划走向综合系统规划；此外，城市更新的工作程序应由过去的封闭式走向开放式；再有，城市更新方式也应由目前急剧的突发式转向更为稳妥和更为谨慎的渐进式；最后，最为重要的是，城市更新策略应由零星走向整体。"

4.1.4 文化风险概念

针对上述相关理论和文化风险的认知，本书暂提出以下概念：

4.1.4.1 文化风险的有限控制

文化风险因其识别性的困难，针对文化风险只能有限度的预防和控制其风险的扩散，使其在一个合理的范围之内。

4.1.4.2 城市文化修复

城市物质空间的文化在各种影响和作用下遭遇的种种损伤和破坏，急需抢救和保护，在抢救过程中要对缺失、损坏了的城市物质文化进行修复。

4.1.4.3 文化空间管制

通过城市物质文化的重要度、稀缺度、风险度等指标划定城市文化风险级别，针对不同级别提出相应的空间管制措施（反对、限制、拆除、恢复、实施、允许），和划定相应的空间管制区（禁建区、限建区、适建区）。

4.2 文化风险预警体系

4.2.1 文化风险预警作用

文化风险预警体系的主要功能是预防和控制功能。

文化风险预警体系主要是对可能产生的文化风险进行预测预报，能够在信息采集与监测的基础上，通过数据分析和预警判断，识别风险，评估文化风险的状况以及变化趋势，采取各种预防性措施，以防止可能产生的文化风险问题。对文化风险状态变化趋势的预测，是监测状态波动有超出安全倾向时，即文化可能出现危害征兆，预警系统立即发出预警信号，及时启动纠偏程序，将征兆消除在萌芽状态，使文化保持安全的运行状态。

文化风险预警系统的控制功能主要是对风险进行化解，对文化风险产生的危害实施有效地控制，对于突发的文化风险事件，采用应急预案方式快速、高效地应对控制。如果说预防是危害尚未形成时即进行干预，那么，控制则是已经产生了风险，要使风险可能造成的危害降低到最小。因此，预防和控制是两个方面的警戒应对。

4.2.2 文化风险预警机制

文化预警机制分为指标预警、统计预警和模型预警。

4.2.2.1 指标预警

选择合适的文化风险评价指标，利用指标信息的变化对文化风险进行预警。

（1）单因子预警：根据某一影响因素的存在与否或演化趋势、速度、波动程度和后果作出判断而预警。

（2）多因子预警：影响文化安全性的因素多于两个以上时，对若干因素进行影响严重程度的研究，从而对多因素的整体演化趋势、速度、波动程度和后果做出预警。

（3）综合预警：既有可量化的多因素，又有不可量化的单因素，共同组合成一个复杂综合系统。对复杂综合系统所表现的演化趋势、速度、波动程度和后果作出预警即为综合预警。综合预警又可分为子系统预警和大系统预警。子系统预警是通过对组成子系统的若干单因子进行综合分析的基础上，进一步分析子系统的演变趋势、演变速度和后果。大系统预警是对研究区整个文化环境系统作全面的综合评价预测后，对其总的演化趋势、速度和后果作出预警。

4.2.2.2 统计预警

采用统计分析的方法对文化环境进行预警。例如，根据连续监测的数据经过统计分析后表达的状况、趋势进行预警。统计分析的特点是需要有连续的统计数据和合适的统计方法。

4.2.2.3 模型预警

建立了相应的数学模型，利用数学模型进行定量计算和分析，并对生态风险进行评价。

4.2.3　文化风险预警措施

文化风险预警是以文化风险评价为基础的，因此，可依据文化风险指数来制定文化风险预警标准。城市在变化过程中，往往存在着一些特殊临界值，临界值两侧往往代表了不同的发展方向、状态或属性。城市文化状况存在着临界值，一旦超过了它，可认为文化环境较差或已很恶劣。城市文化退化亦有自己的临界值，即文化环境的临界退化率，超过了该临界值，则认为存在较大的文化风险，文化恶化速度较快，留给人们的回旋时间较少，可能造成严重的文化灾害。

文化风险预警警戒线的确定可依据区域文化风险指数计算公式，将文化要素作为基础指标，计算采用的权重采用层次分析法计算出的权重数据。经计算可得出研究区域的文化风险均值，以此作为研究区域的预警警戒线，即临界值。

文化风险预警标准的最大值与最小值确定，则分别假设研究区域全部覆盖为文化风险权重最大的城市新区和生态风险权重最小的历史保护区，再用文化风险指数公式计算得到。

确定了临界值、最大值与最小值后，可将整个文化环境在临界值、最小值与最大值间均匀分为5个区间，采用一组类似于交通信号灯的标志划分预警区间，将预警区间分为红、橙、黄、绿、蓝等五个状态，用以判断研究区文化环境的状况。蓝灯表示质量状况很好，可称为无警状态；绿灯表示质量状况尚可，可称为轻警状态；黄灯表示质量状况不好，处于警戒水平，称为中警；橙灯表示质量状况较差，处于警报水平，需要发出警报，提醒要采取措施加以控制；红灯表示质量状况很差，早已超过警报水平，需要立即发出警报，马上采取措施以避免灾害发生。具体操作如下。

蓝灯区间：文化环境基本未受干扰破坏，文化系统结构完整，功能性强，系统恢复再生能力强，文化问题不显著。

绿灯区间：文化环境较少受到破坏，文化系统结构尚完整，功能尚好，一般干扰下可恢复，文化问题不显著。

黄灯区间：文化环境受到一定破坏，文化系统结构有变化，但尚可维持基本功能，受干扰后易恶化，文化态问题显现。

橙灯区间：文化环境受到很大破坏，文化系统结构破坏较大，功能退化且不全，受外界干扰后恢复困难，文化问题较大。

红灯区间：文化环境受到严重破坏，文化系统结构残缺不全，功能丧失，文化恢复与重建很困难，文化环境问题很大。

4.3　文化风险管理

4.3.1　文化风险管理主体

主体按照参与角色不同分为：管理者、开发者、设计者、实施者。主体还是政府。

组织机构主要由政府和民间部门组成：政府（相应部门有文化局、学校研究机构等）应提高文化风险意识，同时政府要利用民间社团（名城中心等）来开展政府涉及不到的工作，如文化风险的识别、监控、预警等。

4.3.2　文化风险管理措施

4.3.2.1　管理方式
建设前预警规划公示，违章建筑监管，公众反馈，专家评价等。

4.3.2.2　文化空间管制
反对、限制、拆除、恢复、实施、允许。

4.3.2.3　管理措施
具体人员安排、核查等。

5　案例分析

5.1　案例选取

世博会案例是一项在上海城区内的大规模开发项目，开发用地面积为5.4平方公里。同时，世博会地区内也拥有相应的文化建筑，如江南制造总局和三山会所，溶剂厂保留建筑群等。不仅如此，世博会的其他的居住建筑同基地周边建筑相互呼应，也形成了一定的肌理。虽然在世博会开发时对原有的历史建筑进行了最大限度的保留，并适度进行了功能置换，将原有的工业厂房建筑置换为公共展览建筑，但大量的展览会馆建筑的置入对地区原有肌理的破坏也是相当严重的。

本次案例分析并不考虑"后世博时代"的展览建筑的拆除与土地重新出让

而导致功能的进一步置换会产生的新的文化风险。而仅仅将项目的节点控制在世博会时期，重点讨论世博会项目的开发对于地区造成的文化风险。

5.2 案例简介

2010 年上海世博会的位于黄浦江两岸、卢浦大桥与南浦大桥之间的滨水区，约 5.4 平方公里的规划控制区内。其中浦西片区用地西至中山南一路，北至南浦大桥，南至卢浦大桥，东临黄浦江，浦东片区用地北至南浦大桥，东至浦东南路，南至雪野路，西临黄浦江。片区位于浦东的世博会选址规划控制区域内有众多工厂企业和近万户居民。位于浦西的世博会选址规划控制区域内大约有十余家工厂企业，这里曾经是中国近代工业的发源地。其中有中国第一家近代工业企业——成立于 1865 年的江南机器制造总局。

5.3 初步评价风险范围

首先确定世博会地区的文化资源层级，通过文化存量、文化保存年限、文化重要程度等因子，确定世博会地区的文化稀缺程度，得出文化稀缺状态。

5.3.1 文化存量

世博会基地用地面积约 5.4 平方公里，具有重大价值文物保护单位和历史文化建筑占地面积约为 26.96 公顷，占总用地用地面积的 5.0%。同时具有一定城市特色的，能反映地区肌理的建筑占地面积为 84.60 公顷，占总用地面积的 15.6%。从上述数据可以看出，基地内部具有重大价值的建筑存量并不是太多，主要为一些具有历史价值和保护价值的工业建筑、船坞和构筑物以及革命时期的会馆等。其他建筑多为建筑质量较差的民房。通过专家打分法和估值法评价出世博会项目所在地段的文化存量"一般"。

5.3.2 文化保存年限

世博会基地内较为重要的历史文化建筑主要为成立于 1865 年的江南机器制造总局，至今将近有 150 年的历史，是中国近代史上具有标志性意义的建筑，其他如三山会馆，多为现代建筑，文化保存年限并不是特别久远。根据专家打分法、模糊综评法和估值法可以评价出世博会项目所在地段的文化保存年限"中低"。

5.3.3 文化重要程度

文化重要程度评价将从上海城区的范围内来综合考虑。上海市于 2004 年 2 月 4 日确定了 12 个中心城区历史风貌区，并提出了各风貌区的特色以及相应风格，见表 7-5-1。其中，世博会所在的浦东和浦西地块均未在历史风貌区的范围之内，则从跳出世博会基地的范围，避免就文化重要性论文化重要性的角度来看，世博会地块的文化重要程度并不是很高，尤其与上海著名的外滩历史文化风貌区、提篮桥历史文化风貌区、老城厢历史文化风貌区等相比，就更显得其文化重要程度一般。

世博会地区的文化特质特征主要为一些工业建筑遗址，以反映中国近代工业发展和脉络，如工业厂房、船坞和构筑物，同时还有少数的革命时期建筑。其遗留的文化特质主要是唤起人们对近代中国工业发展的认同感和记忆感。

就建筑空间特色来说，这一地块的空间特色并不特别明显，有一定历史价值的江南造船厂的厂房建筑以及构筑物等分布都较为零散，未形成一种独具肌理的建筑空间特色。

综上分析，根据专家打分法、模糊综评法和估值法可以评价出世博会项目所在地段的文化重要程度"一般"。

上海中心城区历史风貌区一览表　　　　　　表 7-5-1

编号	名称	风格
FM001	外滩历史文化风貌区	汇聚各国经典建筑风格
FM002	人民广场历史文化风貌区	汇聚了优秀近代建筑与革命史迹
FM003	老城厢历史文化风貌区	将重现上海的古城风貌
FM004	衡山路－复兴路历史文化风貌区	以花园住宅著称
FM005	虹桥路历史文化风貌区	体现了上世纪初乡村别墅的经典
FM006	山阴路历史文化风貌区	反映了上海近代居住建筑的形态
FM007	江湾历史文化风貌区	以现代民族建筑为主要特征
FM008	龙华历史文化风貌区	内涵包括烈士陵园和宗教寺庙等多种形态建筑
FM009	提篮桥历史文化风貌区	拥有独特的犹太文化建筑
FM010	南京西路历史文化风貌区	为旧上海公共租界代表区域
FM011	愚园路历史文化风貌区	为旧上海原华界区的代表区域，中硅风格交融
FM012	新华路历史文化风貌区	以花园住宅著称

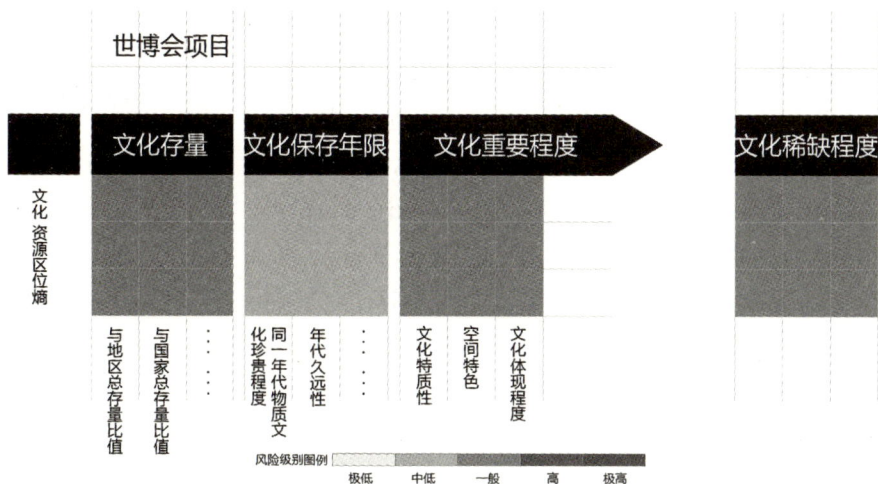

图 7-5-1   世博会区域文化稀缺度评价图

　　通过矩阵分析，综合评价世博会地区文化存量、文化保存年限、文化重要程度，得到该项目所在地块的文化稀缺程度为"一般"。评价结果如图 7-5-1 所示。

5.4   具体因子风险综合评估

5.4.1   价值体系

　　价值体系主要体现在人与人的关系，人与自然的关系，人与建筑的关系这三个层次上，在具体的项目开发中体现在项目开发对城市空间传承的影响、建筑的主从等级，建筑的秩序特色、建筑的整体和谐关系等层面。

　　由于世博会项目开发是将城市的居住、工业等用地转化为会展用地，是大型城市展览开发的项目，原有的用地功能被置换，同时大量居住建筑被拆除，原有的肌理被相应破坏，相应在城区置入了用地面积将近 5 平方公里的会展建筑群，这必然对城市的空间延续有一定影响。

　　从世博轴设置，各国家展馆、企业展馆等的布局来看，能体现一定的主从关系，且建筑秩序分明，在整体统一前提下，各自展馆建筑细节特色鲜明，能反映各个国家和地区特色。

　　则通过专家打分法、模糊评价法、估值法得到价值体系风险为"尚可"。

5.4.2   城市结构

　　城市结构主要体现在项目开发对原有城市结构的影响程度，同时项目选址是否合理等，在具体的项目开发中体现在与城市大结构的符合程度、特色建筑的拆除量，拆除特色建筑占总特色建筑的比例等上面。

世博会的项目的位置距离市中心约 5 公里，地理条件优越，从与城市大结构融合的角度来看是比较符合城市发展的总体框架的，其可以综合利用上海老城厢历史风貌区、外滩及陆家嘴金融贸易区的社会经济和人文资源，并使世博会场馆得到最有效的后续使用。

从图 7-5-2 和图 7-5-3 的对比中可以看出，世博会规划对基地内部具有一定历史价值和风貌特色的建筑都进行了保留或者功能置换，如一些工业建筑、船坞和构筑物得到了有效的保护，并计划改造成船舶工业博物馆、商业博物馆和能源博物馆等。这是加快城市功能和产业结构的调整，合理有序利用历史建筑的重大举措。世博会地区现状如图 7-5-4 所示。

则通过专家打分法、估值法得到城市结构风险为"健康"。

5.4.3 城市肌理

城市肌理主要体现在建筑实体的空间秩序、地块道路系统网络骨架、地块界限的分割限定等方面，在具体的开发项目中体现在地块分割大小、建筑实体的空间秩序、建筑实体的布局形式、项目建设对原有肌理的破坏程度等。

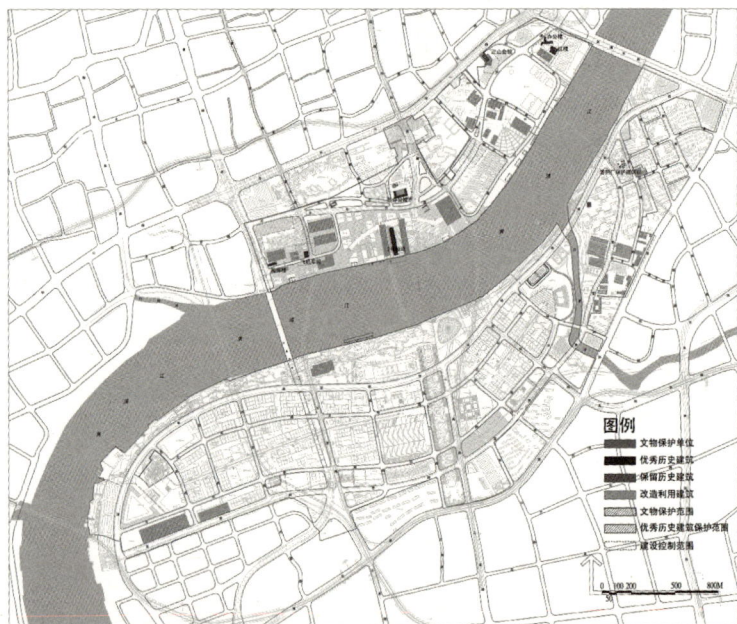

图 7-5-2　世博会保留、保护建筑分布及控制范围图

图 7-5-3　世博会规划总平面图

图 7-5-4　世博会地区现状航拍图

原有城市肌理的工厂与居住建筑混杂，大小肌理不一。除部分工厂建筑外，其余肌理难以适应现代城市功能需要，且并无重要文化价值。

规划保留工厂片区主要肌理。城市路网结构基本能与外界相衔接，地块大小相对均质。同时尊重原始肌理建筑主要走向，并创造新的肌理秩序。

则通过专家打分法、模糊综合评判法、层次分析法得到城市肌理风险为"尚可"。

5.4.4 空间尺度

空间尺度主要体现在新老建筑的空间关系、路网体系、尺度空间、街区空间等。在具体的开发项目中体现在的街区空间的高宽比、建筑体量、建筑高度等。

原有厂房建筑与居民住宅混杂,空间尺度较为丰富。既有较大的工业尺度,也有较为宜人的步行尺度。

世博会展览型建筑的尺度一般较大,其中中国馆建筑面积为 15000 平方米,英国馆建筑面积为 6000 平方米,德国馆建筑面积为 6000 平方米,中国船舶馆占地面积约为 5000 平方米,与原有工业建筑的尺度大致相同。同时也塑造了一些小尺度人性化空间。

通过专家打分法、指标评价发和估值法得到项目开发的空间的尺度风险级别为"健康"。

5.4.5 建筑风格

建筑主要体现在建筑的平立面形制、建筑材料、建筑特色是否与原有风貌相协调等方面。

世博会的规划充分考虑原有历史建筑文化的保护,对其进行改造,形成新的展示空间,在风格上与历史文化相一致。

同时,新建的各展馆建筑的风格并不是统一的,而是独具特色。对城市本土文化造成一定冲击同时,也造成了文化的多元性。

则通过专家打分法、模糊评价法和估值得到项目开发的空间的尺度风险级别为"尚可"。

5.4.6 空间色彩

空间色彩主要体现在建筑特色色彩等方面。原有地块色彩较为单一,以工厂和民居为主。色彩以灰白色调为主体。世博是展示世界各国文化和技术的窗口,各场馆的设计突出各地文化特征。色彩较为丰富,与上海的国际都市的定位相协调。

则通过专家打分法、模糊评价法和估值得到项目开发的空间的尺度风险级别为"尚可"。

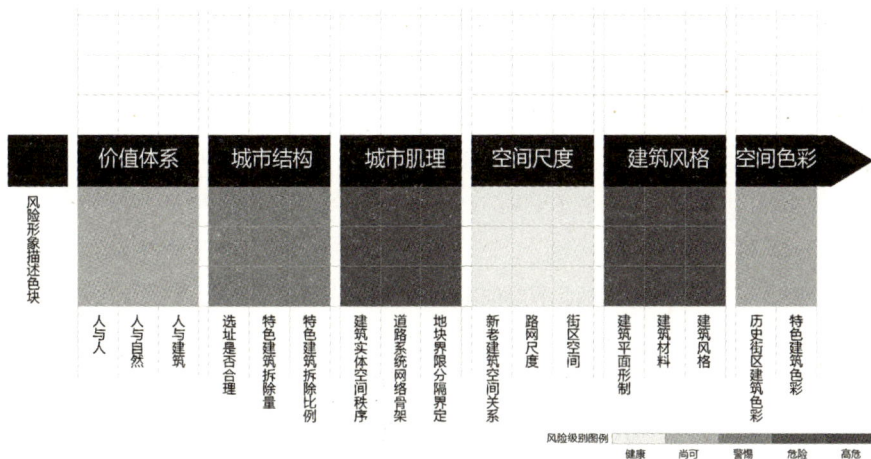

图 7-5-5　具体因子风险综合评价图

通过一系列评价方法，得出具体因子风险综合评估评价结果，如图 7-5-5 所示。

5.5　案例小结

将具体因子风险与地区文化风险资源稀缺层级相互结合，进行矩阵分析，可得出各因子的文化风险程度。在世博会项目所在地块文化稀缺程度为"一般"的情况下，可不调整具体因子风险级别程度，综合得出世博会项目的价值体系风险级别为"尚可"，城市结构风险级别为"健康"，城市肌理风险级别为"尚可"，空间尺度风险级别为"健康"，建筑风格风险级别为"尚可"，空间色彩风险级别为"尚可"。

由于各地文化资源各异，文化特色也不尽相同，项目开发的特点也具有多样性，则在实际开发项目的文化风险分析中，大规模城市开发的文化风险分析应该因地制宜，充分结合地方特色和项目开发时序、开发特征等，综合分析和评价文化风险，使风险评价具有更强的可操作性。

本章参考书目

[1]　联合国人居署编著. 贫民窟的挑战——全球人类住区报告2003. 于静等译. 北京：中国建筑工业出版社，2006.

[2] 程光全. 全球化与价值冲突 [M]. 长沙：湖南人民出版社，2003.

[3] 塞缪尔·亨廷顿. 文明的冲突与世界秩序的重建 [M]. 北京：新华出版社，1998.

[4] 葛清，杨德禄：拆迁富豪变身京郊"地主"[J]. 南方周末，2007-11-15.

[5] 薛晓源，周战超. 全球化与风险社会 [M]. 北京：社会科学文献出版社，2005.

[6] 王小钢. 贝克的风险社会理论及其启示—评《风险社会》和《世界风险社会》[J]. 河北法学，2007（1）：8-12.

[7] 王博著. 北京一座失去建筑哲学的城市 [M]. 沈阳：辽宁科学技术出版社，2009.

[8] 宋海瑜. 城市大规模公共开发项目风险研究与规划应对 [D]. 同济大学，2010.

[9] 刘晓红，徐玖平. 项目风险管理 [M]. 北京：经济管理出版社，2008：51.

[10] 郭永龙，刘红涛，蔡志杰. 论工业建设项目的环境风险及其评价 [J]. 地球科学：中国地质大学学报，2002（2）：235-240.

[11] 常玉，贾晓霞. 高新技术项目区域风险的动态评价方法研究 [J]. 生产力研究，2004（3）：85-87.

CHAPTER 8

第八章 结语

1 研究结论与创新性

大规模城市开发项目在战略定位、功能类型、影响范围、开发规模和开发周期等方面的特殊性不同于一般意义上的开发项目；其项目风险涉及范围较广，包括城市的生态、社会、政治、经济和文化等多个方面；其项目风险类型复杂，包括来源性风险和后果性风险等。本书在对大规模城市开发项目各类风险进行分析研究的基础上，建立了风险识别评估和预警监控技术，旨在为城市开发领域的各类大规模项目提供发展决策的参考依据和预警自身风险技术工具。其具体研究结论和创新点可归纳为以下三个方面。

1.1 风险视角的引入与风险体系构建

本书首次将风险视角引入大规模城市开发项目，分别从生态、社会、政治、经济和文化五个方面入手，针对大规模城市开发的五类风险进行了背景综述、理论梳理、概念界定、特征分析和要素提炼，在此基础之上构建了包含这五大层面的风险体系，并进一步构建了相应的大规模城市开发项目风险评估和预警体系。

1.2 分析大规模城市开发风险的复杂性

大规模城市开发风险具有复杂性。考虑到项目本身既受到外界影响又会对城市发展产生影响，本书在针对生态、社会、政治、经济和文化这五大类的风险分析时针对性地进行来源性风险和后果性风险分析，以求对风险进行全方位考量。考虑到同一项目各类风险之间会产生相互影响，本书在风险归类时对某些风险进行了谨慎的归属分析，并在构建风险体系时对其权重进行了特别说明。同时，考虑到风险的理论分析本身较为复杂抽象，本书在针对各类风险分析时均配以案例加以说明，增强其体系构建的可操作性。

1.3 提出多层面应对与实施策略

本书在分析大规模城市开发风险的基础上，分别针对生态、社会、政治、经济和文化这五大类风险建立了清晰的风险识别评估和预警管理体系，并提出多层面的应对与实施策略，可为大规模项目提供具有一定操作性的决策参考依据和预警技术工具。

2　后续研究展望

2.1　扩展到项目开发、建设及运营全过程的风险管理研究

本书目前的研究主要围绕项目开发风险及该阶段对风险的预估进行，然而大规模城市开发的风险涉及开发、建设、运营管理等多个过程，其风险评估、监测、管理也应当贯彻全过程。在后续研究中可将项目建设、运营期间的风险分析、评估识别和预警管理体系建立纳入进来，建立一个全过程的动态规划管理系统。亦可借助信息平台，针对即时风险变化进行计算模型和预警策略的调整，力求从整体上使大规模城市开发的风险降至可控范围。

2.2　由定性为主研究向定量研究的逐步转变

受到数据来源和数据总量制约，目前针对大规模城市开发风险的研究以定性为主，故研究成果虽能够提供基本的判断标准并具有一定灵活性，但其精确度仍有待提高。随着数据积累和对数学模型的进一步探索，大规模城市开发风险的研究后续工作可从定性为主向定量为主逐步转变，风险的识别评估系统将更为完善科学，预警管理系统的响应也将更为精准灵敏。